W0281657

# L'Ordre des femmes

**Déjà paru du même auteur:**

*Le pouvoir du miroir*, Georg, 2003.

Éditions Favre SA
Siège social
29, rue de Bourg – CH-1002 Lausanne
Tél. : +41 (0)21 312 17 17 – Fax : +41 (0)21 320 50 59
lausanne@editionsfavre.com

Bureau de Paris
12, rue Duguay-Trouin – F-75006 Paris
Tél. : +33 (0)1 42 22 01 90
paris@editionsfavre.com

Dépôt légal en Suisse en novembre 2009
Tous droits réservés pour tous pays. Toute reproduction même partielle, par tous procédés, y compris la photocopie, est interdite.

Photo de couverture: Man Ray, Noire et Blanche, 1926
Couverture : MGraphic, J.-P. Piantanida
Mise en pages : Marie-Hélène Marquis

ISBN : 978-2-8289-1135-5

© 2009, Éditions Favre SA, Lausanne

Daniel Cordonier

# L'Ordre des femmes

FAVRE

**À mes filles**

**En souvenir du grand jardin et des fleurs de crème**

# I

La première image qui me revient, c'est celle de cette nuit d'été où tout a basculé. Je me vois remonter la rue de la Fontaine sur les pas de Riton. Les trottoirs étaient déserts et l'immeuble de Mme Bracca plongé dans le noir. Riton s'est avancé d'une démarche tranquille vers la porte d'entrée et a composé le code. Je me suis glissé à l'intérieur derrière lui. Il a refermé sans faire aucun bruit, a attendu quelques instants, puis s'est dirigé vers les étages. Nous avons grimpé l'escalier en silence, éclairés seulement par la lueur des réverbères qui filtrait de la rue. Quand nous sommes arrivés devant le pallier d'Irène Bracca, il a sorti de son sac deux paires de gants et une petite torche électrique.

— Mettez les gants, allumez la torche et braquez-la sur la serrure, m'a-t-il soufflé après avoir enfilé sa paire.

J'ai maintenu le pinceau lumineux juste sous la poignée pendant que Riton s'affairait avec son matériel. Il lui a fallu moins d'une minute pour ouvrir la porte.

— À vaincre sans péril, on triomphe sans gloire, a-t-il murmuré en pénétrant dans l'appartement.

— Celui-là, je le connaissais, ai-je répondu.

Il a poussé doucement la porte et m'a dévisagé en souriant.

— À vous de jouer, m'sieur David.

Je suis entré dans la salle de consultation d'Irène Bracca. Dans la faible lumière qui venait du dehors, les portraits de femmes accrochés aux murs semblaient me suivre des yeux. L'impression d'irréalité qui m'avait saisi à plusieurs reprises est revenue. Je n'arrivais pas à croire que c'était moi qui vivais tout ça. Quelques heures plus tôt, je dirigeais une importante réunion à la Caisse Mutuelle de Dépôt où une trentaine de cadres supérieurs m'écoutaient expliquer la stratégie d'expansion de la banque. Et maintenant, j'étais en train de cambrioler un appartement en compagnie d'un ancien truand.

— Faut y aller M'sieur David, a lancé Riton. On n'est pas là pour lambiner. Pendant que vous examinez les papiers, j'installe le logiciel pour que vous puissiez vous promener tranquillement dans l'ordinateur.

Les tiroirs du bureau n'étaient pas fermés à clé. J'ai passé leur contenu au crible. Sur le dessus de la pile figurait une feuille qui ressemblait à un récapitulatif de revenus. On y voyait les initiales des mois de l'année avec les montants correspondants. Mars était écrit en toutes lettres et les mois de juin à août manquaient. Apparemment, Mme Bracca s'accordait de longues vacances en été. J'ai pris une photo à tout hasard. Réflexe de banquier. C'est toujours utile de connaître le salaire des gens. Les autres papiers ne contenaient rien d'intéressant. Les dossiers sensibles devaient se trouver en lieu sûr à son domicile. À moins qu'ils ne soient dans l'ordinateur. Je me suis tourné vers Riton. Il m'a fait signe que la voie était libre pour explorer les fichiers électroniques.

— Bizarre, a-t-il murmuré. Il n'y a aucune protection, pas de mots de passe. On entre dans cette bécane comme dans un moulin. C'est mauvais signe. Comme dit le proverbe : « La porte la mieux fermée est celle qu'on peut laisser ouverte. »

Je me suis installé devant l'écran et j'ai analysé l'arborescence des dossiers. Il y avait très peu d'éléments, aucun courrier électronique archivé. J'ai successivement ouvert les documents concernant la comptabilité, les diapositives pour conférences, les textes, sans rien remarquer d'intéressant. Mon dernier espoir concernait le dossier « correspondance ». Mais il ne contenait que des formules de remerciements standards pour des personnes qui avaient collaboré avec Irène Bracca. J'ai éteint l'ordinateur d'un geste rageur. Je m'étais complètement planté. Chou blanc sur toute la ligne. J'avais été bien naïf de croire que je trouverais des réponses dans cette pièce. Si des preuves existaient, elles devaient être bien mieux protégées. Mais qu'est-ce qui m'avait pris de me lancer dans cette histoire ?

Mon compagnon de braquage a dû sentir mon désarroi. Il s'est approché de moi et a cherché mon regard.

— Il faut vous décider M'sieur David, a-t-il chuchoté. Celui qui fouille les buissons risque de s'y piquer. Plus on reste longtemps, plus c'est dangereux. Si vous pensez qu'on a une chance de trouver quelque chose dans une autre pièce, on se met à chercher tout de suite. Sinon, on lève le camp.

Je n'y croyais plus et les citations de Riton commençaient à me porter sur les nerfs. Je n'avais qu'une envie: rentrer chez moi et oublier cette soirée au plus vite. Au moment où j'allais lui répondre, quelque chose a changé dans la luminosité de la pièce. Ça venait de l'extérieur. Une lumière bleuâtre intermittente s'infiltrait à travers les rideaux. Il s'est précipité vers la fenêtre. Quand il s'est retourné vers moi, sa figure était blême dans le rayon de ma torche. Il m'a saisi le bras.

— C'est la police, éteignez vite!

— Comment la police? C'est impossible!

J'ai entrouvert les rideaux. Une voiture de la gendarmerie était stationnée juste en dessous de la fenêtre. Son gyrophare lançait des éclairs bleus qui se reflétaient sur les façades des immeubles. J'ai vu deux policiers sortir du véhicule et se diriger vers l'entrée de notre bâtiment. J'étais pétrifié. J'avais l'impression que tout mon corps était devenu dur comme du béton et que mon cœur ne battait plus.

— Ils montent, a soufflé Riton. Quelqu'un les a prévenus. On a été donnés. Désolé M'sieur David, mais maintenant c'est chacun pour soi. J'ai pas envie de retourner en taule.

Avant que je puisse faire le moindre geste, il avait quitté la pièce. J'ai entendu un très léger bruit lorsqu'il a ouvert et refermé la porte de l'appartement. Je sentais un froid glacial envahir mon corps, mais ma tête me semblait brûlante. J'étais planté au milieu du bureau, incapable de bouger. Un torrent d'images et de pensées désordonnées a envahi mon cerveau. Dans quelques secondes, les gendarmes allaient surgir dans la pièce. Ils me passeraient les menottes. Quand ils me pousseraient dans la voiture de police, un photographe mitraillerait la scène. Les images feraient la première page de la Tribune. «Le banquier David Clerc surpris en flagrant délit de cambriolage». J'avais été trahi. Maurice avait raison, tout cela n'était qu'une machination pour détruire ma carrière. On m'avait piégé. Quelqu'un avait profité de mon désarroi. Mais quel était le salaud qui avait monté ce complot? Robert Kamer, mon adjoint? Victor Schnertz pour m'empêcher de lui succéder au directoire de la CMD? Ou Jacques Salvet qui voulait prendre ma place? Et les complices? Il y avait forcément des complices. Irène Bracca, bien sûr. Mais est-ce que Béatrice était dans le coup? Et Paul, mon copain depuis dix ans? C'était lui qui m'avait soufflé l'idée. Personne d'autre n'avait pu prévenir les flics. Polo et ses projets mystérieux dans la finance. Il avait dû se planter une fois de plus. Il lui fallait à tout prix trouver de l'argent. On avait acheté sa trahison. Je ne pouvais faire confiance à personne. Personne, pas même moi. C'était moi qui m'étais mis dans ce bourbier. Moi avec mon besoin de savoir. Toucher la vérité du doigt. Toujours payer pour voir. Ce coup-ci, l'addition serait terrible. Les interrogatoires. Le ballet des avocats. Il faut plaider le coup de folie. Les expertises psychiatriques. Le procès dans une salle bourrée à craquer. Des articles plein les médias. Des spécialistes qui dissertent sur mon cas. La prison. La déchéance. Marqué à vie. Plus de travail. Les ricanements sur mon passage. Obligé de quitter mon appartement, de m'exiler. Et mes filles sous les quolibets. Ton père est cinglé. Ton père est un voleur. Leur regard de reproche. Papa, pourquoi tu nous as fait ça ? Elles auraient honte. Elles ne voudraient plus me voir.

C'est cette image qui m'a arraché à mon immobilité. Roxane et Léonore qui souffraient à cause de moi, qui m'enlevaient leur amour. C'était insupportable. Je ne pouvais pas vivre ça. J'aurais pu endurer tout le reste, mais pas leur rejet. L'idée de déchoir à leurs yeux et de les perdre était pire que la mort. Soudain, tout est devenu clair. Il n'y avait qu'une façon d'empêcher que ça arrive. En sautant dans le vide depuis le quatrième étage, je pouvais échapper pour toujours à ce cauchemar. Je me suis dirigé vers la fenêtre et je l'ai ouverte. Une rafale de vent mouillé m'a giflé le visage. La pluie s'était finalement décidée à tomber. J'ai jeté un coup d'œil en bas. La rue était déserte. Seule la voiture de patrouille stationnée sur le trottoir annonçait le drame à venir. Je me suis adossé au mur. Dès que j'entendrais les policiers arriver, je devrais sauter. C'était la fin. Je n'arrivais pas à y croire. Une succession de mauvais choix, un engrenage diabolique. Comment avais-je pu me montrer aussi stupide ? Si seulement j'avais pu revenir en arrière. Retrouver cette soirée dix-huit mois plus tôt où je me sentais prêt à conquérir le monde.

# II

Hydrotryptamine. Le mot me tournait dans la tête pendant que je savourais les applaudissements. Ça fait du bien les ovations, c'est aussi bon que des caresses. Une sensation de chaleur vous enveloppe doucement. Jef m'a expliqué que c'est lié à des substances produites par notre cerveau. La sérotonine, par exemple. Hydrotryptamine pour les intimes. C'est la molécule qui règle notre humeur. J'avais l'impression de sentir son niveau monter en flèche. Le plus excitant, c'était l'idée qu'un nouveau chemin se dessinait devant moi. J'avais franchi un cap qui m'ouvrait les portes des plus hauts sommets. L'avenir s'annonçait radieux.

Je goûtais avec plaisir à la saveur de la réussite. Mais au fond de moi, je savais qu'il manquait quelque chose. Je n'étais pas comblé. C'est difficile à expliquer. Disons que je me sentais bien, mais pas vraiment heureux. J'avais besoin d'autre chose. Ce après quoi nous courons tous. Certains appellent ça la joie, d'autres le bonheur. C'est peut-être juste la chimie du cerveau comme dit Jef. La sérotonine ne suffit pas. Nous cherchons d'autres molécules qui provoquent des sensations plus fortes. Ce soir-là, alors que je fêtais mon plus important succès, je sentais déjà qu'il faudrait étancher cette soif.

Le bonheur est arrivé juste un peu plus tard. C'était tellement soudain, tellement fort que ça m'a laissé groggy. Cette sensation d'avoir trouvé la Terre promise, ça ressemble à un uppercut. Sauf qu'on en redemande. Et c'est comme ça que le piège s'est refermé. Je me suis retrouvé accro en quelques jours, pire qu'un drogué en manque. J'ai tout fait pour retrouver ma dose. J'ai volé, j'ai menti, j'ai espionné. J'ai mis en danger ma famille et ma carrière. J'ai appris des choses qui maintenant me menacent. Ma seule chance de me libérer, c'est de tout raconter. Mais je m'égare déjà. Je m'étais promis d'être clair, d'expliquer avec précision l'enchaînement des événements.

La salle de conférence de la Caisse Mutuelle de Dépôt était pleine à craquer. Tous les applaudissements n'avaient pas le même degré d'enthousiasme, mais les moins sincères me réjouissaient autant que les autres. Ils témoignaient de ma capacité à les provoquer même chez ceux qui m'appréciaient le moins. Au premier rang, mon adjoint Jacques Salvet frappait dans ses mains avec une joie authentique. Ma promotion lui ouvrait la porte de ma succession. Il applaudissait autant mon succès que mon départ, mais son entrain faisait plaisir à voir. Derrière lui se trouvaient les collaborateurs que j'avais dirigés pendant sept ans. Tout le monde était là. J'avais même invité le personnel d'entretien. Je savais que certains avaient trouvé ce geste un peu démagogique, mais ça ne me dérangeait pas.

Comme convenu lors de la préparation de la cérémonie, Jacques s'est dirigé vers la tribune pour dire quelques mots au nom du personnel. Je me suis assis, prêt à recevoir une nouvelle dose de sérotonine. Il a été parfait. Chaleureux sans être complaisant et admiratif sans se montrer flatteur. Il a évoqué ma carrière à travers les différents métiers de la banque, de la trésorerie au product management en passant par l'analyse financière et la gestion de fortune. Et il a insisté sur cette soif d'apprendre qui m'a mené d'un brevet de comptable au doctorat en sciences économiques. Pendant qu'il parlait, je refaisais le parcours dans ma tête. Au début étaient les chiffres. J'avais été un excellent comptable et un très bon analyste. J'aime les chiffres. Ils ont quelque chose de rassurant, parce que leur signification est stable. Bien sûr, on peut leur faire dire bien des choses lorsqu'on se met à les interpréter. Mais en eux-mêmes, ils sont sans équivoque. Chez les humains, ça change tout le temps. Les attitudes et les sentiments varient sans arrêt. Je trouve ça très compliqué, bien plus que les problèmes comptables.

Au cours de mes premières années dans le monde bancaire, je me suis vite rendu compte que la maîtrise des chiffres ne serait pas suffisante pour grimper les échelons. La banque, ce ne sont pas seulement les comptes et les bilans. C'est avant tout une affaire de tractations et de rapports de force. Face à ce constat, je me suis résolu à entrer dans le jeu en utilisant mes faiblesses comme des atouts. Ma hantise du flou m'a aidé à être toujours clair dans mes positions, et ma crainte du conflit m'a permis de développer mes talents de négociateur. Voilà comment j'ai fait mon chemin dans la grande maison jusqu'au poste de responsable du secteur francophone, qui est généralement le prélude pour une nomination à la direction générale du groupe.

Jacques finissait son discours.

— Cher David, avec ton départ nous perdons non seulement un chef de grande qualité, mais aussi un guide et un inspirateur. Heureusement, tu ne nous quittes pas complètement puisque tes nouvelles fonctions t'amèneront à nous rendre visite. Et surtout, nous savons que tu défendras auprès de la direction générale les valeurs que tu as mises en œuvre ici avec nous. Le respect de chacun, clients comme collègues, et la synthèse possible entre le profit et le bilan social d'une entreprise. L'ensemble du personnel se joint à moi pour te souhaiter une brillante suite de carrière. Au revoir David, et merci pour tout ce que tu nous as apporté.

À nouveau le crépitement des applaudissements et cette douce sensation de chaleur au creux de l'estomac. Je me suis dirigé vers l'estrade pour y prononcer mon discours d'adieux. En scrutant les visages attentifs levés vers moi, j'ai cru discerner sur bon nombre d'entre eux des regrets sincères de me voir partir. Mon allocution a été brève. Dans ce genre de circonstances, faire court c'est s'assurer le succès. J'ai remercié tous mes collaborateurs pour m'avoir fait confiance et avoir cru en mes idées.

— C'est grâce à vous, ai-je terminé, que notre banque est un endroit où il fait bon travailler. Un lieu où chacun se sent respecté et écouté, quelle que soit sa fonction. Je ne vous oublierai pas. Et si je pars, c'est pour bâtir ailleurs en plus grand ce que vous m'avez aidé à construire ici. Merci de tout cœur !

Pour la troisième fois, des applaudissements nourris ont retenti. Je les ai accueillis avec autant de plaisir que les précédents. Après, nous avons passé à l'agape. J'avais tout commandé chez Gervant. Nourritures raffinées et vins de qualité. Je me promenais de groupe en groupe en glissant quelques mots par ci, une anecdote par là, des sourires partout. Où que j'aille, j'étais au centre. Chaque groupe attendait mon passage et j'ai pris soin de n'en oublier aucun. La salle de conférences de la CMD était ma scène. J'étais la star de la soirée et je m'étonnais presque de me sentir aussi à l'aise dans ce rôle. Mon taux de sérotonine devait friser le maximum.

À partir de 22 heures, les gens ont commencé à rentrer chez eux. Mes collaborateurs sont venus prendre congé à tour de rôle. J'ai bu un dernier verre avec Jacques et mon équipe de direction au Bertigo, près de la rue de la Confédération. C'est le nouveau passage obligé des cadres supérieurs genevois. On y entend des conversations feutrées avec un mot sur trois en anglais, et les serveurs y sont aussi discrets qu'efficaces. Je savourais l'atmosphère de puissance tranquille qui se dégageait des lieux. Je repassais le film de la soirée dans ma tête en écoutant distraitement la discussion qui roulait sur les stratégies à long terme de la CMD. J'étais bien.

Quand j'ai quitté mes collègues, j'ai décidé de laisser ma voiture dans le garage de la banque. Mieux valait rentrer en taxi. J'ai appelé pour dire que j'arrivais. Le meilleur restait à venir. Assis derrière le chauffeur, je suivais d'un œil distrait les quelques passants attardés qui se hâtaient dans la nuit froide de ce début janvier. Le véhicule a traversé le pont d'Arve et est entré dans Carouge. J'adore Carouge. J'aime ses bâtisses aux murs épais et aux toits de tuiles rouges, ses échoppes d'artisans, son air bohème et méditerranéen. Lorsque j'ai été nommé directeur de l'agence principale de la CMD à Genève, j'ai décidé que cette petite ville aux racines sardes serait le lieu idéal pour y installer ma famille. Une synthèse réussie entre la douceur de vivre italienne et l'ordre suisse. J'ai acheté un appartement de 200 mètres carrés au dernier étage d'un immeuble du XVIIIe entièrement rénové. Carole a adoré. Le prix d'achat exorbitant ne l'a pas inquiétée. Elle avait raison. Il m'a coûté cher à l'époque, mais maintenant il vaut le double.

Elle m'attendait devant la porte. Je l'ai contemplée en silence pendant quelques secondes. Je voulais savourer pleinement sa beauté. Elle s'est approchée en souriant pour poser un baiser dans mon cou. Je l'ai enlacée et nous sommes entrés dans l'appartement. Elle m'a jeté un regard en coin un peu coquin pendant que je m'asseyais sur le sofa.

— Alors chéri, c'est ton jour de gloire aujourd'hui.

— Disons que j'ai été très applaudi.

— Tu veux que je t'applaudisse aussi ?

— J'aime encore mieux les caresses.

Elle a eu un petit rire de gorge et s'est penchée pour défaire mon nœud de cravate. Son décolleté frôlait mon menton et je sentais l'odeur épicée de son parfum. Elle a déboutonné ma chemise et passé sa main sur mon torse.

— Des caresses, tu vas en recevoir plein.

— Ça tombe bien. J'ai attendu ce moment pendant toute la soirée.

Elle a ri de nouveau en me tirant vers elle.

— Alors viens, je ne veux pas te faire languir plus longtemps.

Nous nous sommes dirigés vers la chambre. En quelques secondes, nous étions nus tous les deux sur le lit. Elle s'est collée à moi et a commencé à me câliner. Je me suis laissé faire avec béatitude. Elle a effleuré mon pubis à plusieurs reprises, comme par inadvertance. Elle s'attardait à chaque fois un peu plus longtemps avant de le quitter pour d'autres contrées. Elle a continué son manège jusqu'à ce que je n'en puisse plus. J'ai saisi son poignet et l'ai guidé vers ma verge. Elle l'a flattée d'un mouvement très lent, tout en s'inclinant vers moi jusqu'à ce que ses petits seins fermes touchent ma bouche. La masse soyeuse de ses cheveux balayait mon visage. Ses tétons entre mes lèvres, ses longs doigts sur mon membre dressé, ses fesses pleines sous mes mains. Toutes ces sensations me faisaient vibrer des pieds à la tête. Lorsque le plaisir est devenu trop fort, je l'ai repoussée doucement. Elle s'est mise sur le dos et a écarté un peu les jambes pour me laisser apercevoir son sexe entièrement épilé.

— Je te plais chéri ? a-t-elle murmuré. Tu as envie de me prendre ?

Je n'ai rien dit. Elle connaissait la réponse. J'ai passé ma main entre ses cuisses en remontant vers son bassin. Sa peau était incroyablement douce. J'ai laissé mes doigts vagabonder jusqu'à son entrejambe. Sa vulve lisse et offerte affolait mon désir. Elle s'est soulevée sur un coude et a tendu le bras pour saisir le préservatif qu'elle avait placé sur la table de nuit. Elle l'a enfilé sur mon pénis avec des gestes experts.

— Voilà, maintenant je suis à toi.

Ses hanches bougeaient par à-coups. Elle attendait avec toujours plus d'impatience que je m'enfonce en elle. C'est seulement quand je me suis senti au bord de l'explosion que je l'ai enfin prise. Je l'ai pénétrée lentement. Je voulais rester presque immobile pour faire durer encore ce moment de délice, mais les mouvements de son bassin ont eu raison de mes résolutions.

— Viens jouir, chéri, viens, a-t-elle soufflé.

Je me suis penché pour embrasser sa bouche. Elle s'est détournée. J'ai essayé à nouveau de poser mes lèvres sur les siennes, mais elle se dérobait. Je me suis arrêté et je l'ai fixée. Ses yeux restaient indéchiffrables.

— Tania, tu sais que j'adore embrasser. On se connaît maintenant. Tu pourrais faire un effort.

— On ne se connaît pas, chéri. C'est juste la troisième fois qu'on se rencontre.

Et puis ça n'a rien à voir. Je n'embrasse pas. C'est tout. Je te l'ai déjà dit.

— J'ajoute un supplément. Je double le prix.

— Ce n'est pas une question d'argent. C'est un principe.

J'ai compris qu'elle ne céderait pas. Mon sexe était toujours enfoui en elle, mais elle venait de me rappeler que nous étions deux étrangers. J'ai senti un frisson me parcourir. Ma verge était encore dure, mais la chaleur qui m'habitait avait disparu d'un coup. Jef prétend que l'acte sexuel est un des meilleurs moyens pour produire de la sérotonine. Je pense qu'il a tort. L'hydrotryptamine ne vient pas quand on fait l'amour. Son niveau monte seulement si on se sent aimé.

J'ai pris mon plaisir sans un mot avec la désagréable impression que Tania regardait à travers moi. Je l'ai payée et l'ai reconduite à la porte. Ce que j'avais voulu éviter se produisait malgré tout. J'ai parcouru mon appartement avec le sentiment de révolte qui me prenait chaque soir lorsque je rentrais chez moi. Ces grandes pièces accueillantes, ces meubles à la finition irréprochable. Tout cela disait la réussite de ma carrière, ma capacité d'offrir le meilleur à ceux que j'aimais. Mais j'étais seul dans ce nid luxueux. Comment Carole a-t-elle pu me quitter ? Comment a-t-elle pu m'abandonner alors que j'ai tout fait pour elle ? Je me suis effondré sur le canapé du salon et j'ai contemplé le portrait de mes deux filles posé sur le buffet. Elles avaient ce sourire appliqué des bons élèves sur la photo de classe. J'ai senti en même temps un élan de tendresse et la brûlure de la souffrance. Cinq ans déjà depuis mon divorce. Soixante mois pendant lesquels je n'avais vu mes enfants qu'un week-end sur deux. Léonore n'avait pas encore fêté son septième anniversaire quand Carole est partie. Comment une femme peut-elle décider en quelques jours de détruire sa famille, d'arracher ses filles à leur père, de leur imposer un étranger qui passera plus de temps avec elles que leur propre géniteur ? Un an après notre séparation, Roxane a demandé à sa mère pourquoi elle m'avait quitté. Réponse de mon ex : « Je ne pouvais pas faire autrement ma chérie, j'ai écouté mon cœur. » Qu'est-ce qu'on peut rétorquer à ça ? Dix ans de vie commune, de projets partagés, de bonheur patiemment construit. Dix ans d'amour balayés sans rémission par cette petite phrase : « J'ai écouté mon cœur. »

Juste après le jugement de divorce, Carole m'a proposé d'aller boire un café près du palais de justice. Nous sommes restés longtemps silencieux, perdus dans nos pensées. Puis elle a levé la tête, m'a dévisagé avec ses yeux d'enfant trop sage et a murmuré :

— Dire que nous sommes divorcés, ça me paraît presque incroyable. Par moments, j'ai l'impression que tout ça n'est qu'un rêve.

J'ai été pris d'une envie folle de la gifler à toute volée. Une paire de claques à lui dévisser la tête, là au milieu du café. Pas seulement pour lui faire mal, mais pour la ramener sur terre. Pour que les coups la réveillent enfin et lui fassent découvrir ce qu'elle avait provoqué en écoutant son cœur. Une famille détruite, deux fillettes qui avaient rendez-vous chaque semaine chez le psychologue, et moi qui sentais tous les jours l'acide de la colère trouer mon ventre. Mais je n'ai rien dit. J'ai bu mon café aussi vite que possible, puis j'ai quitté les lieux en me jurant qu'aucune femme ne me ferait revivre ce que j'avais dû subir ce jour-là.

Quelques mois plus tard, j'ai commencé à avoir des crises d'angoisse toujours plus fréquentes. Palpitations, sensation d'étouffement, vertiges et impression de mort imminente. Pas vraiment agréable, surtout quand ça vous arrive en pleine négociation avec un gros client. Mon médecin m'a conseillé d'aller voir un psychiatre. Devant mon air paniqué, il a gentiment précisé que ça ne voulait pas dire que j'étais fou. Il me fallait simplement un spécialiste pour m'aider à dépasser ce moment de crise. N'empêche que j'y allais en rasant les murs. Chez les cadres supérieurs de la banque, mieux vaut être vu au golf ou au fitness plutôt qu'en train de sonner à la porte d'un psy. Celui-là était un systémicien. Lors de la première séance, il m'a expliqué que ses méthodes venaient de la cybernétique et des mathématiques. Tout ça appliqué aux systèmes familiaux. Ça m'a plu. Ce qui vient des chiffres m'a toujours rassuré.

Pour les systémiciens, ce n'est jamais un individu qui est malade, mais son système familial. Là, j'ai compris que j'étais au bon endroit. Ma famille était désintégrée, ça semblait presque normal que je n'aille pas très bien. Le psychiatre m'a même dit que certaines personnes souffrent de délire et de troubles de la personnalité au moment d'une rupture. Le couple donne une sensation de sécurité, d'identité personnelle et sociale. Sa destruction peut avoir de graves répercussions. Il n'y a pas de honte à se faire aider pour surmonter le choc. Le médecin m'a prescrit des médicaments pour augmenter mon taux de sérotonine et il m'a dessiné des petits schémas qui illustraient les problèmes à résoudre. Faire le deuil de mon ancien système familial, en reconstruire un nouveau avec Roxane et Léonore, accepter leur position hybride entre Carole et moi. Accepter que mes enfants vivent la majeure partie du temps avec un autre homme que leur père. Sur le papier et avec le cerveau bien imbibé de sérotonine, ça semblait jouable. Et je l'ai fait. La seule chose que le psy n'a pas réussi à faire disparaître, c'est ma colère envers mon ex-femme. Mais il ne faut pas trop demander. Les angoisses ont progressivement diminué. J'ai recentré ma vie sur mes filles et j'ai mis toute mon énergie dans mon travail. À la banque, personne n'a vu à quel point mon divorce m'avait affecté.

J'ai détourné mon regard de la photo de mes enfants et j'ai mis un vieux CD des Stones. Ce qu'il me fallait, c'était une bonne nuit de sommeil. Comme à chaque fois, la vague de révolte a lentement reflué, laissant la place à une tristesse plus calme, presque fataliste. Avant d'aller dormir, j'ai ressenti le besoin de retrouver cette sensation de chaleur qui m'avait habité toute la soirée. J'ai hésité, puis je me suis servi un grand verre de Cognac XO.

# III

Je marchais lentement dans une rue pavée au bord d'un canal. Il y avait un peu de brume. L'eau était encore sombre dans le petit matin mouillé. De part et d'autre du canal s'élevaient de grandes maisons de pierre avec des fenêtres rectangulaires, de longs volets multicolores et des balcons en fer forgé. On aurait dit Venise. Soudain, j'ai aperçu au bout de la rue une silhouette insolite enveloppée dans un long manteau rouge. En m'approchant, j'ai vu qu'il s'agissait d'une femme masquée. Elle se dirigeait lentement vers moi. Arrivée à ma hauteur, elle est restée immobile et m'a observé. Il émanait d'elle une aura de douceur et de sensualité. Son masque était doré. Une collerette aux plis compliqués, dorée elle aussi, entourait l'ovale de son visage. L'ensemble ressemblait à un soleil dardant ses rayons. Derrière le masque, je pouvais voir deux yeux d'un vert limpide qui me détaillaient avec curiosité. Elle a levé son bras d'un geste gracieux pour approcher sa main droite de ma figure. Je me sentais affolé et en même temps impatient, comme si un événement à la fois menaçant et merveilleux allait se produire. Mais au moment où ses doigts ont effleuré ma joue, elle a sursauté. Elle a fait volte-face et s'est enfuie à toutes jambes pour rejoindre un groupe qui avait envahi la rue. Je me suis lancé à sa poursuite. Ma progression était freinée par la foule dans laquelle elle avait disparu. J'ai bousculé plusieurs personnes qui m'ont fusillé du regard derrière leurs masques.

Les gens s'écartaient maintenant de moi avec un air surpris et vaguement méprisant. Ils étaient tous masqués. Leurs costumes bariolés aux étoffes moirées peignaient des arcs-en-ciel dans la lumière du matin. Je commençais à avoir honte de mon habillement sérieux et terne. La foule se faisait moins dense, mais l'inconnue avait disparu. J'ai ralenti mon pas et me suis dirigé vers une place déserte. Au centre se trouvait une petite fontaine ronde. En arrivant près de l'eau qui coulait avec un clapotis agréable, j'ai remarqué un mouvement sous un des porches qui bordaient la place. J'ai cru reconnaître la silhouette qui se cachait dans l'ombre et j'ai couru dans sa direction. C'était bien elle. Elle est restée immobile pendant que je m'approchais en reprenant mon souffle. Je me suis avancé jusqu'à la frôler. Nous étions figés l'un en face de l'autre, beaucoup trop proches pour deux inconnus. Je sentais la chaleur de sa respiration et je voyais des lueurs d'émeraude dans ses pupilles qui me fixaient. J'ai ressenti un besoin irrésistible de découvrir le visage qui se cachait derrière ce soleil doré. Une envie impérieuse, comme si mon existence en dépendait. J'ai avancé ma main vers son cou pour essayer d'arracher le masque. Elle a poussé un cri aigu et a détalé à toute vitesse avant que je puisse la toucher. Je me suis précipité derrière elle, mais je l'ai perdue dans le dédale de ruelles qui bordaient la place.

Un sentiment de désespoir m'a envahi. Je sentais comme un trou au milieu de mon ventre, par où toute mon énergie s'échappait dans l'air. Le trou s'agrandissait à chaque seconde. J'ai eu l'impression d'être complètement vidé de ma substance, comme une baudruche dégonflée. J'ai été pris d'un hoquet, de grosses larmes se sont mises à couler sur mes joues. Je me suis recroquevillé dans l'ombre du porche et j'ai pleuré en gémissant sans parvenir à m'arrêter. La tristesse m'a englouti et le temps s'est arrêté. Bien plus tard, je me suis aperçu qu'un homme étrange se tenait à mes côtés. Il était vêtu d'une grande redingote noire boutonnée jusqu'au cou et d'un chapeau haut de forme. Ses bottines lustrées brillaient et il tenait dans une main une longue canne au pommeau d'argent. Ses traits étaient dissimulés derrière un loup de soie blanc. Son autre main tenait une grande sacoche en cuir qu'il a posée à terre pour m'aider à me relever. J'ai essuyé mes larmes et l'ai examiné d'un air hébété. Il a plongé la main dans sa sacoche et en a sorti un masque en bronze richement orné qu'il m'a tendu d'un air cérémonieux. Je ne savais pas quoi faire. Il a eu un geste d'impatience et a brandi le masque à la hauteur de ma figure. Je l'ai pris dans mes mains et l'ai ajusté devant mes yeux. Il s'est mis à frapper doucement sur la parure avec le pommeau de sa canne. Il donnait quelques coups légers, s'arrêtait un instant, recommençait. Le bruit résonnait dans mes oreilles, très doux d'abord, puis toujours plus fort, jusqu'à devenir franchement désagréable. Il fallait que ça s'arrête.

Le téléphone sonnait lorsque je suis sorti de cet étrange rêve. J'ai jeté un coup d'œil au réveil; 6h30. Il n'y avait qu'une seule personne pour m'appeler à une heure pareille. J'ai décroché.

— Alors, vieux puceau, ça y est, tu as été nommé banquier chef!

— Arnaud, je t'ai déjà dit de ne pas m'appeler avant 7 heures. Tu pourrais respecter ceux qui se lèvent plus tard que toi.

— Oh oh. À peine devenu grand ponte et il fait déjà sa chochotte. Je sens que tu vas te montrer insupportable maintenant que tu fais partie des big boss. Bientôt, tu vas dire à ta secrétaire de bloquer mes appels.

J'ai soupiré bruyamment, essayant d'échapper au sentiment de malaise que m'avait laissé mon rêve.

— Bon, tu appelles pour m'engueuler ou pour me féliciter ?

— Pour te dire que ton meilleur ami pense à toi, mais que tu te fais toujours plus rare.

— C'est la rançon du succès. Mes journées sont très remplies. Pour moi le téléphone sonne beaucoup au bureau et pas assez le soir à la maison. J'aimerais bien te parler quand je rentre seul chez moi, mais là tu es très occupé avec ta femme et tu n'as pas le temps.

— Mon ami, je sens de l'aigreur dans ta voix. Tu ne vas quand même pas me reprocher mon bonheur conjugal ?

Je n'ai pas répondu. J'avais toujours une pointe d'envie face à Arnaud. Il était choyé par une femme qui l'adorait, et moi je me sentais à peu près comme dans le songe vénitien dont les images tristes me trottaient encore dans la tête.

— Écoute, j'ai fait un rêve très bizarre. Est-ce que je peux t'en parler ?

— Je m'en délecte déjà. Prends une douche, mange un morceau et rappelle-moi à 7 heures. Mon premier patient n'arrive pas avant 8 heures.

Demander au Dr Arnaud Marel s'il voulait analyser un rêve, c'était comme demander à un enfant s'il aimait les bonbons. Arnaud se goinfrait de rêves. Il ne mettait jamais les pieds au cinéma, affirmant que les songes qu'on lui racontait étaient bien plus passionnants que tous les films du monde. On s'était connus à l'université. J'avais vingt-cinq ans et je venais de reprendre des études en économie, il en avait trente-quatre et terminait un cursus en médecine commencé sur le tard. Des amis de fac m'avaient proposé de me joindre à une soirée choucroute chez le gros Robert, un restaurant des Pâquis connu pour ses menus gargantuesques. « On va bien rigoler, m'avait dit l'un d'eux, j'ai invité un copain qui fait médecine. C'est un vrai clown. À chaque fois qu'il y a un tube de moutarde sur la table, il ne peut pas s'empêcher de l'aplatir d'un coup au milieu du repas pour faire gicler la sauce. Avec la choucroute, ça ne va pas louper. Ambiance garantie. Fais juste attention de ne pas te placer trop près de lui si tu ne veux pas te faire repeindre à la moutarde ! »

Le soir chez Robert, je guettais avec curiosité l'arrivée du phénomène. Il ne ressemblait pas à un médecin, plutôt un bûcheron ou un guide de montagne. Épaules larges, visage hâlé, voix tonitruante. Sa silhouette imposante dégageait une impression de force et d'assurance. Pendant tout le repas, je l'ai observé à la dérobée à chaque fois que la moutarde passait à sa portée. Rien. Il parlait fort, buvait sec et éclatait parfois d'un rire retentissant. Mais il a traité le tube de moutarde avec la plus grande délicatesse. Nous étions une dizaine à table et j'étais placé trop loin de lui pour dialoguer, mais à un moment j'ai senti son regard perçant posé sur moi. À la fin de la soirée, alors que le groupe se dispersait, il s'est approché et m'a pris par l'épaule.

— Dis donc, l'économiste, tu m'as lorgné bizarrement pendant toute la soirée. J'ai un bouton sur le nez ? Je ressemble à l'amant de ta femme ? Ou c'est autre chose ?

Son ton n'était pas agressif, juste celui de quelqu'un qui attend une réponse. Je me sentais quand même très gêné. J'ai décidé de jouer la franchise et lui ai raconté toute l'histoire. Il a éclaté de rire.

— Tu vois comment on se bâtit une réputation. Le coup de la moutarde, j'ai dû le faire une ou deux fois en cinq ans. Et maintenant c'est devenu ma carte de visite. Je trouve ça fascinant, la façon dont les humains se racontent des histoires sur ceux qui les entourent. C'est pour ça que je veux me spécialiser en psychiatrie. C'est la partie la plus captivante de la médecine.

Il m'a détaillé avec des yeux rieurs.

— Mais toi mon vieux, tu dois vraiment manquer de distractions pour t'accrocher toute une soirée à un tube de moutarde. Si tu veux, je t'apprends la fête. Appelle-moi.

Et il est parti en sifflotant après avoir griffonné son numéro sur mon paquet de cigarettes.

C'est comme ça que nous sommes devenus amis. Beaucoup de fêtes, mais aussi des discussions passionnées sur les hommes, les femmes, le monde et notre place dans l'univers. J'ai tout de suite aimé sa sincérité. Il s'était construit un personnage public d'amuseur et de séducteur, mais avec moi il n'avait pas peur de montrer ses doutes, ses déprimes et ses craintes. Il m'a appris à le faire aussi et nous sommes vite devenus très proches. J'ai connu toutes ses épouses et vu grandir ses enfants. Il a été maître de cérémonie lors de mon mariage avec Carole, a vu Roxane et Léonore au berceau et a assisté à mon divorce.

Après avoir terminé sa spécialisation en psychiatrie, Arnaud a suivi les cours de l'institut Carl Gustav Jung à Zurich. Ça a été une véritable révélation. Il m'en a parlé pendant des mois. Depuis cette époque, il est convaincu que les théories du psychiatre suisse sont les seules qui décrivent l'esprit humain avec suffisamment de subtilité. Jung a été le disciple préféré et le successeur désigné de Freud. Mais ils se sont fâchés pour une histoire de sexe. Le médecin zurichois ne partageait pas l'opinion de son aîné selon laquelle nos rêves sont peuplés de désirs sexuels refoulés. Il pensait que notre inconscient contient la sagesse millénaire de l'humanité. Selon lui, les songes peuvent nous aider à mieux diriger notre vie si nous savons comprendre leurs messages. La méthode de Jung a pour but d'atteindre le soi, la partie de nous-mêmes qui nous relie au divin. Pour cela, il faut d'abord se différencier de notre masque social. Si l'on veut se retrouver, il est essentiel d'aller au-delà de l'image qu'on montre aux autres. C'est attirant comme tous les voyages initiatiques. Mais il y a un revers à la médaille. La thérapie est très longue, elle coûte cher et on arrive rarement au bout. Les théories de Jung ont été marginalisées par les progrès de la psychiatrie. Ce n'est pas un problème pour Arnaud qui juge toutes les autres approches incomplètes, stupides ou même dangereuses. Inutile de dire qu'il n'a pas beaucoup d'amis parmi ses collègues.

Je ne l'ai jamais considéré comme un psychiatre au sens médical du terme. Le Dr Marel ne prescrit pratiquement jamais de médicaments. Il considère que les symptômes sont un avertissement de notre âme pour nous dire que nous faisons fausse route. Et il affirme que l'envie de guérir est déjà une maladie. À mon avis, mieux vaut le consulter quand on va bien. Sa clientèle est faite de gens déçus par les thérapies conventionnelles et de personnes qui éprouvent le besoin de trouver un sens plus profond à leur existence.

— Tu sais, m'a-t-il dit un jour, je crois que le vrai but d'un thérapeute c'est d'aider chaque patient à faire son métier d'homme. Rien de plus.

— Et ça veut dire quoi faire notre métier d'homme ?

— Pas facile à expliquer. C'est un boulot très compliqué.

Notre amitié s'est construite de manière peu ordinaire. Pour moi, il jouait un peu le rôle du grand frère que je n'ai jamais eu. Je cherchais chez lui des conseils et des encouragements, mais ses réponses m'énervaient souvent et nous passions la moitié de notre temps à nous engueuler.

— Tu comprends vieux puceau, me lançait-il parfois. Quand je reçois un patient et que je vois ses névroses, je dois lui en faire prendre conscience avec beaucoup de précautions. Sinon, il risque de décompenser. Ou pire, de ne plus me payer. Mais toi tu es mon ami. Et ta santé mentale est plutôt bonne, en tout cas pour un banquier. Avec toi, je ne prends pas de gants. Et je t'aide à avoir une attitude virile face à tes problèmes. C'est le seul moyen de les dépasser.

— Très beau discours, j'applaudis. Mais est-ce que ça t'oblige à faire des plaisanteries de mauvais goût quand je te parle du départ de Carole ?

— Ce n'est pas ma faute si ta femme est partie pour se mettre en ménage avec un sapeur-pompier. Avoue que ça donne envie de plaisanter. Tu me demandes pourquoi elle t'a quitté. Je te réponds que le pompier doit mieux manier la lance que toi. C'est logique !

— Pauvre con. Quand ta première femme a déguerpi, j'ai essayé de te réconforter, pas de me foutre de toi.

— Je ne souffrais pas de la perdre, mais de ne plus voir mes enfants. Toi tu ne me parles pas de ta douleur de père, mais de ton orgueil de mâle blessé. C'est un tourment de l'ego, pas de l'âme. Je n'ai aucun respect pour ces peines-là.

Voilà à quoi ressemblaient nos dialogues, souvent émaillés de gros mots car Arnaud estime qu'une saine vulgarité peut constituer un outil thérapeutique très efficace. Les gros mots et l'activité physique sont pour lui les meilleurs remèdes contre la dépression. Quand j'ai commencé à avoir des angoisses, je lui ai demandé quoi faire.

— Du vélo ! a-t-il répondu sans hésitation.

Douché et rasé de frais, je beurrais mes biscottes en me remémorant les scènes de mon rêve. Il m'avait laissé une sensation pénible. Je me revoyais pleurant comme un enfant dans une ruelle de Venise. Ma première journée officielle en tant que directeur général commençait plutôt mal. J'ai terminé mon petit-déjeuner et j'ai appelé Arnaud. Il a décroché immédiatement.

— Alors vieux puceau, tu es prêt à consacrer un peu de temps pour écouter les messages de ton inconscient avant d'aller te pavaner au bureau ?

— Je suis prêt à t'écouter toi, à condition que tu ne dises pas trop d'imbécillités.

— Alors raconte !

Je lui ai décrit aussi précisément que possible les images dont je me souvenais, en essayant de rendre l'atmosphère d'étrangeté dans laquelle elles baignaient.

— Ça m'a mis dans un état bizarre. Qu'est-ce que tu en dis ?

— Excellent, excellent. C'est un grand rêve. Puissant et limpide. Moins les gens sont prêts à l'écouter, plus l'inconscient s'exprime clairement. Ça m'a souvent frappé.

— Ne commence pas ton petit jeu ou je te raccroche au nez.

— Mon ami, je suis convaincu que tu es capable de comprendre ce rêve. Reste à savoir si tu sauras accepter son message.

J'ai jeté un coup d'œil à ma montre. Il me restait vingt minutes avant de partir pour la banque.

— Arrête de tourner autour du pot et crache le morceau.

— À ton avis, quels sont les deux éléments clés de l'histoire ?

J'ai réfléchi quelques instants.

— La femme et les masques, je pense.

— Tu vois, quand tu veux ! Commençons par le masque. Qu'est-ce que ça t'évoque ?

— C'est presque trop évident. Si on croit aux théories de Jung, le masque symbolise ce qu'il appelle la persona. C'est-à-dire le rôle social que nous jouons.

— Exactement. Jung a choisi le terme en référence au masque que les acteurs de l'antiquité portaient sur scène pour que l'on reconnaisse leur rôle. La persona aide les autres à nous identifier. Elle a aussi une fonction de protection. Elle nous sert à préserver la part la plus intime de nous-mêmes tout en établissant les relations nécessaires pour vivre en société.

— Mais tu m'as souvent dit qu'elle pouvait devenir un obstacle dans notre évolution.

— Absolument. C'est le cas pour tous ceux qui s'identifient à leur masque. Ils confondent leur rôle social avec leur personnalité. Ça les empêche d'avancer, parce qu'ils sont prisonniers de la figure qu'ils montrent aux autres. Ils établissent avec leur entourage des relations de masque à masque et pas d'individu à individu. Il y en a une bonne série parmi les jeunes cadres dynamiques que tu côtoies.

— C'est bien joli, mais quel est le rapport avec mon rêve ?

— Tu ne vois pas ? C'est pourtant évident. Tu es le seul à ne pas porter de masque. La femme qui vient vers toi s'enfuit au moment où elle découvre que ton visage est nu. Et elle t'échappe encore quand tu veux lui enlever son déguisement. Mais la fin est positive, avec l'arrivée d'un messager qui t'apporte ce qui te manquait. Ton inconscient te montre que tu dois accepter d'entrer en relation avec les femmes à travers ta persona.

— Je ne comprends rien à ce que tu racontes.

— Depuis que Carole t'a quitté, tu cherches une femme qui t'aime pour toi et pas parce que tu es un banquier connu. Tu m'as seriné les oreilles avec ce discours. Le rêve te montre qu'une relation profonde ne peut pas se passer du masque. Il faut d'abord se rencontrer masqués, pour pouvoir ensuite se dévoiler. Toi, tu prétends brûler les étapes. Tu attends la compagne qui comprendra immédiatement les tréfonds de ton âme. Résultat, tu vis seul depuis cinq ans.

— Alors, qu'est-ce que tu veux que je fasse ?

— Moi, je ne veux rien. Mais le rêve parle de l'importance du masque. À toi de voir comment concrétiser. Et s'il t'a tellement frappé, c'est que son message veut se faire entendre.

J'ai jeté un coup d'œil à ma montre, 7 h 30. Il était temps d'endosser à nouveau mon costume de banquier. J'ai raccroché en promettant à Arnaud que je réfléchirais à ce qu'il m'avait dit.

La direction de la CMD se trouve dans un magnifique immeuble qui domine Genève, tout au bord de la colline de Saint-Jean. J'adore le regarder depuis le pont de la Coulouvrenière quand le soleil se reflète sur ses centaines de vitres étincelantes. C'est comme un château de verre et d'acier planté au bord du vide avec un air de défi. Toujours solide et digne malgré les tempêtes qui ont secoué le monde de la finance. Depuis mon bureau, je surplombe le Rhône. J'ai une vue magnifique sur les grandes banques de la rue de la Confédération et sur le jet qui propulse l'eau du lac Léman à 140 mètres de hauteur. J'ai pénétré dans le bâtiment pour cette journée qui couronnait ma carrière.

À 10 heures aurait lieu mon intronisation officielle. Un journaliste de la Tribune serait là. Mon staff était plus restreint que le précédent. Seulement six personnes travaillaient dans les mêmes locaux que moi. Robert Kamer mon nouvel adjoint, Béatrice Dallais mon assistante de direction, deux secrétaires et deux analystes financiers. Mais ce petit groupe était au sommet de la pyramide. C'était dans mon bureau que se prendraient la plupart des décisions concernant les banques francophones de la CMD. Et j'espérais bien pouvoir obtenir progressivement du directoire une marge d'autonomie maximale. L'avenir s'annonçait passionnant. J'ai chassé les images tristes de mon rêve et me suis mis au travail.

# IV

Les gens qui vivent seuls meurent avant les autres. Leur système immunitaire résiste moins bien aux maladies et ils souffrent plus souvent de dépression. En plus, il y a une inégalité flagrante entre les sexes. Les hommes solitaires s'en sortent beaucoup moins bien que les femmes. J'avais lu ça dans une revue médicale. Ça m'avait conforté dans mon opinion: la solitude n'est pas seulement triste, elle est aussi dangereuse. Je détestais être seul. Depuis mon divorce, ma principale préoccupation était d'organiser mes soirées, mes week-ends et mes vacances pour me retrouver le plus souvent possible en compagnie. Mon taux de réussite était assez élevé, mais je trichais un peu. Je ne prenais pas tous les congés auxquels j'avais droit. Encore un bon point qui a aidé à ma nomination.

J'étais chez moi, en train de préparer le salon pour la partie. La journée s'était très bien déroulée et je me réjouissais de lire l'article qui me serait consacré dans la Tribune du surlendemain. Je revoyais dans ma tête le programme des prochaines soirées. Ce soir, poker bimensuel. Demain, tennis avec Fabienne. Après-demain, apéritif avec Béatrice. Rien encore pour le week-end. Roxane et Léonore seraient chez leur mère avec le pompier. J'ai chassé rapidement cette image et j'ai recherché des solutions pour éviter une fin de semaine solitaire. Pas d'idées pour le moment, mais il me restait encore un peu de temps.

À 20 h 15, on a sonné à la porte. Je jouais souvent à deviner qui arriverait en premier. Ce soir-là c'était Paul, le plus jeune d'entre nous. Il m'a tendu une bouteille empoussiérée.

— Salut David. Est-ce que tu peux t'occuper de ça ?

J'ai jeté un coup d'œil à l'étiquette et j'ai failli lâcher la bouteille. Polo avait apporté un Corton-Chaumes de Louis Latour, millésime 1934.

— Où est-ce que tu l'as dénichée ? Il n'y en a plus aucune sur le marché. Même Maurice dit que c'est introuvable.

Il a mis un doigt sur ses lèvres avec un air mystérieux.

— Tu sais bien qu'on ne doit jamais mentionner ses sources. Je fête quelque chose ce soir et ça mérite un vin exceptionnel. J'ai envie de partager ma joie avec tous mes potes.

— Ça y est, tu as enfin fait fortune ?

— Pas tout à fait. Mais j'ai des projets prometteurs.

— Ça fait dix ans que tu nous dis ça.

— Dans les affaires, il faut savoir être patient. Mais ce que je fête ce soir n'a rien à voir avec le business.

— C'est quoi, alors ?

— Je révélerai tout quand on sera au complet. En attendant, il faut que tu décantes le vin.

En versant lentement le nectar dans une carafe, je pensais aux débuts du poker. Sept ans déjà que nous avions commencé nos parties. Grâce à Carole. Elle avait été prise d'une passion subite pour la danse africaine et suivait des cours tous les mardis soirs. Je restais à la maison pour m'occuper des enfants, mais je m'ennuyais ferme en l'attendant. C'est alors que j'avais eu l'idée de proposer à Paul et Lionel de venir jouer au poker chez moi. J'avais acheté un manuel pour comprendre les règles et les stratégies de base, et on s'était entraînés un certain temps avant de commencer à jouer pour de l'argent. L'enjeu mettait du piment dans la partie, même si les sommes restaient volontairement modestes. On achetait une boîte de mille jetons pour cinquante euros. Ça ne mettait pas en danger nos finances. Ce qui comptait, c'était le plaisir de se voir entre hommes, de déguster des vins nouveaux et de refaire le monde. À vrai dire, on refaisait surtout les femmes. Lionel venait de se faire mettre à la porte par la sienne et il en avait gros sur le cœur.

Assez rapidement, deux nouveaux joueurs avaient rejoint notre cercle. Jean-François, Jef pour les intimes, un copain biologiste que j'avais rencontré à l'université. Et Maurice, un œnologue réputé que Polo connaissait depuis plusieurs années. Nous nous entendions comme larrons en foire et le poker du mardi était devenu un moment fort de notre semaine. Les vins que nous buvions rivalisaient de finesse, nos stratégies de jeu devenaient toujours plus subtiles, et Carole rentrait de plus en plus tard. J'avais droit à de nombreuses allusions au sujet de son engouement soudain pour la danse africaine, mais je n'étais pas vraiment inquiet. Elle m'avait répété tant de fois que j'étais l'homme de sa vie et qu'elle m'aimerait jusqu'après la mort. Pour moi, notre mariage était un pacte qui nous unirait toujours. Je me sentais quand même un peu mal à l'aise devant ses retards. Nous décidions toujours à l'avance l'heure de fin de la partie qui ne dépassait généralement pas minuit. Nous avions pris l'habitude d'arrêter de jouer quand Carole arrivait. Mais au fil des mois, le moment de fixer le terme du jeu avait donné naissance à une plaisanterie rituelle.

— Alors, on joue jusqu'à quand ? demandait l'un des invités.

— Jusqu'à ce que Carole rentre, répondait un autre.

— Oh non, c'est beaucoup trop tard, hurlaient-ils tous en cœur.

— Bon, alors minuit ?

— Va pour minuit.

Et Carole arrivait deux fois sur trois après leur départ. Ils s'étaient même mis à prendre des paris là-dessus. Je savais que leurs plaisanteries n'avaient pas de méchanceté, mais mon sourire était un peu crispé lorsqu'ils me saluaient et partaient en me laissant seul à attendre ma femme.

La sonnerie de la porte m'a tiré de mes souvenirs. Je suis revenu au salon après avoir fini de décanter le bourgogne. Paul venait d'ouvrir à Maurice et Jean-François qui arrivaient ensemble. Nous nous sommes dirigés vers la table où j'avais installé le matériel de jeu et les verres. Au moment où j'allais m'asseoir, on a sonné de nouveau.

— Salut tout le monde ! Désolé pour le retard, la baby-sitter n'arrivait pas.

— Lionel, tu ne devrais pas autoriser ton ex à te fourguer le petit un soir de poker.

— Elle me l'a laissé pour la semaine. Elle est partie skier avec son nouveau mec.

— Elle te mène par le bout du nez. Quand je pense qu'elle t'a quitté alors que ton fils n'était même pas né.

— C'est vrai que c'était un mariage ultracourt. Six mois. Tu avais fait mieux sur le premier. Si tu continues comme ça, le prochain risque de ne pas dépasser le trimestre.

— Quand vous aurez fini de vous foutre de ma gueule, on pourra peut-être passer aux choses sérieuses.

Lorsque tout le monde a été assis, Paul a pris la parole.

— Les amis, j'ai apporté ce soir une bouteille exceptionnelle que je me réjouis de déguster en votre compagnie. J'aimerais partager avec vous une nouvelle très importante qui va certainement changer ma vie.

— Arrête Polo, tu me fais peur. Ça me rappelle le discours de David quand il nous a servi le Rouge d'Enfer, a lancé Jef.

La scène était gravée dans ma mémoire. Pas à cause de la bouteille, bien que le Rouge d'Enfer soit un excellent vin qui a gagné plusieurs concours internationaux, mais à cause de l'annonce qui l'accompagnait.

C'était en septembre. Carole m'avait appris plusieurs mois auparavant qu'elle était amoureuse d'un autre homme. Ce mardi, j'avais pris ma décision. Après l'arrivée de mes camarades, j'avais mis la bouteille sur la table et réclamé le silence.

— Mes amis, avant de déguster ce vin dont le nom s'accorde parfaitement avec ce que je vis en ce moment, j'aimerais partager avec vous une nouvelle qui va changer ma vie.

Les copains étaient assez dissipés ce soir-là et ils ne m'écoutaient que d'une oreille.

— Les paris pour savoir si ma femme arrivera avant ou après la fin de la partie cesseront dès aujourd'hui.

Là, j'avais senti que j'avais capté leur attention. Quelque chose dans le ton de ma voix les avait intrigués.

— J'ai prié Carole de quitter cette maison au plus vite, et j'ai décidé de demander le divorce.

Le silence était devenu absolu. Ils me regardaient tous avec des yeux ébahis.

— Je voulais vous remercier pour toutes ces parties de poker. Elles m'ont permis de vivre des belles soirées au lieu de me ronger les sangs en attendant ma femme. Carole ne s'absentait pas seulement pour des cours de danse, mais surtout pour retrouver son amant. Elle me trompe depuis une année avec un sapeur-pompier dont elle est folle amoureuse.

J'avais essayé de lancer ma tirade sur un ton désinvolte, mais ma voix tremblait. Il y avait eu quelques raclements de gorge et des exclamations de surprise.

— J'espère que nous pourrons continuer longtemps à nous retrouver. J'aurai beaucoup besoin de ces moments dans les mois qui vont suivre.

Un ange avait passé. Très lentement. Personne ne savait quoi dire.

— Bien sûr qu'on va continuer à jouer, avait finalement repris Lionel d'une voix un peu nouée. Et on a intérêt à commencer tout de suite, parce que l'heure tourne.

Polo a repris la parole.

— Depuis qu'on joue au poker, il n'y a pas eu que des choses tristes à annoncer. Pour ma part, je serai beaucoup plus bref, mais nettement plus gai que David à l'époque. Ce que je voulais vous dire, c'est que Lisa est enceinte !

Nous avons crié de joie, applaudi et félicité l'heureux papa. Paul et Lisa avaient une fille de cinq ans et ils essayaient sans succès depuis plusieurs années d'avoir un deuxième enfant. Je comprenais son bonheur. Pendant que tout le monde se levait pour embrasser Paul, je songeais à tous les événements qui avaient marqué nos parties. On y avait commenté la passion de Lionel pour une jeune infirmière trois ans après son divorce, leur mariage éclair et la fuite de sa femme enceinte. Le deuxième divorce de Maurice à cinquante-huit ans et sa troisième union une année plus tard avec une jeune Russe de vingt-huit ans « parce que les Russes savent encore que le devoir d'une femme sur terre, c'est de rendre un homme heureux ». Les multiples liaisons de Jean-François qui duraient largement plus que les miennes, mais avec aussi peu de succès final. Et même le bref emprisonnement de Polo en détention préventive pour une histoire de transferts de fonds. La vie avait coulé, les paquets de cartes avaient changé, mais nous étions toujours fidèles au poste. Ça n'était plus que deux fois par mois, et avec la progression de nos revenus, la boîte de mille jetons coûtait maintenant deux cent cinquante euros. Mais l'essentiel était de se retrouver autour du tapis vert, de goûter de nouveaux vins et de guetter les cartes. Un moyen comme un autre d'oublier pour un moment notre routine et nos soucis.

— Alors David, tu es maintenant officiellement promu grand chef, a lancé Jean-François pendant que je servais le bourgogne. Ce soir, on va te plumer pour que tu te souviennes longtemps de cette date.

— Arrête de dire des âneries et goûte plutôt la merveille que Paul nous a amenée.

— Au bonheur d'être père !

Nous avons tous levé nos verres et avons bu avec lenteur et concentration.

— Ah, il y a quand même des bons moments dans la vie !

— À propos de bons moments, a dit Maurice, on doit quand même avertir Polo qu'il y a un revers à la médaille. Mon cher, ta femme va prochainement entrer dans le club des TQ2. C'est le moment de te préparer.

Paul a ri de bon cœur avec nous. TQ2, c'était notre code pour désigner les femmes entre trente et quarante ans avec deux enfants. D'après notre expérience personnelle, confirmée par de nombreuses discussions avec les hommes de notre entourage, c'était dans cette catégorie que l'on trouvait le plus fort pourcentage d'épouses qui trompaient leur mari. À part Paul, nous avions tous divorcé au moins une fois. Et nos premières femmes nous avaient quittés dans la période TQ2. Mais plusieurs d'entre nous utilisaient maintenant la statistique pour leur compte en faisant des TQ2 leur terrain de chasse privilégié. La vie est une jungle.

J'ai regardé les visages de mes copains. Il y avait presque trente ans de différence entre le plus jeune et le plus âgé de la bande, mais une grande complicité nous unissait. Nous avions partagé des moments forts et difficiles. Le poker était aussi une occasion de parler de nous et des cicatrices que les femmes avaient laissées dans nos vies. Parfois, nous assistions impuissants à la nouvelle blessure de l'un d'entre nous. On en parlait avec cette pudeur virile qui cache les émotions derrière l'humour et l'ironie. J'avais beaucoup de tendresse pour eux.

— Alors, on joue ?

— Texas ?

— Texas.

Depuis une année, le Texas Hold'em avait remplacé le poker classique dans nos soirées. Le suspense était plus grand, les stratégies plus subtiles, les gains et les pertes plus rapides. En deux mots : plus d'adrénaline. Le passage à cette nouvelle manière de jouer avait coïncidé avec une nette diminution des discussions sur la gent féminine. Peut-être parce que les parties exigeaient plus de concentration, ou alors parce que nous avions perdu l'espoir de comprendre le sujet.

Au Texas Hold'em, on distribue seulement deux cartes à chacun, au lieu de cinq dans le poker classique. Il faut ensuite payer pour en avoir trois autres qui sont posées sur le tapis, visibles par tous les joueurs. Tous ceux qui ont déboursé la somme nécessaire continuent avec une quatrième carte, toujours posée découverte sur le tapis, puis une cinquième. À chaque étape, il est possible de se coucher, c'est-à-dire de quitter la partie en abandonnant l'argent qu'on vient de miser. Ceux qui continuent jusqu'au bout montrent les cartes qu'ils ont en main et les combinent avec celles qui sont sur le tapis. Celui qui forme le meilleur quintette ramasse tout l'argent. La difficulté du jeu, c'est qu'il faut prévoir à chaque étape non seulement les combinaisons réalisables avec les cartes que l'on a en main, mais aussi les possibilités données aux autres joueurs par les cartes visibles sur le tapis. Les débutants pensent qu'on gagne grâce à la chance. Les professionnels savent que sur une soirée entière, la chance n'a qu'une influence minime. C'est la stratégie qui prime. Nous, qui n'étions que des amateurs éclairés, comptions en général sur un mélange des deux.

— On joue jusqu'à quand ?

— Minuit ?

— Non, trop tard, j'ai un conseil d'administration demain matin ; 11 heures ?

— 11 h 30 ?

— OK

— On finit toujours plus tôt, vous vieillissez les mecs !

— Oui, mais on mise toujours plus gros !

— Banquier, fais ton office.

J'ai encaissé les deux cent cinquante euros de chaque joueur et leur ai donné une boîte de jetons. Lionel a battu les cartes, a fait couper à Maurice et a distribué la première donne. La partie était lancée.

La soirée s'est plutôt mal déroulée pour moi. J'ai gagné trois parties, mais avec des sommes misérables sur le tapis. Par contre, j'ai perdu un maximum sur deux gros coups, une fois contre Jef et l'autre contre Polo. Résultat : lorsque nous avons ouvert la bouteille de Saint-Émilien qui succédait au Corton-Chaumes, j'avais déjà fini ma première boîte de jetons. J'ai remis deux cent cinquante euros pour me recaver. Mais à 11 heures, ma pile de jetons avait presque fondu de moitié. J'ai décidé de me recaver encore une fois. J'avais déboursé sept cent cinquante euros. Il fallait tout tenter dans la dernière demi-heure pour me remettre à flot. Je savais qu'en fin de jeu, l'alcool aidant, les mises allaient encore augmenter. À moi d'attendre le bon moment.

Il est arrivé à 11 h 20. C'était Polo qui donnait et il m'avait mis un roi et un as de cœur dans les mains. Je jouais en avant-dernier. Tout le monde avait mis cinquante pour voir les trois premières cartes sur le tapis. Dix de cœur, valet de cœur, six de trèfle. Maurice a remis cinquante, suivi par Lionel. Jef a pris dans sa main un, puis deux, puis trois jetons de cinquante. J'ai compris que ça allait monter haut. Il me manquait juste un cœur pour former une couleur imbattable, puisque j'avais l'as en main. J'ai lancé quatre jetons de cinquante sur la table. Polo s'est couché. Maurice m'a fait un petit sourire et est monté à trois cents. Jef et Lionel ont suivi. J'ai décidé d'égaliser. Polo a retourné très lentement la quatrième carte pour faire durer le suspense. Six de pique. Maurice a démarré à cinquante. Soit il voulait nous appâter, soit il n'avait pas eu la carte espérée. Lionel a suivi. Jef s'est étiré, a baillé, et a mis quatre cents sur le tapis. Je sentais mes pulsations accélérer. Si je m'arrêtais là, ma soirée était fichue. En continuant, je pouvais toujours faire ma couleur à condition que la dernière carte soit un cœur. J'ai égalisé. Il y avait largement plus de deux mille sur la table. Je pouvais refaire tout mon retard sur ce seul coup. Maurice et Lionel se sont couchés. Manifestement, ils n'avaient pas eu ce qu'ils souhaitaient. Ça se jouerait entre Jef et moi. Tous les regards étaient braqués sur nous au moment où Polo a retourné lentement la dernière carte. J'ai vu d'abord qu'elle était rouge. Une chance sur deux. Carreau, je n'avais rien, cœur j'avais couleur ou quinte flush. Paul a fini de retourner la carte.

C'était un six. Foutu pour la quinte flush. Mais un six de cœur ! J'avais ma couleur. J'ai dévisagé Jef. Il avait beaucoup gagné jusque-là. Une jolie pile de jetons trônait devant lui. Il m'a souri suavement et a avancé sa main droite vers le tas de jetons. Il a pris un jeton de cent et l'a déposé dans sa main gauche, puis a recommencé son manège avec un deuxième jeton de cent. Puis un troisième, un quatrième. Il y avait un silence total autour de la table. Nous étions tous comme hypnotisés par Jef qui répétait sans cesse le même mouvement. Cinq jetons de cent dans sa main gauche. Six. Sept. Ils faisaient un petit bruit mat en tombant dans sa paume. Huit jetons. Neuf. Dix. Jef m'a fixé droit dans les yeux et a versé ses jetons en pluie sur le tapis.

— Mille pour voir, a-t-il murmuré.

Comme d'habitude, il avait parfaitement joué son coup. Le six de cœur me donnait une couleur, mais il introduisait un élément nouveau dans le jeu. Il y avait maintenant trois six sur la table. Si Jean-François avait le quatrième en main, il pourrait faire un carré qui battrait ma couleur. Même une paire, n'importe laquelle, lui suffisait pour former un full qui m'enfoncerait aussi. Il savait que je ferais ce raisonnement. Même s'il n'avait rien, c'était le moment idéal pour bluffer en mettant un maximum d'argent sur la table. Jean-François appliquait à la perfection un principe qui vaut aussi bien au poker que dans les relations humaines : moins le comportement futur d'une personne est prévisible, plus cette personne a de pouvoir. Si l'on peut facilement prédire ce que vous allez faire, votre pouvoir est nul. Avec lui, impossible de savoir s'il avait un bon jeu. Il pouvait miser des sommes énormes avec des cartes misérables en main. Mon choix était simple. Ou me coucher pour économiser deux cent cinquante euros ou tout mettre sur le tapis pour savoir si Jef bluffait.

— Allez, David, paie pour voir, sinon tu ne dormiras pas de la nuit m'a soufflé Polo.

— Pense aux copains. On veut savoir ce qu'il a. Tu ne peux pas le laisser s'en tirer sans montrer ses cartes, a renchéri Maurice.

Jef souriait toujours en sirotant son vin. J'ai poussé tout mon pactole sur la table.

— Mon vieux, je paie par acquit de conscience. Mais j'imagine que tu as un six ou une paire en main.

— Tu n'en es pas sûr à cent pour cent, a répondu Jef. Tu as besoin de voir pour lever le dernier doute. C'est très dur de rester dans l'incertitude. Toi, tu ne le supportes pas et ça va te coûter cher.

Il a posé le six de carreau sur le tapis.

— Poker de six. Je suis sûr que tu n'as pas mieux, a-t-il dit en ramassant tous les jetons.

Très mauvaise soirée.

# V

Après la partie de poker endiablée de la veille, ma journée de travail m'a paru presque reposante. Ma nouvelle équipe était composée de personnes compétentes et agréables. J'étais très heureux d'avoir retrouvé Béatrice Dallais. Elle avait commencé sa carrière comme secrétaire dans mon staff de back office à l'époque où je dirigeais la petite succursale de Plainpalais, mais j'avais très vite senti qu'elle assumerait un jour des postes plus importants. Mon prédécesseur l'avait engagée comme assistante de direction deux ans plus tôt et il ne tarissait pas d'éloges à son sujet. Il lui avait même proposé de le suivre à Zurich dans ses nouvelles fonctions. Heureusement pour moi, elle avait préféré rester à Genève. Robert Kamer, mon nouvel adjoint, s'est révélé fiable, consciencieux et de bon conseil. Il avait une excellente connaissance du terrain et m'aidait à garder l'œil sur les éléments importants des différents dossiers. Le soir venu, je me sentais en pleine forme et je me réjouissais d'aller faire du tennis. Un jeu tout aussi subtil que le poker, mais nettement meilleur pour la santé.

Lorsque je me suis garé devant le tennis club de Pinchat, j'ai vu que la voiture de Fabienne n'était pas dans le parking. Je me suis changé et j'ai bu un verre d'eau minérale au bar en l'attendant. Elle a fait son entrée au pas de course un quart d'heure plus tard et m'a embrassé sur la joue.

— Fab, quand on s'est connus j'avais dix ans et toi sept. Et depuis ce temps-là, pas une seule fois tu n'es arrivée à l'heure. Je dois t'attendre à chaque rendez-vous. Ça a commencé quand on allait à l'école ensemble.

— Alors tu es habitué, ne fais pas le grincheux.

— Comment tu fais au travail ? Est-ce que les profs ne sont pas censés être ponctuels ?

— Tu oublies que j'enseigne l'histoire. Quelques minutes ne sont rien quand on survole les siècles.

Elle a filé à grandes enjambées vers le vestiaire des dames. J'ai vu que plusieurs hommes suivaient des yeux son passage. Sa longue silhouette ne laissait pas indifférent.

Quelques minutes plus tard, elle est ressortie et s'est dirigée vers moi de son pas décidé.

— On devrait déjà être sur le court Fab. J'espère que pour ton mariage au moins, tu seras à l'heure. Tristan ne va pas apprécier si tu retardes toute la cérémonie.

Elle est restée un moment sans rien dire. Il m'a semblé voir une mimique de contrariété sur son visage.

— Bon. Je vais vider mon sac avant le match, sinon je suis sûre que je vais mal jouer. Tristan et moi, c'est fini. Je l'ai quitté.

J'étais stupéfait. Lorsque j'avais dîné avec eux un mois plus tôt, ils préparaient leurs noces.

— Mais qu'est-ce qui s'est passé, Fab ? Vous aviez déjà choisi l'église.

— Je n'ai pas envie d'en parler maintenant. C'est fini, voilà. On ne va pas en faire un drame. La vie continue.

— Mais enfin, ça faisait cinq ans que vous viviez ensemble. Je m'en souviens, tu l'as connu quelques mois avant mon divorce. On ne se quitte pas comme ça après cinq ans.

— Eh bien si, mon grand, on se quitte comme ça.

J'ai eu une soudaine inspiration.

— Tu es tombée amoureuse d'un autre, c'est ça ?

Elle a secoué la tête d'un air exaspéré.

— Vous les hommes, vous devez avoir un seul neurone qui fonctionne dans ce genre de situation. Tristan m'a posé exactement la même question.

Elle m'a saisi le poignet.

— Il n'y a personne d'autre, David. Tu vas me croire toi au moins ?

— Calme-toi, Fab. Bien sûr que je te crois. Mais c'est tellement inattendu. C'est arrivé quand ?

— Ça fait deux semaines. Je lui ai laissé l'appartement. J'ai déjà trouvé autre chose.

— Mais pourquoi tu ne m'as pas appelé ?

— Pour faire quoi ? Le conseiller conjugal ou le grand frère consolateur ? C'est bon, je vais bien. J'ai beaucoup réfléchi et je suis certaine d'avoir pris la bonne décision. Ne te fais pas de soucis.

Elle a fini son verre et s'est levée.

— Et maintenant, tu vas te faire corriger en deux sets par une faible femme.

— Si ton service est aussi mauvais que la dernière fois, je n'ai aucun souci !

Je l'ai suivie en direction du court numéro trois et l'ai observée pendant qu'elle s'échauffait de l'autre côté du filet. Elle avait noué ses cheveux en queue-de-cheval et sautillait sur place en levant alternativement les genoux avec un air concentré. Elle dégageait une assurance qui m'a troublé. J'étais frappé par son apparente tranquillité alors qu'elle venait de détruire son couple. J'ai pensé à Tristan. Il devait se sentir très mal. Nous avons commencé à échanger quelques balles. Fabienne était nettement meilleure technicienne que moi. Ses coups étaient réguliers, bien placés mais pas très puissants. De mon côté, je compensais mon manque de technique par un jeu plus agressif et je comptais aussi sur ma bonne vitesse de course. Nos parties étaient très disputées. J'avais beaucoup de plaisir à jouer avec elle. Mais lorsque nous nous sommes assis côte à côte sur les chaises au bord du court avant de commencer le match, je n'ai pas pu m'empêcher de la questionner à nouveau.

— Fab, je n'en reviens pas que tu aies quitté Tristan. Il faut que tu m'expliques.

— Je t'ai dit que je n'avais pas envie d'en parler.

— Tu es ma meilleure amie. Ça te paraît indécent que j'essaie de savoir pourquoi tu as rompu à quelques mois du mariage ?

Elle a soupiré, puis son regard s'est illuminé d'un éclair malicieux.

— David, on va commencer un match de tennis, ce n'est pas vraiment le moment pour les grandes discussions sur les difficultés du couple. Mais je te propose une solution. Avant chaque changement de côté, je te donnerai un indice. Et à la pause suivante on en rediscutera. Comme ça tu vas cogiter pendant tout le match et ça augmentera mes chances de te battre.

Je connaissais les talents de pédagogue de Fabienne, ça promettait d'être intéressant.

— Vendu. À condition qu'on fasse une pause après le premier jeu. Donne-moi ton indice.

— D'accord. Tu connais mon credo d'historienne. Pour comprendre le présent, il faut bien étudier le passé. Cette fois, je t'emmène au temps des cavernes.

— Euh, tu es sûre qu'il faut remonter aussi loin pour expliquer ta rupture ?

— Tu voulais des éclaircissements, non ? Alors ouvre tes oreilles et fais marcher tes neurones. Dis-moi d'abord comment tu imagines les relations entre hommes et femmes à cette époque.

J'ai réfléchi un instant.

— Eh bien, ça ne devait pas être évident pour les femmes. Elles devaient dépendre complètement des mâles pour se nourrir, se protéger des prédateurs, ne pas mourir de froid en hiver. Et quand ces messieurs avaient envie de faire des galipettes, elles ne pouvaient pas prétexter une migraine pour refuser.

— Tu as tout faux, mon grand. Les spécialistes pensent que les conditions d'existence des premiers humains étaient très favorables pour les femmes. Grâce à la cueillette et à la pêche, elles ramenaient autant de nourriture que les chasseurs. Elles avaient donc autant de pouvoir qu'eux. Elles se donnaient aux mâles qu'elles choisissaient, mais ne formaient que des couples provisoires. Leur sexualité était très libre. Les hommes devaient protéger tous les jeunes de la tribu, car ils ne savaient pas lesquels étaient leurs propres enfants.

— Un paradis pour les féministes. Mais qu'est-ce qui a fait changer tout ça ?

— Un simple ustensile. Que je te demande de découvrir. Et maintenant, allons jouer !

Sans attendre ma réaction, elle s'est dirigée vers son carré de service. J'ai pris place dans mon camp en réfléchissant à sa question. Un ustensile qui avait transformé les rapports entre hommes et femmes au début de l'histoire. L'arc et la flèche peut-être ?

Le premier service de Fabienne est arrivé court et complètement à droite du carré. Je n'ai même pas touché la balle.

La hache ? Le feu ?

Elle m'a adressé un deuxième engagement très long. Mon retour a fini dehors.

Des images cavernicoles défilaient dans ma tête. Le silex ? La fourrure ?

Sa troisième balle s'est écrasée sur la ligne et a filé hors de ma portée.

Quarante à zéro, ça commençait très mal. J'ai décidé d'oublier les hommes des cavernes. Mais les idées continuaient à se bousculer. Il fallait peut-être chercher plus loin. La roue ? L'agriculture ?

J'ai réussi à renvoyer sa quatrième mise en jeu, mais ma balle est sortie de quelques centimètres.

— Un jeu à zéro, a-t-elle lancé gaiement alors que nous nous dirigions vers les chaises au bord du court. Qu'est-ce que tu dis de mon service ?

— Il est varié, ai-je répondu d'un ton maussade. Mais la partie ne fait que commencer. Je vais améliorer ma concentration dès que j'aurai résolu ton énigme.

— Ça veut dire que tu n'as pas trouvé ?

Son ton était légèrement ironique.

— Je pense que ça a quelque chose à voir avec la découverte de l'agriculture. Ça a été un important bouleversement dans l'histoire humaine.

— Pas mal pour un banquier ! Tu étais proche de la solution. L'ustensile qui a tout changé, c'est la charrue.

— Là, il va me falloir quelques explications supplémentaires.

— Comme tu l'as mentionné, après l'époque des nomades qui se déplaçaient pour chasser le gibier et cueillir les fruits, il y a eu la révolution de l'agriculture et de l'élevage. Plus besoin de se déplacer. On domestique les animaux et on plante les semences. Nourriture assurée pour tous. Avec un outil fondamental : la charrue qui permet de labourer et de fertiliser la terre. Mais la charrue est lourde. Les femmes ne sont pas assez fortes pour la manier. Les gros travaux des champs seront faits par les hommes. Les femmes ne sont plus pourvoyeuses de nourriture. Elles sont confinées aux soins des enfants et aux petits travaux. Leur statut social baisse, et leur liberté de choisir leurs partenaires sexuels aussi. Les couples se stabilisent, les mâles surveillent leurs femmes pour éviter qu'elles se fassent féconder par d'autres hommes. Comme ils deviennent à peu près sûrs d'être les pères des bébés de leurs compagnes, la notion d'héritage voit le jour. La fortune est transmise des parents aux enfants et particulièrement entre hommes, de père en fils. Les structures de la société changent et une invention sociale nouvelle va définitivement confirmer le pouvoir des hommes. À toi de la découvrir.

Après ce cours d'histoire express, elle a essuyé le manche de sa raquette et s'est levée pour reprendre la partie. Je me suis battu comme un beau diable durant les deux jeux suivants. Mais lorsque nous nous sommes retrouvés sur les chaises, Fabienne menait trois à zéro.

— Alors, tu sèches autant en histoire qu'en tennis ? Est-ce que tu as trouvé la réponse à ma dernière question ? m'a-t-elle demandé en saisissant la bouteille d'eau.

Je me suis épongé le visage avec mon linge pour me donner le temps de reprendre mon souffle. Elle m'avait beaucoup fait courir. Mais je n'avais pas l'intention de me laisser faire. Il fallait jouer tactique. Et d'abord, lui montrer que j'étais tout à fait capable de résoudre ses énigmes.

— Non seulement j'ai la réponse, mais en plus je commence à voir le lien avec ta situation personnelle.

Elle m'a scruté d'un œil intéressé.

— Ah bon. Voyons ça.

— Eh bien, je pense que l'invention sociale qui d'après toi a donné le pouvoir aux hommes, c'est le mariage. Et je crois que tes cogitations sur le mariage prévu avec Tristan ne sont pas étrangères à ta rupture.

— Bravo mon grand ! Tu as mis dans le mille.

— Donc d'après toi, le mariage est une expression de l'impérialisme masculin. Ça vaut sûrement pour les siècles passés, mais je ne crois pas que ça soit toujours le cas. Loin de là. Quand je regarde la pension que je verse à Carole, je n'ai pas l'impression d'être un oppresseur.

— Là tu parles de divorce, pas de mariage. Moi je dis que l'histoire du mariage est très révélatrice sur ses fonctions passées, mais aussi actuelles.

— Je me réjouis d'entendre tes arguments.

— La suite au prochain épisode. Allons d'abord continuer cette partie.

Le prochain épisode est arrivé à la pause suivante, alors que Fabienne menait cinq jeux à zéro. Ça tournait à la débâcle, mais j'avais décidé de laisser filer le premier set et de tout tenter au second. Une fois en confiance, Fab commettrait peut-être des erreurs. Pour l'instant, elle jubilait.

— Après le cours de tennis que je viens de te donner, je vais t'en offrir un sur l'histoire du mariage. Pour commencer, sais-tu quand c'est devenu un sacrement ?

C'était le moment de puiser dans mes réserves de culture générale pour me montrer à la hauteur.

— Pas exactement, mais je sais que c'est saint Augustin qui a posé les bases du mariage religieux. Donc ça doit remonter à quelques centaines d'années après Jésus-Christ.

— Juste et faux, mon grand. Tu as raison sur saint Augustin. C'est bien lui qui a défini le mariage chrétien, une définition toujours en vigueur aujourd'hui. Il vivait vers l'an 400 et affirmait que le mariage est basé sur trois éléments fondamentaux : la procréation, la fidélité et l'indissolubilité. Mais tu as tout faux sur la date à laquelle l'Église a officialisé le mariage. Le premier document connu date de 1184. C'est seulement 1200 ans après la mort du Christ que les chrétiens ont inclus le mariage dans la liste des sacrements. Intéressant, non ?

— Pourquoi ont-ils attendu si longtemps à ton avis ?

— Ils devaient avoir de sacrés débats sur l'indissolubilité de l'union. Saint Augustin était bien gentil, mais passer toute sa vie avec la même personne ce n'est pas toujours évident. D'ailleurs l'Église d'Orient a admis le remariage pendant très longtemps. Constantin Copronyme, le Basileus de Byzance, a divorcé et s'est remarié trois fois à l'église. En plus, rendre le mariage sacré c'était aussi promouvoir les relations sexuelles. Beaucoup d'ecclésiastiques pensaient que les prêtres ne devaient pas bénir les mariages, puisque la voie royale vers le Seigneur passe par la chasteté. Pour saint Paul, par exemple, vivre avec une femme n'était qu'une solution de secours pour ne pas sombrer dans la luxure. Sa célèbre formule « mieux vaut se marier que brûler » est révélatrice.

— Mais alors qu'est-ce qui les a poussés à finalement inclure le mariage dans les sacrements ?

— À mon avis, c'est parce que ces braves hommes ont estimé que ça serait le meilleur moyen de contrôler la sexualité des gens ordinaires pour qui la voie de la chasteté était trop difficile. Et surtout la sexualité des femmes qui a toujours fait peur aux mâles. Allons jouer. Après, je te ferai découvrir quelques anecdotes sur les règles de saint Augustin.

Comme prévu, j'ai perdu le premier set six à zéro. Nous avons décidé de faire une pause un peu plus longue. Ça me convenait. C'était l'occasion d'entendre la fin de l'histoire et de me refaire une santé pour livrer une vraie bataille dans la suite de la partie.

— Je te préviens. Le deuxième set ne ressemblera pas au premier, ai-je lancé à Fabienne. Maintenant, raconte.

— Tu te souviens des règles de notre saint homme ?

— Fidélité, procréation et indissolubilité, ai-je répondu avec l'assurance d'un premier de classe.

— Alors venons-en au premier point. Voici l'interprétation que ces messieurs ont faite de la fidélité. Pour eux, ça ne consistait pas seulement à éviter de tromper le conjoint. Il fallait aussi le soutenir dans son combat contre l'adultère. D'où la notion fort subtile de devoir conjugal. Celui des deux qui avait le moins souvent envie de sexe (presque toujours la femme, évidemment) devait se soumettre aux désirs de l'autre pour l'aider à ne pas assouvir ses besoins ailleurs. Ça faisait partie du pacte d'assistance mutuelle.

— J'aime bien cette façon de voir.

Fabienne n'a pas relevé.

— Écoute bien jusqu'où peut mener ce raisonnement, a-t-elle repris. Je vais te réciter un décret de l'Officialité de Paris qui date du 7 mai 1386. Je l'ai trouvé à la Bibliothèque nationale et il m'a tellement bouleversée que je l'ai appris par cœur.

Elle s'est éclairci la voix, puis a déclamé.

— Il est enjoint à Jeannette, femme de Simon Chevrier, atteint de la lèpre, d'obéir à son mari et de lui rendre le devoir conjugal dans un lieu sûr, sous peine d'excommunication.

Je suis resté muet quelques secondes. Difficile de plaisanter après cette sentence.

— Bon, d'accord, il y a sûrement eu des abus. Mais tu dois admettre que ça n'a plus cours aujourd'hui.

— Ça n'a plus cours chez nous parce que les femmes se plient moins aux diktats de l'Église. Mais la doctrine fondamentale du mariage religieux est restée la même. C'est une institution clairement machiste qui a pour but de soumettre les femmes à la volonté des mâles. Regarde le deuxième principe de saint Augustin. Selon lui, faire l'amour sans vouloir procréer est un péché. Résultat : quand le mâle avait envie de sexe, la femme devait accepter de faire un enfant. Beaucoup d'épouses ont passé les trois quarts de leur vie de couple à être enceintes. Est-ce que tu peux imaginer ce que dix ou quinze grossesses font au corps d'une femme ?

Je suis resté silencieux.

— Quant au troisième principe, il a aussi largement profité aux hommes, a-t-elle continué. Ils pouvaient se comporter de manière odieuse sans risquer d'être quittés par leur femme qui de toute façon n'avait pas les moyens de survivre sans eux.

— Mais enfin, Fab, tu savais déjà que les femmes ont été opprimées. Tu ne vas pas me dire que ce sont ces lectures sur l'histoire du mariage qui ont provoqué ta rupture avec Tristan.

Elle a eu une moue dubitative.

— Disons que ça a cristallisé un certain nombre de choses. Mais je n'ai pas envie d'en parler maintenant. Ce que je peux te dire, c'est qu'une phrase m'a beaucoup fait réfléchir. C'est une citation de saint Jérôme. Celle-là aussi, je l'ai apprise par cœur : « Si un homme aime trop intensément une femme, même la sienne, il est coupable d'adultère. Il n'y a rien de plus immonde que d'aimer sa femme comme une maîtresse. »

— Un vrai romantique, ce brave Jérôme.

Elle m'a lancé un regard soutenu.

— En lisant cette phrase, j'ai réalisé que c'était exactement ça que je cherchais. Je veux un mari qui puisse m'aimer comme une maîtresse, même si c'est un péché pour l'Église. Et j'ai compris que Tristan n'en serait jamais capable. Maintenant, tennis !

J'ai senti qu'elle n'en dirait pas plus et j'ai décidé de me concentrer sur le jeu.

Le début du deuxième set a été flamboyant. J'avais enfin réussi à régler mes coups et je sentais que Fabienne n'était plus aussi affûtée qu'au commencement de la partie. Nous nous battions tous les deux à la limite de nos forces. Elle exploitait ma moindre erreur de placement. Je courais comme un fou pour lui renvoyer des balles imprenables. Elle plaçait ses coups à quelques centimètres des lignes et me faisait galoper dans tous les sens. Je frappais le plus fort possible avec des cris de bûcheron en espérant la mettre en difficulté. Nous ne parlions presque plus durant les pauses, trop occupés à reprendre notre souffle et à nous désaltérer.

Je venais de lui prendre son service pour la première fois du match et je menais quatre jeux à trois. Nous récupérions en silence. J'ai senti que c'était le tournant de la partie, la victoire était à ma portée. Si je confirmais le break à cinq trois, le deuxième set était pour moi. Et j'étais sûr de la battre dans la troisième manche. Elle ne tiendrait pas un set de plus à ce rythme-là. Comme si elle avait lu dans mes pensées, elle s'est levée avec une étincelle de défi dans les yeux.

— Alors... mon grand. Tu... crois que c'est... dans la poche, a-t-elle haleté. Tu ne sais pas... encore qu'avec une... femme, il ne faut pas crier... victoire trop tôt.

J'ai compris qu'elle allait tout tenter pour gagner le match en deux sets. C'était sa seule chance. Les prochains échanges s'annonçaient tendus.

— Garde ton souffle pour la partie, ai-je répliqué. Tu en auras besoin.

Le jeu suivant a été un véritable festival. Elle a puisé dans tout l'assortiment de ses coups. Retours de service sur la ligne, passings au cordeau, coups droits liftés jaillissants, revers croisés meurtriers. J'ai eu droit à une démonstration de tennis. J'avais beau frapper fort, monter à la volée, servir des boulets de canon, la balle revenait toujours vers moi au plus mauvais endroit. Là où il m'aurait fallu des bras plus longs de dix centimètres pour la toucher. Elle m'a repris mon engagement et a égalisé à quatre partout. Je l'observais pendant qu'elle préparait sa balle de service. Son visage affichait un masque volontaire. Ses gestes étaient précis et souples. Mais le plus impressionnant, c'était la grâce de son jeu. Même dans les phases les plus difficiles, elle gardait une aisance fluide dans ses mouvements et frappait la balle avec une efficacité silencieuse. Avec mes mouvements saccadés et mes grognements d'homme des cavernes au moment de lâcher mes coups, je me suis senti comme Quasimodo devant Esmeralda. Cet état d'esprit ne m'a pas vraiment aidé. Elle a remporté facilement son service. En revenant sur le court après la pause, je savais que c'était le moment de tout donner. Elle menait cinq à quatre. J'allais servir pour égaliser ou perdre la partie.

Trois fois, j'ai eu l'occasion de remporter le jeu, et j'ai sauvé deux balles de match. Je sentais que ça basculerait sur un rien. Quand elle s'est arrogé sa troisième balle de match grâce à un lob imprenable, j'ai décidé d'attaquer en force pour sauver ma peau. J'ai ajusté un service croisé puissant, mais elle a retourné une balle très longue qui m'a obligé à frapper en reculant. Je l'ai vue se précipiter à la volée. J'ai tenté un coup droit le long de la ligne pour la passer, mais j'ai su en frappant la balle qu'elle arriverait à la prendre. J'ai foncé vers la gauche, certain qu'elle jouerait sur mon revers. Mais au mouvement de sa raquette, j'ai compris qu'elle allait faire un amorti. J'ai démarré comme une fusée. L'amorti était parfait. La balle est tombée mollement à quelques centimètres du filet. Je courais de toutes mes forces pour l'attraper avant qu'elle ne touche le sol une deuxième fois. Je la voyais retomber comme au ralenti et j'ai senti que je pouvais y arriver. Je me suis tendu en avant au maximum. Il s'en est fallu de quelques millimètres, mais la balle était déjà au sol quand ma raquette l'a touchée.

Emporté par mon élan, je n'ai pas réussi à freiner avant le filet et j'ai terminé ma course en plein sur Fabienne qui a supporté le choc avec l'aplomb d'un joueur de rugby. Dans les bras l'un de l'autre, essoufflés et épuisés, nous avons éclaté ensemble d'un rire libérateur. J'avais perdu, mais quel beau match ! Mes mains serraient les épaules de Fab et je sentais son souffle sur ma figure. Je voyais la sueur briller dans l'échancrure de son T-shirt, entre ses seins dont les rondeurs se soulevaient au rythme rapide de sa respiration. Tout son corps dégageait le plaisir brut d'avoir bougé, couru, sauté. C'était très beau. Sensuel aussi. Nos regards se sont croisés et il y a eu un bref moment de gêne. Elle a perçu mon trouble et s'est dégagée lentement. J'ai ramassé ma raquette pour me donner une contenance. Elle m'a souri.

— Allez, mon grand. C'est le moment de partir à la douche la tête basse. Tu viens de te faire battre en deux sets par une faible femme, comme je te l'avais prédit. Ce soir, c'est toi qui offres la pizza !

Deux pizzas siciliennes et un litre d'eau gazeuse, c'était notre menu rituel après nos matches. Nos habitudes étaient connues au restaurant du tennis club, et nous étions servis sans même avoir besoin de passer commande. Fab s'est attaquée avec entrain à sa portion. Elle dévorait avec l'appétit d'un jeune fauve.

— Tu vois mon grand, je reviens aux joies simples. Battre un homme au tennis, partager un repas en bonne compagnie, lire un bouquin intelligent. Pour l'instant, ça suffit à mon bonheur.

— Je suis heureux d'avoir contribué à ton bien-être. Mais en ce qui concerne la lecture, j'espère que tu t'intéresses à d'autres sujets que l'histoire du mariage. Je ne suis pas sûr que cette littérature t'aide vraiment.

Elle a englouti une portion de pizza et l'a mâchée soigneusement avant de répondre.

— Je te l'ai déjà dit, le passé nous apprend beaucoup sur le présent. Si j'ai consulté tous ces bouquins, c'est parce que je me posais pas mal de questions. Et mes recherches m'ont aidée à y voir plus clair. Je pense que certaines femmes occidentales se retrouvent maintenant dans une situation très proche de ce qui se passait avant l'invention de la charrue. Elles ont conquis leur indépendance économique, jouissent d'un statut social plus élevé et d'une sexualité plus libre. Comme leurs ancêtres des cavernes, elles peuvent choisir leurs partenaires et les quitter s'ils ne leur conviennent plus.

La boucle est bouclée. C'est un énorme bouleversement après des siècles d'oppression. Et j'ai la chance de faire partie de ces femmes privilégiées.

— Carole en fait partie aussi, ai-je dit d'un ton grinçant. Et elle a utilisé sa liberté pour détruire notre famille.

Fabienne a bu une gorgée d'eau.

— Là tu touches le fond du problème, a-t-elle repris. Avec cette nouvelle donne, les femmes ont beaucoup plus de pouvoir. La religion, l'économie et les lois ne protègent plus les hommes. Et je crois qu'ils commencent à avoir peur de ce qui se passe.

— Avoue qu'il y a de quoi ! J'ai toujours été un mari correct. Carole n'a manqué de rien. Je n'ai jamais levé la main sur elle en dix ans de mariage et je l'ai vraiment aimée. Et ma récompense, c'est qu'elle me quitte en emmenant nos deux enfants parce qu'un sapeur-pompier lui a déclaré sa flamme. En plus, c'est moi qui finance sa nouvelle vie. Tu ne crois pas que les hommes ont quelques raisons de s'inquiéter ?

Elle avait terminé son plat et me fixait avec intensité, les mains croisées sous le menton. Elle a posé ses bras sur la table et m'a gratifié d'un sourire un peu triste.

— Ça n'est évident pour personne. Les hommes doivent accepter de perdre un peu de leur pouvoir. Et les femmes devront apprendre à gérer celui qu'elles ont gagné. Elles ont conquis plus de liberté, y compris celle de faire des erreurs.

— Des erreurs qui provoquent de sacrés dégâts. Tu savais que huit fois sur dix, c'est la femme qui demande le divorce ?

— Et tu crois que c'est par caprice ? Ce n'est pas une décision facile ! Les femmes ont le courage de casser quand ça ne va plus. Mais les hommes réagissent parfois de façon terrible. Il y a encore des cultures où les frères tuent leur sœur si elle quitte leur mari. La progression de l'intégrisme dans beaucoup de pays est aussi une manière pour les hommes de garder le pouvoir grâce à la religion.

— C'est pour ça que tu as rompu avec Tristan ? Tu penses qu'il voulait t'emprisonner en te proposant le mariage à l'église ?

— C'est plus compliqué que ça. Tristan n'a rien d'un intégriste, même s'il est très croyant. Mais j'ai eu l'impression que pour lui le mariage était une fin et pas un commencement. C'est difficile à expliquer. J'ai eu la trouille. J'avais peur que notre relation ne devienne très conventionnelle si je l'épousais. Me retrouver mère au foyer à faire des gâteaux pour l'anniversaire des enfants avec un mari qui ne remarque même pas ma nouvelle coiffure quand il rentre du travail. Tu vois le genre.

— Mais est-ce que cette peur justifie de briser une relation qui a duré cinq ans ?

Elle a soupiré.

— Je ne sais pas si c'est ma peur ou l'incapacité de Tristan à me rassurer. On a beaucoup parlé, mais ça finissait à chaque fois en dispute. Pour lui, c'était très simple. On se sent bien ensemble, donc on se marie et on fonde une famille.

— Peut-être que tu lis trop de livres et que tu réfléchis trop. Si j'avais cogité autant que toi, je serais toujours célibataire et sans enfants.

J'ai immédiatement regretté cette réplique. Ça sonnait comme un reproche. J'ai vu que son visage se crispait légèrement.

— Qu'est-ce qui est le mieux, David ? a-t-elle répondu d'une voix un peu amère. Ta situation ou la mienne ? Si je fonde une famille, je ne quitterai jamais mon mari. Se quitter entre adultes, ça va. Mais abandonner son homme quand il y a des petits, c'est une trahison envers eux et lui. Je sais que Tristan souffre. Je souffre aussi, et en plus je me sens coupable. Mais c'est le prix à payer. On était arrivés à un point de non-retour. C'était le mariage ou la séparation.

Je lui ai pris la main.

— Excuse-moi, Fab. Je ne te juge pas. Mais j'ai tendance à m'identifier à Tristan. Il n'a rien fait de mal et se retrouve abandonné sans savoir pourquoi.

Ses yeux bruns en amande me fixaient sans ciller.

— Ça te rappelle sûrement ta propre histoire, mon grand. Je sais que c'est dur. Maintenant que vous ne pouvez plus nous emprisonner, vous êtes à la merci de nos états d'âme. Peut-être que je n'aimais pas assez Tristan. Je suis suffisamment intelligente pour savoir qu'il faut énormément d'amour pour supporter la vie de famille. Et je n'étais pas sûre d'avoir une réserve suffisante.

— Mais l'amour c'est comme la marée. Ça va et ça vient, ce n'est jamais complètement stable. Si vous remettez tout en question au premier reflux, il y aura bientôt cent pour cent de divorces !

— Comme quoi les hommes avaient raison de nous marier de force et de nous enfermer à la maison, c'est ça ?

— En tout cas, ça allongeait la durée de vie des couples. Et je me demande s'il n'y a pas une certaine sagesse dans la citation de saint Jérôme. Un mariage basé uniquement sur la passion ne peut pas durer. La passion faiblit toujours. Quand on a créé une famille, c'est dangereux de s'aimer comme des amants.

Elle a eu une moue dubitative.

— Peut-être que je n'ai pas encore abandonné mes rêves d'adolescente. Je cherche toujours le prince charmant. Et j'ai peur qu'il se transforme en grenouille si je l'épouse. Mais il y a une chose dont je suis sûre. J'ai bien fait de quitter Tristan. Il trouvera quelqu'un de moins compliqué que moi.

— Et toi ?

— Moi, je vais continuer à chercher le prince qui m'emmènera dans son château.

— Tu n'as plus beaucoup de temps si tu veux fonder une famille.

— Au pire, je ferai un bébé toute seule. Maintenant, nous n'avons même plus besoin de vous pour élever notre progéniture. Les mâles seront bientôt inutiles.

Elle s'est levée et a déposé un baiser sur ma joue.

— Il faut que j'y aille, David. Ne te fais pas de souci pour moi. Je tiens le coup.

Arrivée à la porte, elle s'est retournée.

— Encore une chose, mon grand.

— Oui ?

— N'oublie pas de t'entraîner, si tu veux avoir une chance au prochain match !

# VI

Après une journée de travail sans histoires, je suis arrivé au Bertigo jeudi vers 19 heures. C'était le moment où les cadres des grandes entreprises et des organisations internationales venaient boire un verre avant de rentrer chez eux. On lisait sur certains visages la fatigue d'une journée de stress. Mais leurs traits reflétaient quelque chose de plus profond. La lassitude n'était que la surface, une mince pellicule qu'on pouvait balayer sans trop de peine. En dessous, il y avait une autre strate. Un socle compact dont on ressentait la présence. Quelque chose qui donnait comme un air de famille à ces figures d'hommes et de femmes si différents les uns des autres. Je savais ce que c'était. Nous occupions tous des postes hiérarchiques et nous prenions des décisions. Mais nous devions aussi rendre des comptes et atteindre des objectifs. Pouvoir et responsabilité. Deux éléments qui nous donnaient l'air assuré de ceux qui jouent les premiers rôles. Nous étions à la barre. Sans nous, le navire n'avançait plus.

J'ai jeté un coup d'œil autour de moi. Au bar, une femme d'une cinquantaine d'années à la coiffure impeccable sirotait un bloody Mary en lissant de temps en temps sa jupe d'un geste machinal. À la table sur ma droite, un homme jovial avec un début d'embonpoint était en pleine discussion avec un moustachu à lunettes qui l'écoutait en manipulant un agenda électronique. Sur ma gauche, un peu en retrait, se tenait un personnage entièrement vêtu de noir qui pianotait délicatement sur son ordinateur portable, s'interrompant seulement pour boire de temps en temps une gorgée d'eau gazeuse. J'ai repensé à ce qu'Arnaud m'avait dit sur la persona. Ici, nous portions tous le même masque social, celui de responsables aguerris qui savaient décider et commander. Mais qu'y avait-il au-delà de cette apparence ? Étais-je vraiment semblable à eux ? Parfois, je me sentais comme un usurpateur dans le monde des dirigeants. Ma confiance en moi et mon sentiment de compétence disparaissaient une fois la porte du bureau franchie, laissant la place à une ribambelle d'incertitudes. Même avant mon divorce, je m'étais toujours senti plus sûr de moi au travail que dans ma vie privée. Et les choses ne s'étaient pas améliorées après que Carole m'avait rayé de sa vie. Viré comme un incapable, après dix ans de service.

Je me suis arraché à mes questions et j'ai déplié la Tribune pour relire le texte qui relatait ma nomination. J'étais décidé à jouer la carte de la persona, comme me l'avait conseillé Arnaud. Et de ce côté-là, je n'avais pas à me plaindre. J'étais le héros du jour. L'article prenait une demi-page dans la rubrique économique. Sous le titre: « Un chantre du capitalisme éthique à la tête de la CMD », le texte était un modèle de sobriété. Il reprenait mes principales idées sur l'investissement responsable, mais sans l'emphase que j'avais parfois tendance à y mettre. En lisant la description de mon parcours et de mes convictions, on se disait que ce banquier pas comme les autres était un type bien.

Pas si bien que ça, peut-être. Je me suis demandé si l'idée d'inviter Béatrice à boire un verre n'était pas une erreur. J'avais noté son hésitation avant d'accepter. Dans le passé nous avions mangé quelques fois ensemble, mais toujours avec d'autres collègues. Nos conversations s'étaient limitées aux banalités de circonstance. Depuis qu'elle était devenue mon assistante, j'avais essayé d'en savoir plus sur elle. J'avais appris qu'elle était toujours célibataire, mais elle s'était montrée très discrète sur sa vie privée. Je sentais qu'elle m'appréciait. Pourtant, dès que la conversation quittait le domaine professionnel elle se refermait comme une huître. Ça m'avait donné envie de creuser le sujet. Sa beauté ne me laissait pas indifférent, mais c'était autre chose qui m'attirait. Je voulais pénétrer un peu plus dans son intimité, découvrir ce qui se cachait derrière son masque de compétence élégante. C'était pour ça que je lui avais proposé ce rendez-vous.

Je l'ai aperçue qui entrait. J'ai vite posé le journal sur une table vide à côté de la mienne. Je ne voulais pas passer pour un Narcisse qui se contemple dans les médias du jour. Béatrice ne m'a pas vu tout de suite. J'ai pu la détailler à loisir avant qu'elle ne me repère. Elle portait une veste en cuir et une jupe qui lui arrivait juste au-dessus du genou. De longues bottes noires complétaient l'ensemble et lui donnaient ce mélange de classe et de sensualité qui formait l'essence de son style. Elle a remarqué mon geste de la main et s'est avancée dans ma direction. Je me suis levé pour l'accueillir.

— Désolée pour le retard, a-t-elle dit en arrivant.

Sa petite moue embarrassée était ravissante.

— Je me suis permis d'amener une amie, a-t-elle ajouté en me désignant une brune d'une trentaine d'années qui arrivait dans son sillage. Elle tenait beaucoup à te rencontrer. Marie Sophie, je te présente David Clerc, mon patron et l'étoile montante de la CMD. David, voici Marie Sophie Chatel.

J'ai serré la main de la jeune femme en essayant de dissimuler ma surprise. Pourquoi mon assistante avait-elle éprouvé le besoin de se faire accompagner ? Craignait-elle à ce point de subir mes avances ?

Nous nous sommes assis et il y a eu un moment de silence gêné que Béatrice a rompu par un discours volubile.

— Quand tu m'as proposé ce rendez-vous, j'avais déjà prévu d'aller manger avec Marie Sophie ce soir. Elle m'a téléphoné cet après-midi après avoir lu l'article dans la Tribune. Elle voulait savoir si elle pouvait te rencontrer. J'ai sauté sur l'occasion. J'espère que tu ne m'en veux pas.

— Mais, non. Tu as bien fait.

— Je sais que j'aurais dû te prévenir, mais ça s'est décidé au dernier moment. Enfin, voilà.

Le serveur a mis fin aux explications en venant prendre les commandes. Lorsqu'il s'est éloigné, je me suis tourné vers l'amie de Béatrice. J'imaginais qu'elle allait m'expliquer pourquoi elle souhaitait faire ma connaissance. Elle a soutenu mon regard, mais est restée muette. Ses yeux verts évoquaient la surface d'un étang de forêt. Calme, profond et un peu mystérieux. Je l'ai observée un moment en silence. Elle avait des traits fins et ouverts, des pommettes légèrement saillantes et des lèvres pleines. Une jolie fossette adoucissait son menton volontaire. Elle se taisait toujours, comme si elle ne voulait pas troubler mon examen en prenant la parole. C'est de nouveau Béatrice qui a rompu le silence.

— Marie Sophie est sociologue. Elle travaille comme secrétaire à mi-temps pour une boîte d'intérim. Mais c'est un boulot alimentaire. En fait, elle prépare un doctorat à l'université.

— Avec quel professeur ?

Ma question s'adressait directement à la nouvelle venue. Elle a finalement daigné s'exprimer.

— Bruno Grinberg.

— Ah, oui. Je le connais. J'ai eu des cours avec lui sur la sociologie des organisations il y a une quinzaine d'années. C'est un bon pédagogue, si je me souviens bien.

— Oui.

Ses réponses laconiques commençaient à me porter sur les nerfs. Le serveur a fait diversion en apportant les consommations. Nous avons siroté un moment nos boissons. Je voyais que Béatrice était empruntée. Quant à moi, je sentais que ma soirée avait du plomb dans l'aile. J'ai décidé d'être plus incisif.

— Alors, Marie Sophie. Puisque vous vouliez me rencontrer, dites-moi ce que vous attendez de moi. Nous n'avons pas beaucoup de temps. Je ne voudrais pas vous mettre en retard pour votre repas entre amies.

Elle est restée un long moment silencieuse. Son visage avait un air concentré, comme si elle était absorbée par la recherche des meilleurs mots pour exprimer sa pensée.

— Je crois que je voulais surtout vous sentir, a-t-elle dit finalement d'une voix posée.

C'était sa plus longue phrase depuis son arrivée, mais on était encore loin d'une conversation habituelle. Béatrice semblait de plus en plus mal à l'aise.

— Est-ce que vous pourriez préciser ce que vous entendez exactement par « sentir » ?

À nouveau long silence et concentration.

— J'emploie sentir parce que je n'ai pas trouvé de meilleur mot pour décrire ce que je fais. Je veux montrer comment les idées de consommation responsable progressent dans les milieux bancaires. C'est le sujet de ma thèse de doctorat. Je pense que ces idées avancent grâce à des gens qui ont fait leurs preuves dans la banque classique, mais qui ont une vision complètement neuve du système. Ils cherchent à changer les choses de l'intérieur. Ce qui m'intéresse, c'est de comprendre leurs motivations. Je commence par une approche intuitive où j'essaie de voir ce qu'évoque pour moi la personne en tant qu'individu plutôt que comme cadre d'entreprise. C'est ça que j'entends par sentir. Votre parcours m'a impressionnée. J'ai aussi apprécié vos prises de position durant la crise financière. J'aimerais beaucoup que vous acceptiez de participer à ma recherche.

Quand elle se donnait la peine de parler autrement que par monosyllabes, ça devenait intéressant. Je commençais à percevoir la douce chaleur de la sérotonine qui envahissait mon cerveau.

— Et qu'allez-vous faire exactement pour me sentir ?

— Oh, je crois que quelques conversations suffiront, a-t-elle répondu en esquissant un sourire.

— Dans un cadre professionnel ou public ?

— Le cadre n'a pas beaucoup d'importance, je vous laisse le choix.

— Je vais y réfléchir. Est-ce que vous reprenez quelque chose ?

J'ai commandé une nouvelle tournée et l'ambiance s'est faite beaucoup plus agréable. La conversation a roulé sur différents thèmes, allant des placements éthiques à la mode féminine. Quel que soit le sujet, Béatrice et Marie Sophie écoutaient mon opinion avec intérêt. Le scénario commençait à me plaire. J'avais bien l'intention de me faire inviter à leur repas de copines pour continuer à jouer le coq dans la basse-cour.

C'est à ce moment-là qu'Arnaud a fait son entrée au bras de son épouse. Il a serré quelques mains, a donné l'accolade à un grand bonhomme chauve que je ne connaissais pas et s'est dirigé vers le bar.

— Regardez qui est là ! s'est-il exclamé en m'apercevant.

Il est venu vers nous à grandes enjambées et s'est campé devant ma table.

— Alors, vieux puceau, je vois que tu commences la soirée en bonne compagnie, a-t-il lancé en me donnant une grande claque dans le dos.

Je lui avais répété des centaines de fois de ne pas m'appeler ainsi en public, mais il prenait un malin plaisir à m'embarrasser. J'ai décidé de faire comme si de rien n'était.

— Béatrice et Marie Sophie, je vous présente le Dr Arnaud Marel, un ami psychiatre. Ne faites pas attention, il est parfois un peu excentrique. C'est le métier qui fait ça.

— Ne l'écoutez pas, les filles. D'abord, je ne suis pas un ami. Je suis son *meilleur* ami (il m'a planté un baiser sonore sur la joue). Ensuite, je ne suis pas excentrique. On pourrait dire singulier, remarquable, unique, mais sûrement pas excentrique qui fait partie d'un champ lexical totalement différent !

J'ai compris qu'il fallait prendre le taureau par les cornes. Arnaud avait tendance à se montrer envahissant, surtout en présence de jolies femmes. Mais je savais que Sylvie allait me sauver la mise.

— Veux-tu prendre un verre avec nous, Arnaud ? Nous t'accueillons volontiers.

Il a poussé un soupir comiquement exagéré.

— Je suis avec ma tendre moitié. Elle va devenir féroce si je m'assois à table avec de belles inconnues. Je dois vous laisser.

Il nous a fait un geste d'au revoir et a commencé à s'éloigner. Je me félicitais déjà d'avoir repris la situation en main. Mais il est revenu sur ses pas et s'est penché vers Béatrice et Marie Sophie.

— Les filles, il faut que vous soyez très gentilles avec mon ami, a-t-il murmuré d'un ton doucereux. Sa femme l'a quitté pour un sapeur-pompier il y a cinq ans et ça le brûle encore. Je compte sur vous pour lui remonter le moral.

Puis il m'a lancé un grand sourire et a tourné les talons.

J'aurais pu l'étrangler. J'ai ébauché un sourire forcé. Il fallait absolument lancer une répartie amusante pour supprimer l'effet néfaste de sa tirade, mais je ne trouvais rien. Je n'ai pu que dire bêtement « Arnaud a une grande tendance à exagérer » avant de boire une gorgée de Martini pour me donner une contenance. Mais j'ai senti que l'intervention de mon soi-disant meilleur ami avait produit un résultat désastreux. J'ai vu ma persona de banquier à succès tomber en poussière. Béatrice a pris la parole avec hésitation.

— Je savais que tu n'étais plus marié, mais personne à la banque ne m'a dit que ça s'était mal passé.

— Mais ça ne s'est pas mal passé du tout !

J'avais protesté d'une voix trop aiguë. Il fallait absolument que je me calme.

— Enfin, ça s'est passé aussi bien ou aussi mal que la plupart des divorces, ai-je poursuivi d'un ton qui se voulait serein. Tu sais, une séparation c'est toujours pénible. Surtout quand il y a des enfants.

— Oui, j'imagine. Ça doit provoquer un énorme sentiment d'échec.

Elle cherchait probablement à montrer qu'elle me comprenait, mais elle était aussi en train de me dépeindre comme un complet perdant.

— L'important, c'est de ne pas laisser ce sentiment envahir tous les aspects de la vie. Je m'en suis bien sorti grâce à mes succès professionnels.

J'essayais de restaurer l'image positive que j'avais en début de soirée, mais le mal était fait. Marie Sophie m'observait en silence. Ses yeux me fixaient avec leur calme habituel, mais j'ai cru y discerner une lueur de pitié. J'ai poursuivi la conversation juste le temps nécessaire pour que mon départ n'ait pas l'air d'une fuite. Après quelques banalités sur les difficultés du couple et le stress des managers, j'ai payé l'addition et j'ai pris congé en leur souhaitant une bonne soirée. Elles ne m'ont pas invité à manger avec elles. J'en ai été à la fois soulagé et déçu.

Je m'étais rarement senti autant en colère contre Arnaud. J'étais habitué à ses plaisanteries de mauvais goût, mais là il avait largement dépassé les bornes. Je marchais d'un pas pressé tout en ruminant mon indignation. Soudain, je me suis arrêté net. Une idée tranchante avait jailli du fond de ma colère. Il a foutu en l'air ma soirée, je vais gâcher la sienne. J'ai décidé de l'appeler sur son portable et de lui faire une scène mémorable. J'ai tapé rageusement sur les touches, mais c'est la voix métallique du répondeur qui s'est fait entendre. J'ai eu beau essayer plusieurs fois, impossible de l'atteindre. Il était 20 h 30 et la soirée s'annonçait calamiteuse. Il ne me restait plus qu'à rentrer chez moi ou à manger seul au restaurant, puis aller voir un film pour me changer les idées. Je pesais le pour et le contre lorsqu'une nouvelle pensée m'a traversé l'esprit. Arnaud allait souvent nager entre l'apéritif et le repas du soir. Excellent pour ouvrir l'appétit, disait-il. Il avait très bien pu laisser Sylvie et aller faire quelques brasses. J'ai décidé de foncer à la piscine des Pervenches. Elle fermait à 21 heures. S'il y était, j'avais encore une chance de le coincer.

Je me suis garé à l'avenue de la Praille à 20 h 45. Sa voiture était dans le parking. J'ai expliqué à la réception que je devais absolument parler à un ami. On m'a laissé entrer à condition d'enlever mes chaussures en allant au bassin. Je me suis retrouvé pieds nus en costume trois pièces au bord de l'eau, tentant d'identifier Arnaud parmi les rares nageurs qui restaient à cette heure tardive. L'odeur de chlore a envahi mes sinus et m'a rappelé les cours de natation que je détestais à l'école. Je l'ai repéré au milieu de la piscine. Il nageait sans forcer, progressant avec des mouvements puissants et sûrs. Je lui ai fait de grands signes, mais il ne me voyait pas. En désespoir de cause, je me suis résolu à crier son nom. Ma voix a résonné dans l'immense halle et tous les nageurs se sont tournés vers moi. Je me suis senti parfaitement ridicule et j'en ai voulu d'autant plus à Arnaud. J'ai vu qu'il s'était enfin aperçu de ma présence et se dirigeait vers moi.

Je me suis accroupi au bord de l'eau au moment où il arrivait. Il s'est accoudé au rebord et m'a dévisagé d'un air ébahi.

— Mon ami, qu'est-ce que tu fais là dans cet accoutrement ? Je te croyais en train de te faire chouchouter par ces deux jolies filles. Qu'est-ce qui se passe ?

— Ça te va bien de poser la question, espèce de sale con. Tu as bousillé ma soirée et tu joues encore à l'étonné. Sors de l'eau tout de suite. Il faut qu'on vide l'abcès maintenant ou ça va très mal finir !

Je me retenais à grand-peine de hurler. Il a remarqué que j'étais dans tous mes états, mais ça n'a pas semblé l'émouvoir pour autant.

— J'ai encore deux bassins à faire, a-t-il répondu d'un ton tranquille. Profites-en pour respirer calmement et à fond. Attends-moi à l'entrée. On parlera beaucoup mieux après.

— Et en plus tu fais ton numéro de psy avec moi ! Mais pour qui tu te prends ? Je te dis que je veux te parler maintenant !

Cette fois je braillais carrément, mais il avait déjà repris le large et nageait paisiblement au milieu du bassin. Pour échapper aux regards désapprobateurs des autres nageurs, j'ai battu en retraite et me suis résolu à ronger mon frein à l'entrée de la piscine.

— Je parie que c'est une histoire de femmes. Il n'y a que les femmes pour te mettre dans ce genre d'état. Allez, vide ton sac. Je n'ai pas beaucoup de temps, j'ai rendez-vous avec Sylvie au restaurant.

Nous étions près de sa voiture et Arnaud rangeait ses affaires tout en me parlant.

— C'est une histoire entre toi et moi, et tu as intérêt à m'écouter au lieu de faire le ménage dans ta Mercedes pourrie.

Ma colère était intacte. Il m'a scruté pensivement, puis s'est frappé le front de la main.

— Ça y est, j'ai saisi !

— Ah oui ?

— Oui. Tu es furieux à cause de ce que j'ai raconté aux deux jolies filles.

— Merveilleux. Ce qui m'étonne, c'est qu'il t'ait fallu un quart d'heure pour comprendre. Tu croyais que j'allais t'envoyer des fleurs pour te remercier ?

— Des fleurs, non. Mais franchement je comptais sur une bonne bouteille.

Je me suis demandé s'il voulait me pousser à bout. Pas moyen de décoder le sourire qui venait d'apparaître sur son visage. Il m'a posé la main sur l'épaule et a poursuivi.

— Mon ami, je dois reconnaître que j'ai commis une grave erreur.

— Ça me fait une belle jambe. Tu as quand même foutu ma soirée en l'air.

— J'ai été aveuglé par mon amitié. Je t'ai largement surestimé.

— Quoi ?

— Eh oui. J'ai oublié que malgré ton intelligence, tu n'es qu'un âne dès qu'on touche au domaine de la psychologie. Surtout quand il y a des femmes dans l'affaire. Et pourtant, ça fait à peine deux jours qu'on a discuté de la persona. Ton inconscient t'avait parlé à travers un rêve magnifique. Je croyais que tu avais retenu la leçon.

— Mais justement. J'avais bien l'intention d'utiliser mon image de banquier à succès et ça fonctionnait parfaitement. Jusqu'à ce que tu viennes m'humilier !

— Et qu'est-ce que tu as fait après mon intervention ?

— Je me suis senti très mal à l'aise. J'ai vu qu'elles n'avaient plus le regard admiratif du début, mais presque de la pitié. C'était insupportable. Je suis parti assez rapidement. Et j'ai eu une immense envie de te casser la figure.

Il a éclaté de rire.

— Avant de me démolir le portrait, réponds juste à cette question. Tu es qui au fond ? Le banquier célèbre ou le pauvre cocu ?

J'ai réfléchi un moment.

— Ça dépend des moments. Au bureau, c'est plus facile d'avoir le masque du banquier. Mais quand je rentre seul chez moi le soir, je me sens plutôt comme le mari abandonné.

— Mon ami. Tant que tu n'auras pas compris que tu n'es ni l'un ni l'autre, tu ne pourras pas avancer. Le banquier est une facette de ta persona. Ça, je crois que tu t'en rends compte. Tu es capable de mettre et d'enlever le masque au bon moment. Mais tu devrais aussi pouvoir jouer avec l'image du mari bafoué. Seulement tu commets l'erreur classique : tu t'es identifié à ton statut de cocu. Le masque te colle à la peau. Tu souffres parce que tu ne fais plus la différence entre lui et toi. Ce que j'ai voulu faire ce soir, c'est te donner l'occasion d'utiliser cette facette de ta persona pour séduire.

— Parce que tu trouves ça séduisant, un mec que sa femme quitte pour partir avec un autre ?

— Ça, peut-être pas. Mais un banquier à succès qui dévoile tout d'un coup son côté fragile, c'est extrêmement attirant. Seulement il faut savoir jouer avec les deux masques.

— D'après toi, c'est ce que j'aurais dû faire ce soir ?

— Exactement. Les femmes aiment voir nos faiblesses. Vingt pour cent d'orphelin et quatre-vingts pour cent de gorille, c'est la proportion idéale. Tu as fait la même erreur pendant ton mariage avec Carole. Peut-être que si tu lui avais fait voir tes doutes et tes peurs, elle se serait sentie un peu plus valorisée auprès de toi. Mais tu as voulu rester l'homme fort pour être admiré par ta femme. Tu connais le résultat.

— Ça n'a rien à voir. Dans un couple, on ne joue pas avec les masques. On est soi-même.

— C'est plus compliqué que ça. Il y a toujours une part de jeu, même dans les relations intimes. Savoir faire évoluer son personnage rend le mariage moins monotone.

Je suis resté silencieux. On se connaissait depuis vingt ans, mais il parvenait encore à me désarçonner. Il a repris la parole d'un ton grave.

— Ce qui compte le plus dans notre amitié, c'est justement que nous pouvons enlever nos masques quand nous sommes ensemble. Avec moi, tu n'es pas le David du conseil d'administration, ni le mari abandonné. Tu me montres ton côté rêveur et idéaliste. Ton envie de vérité, ton besoin d'affronter les grandes questions qui se posent à l'homme. Et moi je peux quitter mon rôle de psy un peu gourou pour te parler de mes échecs, de mes craintes, de mon ras-le-bol de ce boulot qui use. C'est ça qui est beau. Mais ces derniers temps, j'ai l'impression que même avec moi, tu te complais dans ton masque de cocu. Pourtant il y a un autre David derrière. Je le sais. Je vois ta force et ton charisme. Tu ne te résumes pas à tes échecs personnels et à tes réussites professionnelles. Ta vraie personnalité est bien plus complexe. Heureusement.

— C'est facile pour toi de me tenir ces grands discours. Tu me bombardes de conseils, mais j'ai rarement l'occasion de t'en donner. Il me semble que toi aussi tu gardes un masque avec moi. Celui du psychiatre à barbe blanche qui détient la sagesse du monde. Si tu l'enlevais un peu au lieu de te mêler de mes plans drague, on ne passerait pas nos soirées à s'engueuler.

— Je suis désolé si je te donne cette impression. Tu es mon pote. C'est pour ça que je me permets d'intervenir et de te dire les choses sans ménagement. Mais tu dois aussi admettre que tu m'appelles souvent pour me parler de toi, et pas tellement pour savoir comment je vais.

Quelque chose dans le ton de sa voix m'a fait dresser l'oreille.

— Là, tu marques un point. J'ai toujours pensé que ta vie était bien plus heureuse que la mienne. C'est vrai que je ne me fais pas trop de soucis pour toi. J'ai tort ? Il y a quelque chose qui ne va pas ?

— Ce n'est pas le moment d'en parler mon ami. Ma femme m'attend. Il faut que j'y aille.

— Ne me fais pas ce coup-là. Dis-moi ce qui se passe !

— On en reparlera une autre fois.

— Pas question, crache le morceau. Sinon je vais m'imaginer plein de trucs horribles.

Il a poussé un soupir, puis a capitulé.

— Ça fait un mois que je n'arrive plus à bander.

J'étais abasourdi. Il a ébauché un sourire un peu triste en voyant mon air ébahi.

— On en reparlera mon ami. Mais je peux te dire que je suis parfaitement d'accord avec ce que disait Jung vers la fin de sa vie : « La vieillesse ne correspond pas à ma forme d'humour. »

Sur quoi il a mis le contact. Avant de partir en trombe, il m'a encore lancé : « Si tu te décides à m'offrir cette bouteille, je me régalerais avec un bon Châteauneuf-du-Pape... ».

# VII

Pour la plupart des gens, le vendredi soir est un moment très agréable. C'est l'occasion d'oublier le stress de la semaine et de se tourner vers les joies des loisirs. On boit un verre avec des amis, on va au restaurant en amoureux ou on retrouve sa petite famille qu'on avait délaissée à cause du travail. Pour les hommes divorcés, c'est plus compliqué. Un week-end sur deux, Roxane et Léonore débarquaient avec leur énergie virevoltante, leurs anecdotes d'école et leurs conflits de brosses à cheveux. Mais lorsque mes filles restaient chez leur mère, ça pouvait être le meilleur ou le pire. Le meilleur, c'était un petit voyage romantique avec une nouvelle conquête, une virée entre copains, un congrès de banquiers où j'avais l'occasion de défendre mes idées. Le pire, c'était comme ce vendredi-là. Pas de projets, copains inatteignables ou occupés, pas de petite amie, pas le moral. Je connaissais les symptômes qui annonçaient les week-ends déprime. D'abord, tendance à rester au travail tard le vendredi soir, pour ne pas quitter le cocon sécurisant de ma vie professionnelle. Puis, repas dans un fast-food afin d'éviter la confrontation avec tous les couples amoureux attablés dans les restaurants. Et enfin, arrivée dans mon grand appartement vide, ruminations sur ma famille brisée et sur la trahison de ma femme, somnifères et vie de larve jusqu'au lundi.

Il était 19 heures et j'étais seul dans les locaux désertés de la CMD. J'avais passé ma journée en visite dans les succursales, ce qui m'avait permis d'éviter Béatrice après la soirée catastrophique de la veille. J'étais revenu au bureau sous prétexte de travailler à un dossier sur le microcrédit que je voulais présenter au directoire. Mais au fond de moi, je connaissais les vraies raisons de ma présence à cette heure tardive. J'ai décidé de bosser à fond jusqu'à 22 heures, puis d'emporter les dossiers chez moi et de les peaufiner samedi et dimanche. Arnaud m'a dit un jour que la déprime touche avant tout les égocentriques. « Quand on fait quelque chose pour les autres au lieu de se regarder tristement le nombril, on se sent beaucoup mieux », affirmait-il avec son aplomb coutumier. Il y avait peut-être une part de vérité là-dedans. Mon combat pour le microcrédit représentait ma contribution à la communauté.

Quand j'avais découvert cette pratique, je m'étais dit que c'était la manière la plus noble de pratiquer l'art de la banque. L'idée de base est simple : au lieu de faire l'aumône aux pauvres, il faut leur donner les moyens de devenir des chefs d'entreprise. Ils y gagnent en dignité et en motivation, et l'économie de leur pays en bénéficie. Prenez Marisa, une mère de huit enfants avec un mari chômeur qui habite dans un bidonville de Lima. Son rêve est de créer une entreprise de couture à domicile. Mais dans sa situation, aucune banque ne lui prêtera les fonds nécessaires pour démarrer. Pourtant, avec quelques dizaines de dollars à des taux d'intérêts bas, elle pourrait s'acheter une machine à coudre. Et si on lui donnait quelques conseils sur la manière de gérer son affaire, elle pourrait rembourser sans problème intérêt et capital au bout de quelques années. Voilà en quelques mots le concept du microcrédit. Il est né au Bangladesh dans les années 1970 et se développe maintenant au niveau international.

Si on vous donne le choix entre soutenir Marisa et acheter les actions d'une entreprise qui fait travailler des enfants ou fabrique des bombes, qu'est-ce que vous décidez ? Bien sûr, les rendements sont plus faibles avec le microcrédit, mais si la banque sait évaluer ses risques et calculer ses taux, elle peut faire des profits tout à fait corrects. C'est le client qui gagne moins. J'étais convaincu que des personnes de plus en plus nombreuses étaient prêtes à placer leur argent avec des rendements moindres, si elles savaient qu'il était utilisé pour des causes nobles. C'était le fondement de mon combat pour l'investissement responsable et le capitalisme éthique. Et ce type d'activité pouvait donner à la CMD une aura d'entreprise soucieuse de son rôle social qui lui amènerait de nouveaux clients. Tout le monde serait content : les actionnaires et les démunis.

Certains collègues m'accusaient d'être fleur bleue et affirmaient que mes idées feraient fuir les gros clients de la banque qui résonnaient uniquement en termes de profits. Ce n'était pas gagné d'avance, mais ça valait la peine de se battre. Je me suis absorbé dans mes dossiers, décidé à trouver les arguments décisifs pour convaincre les réticents du conseil. J'avais déjà compulsé des dizaines de pages et recherché de nombreuses références sur le web, lorsque le téléphone m'a fait lever le nez de ma paperasse. J'ai jeté un coup d'œil à ma montre. Vingt heures. C'était ma ligne directe qui sonnait. Peu de gens connaissaient le numéro. Peut-être un copain qui venait de se libérer ? J'ai décroché, curieux de savoir quelle était la bonne âme qui venait me proposer une soirée de détente.

— Allô David ? Ah je suis contente de te trouver. Je m'excuse de te déranger au travail, mais j'ai absolument besoin de ton aide.

En fait de bonne âme, c'était Carole. J'ai respiré profondément pour essayer de maîtriser la tension que je sentais monter depuis mon plexus. Je me suis maudit à nouveau de lui avoir donné le numéro de ma ligne directe et j'ai pris la résolution de le faire modifier au plus vite.

— Je suis en train de travailler sur un dossier compliqué. Ça ne peut pas attendre ?

— Non, non, c'est très important. Il faut que tu fasses quelque chose pour moi.

— Bon, vas-y. Mais sois brève s'il te plaît.

— Bien sûr, bien sûr. En fait c'est pour Léonore. Tu sais, nous allons à une cérémonie demain. C'est un ami très proche de Gérard qui se marie. Ça faisait huit ans qu'il vivait avec sa fiancée, et il se décide enfin à sauter le pas. Gégé sera le maître de cérémonie.

La vie affective des amis du sapeur-pompier m'intéressait très modérément. J'ai tenté de revenir à l'argument principal.

— Tu avais parlé de Léonore.

— Ah oui. Eh bien Gégé a prévu de lui faire réciter une poésie. Elle a déjà choisi la robe qu'elle va porter. Tu sais, la bleue qu'elle a reçue de sa grand-mère pour son anniversaire. Elle a un décolleté dans le dos, avec un rebord en mousseline. Moi ce n'est pas ma préférée, j'aurais plutôt conseillé la verte avec…

— Carole, tu vas me dire ce que tu veux, oui ou merde !

— Oh là là, pas besoin de t'énerver. Tu t'énerves pour rien avec moi. Tu sais que la colère est un vrai poison. Ça fait du tort à soi et aux autres. Tu devrais voir quelqu'un. Tu as trop de colère en toi.

— Très bien, tu me donneras des adresses. Maintenant, dis-moi pourquoi tu m'appelles ou je te raccroche au nez.

— Quel caractère ! Je t'ai dit que c'était pour Léonore. Avec sa robe, elle veut mettre dans ses cheveux la barrette bleu marine que Gérard lui a offerte l'an passé pendant nos vacances en Italie. Et elle dit qu'elle l'a oubliée dans ton appartement. Il faut absolument que tu la trouves pour demain matin. Nous partons vers 10 heures.

Je me voyais rentrer chez moi et passer la nuit à fouiller le fatras d'affaires de ma fille pour retrouver le cadeau d'un kitsch à pleurer que lui avait fait l'amant de ma femme. Décidément, le week-end s'annonçait superbe. J'ai pris une grande inspiration.

— Je ferai tout mon possible. Est-ce que vous pouvez passer chez moi vers 10 h 30 ?

— Oui, c'est parfait.

— Très bien. J'espère que je la trouverai. Je peux me remettre au travail ?

— Oui, oui. Excuse-moi de t'avoir dérangé. Je te souhaite un très bon week-end.

— C'est ça. Pareillement.

J'ai raccroché et me suis replongé dans mes dossiers. Il m'a fallu quelques minutes pour reprendre le fil. J'avais avancé de quelques pages dans la lecture d'un rapport du Fonds Monétaire International lorsque le téléphone a sonné de nouveau. J'ai décroché, de fort méchante humeur.

— Écoute, Carole, si tu pouvais tout me dire en une seule fois, ça serait plus simple !

Il y a eu un long silence au bout du fil. Très inhabituel pour mon ex-femme. J'ai compris que j'avais commis une bourde.

— Excusez-moi, qui est à l'appareil ? ai-je repris en essayant de me calmer.

Le silence a duré encore un instant.

— Bonsoir monsieur Clerc, c'est Marie Sophie Chatel. Nous avons fait connaissance hier soir. J'appelle peut-être au mauvais moment. Voulez-vous que je vous recontacte ?

— Non, non, ça va.

J'étais doublement surpris. Qu'elle me rappelle après le fiasco de jeudi et qu'elle ait mon numéro personnel.

— C'est Béatrice qui m'a transmis vos coordonnées, a-t-elle continué comme si elle avait suivi le fil de ma pensée. J'espère que vous ne lui en voudrez pas.

— Ça dépendra des raisons de votre appel.

— Là, vous me mettez sous pression. Bon, je me lance. Si vous êtes libre ce soir, je voulais vous inviter à manger pour que nous puissions commencer nos conversations sur votre vision de la banque. Pour ma thèse de doctorat, vous vous souvenez ?

Je me souvenais surtout de son regard. J'y avais lu au début une sorte de détachement, puis de l'intérêt, et finalement quelque chose qui ressemblait à de la pitié. Je me suis demandé s'il y avait autre chose que des motivations professionnelles derrière sa proposition. De toute façon, c'était inespéré étant donné mes mornes perspectives pour le week-end. Mais je ne voulais surtout pas qu'elle s'en doute.

— Le moins qu'on puisse dire, c'est que vous vous y prenez au dernier moment.

Elle a eu un rire léger.

— C'est vrai. J'ai un côté très impulsif. Mais comme je n'avais rien prévu de particulier ce soir, je me suis dit que ça valait la peine d'essayer. Vous êtes déjà pris, c'est ça ?

— En fait, c'était encore le cas quelques minutes avant votre appel, mais mon rendez-vous vient de se décommander. Vous avez eu raison d'obéir à votre impulsivité.

— Ça veut dire que vous acceptez ?

— Tout à fait. Et je me réjouis d'en savoir plus sur les méthodes que vous utilisez pour sentir vos interlocuteurs.

Son rire a résonné de nouveau.

— Oh, ne vous attendez à rien d'extraordinaire. Disons que ça inclut de la bonne nourriture, une atmosphère détendue et l'envie de discuter.

— C'est un programme qui me convient parfaitement.

— Je vous propose de nous retrouver vers 21 heures au « Mamacita », à la rue de l'Aubépine. Vous connaissez ?

— J'y ai mangé quelques fois. Ça me va très bien.

— Alors à tout à l'heure. Je suis très contente que nous puissions nous rencontrer.

— Moi aussi.

J'ai raccroché, ravi. Le restaurant n'était pas loin de chez moi. J'allais même avoir le temps de prendre une douche avant notre rendez-vous. Quoi qu'il arrive ensuite, l'appel de Marie Sophie m'avait fait échapper à une soirée morose. Je lui en étais déjà reconnaissant.

Le « Mamacita » propose une cuisine sud-américaine raffinée, servie dans un cadre chaleureux et tranquille. La salle à manger est décorée dans le style hacienda. Les lumières sont toujours tamisées et sur chaque table trône un chandelier ancien. L'endroit parfait pour un moment exotique en couple, ou pour une discussion d'affaires discrète. Je ne savais pas encore de quelle catégorie se rapprocherait notre rencontre, mais j'appréciais en connaisseur le choix de Marie Sophie. Je suis arrivé un peu après 21 heures, douché, rasé de frais et affamé. Elle était déjà installée à une table au fond de la salle. Lorsqu'elle s'est levée pour m'accueillir, j'ai été frappé par le contraste entre son style et celui de Béatrice. Contrairement à son amie, Marie Sophie ne faisait rien pour se mettre en valeur. Elle était vêtue de jeans bleu pâle et d'un pull orange. Ses cheveux aux reflets auburn étaient coupés plutôt courts mais sans recherche particulière, et son visage n'était pratiquement pas maquillé. Malgré ou peut-être à cause de ce manque de mise en scène, il émanait d'elle une fraîcheur attirante.

— Je suis en retard, excusez-moi, ai-je dit en lui serrant la main.

— Ce n'est pas grave. J'adore être seule au restaurant et observer les gens. Je pourrais faire ça pendant des heures.

— Sociologie appliquée, ou juste un petit côté voyeuse ?

Elle a souri et deux fossettes ont creusé ses joues.

— Probablement un peu des deux. En tout cas, merci de m'autoriser à vous questionner.

— Vous ne dites plus sentir ?

Elle a souri de nouveau.

— Pour sentir, je commence par questionner. C'est la première étape du processus.

— Bien, respectons les étapes. Puis-je répondre à vos questions en dégustant avec vous un chardonnay chilien ? Ils en ont un qui est exceptionnel.

— Je vous fais totalement confiance en matière de vins. Est-ce que vous acceptez mes conseils en ce qui concerne le menu ?

— Avec plaisir. Je vais leur demander d'attendre un peu pour servir les plats. Ça nous laissera le temps de boucler l'interview.

La serveuse a apporté la bouteille et a pris note de notre commande. Elle a allumé les deux grandes bougies rouges plantées dans le chandelier. Nous avons levé nos verres et j'ai laissé la fraîcheur du chardonnay et ses notes d'agrumes envahir mon palais. Marie Sophie a bu lentement sa première gorgée en la savourant avec un plaisir évident, puis elle a sorti un calepin et un stylo de son sac.

— Ça ne vous ennuie pas si je prends quelques notes ?

— Pas du tout.

— J'ai une façon de faire un peu particulière. Je ne vous poserai que quatre ou cinq questions, mais vous pourrez développer vos réponses à loisir. Ça vous va ?

— Parfait. Si j'ai trop faim, je raccourcirai mes commentaires.

La lumière des bougies a rendu encore plus charmant son sourire à fossettes.

— Bien, allons-y. Pour commencer, j'aimerais que vous me disiez quelle est à votre avis la fonction principale de l'argent.

Cette première question m'a frappé par son à-propos. La vision qu'on peut avoir de la banque est forcément basée sur le rôle qu'on attribue à l'argent. Pas la fonction technique. Tout le monde est d'accord pour dire que l'argent est un moyen commode pour permettre l'échange de biens et de services. Ce qui est intéressant, c'est l'aspect disons philosophique du capital. En d'autres mots, à quoi ça sert d'accumuler des richesses ? À mon avis, il y a deux manières de répondre à cette interrogation. Pour la plupart des gens, qu'ils soient riches ou pauvres, l'argent est un instrument de pouvoir. Dans cette vision, plus on a d'argent, plus on peut imposer sa volonté. Toutes les OPA en bourse et les acquisitions de sociétés sont basées sur cette logique, mais elle vaut aussi au niveau individuel. C'est cette fonction de l'argent comme source de pouvoir qui gouverne le comportement des sociétés capitalistes. Je pense que cette façon de voir est dangereuse et limitée. Je trouve beaucoup plus intéressant de considérer l'argent comme un outil de liberté. C'est-à-dire comme un moyen parmi d'autres d'augmenter le nombre de choix possibles à disposition d'une personne. Plus on a d'argent, plus on a de choix. Mais la question clé reste « quel est le bon choix ? ». Ça remet le capital à sa juste place. Une place moins centrale et plus modeste.

Marie Sophie écoutait attentivement mes explications, tout en notant parfois quelques mots sur son calepin. J'ai conclu mon laïus par une bonne gorgée de chardonnay. J'avais eu beaucoup de plaisir à lui expliquer ma théorie. Les questions suivantes furent tout aussi intelligentes. Au bout d'une demi-heure, elle m'a annoncé que l'interview était terminée.

— Merci David. Vous m'avez apporté beaucoup d'éléments intéressants. Nous pouvons arrêter là, si vous êtes d'accord pour qu'on passe à table.

— Avec grand plaisir. Je suis affamé.

— Je vous laisse choisir les boissons du repas. J'ai adoré le chardonnay.

Je l'ai observée à la dérobée tout en examinant la carte des vins. Elle rangeait soigneusement son carnet et son stylo dans son sac. Pas une fois elle ne m'avait interrompu. Elle m'avait posé cinq questions brèves et s'était contentée d'écouter mes réponses sans me demander aucune précision. Mais ses demandes toutes simples m'avaient pris au jeu. Je lui avais livré des convictions intimes et des expériences personnelles que j'avais révélées à très peu de gens. Marie Sophie avait su trouver les sujets qui me pousseraient à me dévoiler et s'était contentée de me laisser parler. Une jeune femme vraiment douée. Elle en savait maintenant beaucoup sur moi, pas seulement au niveau professionnel. Et je ne connaissais toujours presque rien d'elle. Je me suis promis de combler mes lacunes pendant le repas.

Elle a levé les yeux vers moi après avoir posé son sac.

— Maintenant on oublie la banque et les théories économiques pour se concentrer sur la gastronomie. Ça vous va ?

— Tout à fait. Est-ce que c'est la deuxième phase de votre processus ?

Elle a eu un rire cristallin.

— Disons que c'est la phase agréable où je n'ai pas besoin d'écrire. Si vous avez choisi les vins, je vais faire signe que nous sommes prêts.

Elle m'avait conseillé comme entrée un carpaccio de fruits au basilic et aux pignons. Un plat coloré où de fines tranches de kiwis, de papayes, de melons et de pastèques marinaient dans une sauce au pesto. Mais la touche de génie du Chef était de leur avoir associé une boule de glace à l'huile d'olive qui trônait sur les fruits, parsemée de pignons et d'une touche de crème fouettée légèrement salée. Les contrastes de couleurs formaient un régal pour l'œil. Entre la blancheur enneigée de la crème, le vert des kiwis, et les notes rouge et orange des autres fruits, j'avais l'impression d'avoir dans mon assiette un Cézanne comestible. Lorsque j'ai avalé ma première bouchée, j'ai su que ce plat resterait gravé dans ma mémoire. C'était un bouquet de contrastes gustatifs qui finissaient par se fondre en une synthèse harmonieuse. Le froid de la glace, le velouté de la crème, le sucré et l'acide des fruits, le sel du pesto, le croquant des pignons et la senteur chaleureuse du basilic qui enveloppait le tout. Un délice.

— C'est très original, audacieux dans le mélange des goûts, superbement présenté. Toutes mes papilles applaudissent !

Marie Sophie assistait d'un air amusé à mon accès de lyrisme gastronomique.

— Je pensais que ça pourrait vous plaire. Je suis ravie de ne pas m'être trompée.

— Goûtez le vin maintenant, et dites-moi s'il s'accorde bien avec le plat.

J'avais demandé deux verres de petite Arvine. Un blanc suisse qu'on ne trouve que dans le canton du Valais, rare et surprenant, qui associe des notes de pamplemousse avec une pointe de sel en finale. Elle a bu lentement et j'ai lu sur son visage le même mélange de surprise et de plaisir qui avait dû marquer le mien.

— C'est le mariage idéal, a-t-elle dit en posant son verre. Je vois mal comment faire mieux.

Nous avons mangé pendant quelques minutes en silence, absorbés par nos sensations gustatives. Ce n'était pas un plaisir égoïste, plutôt un partage qui n'avait pas besoin de mots. Nous sentions tous les deux que l'autre appréciait toutes les nuances de l'accord entre plat et vin, et laissions le charme de ce moment s'exprimer par nos mimiques plutôt que par d'inutiles commentaires. Comme deux artistes qui se rencontrent et mesurent immédiatement leur talent, chacun savait maintenant que l'autre était un vrai gourmet.

Lorsque nous avons fini nos plats, j'ai tenté d'en savoir plus sur Marie Sophie. Elle a répondu poliment à mes questions, mais sans se livrer véritablement. Elle était née en France, fille unique. Ses parents étaient tous deux décédés. Elle avait dû travailler rapidement pour gagner sa vie à la fin de ses études. Elle venait de se lancer dans sa thèse grâce aux encouragements de son professeur parisien qui lui avait proposé une opportunité avec Grinberg à Genève.

On nous a apporté le Malbec argentin que j'avais commandé pour accompagner le plat principal. Nous avons goûté le vin qui s'est révélé excellent. Puis est arrivé le poulet caraïbes qu'elle avait choisi. C'était un petit poulet entier, rôti avec des tranches de mangue et accompagné de riz créole, que la serveuse a découpé habilement devant nous. Nous avons poursuivi notre repas sans beaucoup parler. Je l'observais pendant qu'elle dégustait sa volaille. La chaleur de l'alcool avait rosi ses joues. Elle savourait chaque bouchée comme si elle voulait épuiser toutes les sensations que lui offrait la nourriture. C'était un spectacle très sensuel. Je me suis demandé fugitivement si elle avait la même attitude pendant l'amour. Elle a senti mon regard et a levé vers moi ses yeux émeraude. J'y ai lu sa joie de gastronome, sa fierté de m'avoir fait découvrir de nouvelles saveurs, et quelque chose de plus que je ne suis pas parvenu à identifier.

Elle s'est essuyé les lèvres avec une mimique gourmande.

— Je suis ravie de partager ce beau moment avec vous David. Merci encore d'avoir accepté mon invitation.

— Non, non, c'est moi qui dois vous remercier. Sans votre coup de fil j'aurais certainement passé une soirée plutôt triste. Vous avez été la bonne fée du week-end.

Elle a fixé la carcasse du poulet d'un air songeur. Puis elle a pris le petit os en V au bas de la croupe et l'a posé devant moi.

— À propos d'histoires de fées, est-ce que vous avez déjà joué avec ça ?

Je me suis souvenu des repas de mon enfance et de mon excitation à chaque fois que nous mangions du poulet. Ma mère m'avait initié à ce jeu. Il fallait d'abord faire un vœu, puis on prenait l'os chacun par une branche et on tirait jusqu'à ce qu'il casse. Celui qui avait le plus grand morceau en main voyait son vœu se réaliser. Mon père ne participait jamais et maugréait contre ces pratiques superstitieuses. N'empêche que le vélo rouge que j'avais reçu pour mes dix ans correspondait exactement à ce que j'avais souhaité après le poulet du dimanche. J'ai saisi l'autre branche de l'os et Marie Sophie a compris que je connaissais les règles.

— Est-ce que vous avez pensé à un vœu ? a-t-elle demandé en assurant sa prise sur sa moitié du morceau.

Je n'ai pas eu à réfléchir longtemps.

— C'est fait, et vous ?

— Moi aussi. Allons-y !

Nous nous sommes mis à tirer chacun de son côté et à tortiller l'os dans tous les sens pour le faire casser, mais il résistait. Marie Sophie exerçait de violentes tractions sur sa branche et a manqué me faire lâcher prise plusieurs fois. J'étais étonné par l'intensité avec laquelle elle participait à ce jeu. À un moment donné nos regards se sont croisés, et elle a dû se rendre compte de ma surprise. Elle a eu comme un sursaut d'enfant pris en faute et a relâché légèrement sa prise. C'est à ce moment-là que l'os a cassé avec un petit bruit sec. Nous nous sommes retrouvés avec chacun son morceau dans la main. Le sien était nettement plus long. Elle l'a brandi comme un trophée et m'a souri d'un air rayonnant. Elle était assise face à moi avec son os de poulet, ses cheveux courts aux mèches rebelles et ses yeux verts que la lumière des bougies rendait plus profonds. C'était une image attachante, comme ces instantanés que l'on commente des années plus tard dans la collection de photos. Les flammes des bougies dessinaient des ombres dansantes sur ses joues et soulignaient les contours de ses pommettes. Son sourire m'a semblé plus sérieux que d'habitude, habité par quelque chose de profond que je n'ai pas su définir. J'ai senti le besoin de rompre le silence.

— J'espère que votre vœu se réalisera, ai-je dit d'un ton neutre.

— J'en suis sûre. J'adore gagner à ce jeu. Je sais que c'est complètement irrationnel, mais ça me donne confiance dans l'avenir.

— J'essaierai ça pendant mon prochain repas d'affaires ! À propos, est-ce que vous me conseillez quelque chose pour le dessert ?

Elle a fait une petite moue.

— Franchement, ils n'ont rien d'exceptionnel. À mon avis, c'est leur point faible.

— Alors j'ai une proposition à vous faire. Je vous invite à prendre le dessert et le café chez moi. J'ai toute une gamme de glaces Bertier.

— Le meilleur glacier artisanal de la ville. Je n'en attendais pas moins de vous.

— Ça veut dire que vous acceptez ?

— Est-ce que vous avez celle au chocolat et au poivre noir ?

— Je l'ai, c'est ma préférée.

— Je vous suis les yeux fermés !

# VIII

Pendant le trajet à pied entre le « Mamacita » et mon appartement, nous avons comparé nos opinions sur les différents arômes des glaces Bertier. Mais tout en devisant sur ce sujet innocent, je pensais aux théories de Jef sur les fondamentaux de la drague. Marie Sophie m'attirait, mais je ne savais pas si c'était réciproque. Comment assurer mes chances ? Éternel problème auquel seuls les séducteurs invétérés ont la réponse. Comme je n'en étais pas un, j'essayais de me rassurer avec les conseils que Jef nous prodiguait généreusement lors des soirées poker. Son credo de base est que les programmes instinctifs qui nous viennent de nos lointains ancêtres sont toujours à l'œuvre sous notre vernis civilisé. Selon lui, il faut absolument tenir compte de cet héritage pour draguer correctement.

Premier point : la femme échange toujours le sexe contre des moyens de subsistance. Son problème principal est de trouver un homme qui peut garantir sa survie et celle de ses petits. Il faut donc lui montrer que l'on dispose des ressources nécessaires. Voilà pourquoi il vaut mieux payer l'addition au restaurant. L'offrande de nourriture est une étape reconnue par les programmes primitifs féminins comme un préalable à la relation sexuelle.

— N'acceptez jamais de partager l'addition, nous disait Jef d'un ton doctoral. Vous allez satisfaire l'ego des femmes qui militent pour l'égalité des sexes, mais vous divisez par dix vos chances de conclure. Au pire, laissez-les payer. Ça activera leur sensation de pouvoir et vous garderez vos chances. Mais n'oubliez pas de leur faire un cadeau ou de leur rendre l'invitation dans un restaurant plus chic.

Dans mon cas, les glaces Bertier pourraient faire office d'offrande. Inutile d'insister sur mes ressources, Marie Sophie devait se douter que je gagnais très bien ma vie.

Deuxième point : c'est toujours la femme qui choisit. Principe difficile à admettre pour l'ego du mâle, mais que tous les dragueurs expérimentés connaissent. L'homme peut bien sûr se mettre en valeur et montrer son désir de manière plus ou moins subtile, mais ce n'est pas ça qui fait la différence. Les bons chasseurs se distinguent par leur capacité à repérer les signaux qu'envoie la femme pour montrer qu'elle entrouvre la porte. Si vous faites vos avances au bon moment, c'est gagné.

— Si elle se rapproche de vous ou vous touche, vous en déduisez logiquement que l'affaire est bien emmanchée, commentait Jean-François. Mais dans la plupart des cas, les signes sont beaucoup plus subtils. Qui d'entre vous pense à observer l'angle d'inclinaison du cou de la belle, ou le diamètre de ses pupilles ? Ce sont pourtant des signaux très clairs qu'elle vous envoie. Si vous savez les repérer et agir tout de suite, Bingo !

Troisième point : savoir persister. La femme cherche un partenaire qui la protégera, elle et sa progéniture, le plus longtemps possible. Si celui qui la met enceinte l'abandonne, elle aura beaucoup de peine à trouver un nouveau protecteur. Elle teste donc l'engagement du mâle en lui opposant d'abord un ou plusieurs refus. Le prétendant qui ne se décourage pas démontre qu'il tient vraiment à elle. L'homme est beaucoup moins regardant car son problème est plutôt de féconder le plus grand nombre de femmes possibles pour être sûr qu'au moins l'une d'elles portera ses enfants.

— Car nous ne sommes jamais certains d'être le père, affirmait Jef en s'échauffant. Le seul moyen de propager nos gènes est donc de tirer le maximum de coups. Alors que la femme est toujours sûre d'être la mère. Toujours ! N'oubliez jamais cette loi fondamentale de la biologie.

Quatrième point : écouter. Ça a l'air simple, mais c'est le plus compliqué. Offrir une oreille attentive aux opinions, aux questions, aux soucis. Une femme se donnera toujours plus facilement à un homme qui l'écoute. Parce qu'écouter est un signe d'intérêt et d'engagement potentiel à long terme. Tous les indices qui présentent l'homme comme un partenaire fiable facilitent la conquête.

Certains objectaient à Jean-François qu'avec la contraception, l'indépendance financière des femmes et les lois sur le divorce, ces raisonnements basés sur le besoin de protection en cas de grossesse n'avaient plus aucune valeur. Il réservait à ses contradicteurs son sourire le plus méprisant.

— Les lois qui favorisent l'autonomie des femmes sont récentes dans nos sociétés, scandait-il. La contraception n'a pas cent ans. Les programmes neurologiques qui nous gouvernent ont mis des millions d'années à se construire. Ils mettront des milliers d'années à évoluer. Notre intellect a intégré les nouvelles donnes, mais nos instincts restent ceux du temps des cavernes!

Je n'étais pas sûr de croire aux quatre vérités de mon copain biologiste, mais j'essayais de faire taire mes doutes. Ça m'aidait à me lancer. Je dissertais sur l'onctuosité des glaces Bertier tout en respirant le parfum discret de Marie Sophie. Avec elle, écouter ne serait pas simple. J'avais l'impression qu'elle n'aimait pas parler d'elle. J'espérais que l'alcool l'aiderait à se laisser aller. Il y avait dans mon frigo une bouteille de Tokay qui accompagnerait à merveille le dessert et la rendrait peut-être plus causante. Les autres points ne posaient pas de problème particulier. J'avais développé une technique toute bête pour ce genre de situation. Je proposais toujours à mon invitée de s'asseoir sur le grand canapé du salon. Je m'installais ensuite à côté d'elle, puis me levais sous différents prétextes. À chaque fois, je me rasseyais un peu plus près en observant ses réactions. Si je détectais des signes d'encouragement, la manœuvre allait jusqu'à l'acte final.

J'ai surpris le regard d'admiration de Marie Sophie lorsque j'ai ouvert la porte de mon appartement.

— Ça doit être plaisant de rentrer chez soi dans un cadre aussi agréable, a-t-elle dit d'une voix rêveuse.

— Ça l'est en tout cas ce soir en votre compagnie.

Elle n'a pas relevé. Je lui ai fait visiter les lieux, puis l'ai invitée à s'asseoir sur le canapé.

— Est-ce qu'un verre de Tokay vous ferait plaisir ? J'ai un 5 Putonios qui se marierait parfaitement avec la glace de Bertier.

Une envie enfantine s'est peinte sur son visage, aussitôt suivie par une moue dubitative.

— J'adore le Tokay, mais j'ai l'impression d'avoir déjà un peu trop bu. Ce ne serait pas très raisonnable.

— Je vais le chercher. Vous pourrez au moins goûter.

J'ai installé la bouteille dans un seau à glace et j'ai versé une petite quantité de vin dans nos verres. Puis je me suis assis sur le canapé à une distance calculée.

— Trinquons aux beaux moments de la vie, même s'ils ne sont pas toujours raisonnables !

Elle a acquiescé en silence. Le liquide avait des reflets d'ambre et de miel. Nous avons savouré l'alliance de douceur moelleuse et de légère acidité qui a fait du Tokay le vin des cours royales d'Europe pendant plusieurs siècles.

— Je vous sers un autre verre ?

Elle a capitulé d'un léger hochement de tête.

— C'est vraiment trop bon. Tant pis si j'abuse un peu, a-t-elle dit comme en se parlant à elle-même.

— Oh là là, j'ai complètement oublié la glace. Je vais la préparer.

Je me suis levé et j'ai laissé Marie Sophie en tête-à-tête avec le Tokay. Quand je suis revenu, j'ai pris place quelques centimètres plus près d'elle.

— Je vais laisser la glace dégeler quelques minutes. Elle sera nettement meilleure à déguster.

Elle a poussé un soupir de bien-être. Son verre était presque vide.

— David, merci beaucoup pour cette belle soirée. C'est vraiment parfait.

J'ai senti que le moment de vérité approchait.

— Pour que ce soit parfait, il manque quelques ingrédients. Je vais mettre un peu de musique. Vous aimez Gershwin ?

— Je l'adore. Le début de Rhapsodie in Blue me fait frissonner à chaque fois.

— Je me réjouis de voir ça, ai-je dit en me levant pour installer le disque.

Je me suis rassis un peu plus près. Cette lente progression m'excitait. L'alcool m'avait mis dans un état de perception où tout semblait à la fois plus léger et plus clair. La musique a débuté. J'avais choisi l'interprétation de Benny Goodman. Sa clarinette a déroulé ses notes comme une tulle flottant dans l'espace du salon. Marie Sophie a croisé ses mains sur ses épaules. Sa beauté m'a frappé comme une évidence. J'ai remarqué la pureté de son profil, la finesse de son nez et le dessin ourlé de sa bouche. Elle a baissé lentement les paupières, comme pour mieux sentir la mélodie pénétrer en elle. Le tableau dégageait un érotisme subtil.

Le morceau s'est terminé. Marie Sophie a bu une gorgée de vin et s'est tournée vers moi.

— Je ne connaissais pas cette version. Je l'ai trouvée magnifique.

— Benny Goodman. Elle est plus courte. Il s'arrête quand le piano commence à dominer la clarinette.

Elle est restée un moment silencieuse, puis m'a dévisagé.

— David, j'ai senti que vous me regardiez pendant que j'écoutais la musique.

— Je suis désolé si je vous ai mise mal à l'aise.

— Ce n'est pas ça. C'était juste… Ça m'a fait drôle.

— Peut-être que c'est mon tour de vous sentir.

— Alors vous avez une méthode très différente de la mienne, a-t-elle rétorqué en esquissant un sourire.

— Et vous, ai-je repris, avez-vous terminé avec moi ou reste-t-il une étape ?

— Je crois que j'ai fini.

— Quel est le résultat ?

Elle a eu une moue pensive.

— Trop tôt pour le dire. Je laisse toujours mes impressions se décanter pendant quelques jours. Ça diminue les risques d'erreur.

Y avait-il un message caché ? Pas question d'attendre. J'avais trop envie d'elle.

— Bon, je crois que la glace est à point. Je vous l'apporte.

Je me suis levé et j'ai préparé deux coupes en me demandant quelles étaient mes chances de conclure immédiatement. Marie Sophie se révélait difficile à déchiffrer. Je n'avais pas vu varier l'inclinaison de son cou et ses yeux verts m'intimidaient trop pour que j'observe ses pupilles. J'ai décidé de tenter l'estocade finale. Je me suis assis presque contre elle et je lui ai tendu la glace.

— J'espère que vous allez vous régaler.

— Merci beaucoup.

Elle a pris la coupe et s'est déplacée légèrement sur le canapé pour augmenter la distance entre nous. Ça s'annonçait délicat. L'approche du dénouement a fait monter l'adrénaline dans mes veines. Comme un joueur de casino au moment où la bille finit de tournoyer dans la roulette. Je l'étudiais du coin de l'œil pendant qu'elle goûtait son dessert. À nouveau cette sensualité troublante. Elle dégustait à petites bouchées, tout entière absorbée par les sensations que lui procuraient ses papilles. À un moment, elle s'est passé rapidement la langue sur les lèvres pour récolter une goutte de glace fondue. Ce bout de chair rose entrevu un bref instant a décuplé mon désir.

J'ai eu envie de toucher son visage, de caresser ses pommettes, de promener mes lèvres sur les frisottis de cheveux courts au sommet de sa nuque, de mordre doucement son cou. J'ai senti mon sexe durcir dans mon pantalon. Elle continuait à savourer sa glace avec un demi-sourire, perdue dans son monde de chocolat fondant. Elle était toute proche mais en même temps très loin de moi. Je lui en ai voulu de ce plaisir solitaire. Je sentais le besoin de m'introduire dans sa jouissance, d'en être le protagoniste et non le spectateur. Remplir sa bouche avec ma langue poivrée, lécher le bout de ses seins, frotter mon sexe dur contre sa cuisse.

Elle a terminé sa coupe et a vidé son verre de Tokay, puis s'est tournée vers moi.

— Vous avez recommencé, a-t-elle dit.

Pas de reproche, ni d'approbation dans le ton de sa voix. Elle énonçait juste un fait.

— J'ai beaucoup de peine à m'en empêcher. Vous êtes très belle dans ces moments-là. Et très désirable, ai-je ajouté en me rapprochant d'elle.

Elle s'est levée brusquement.

— Excusez-moi. Il faut que j'aille aux toilettes.

Elle a quitté le salon et s'est dirigée vers la salle de bain d'une démarche rapide. Je me suis retrouvé planté là, fauché en plein élan. Benny Goodman distillait à présent un blues larmoyant qui m'a paru exécrable. J'ai coupé la musique et je suis resté debout près de la chaîne hi-fi, mon verre à la main. C'était la débâcle. Une soirée entière d'approche pour aboutir au verdict de Madame : non reçu. La gifle. Elle devait être en train de se repoudrer en préparant les phrases qui lui permettraient de partir sans être impolie. « J'ai passé un moment agréable, mais il se fait vraiment tard, il faut que je rentre. » Et je devrais garder le sourire, tenter un bon mot, ne pas laisser percer l'aigreur et le malaise de celui qui a été recalé. Indispensable pour garder au moins une minuscule chance lors d'une deuxième tentative. Jef disait toujours que le bon chasseur sait accepter ses déboires sans en vouloir à l'autre, ni se dévaloriser. C'est ce qui lui donne une possibilité de transformer ses défaites en victoires au coup suivant. Pour moi, c'était très difficile. Chaque refus me renvoyait à l'échec le plus cuisant de ma vie. Ne pas avoir su garder l'amour de ma femme.

Je n'avais plus qu'une envie : que Marie Sophie parte vite et me laisse seul. Mais il fallait faire ça dans les formes. J'ai remis de la musique, me suis versé encore un verre de Tokay et l'ai siroté en attendant qu'elle vienne m'annoncer son départ. J'ai fini mon vin sans qu'elle ait réapparu. Ça faisait au moins dix minutes qu'elle traînait dans ma salle de bain. Je me suis servi une autre boule de glace en attendant. À mon avis, Bertier est un génie. En plus, le chocolat combat la tristesse à ce qu'on dit. Mais lorsque j'ai eu terminé de déguster ma glace, Marie Sophie restait toujours invisible. J'ai décidé d'aller voir ce qui se passait. J'ai frappé discrètement à la porte de la salle de bain. Aucune réponse. J'ai essayé d'ouvrir et j'ai constaté avec surprise que la porte n'était pas fermée à clé. Mais la pièce était vide. Je suis revenu dans le salon, très perplexe. Où pouvait-elle bien être ? Par acquit de conscience, j'ai jeté un coup d'œil à la cuisine. Personne. Je me suis dit qu'elle avait filé en douce pour éviter de devoir subir encore une fois mes avances. Là, c'était la débandade !

Puis j'ai noté que sa veste était toujours accrochée au portemanteau dans l'entrée. Elle se trouvait donc quelque part dans l'appartement, mais où ? J'ai repris mes recherches au départ : dans la salle de bain. Et j'ai vu que la porte communicante qui donnait sur ma chambre était entrouverte. Je l'ai poussée doucement et j'ai aperçu Marie Sophie allongée sur mon lit. La pièce n'était éclairée que par la lueur de la lune. Dans la pénombre, je ne pouvais pas voir si elle avait les yeux ouverts. Je me suis approché silencieusement et me suis penché sur elle. Elle avait enlevé ses chaussures et s'était étendue tout habillée sur le lit. À sa manière de respirer, j'ai compris qu'elle dormait. Obéissant à une impulsion soudaine, je me suis assis par terre au bord du lit pour l'observer dans son sommeil.

C'était une impression étrange de contempler cette femme qui avait suscité en moi tant de désir et d'émotions en quelques heures, et qui maintenant reposait tranquillement dans ma chambre. Elle était allongée sur le côté et je voyais sa poitrine se soulever au rythme de sa respiration. Je suis resté longtemps près d'elle sans bouger, essayant de ne faire aucun bruit. Je voulais savourer ce moment d'intimité qui disparaîtrait dès son réveil. Son pull était légèrement remonté, dévoilant une étroite bande de peau nue au-dessus de son jeans. La lumière de la lune brillait sur cette zone et donnait à sa chair une couleur presque argentée. Je me sentais comme un enfant qui hésite à faire une grosse bêtise. J'avais envie de caresser doucement cette peau de sirène, d'éprouver sa douceur sous mes doigts, de l'effleurer de mes lèvres. Mon désir revenait, mais sous une forme différente. Il était moins violent, moins conquérant, presque tranquille.

Pour échapper à l'attraction qu'exerçaient sur moi les hanches et le ventre de Marie Sophie, je me suis concentré sur sa figure. Je pouvais la détailler tout à loisir sans devoir affronter l'éclat de ses yeux verts. J'ai découvert la finesse de ses cils, les petites taches de rousseur sur le sommet de ses pommettes, et un minuscule grain de beauté au bas de son nez. Je me suis senti vaguement coupable de l'épier ainsi dans son abandon au sommeil, mais en même temps je savourais le côté troublant de la situation. Mon regard a glissé vers sa bouche. J'ai senti de nouveau le sang battre à mes tempes devant ses lèvres ourlées qui invitaient au baiser. J'ai approché ma tête de la sienne. Elle a poussé un bref soupir en changeant légèrement de position. J'ai eu très peur qu'elle se réveille et me suis reculé brusquement. Sa main s'est portée à son front et a repoussé une mèche de cheveux. Puis sa respiration a repris un rythme régulier, mais légèrement plus rapide. Mon cœur battait très fort. Ma raison me disait de quitter ma chambre et de laisser mon invitée dormir tranquille. Pourtant, je ne parvenais pas à bouger. Ses traits me semblaient maintenant moins sereins, comme si elle avait quitté la strate paisible du sommeil primitif pour retrouver les tracas de la conscience humaine. Peut-être faisait-elle un mauvais rêve ? J'ai remarqué deux fines rides qui barraient en diagonale l'espace entre ses sourcils et se rejoignaient dans le prolongement de l'arête du nez. Ces deux sillons offensaient la pureté de son front lisse. Ils disaient les tracas, les doutes et le début de l'usure du temps. J'aurais voulu les faire disparaître, les empêcher de creuser leur chemin dans ce beau visage.

Je crois que tout s'est décidé à ce moment-là. C'est à cet instant que je suis tombé amoureux. L'envie de caresser sa peau et d'effacer ses soucis, ces deux désirs aussi forts l'un que l'autre qui m'ont saisi devant Marie Sophie endormie sur mon lit ce soir-là, ont formé le socle sur lequel s'est bâti mon amour. Un amour qui m'a fait vivre les plus beaux moments de mon existence et m'a amené au bord de la folie.

Elle s'est réveillée d'un coup. L'instant d'avant elle semblait dormir profondément, et une seconde plus tard ses yeux étaient plantés dans les miens. Je suis resté tétanisé. Elle m'a considéré d'un air interrogateur et un peu perdu, puis j'ai vu que la soirée lui revenait en mémoire. Elle s'est redressée lentement, a pris sa tête dans ses mains comme pour chasser les restes de torpeur, a rajusté son pull et s'est assise au bord du lit. Elle a regardé autour d'elle, puis ses yeux sont revenus se poser sur moi. Elle n'avait même pas l'air surprise de me trouver devant elle.

— Oh là là David, je suis désolée, a-t-elle murmuré d'une voix encore ensommeillée. Je crois que j'ai trop bu. J'ai été me rafraîchir à la salle de bain, et puis je me suis sentie mal. Je me suis écroulée sur votre lit sans même vous avertir. Je ne suis pas très fière de moi.

— Ce n'est rien, vous avez bien fait. Est-ce que ça va mieux ?

— Oui, beaucoup mieux. Je sens que le repos m'a fait du bien. Évitez juste de me parler de Tokay pendant quelque temps. J'ai dormi longtemps ?

— Non. Je dirais à peu près trois quarts d'heure.

Elle est restée silencieuse et j'ai compris qu'elle se demandait depuis quand j'étais entré dans la chambre.

— Je vous ai d'abord attendue, ai-je repris d'un ton mal assuré. Ensuite je suis venu à la salle de bain et c'est après que je vous ai trouvée ici.

Elle n'a rien dit, mais elle me fixait avec intensité. Elle avait l'air parfaitement réveillée à présent. Elle a fait une petite moue, s'est passé la main dans les cheveux d'un geste machinal puis s'est enfin décidée à poser la question qui devait lui brûler les lèvres.

— David, vous êtes assis là depuis combien de temps ?

— Euh, difficile à dire, quelques minutes peut-être, ai-je répondu d'une voix coupable.

À ma grande surprise, elle a souri.

— Vous avez recommencé, a-t-elle affirmé. C'est ça qui a dû me réveiller. J'ai senti que vous m'observiez. Décidément, vous avez des penchants pour le voyeurisme.

— Mais pas du tout, ai-je protesté. Pas du tout. Ça ne m'est jamais arrivé. Et ce n'est pas du voyeurisme, c'est autre chose. Je suis, je suis…

— Vous êtes ?

— Je suis comme hypnotisé, ai-je avoué l'air penaud.

— Hypnotisé, rien que ça. Alors vous devriez faire attention, ça peut être dangereux.

Son ton était légèrement ironique, mais il y avait autre chose dans sa voix.

— Bien. Pour briser l'enchantement, je crois qu'il nous faut un traitement de choc, a-t-elle poursuivi en se mettant debout.

Elle a fait passer son pull par-dessus sa tête, a dégrafé son soutien-gorge, enlevé son jeans, ses bas et son slip. En quelques secondes, elle était nue devant moi. Elle s'est rassise au bord du lit, a remonté les cuisses vers sa poitrine, mis ses bras autour de ses genoux, puis m'a adressé un sourire timide. J'étais à la fois abasourdi et émerveillé. Je me suis déshabillé aussi vite que possible. Elle a tendu une main vers moi.

— Maintenant on va pouvoir faire connaissance, a-t-elle dit en m'attirant sur le lit.

Nous sommes restés longtemps blottis l'un contre l'autre. Marie Sophie promenait ses mains sur moi par touches légères, comme pour apprivoiser les contours de mon corps. Je sentais le parfum sucré de sa peau et la chaleur de ses paumes. Elle m'a effleuré les paupières, les joues et le front avec de petits baisers furtifs. Quand nous nous sommes embrassés, ses lèvres se sont posées presque chastement sur les miennes. Mais dès que ma langue les a frôlées, elle m'a accueilli dans sa bouche en une étreinte ardente. J'ai basculé sur le dos et l'ai fait venir sur moi pour la contempler tout à loisir. Ses seins en poire aux larges aréoles ont effleuré ma figure. Elle s'est penchée pour que je puisse enfouir mon visage dans leur tiédeur. Quand elle s'est redressée et a posé ses mains sur mon torse, sa beauté m'a noué la gorge. La lune éclairait son corps d'une lumière argentée qui lui donnait un aspect irréel. Si je n'avais pas senti la moiteur de sa peau, j'aurais pu croire à un mirage.

— Laisse-moi allumer, ai-je dit dans un souffle. Je veux mieux te voir.

Elle a suivi le contour de mes lèvres avec son index.

— Pas question. Sinon je n'aurai plus rien à dévoiler. La prochaine fois peut-être.

Elle s'est mise à bouger lentement, frottant doucement son pubis sur mon ventre. Mon sexe dur et affolé recherchait le sien, mais elle se dérobait à chaque fois. Mon désir devenait toujours plus violent et mes mains pétrissaient ses fesses, cherchant à la pousser vers mon phallus tendu. Elle a cédé soudain et s'est empalée sur moi avec un petit cri étouffé. La chaleur de son sexe m'a accueilli dans un havre de douceur. Elle s'est allongée sur moi et a approché son visage du mien.

— Je veux respirer ton souffle quand tu vas jouir, a-t-elle dit d'une voix rauque.

Ses yeux verts ont plongé dans les miens pendant que son bassin ondulait toujours plus vite, collé à ma verge dans une danse effrénée qui m'a semblé durer jusqu'à ce que le temps disparaisse. Quand j'ai senti mon orgasme approcher à la vitesse d'un cheval fou, j'ai serré Marie Sophie tout contre moi. Juste avant que je n'explose, elle a poussé un long gémissement. Nos haleines se sont mélangées dans le même cri de plaisir.

Nous sommes restés un long moment silencieux, reprenant peu à peu nos esprits. Elle a posé sa tête sur mon épaule.

— Tu sais, a-t-elle murmuré d'une voix hésitante. C'est la première fois.

— La première fois ? Tu veux me faire croire que tu étais vierge ? ai-je répondu dans un rire tout en déposant un baiser sur sa tempe.

— Non. La première fois pour le plaisir.

— Pour le plaisir ? C'est ton premier orgasme ? Très flatteur pour moi, mais j'ai de la peine à le croire.

Elle m'a lancé une bourrade.

— Tu ne comprends rien. La première fois la première fois.

— Alors là, je ne te suis plus du tout.

— C'est la première fois que je jouis à mon premier rapport avec un homme. Voilà. Ça me fait drôle. D'habitude, il me faut pas mal de temps pour me laisser aller.

— C'est plutôt bon signe, non ?

Elle a fait une petite moue.

— C'est peut-être signe que je suis en train de tomber amoureuse. C'est bon, mais ça m'inquiète.

— Alors on sera deux à s'inquiéter, parce que moi aussi.

Elle a porté ma main à ses lèvres.

— Bien, on est embarqués sur la même galère. Dormons là-dessus.

Elle s'est glissée sous les draps, puis a soudain pouffé de rire.

— Qu'est-ce qu'il y a ?

— Rien. C'est juste que je me rappelle de ta technique d'approche « gagnons du terrain centimètre par centimètre ». On ne me l'avait jamais faite. Il fallait oser.

— Moque-toi de moi. En attendant ça marche souvent.

— Peut-être, mais pas pour les raisons que tu imagines.

— Et pour quelles raisons, alors ?

— Parce que tu es touchant dans ta naïveté de croire que ça ne se voit pas. Voilà pourquoi !

Elle m'a embrassé tendrement et m'a laissé méditer sur cette révélation.

En me réveillant le lendemain matin, je n'ai vu personne à côté de moi dans le lit. Je me suis redressé et pendant quelques instants mon cœur s'est serré à l'idée que toute la soirée de la veille n'avait été qu'un rêve. Puis Marie Sophie est apparue à la porte et j'ai senti une onde de chaleur monter de mon plexus pour se répandre dans tout mon corps.

— David, étant donné que nos relations ont atteint un grand degré d'intimité, je me suis permis d'utiliser ta brosse à dents. Et regarde ce que j'ai découvert à côté du dentifrice.

Elle tenait à la main la barrette bleue que j'avais promis de rechercher pour Léonore.

— Génial ! Il fallait absolument que je la trouve et ça m'était complètement sorti de la tête.

Elle a fait sa petite moue que je commençais à connaître, celle qui lui venait quand elle voulait tirer quelque chose au clair.

— Tu as envie de savoir à qui elle est, c'est ça ? ai-je poursuivi.

— Seulement si c'est important que je le sache.

— C'est très important. Cet objet appartient à une personne que j'aime.

— Ah bon. Eh bien elle n'a pas vraiment bon goût à mon avis. Je la trouve assez kitsch cette barrette.

Son ton se voulait dégagé, mais j'ai perçu comme un voile dans sa voix.

Je me suis levé, lui ai pris la barrette des mains et l'ai embrassée doucement entre les sourcils, sur les fines rides que je voulais effacer de son front.

— Bon. Je vais devoir dire à ma fille cadette qu'elle est la reine du kitsch, ai-je lancé en riant.

Elle m'a donné une bourrade.

— Tu m'as fait marcher ! Tu savais que je penserais à une de tes conquêtes.

Elle m'a poussé vers le lit et s'est mise à me bourrer de petits coups de poing. Je m'en voulais un peu de l'avoir effrayée, mais en même temps son inquiétude me tranquillisait. Je me sentais tomber amoureux avec une force que je n'avais jamais éprouvée. Ce qui m'arrivait me donnait presque le vertige. C'était rassurant de voir que Marie Sophie était touchée aussi profondément que moi.

# IX

— Les choses sont claires. Tu vas avoir besoin d'un coach.

Jean-François a ponctué cette affirmation en avalant une grande lampée de bière. Nous étions attablés dans une brasserie près du lac et je venais de lui raconter le début de mon week-end. J'avais passé presque toute la journée de samedi au lit avec Marie Sophie. Nous nous étions quittés en début de soirée parce qu'elle avait rendez-vous avec une amie. Elle n'avait pas voulu annuler malgré mon insistance, et m'avait aussi annoncé qu'elle était prise tout le dimanche. Devant mon air dépité, elle m'avait gratifié d'un baiser langoureux et de son plus beau sourire à fossettes en me disant qu'elle me contacterait dès que possible.

— Je parie que tu as été déçu quand je t'ai téléphoné pour t'inviter à manger ce matin, a repris Jef. Tu espérais sûrement un coup de fil de ta belle.

— Évidemment ! Entre partager un repas avec toi et passer un dimanche en amoureux avec elle, excuse-moi mais le choix est vite fait.

— C'est là ton erreur, a-t-il répondu d'un ton professoral. Mais je ne peux pas t'en vouloir. Ton cerveau n'est plus capable d'appréhender correctement la réalité. Tu es prêt à faire de grosses bêtises. Renoncer à une délicieuse choucroute aux escargots en compagnie d'un homme aussi précieux que moi n'aurait été que la plus petite d'entre elles. Mon cher, tu as besoin d'un coach.

— On t'a déjà dit que tu avais une certaine tendance à te répéter ?

Jean-François a souri.

— Bien. Tu as gardé un peu d'humour, a-t-il lancé gaiement. On va pouvoir travailler.

Il a repoussé son assiette avec un soupir de bien-être. J'avais à peine touché à la mienne.

— Perte d'appétit, signe classique, a-t-il dit en pointant le doigt sur mon plat. Je suis sûr que tu ressens une drôle de sensation en dessous du plexus solaire, que tu es plus nerveux que d'habitude, et que tu as de la peine à dormir.

— J'ai à peine fermé l'œil la nuit passée, ai-je concédé. Mais tu n'as pas besoin de me faire la liste des symptômes. J'ai déjà été amoureux, je sais ce que c'est.

— Tu ne sais rien du tout. Tu as peut-être éprouvé les effets, mais tu ne connais pas les causes. Pour diminuer les risques liés à ton état, il faut que tu comprennes les fondements du mécanisme. C'est là que j'interviens.

— C'est vrai que tu es un spécialiste. Cinq histoires d'amour en dix ans, sans compter ton ex-femme, c'est un score intéressant.

— Six, a-t-il corrigé. Je vais quitter Sandrine, j'ai rencontré quelqu'un.

Il a éclaté de rire devant mon air ébahi.

— On en parlera plus tard. Mais tu dois admettre que je suis un expert de l'état amoureux. Je sais comment éviter les graves désagréments que ça peut provoquer. Ce qui n'est probablement pas ton cas. Tu as donc tout intérêt à m'écouter.

— De toute façon, je n'ai rien d'autre à faire, ai-je soupiré.

— Très bien, a-t-il dit en finissant sa bière. Le premier pas, c'est d'admettre que tu es maintenant dans le même état qu'un drogué en manque.

— On peut dire que tu as le sens du romantisme.

— Je ne suis pas poète, je fais de la biologie. Et je connais un peu le fonctionnement de notre cerveau. Quand nous sommes amoureux, il y a d'importantes modifications qui se produisent dans ce noble organe. À peu près du même genre que celles qui se manifestent quand nous prenons des drogues.

— Bon, je suis un drogué. Et alors ?

— Ce n'est pas aussi simple. Mais l'important, c'est d'admettre que l'amour est aussi un phénomène qui concerne la chimie de notre cerveau.

— Jusque-là, il n'y a rien de passionnant.

Il n'a pas relevé ma remarque et a poursuivi.

— Si maintenant je te montrais une photographie de… Comment s'appelle-t-elle déjà ? Ah oui, Marie Sophie, en te demandant de la fixer pendant quelques minutes. Que se passerait-il dans ton cerveau ? J'ai bien dit dans ton cerveau, pas dans ton caleçon !

— J'adore la finesse de ton humour.

Il m'a lancé un coup d'œil égrillard.

— Ne dévions pas du sujet principal. Alors ?

J'ai haussé les épaules.

— Bien malin qui pourrait le dire. Comment veux-tu mesurer quelque chose d'aussi impalpable ?

— Eh bien on l'a fait, mon cher. Il y a déjà plusieurs années, une équipe de scientifiques anglais a réalisé l'expérience. Ils ont réuni un groupe de volontaires qui étaient tous en train de vivre une histoire d'amour passionnée. Ensuite, ils leur ont simplement demandé de contempler une photo de leur partenaire. Le truc génial, c'est qu'ils ont pu mettre en images la circulation du sang dans leur cerveau à ce moment-là.

— Et qu'est-ce qu'ils ont vu ?

— Les chercheurs ont remarqué que le sang se dirigeait beaucoup plus fortement que d'habitude vers une région précise du cerveau, signe qu'elle était suractivée. Tu veux son nom ?

— Fais-toi plaisir.

— Le putamen, a-t-il dit en prononçant le mot avec délectation. C'est ce qu'on appelle un noyau sous-cortical. Et tu sais à quoi sert le putamen ?

— J'ai passé ma vie à me le demander.

— Il déclenche la production de dopamine, a-t-il lancé comme si cette affirmation apportait une vérité nouvelle.

— Donc, les amoureux qui regardent le portrait de leur chérie ont plus de dopamine dans le cerveau. Et qu'est-ce que ça leur fait ?

— C'est là que ça devient captivant, a répondu Jef en agitant la main pour demander l'addition. La dopamine est un neurotransmetteur, comme la sérotonine. C'est elle qui provoque ce qu'on pourrait appeler la dépendance psychologique. Elle fait que plus on est exposé à une stimulation plaisante, plus on aura envie de la retrouver. Si on n'y parvient pas, on est mal. Alors que sans dopamine, on s'en foutrait.

— Génial. Maintenant je sais pourquoi Marie Sophie me manque. Pour te remercier, je paie le repas. Tu as d'autres explications aussi essentielles à me fournir ?

— Attends, attends, ce n'est que le début du raisonnement. On va poursuivre en se promenant, comme les philosophes grecs.

— Tu en fais un beau de philosophe, avec ta dopamine.

C'était un dimanche de janvier plutôt nuageux, mais le froid m'a semblé supportable. Il devait faire à peu près dix degrés. L'air sentait l'humidité du lac et j'ai respiré un grand coup en me penchant vers l'eau lorsque nous avons traversé le pont du Mont-Blanc. Tentative inutile pour éviter les gaz d'échappement déversés par le flot des voitures. Nous avons obliqué vers le jardin anglais.

— On pousse jusqu'à Port noir, on revient à travers le parc des Eaux-Vives et on va boire un verre au Bertigo. Ça te va comme balade ? a demandé Jean-François.

J'ai acquiescé. C'était une longue promenade, mais ça m'occuperait en attendant la fin de l'après-midi. Je m'étais promis de tenir jusqu'au soir avant d'appeler Marie Sophie.

— Et quand on se retrouvera au chaud, tu seras mieux armé pour résister aux effets de la maladie d'amour grâce à mes précieux conseils, a ajouté mon ami en mettant paternellement sa main sur mon épaule.

— Qui a dit que je voulais résister ? ai-je objecté avec une pointe d'irritation.

— Laisse-moi juste t'expliquer ce qui se passe, a-t-il répondu sans se démonter. Après, tu décideras quoi faire de mes informations.

— Bon. Allons-y.

— Très bien. On va prendre l'affaire par un autre bout, si je peux m'exprimer ainsi. Tu as de grosses couilles.

Je n'étais pas sûr d'avoir bien compris.

— Pardon ?

— Je parle de la taille de tes testicules, a-t-il repris d'un ton suave.

— Euh, je crois que ça va. Je n'ai pas à me plaindre. Merci.

— Non, non, ce n'était pas une question. C'était une affirmation. Tu as de grosses couilles.

— Ah bon, tu connais la taille de mes bourses maintenant ?

Il a pouffé de rire.

— Tu dis « bourses ». Excellent ! Alors c'est comme ça que les banquiers appellent leurs couilles. Ça vous va parfaitement !

La lourdeur de son humour avait souvent le don de m'énerver. Il partageait avec Arnaud le goût des gros mots et des expressions vulgaires. J'ai attendu qu'il se calme dans un silence réprobateur. Il s'est mouché bruyamment et a repris le fil de son discours.

— Je sais que tes bourses, comme tu dis, sont grosses si on les compare avec celles d'autres espèces. Chez les hommes, la taille moyenne des testicules est largement supérieure à celle des gorilles, par exemple.

— Enchanté de l'apprendre.

— Et tu sais pourquoi ?

— …

— L'infidélité des femelles, mon cher !

— Ah bon.

Je ne voyais toujours pas où il voulait en venir, mais sa conversation était distrayante. Il a suivi des yeux une mouette qui survolait l'embarcadère, puis a poursuivi.

— Dans toutes les espèces où la femelle est fidèle, comme les gorilles par exemple, les mâles ont de petites couilles. Par contre, lorsque les femelles se donnent à n'importe qui, les mâles ont d'énormes roubignolles. Comme les chimpanzés, pour rester chez nos cousins. Et c'est logique. Si la femelle se laisse féconder par tout le monde, la seule chance pour le mâle de transmettre ses gènes, c'est de déposer en elle un maximum de spermatozoïdes à chaque accouplement. Donc nécessité d'avoir de grosses couilles pour pouvoir gagner ce que les biologistes appellent la guerre du sperme.

— Quelle belle expression.

— N'est-ce pas, a-t-il répondu sans se préoccuper de mon ton ironique. Mais ce qui est intéressant, c'est la conclusion du raisonnement. Le fait que tu aies de gros testicules, comme tous les hommes, montre que l'espèce humaine fait partie de celles où les femelles sont naturellement infidèles.

— Merci de l'avoir démontré, mais Carole m'a convaincu bien avant toi.

Jef a éclaté de rire.

— Attends, c'est à partir de là que ça devient passionnant.

Il a relevé le col de son manteau, puis m'a saisi le bras.

— J'ai besoin de toute ton attention. C'est maintenant que tu vas comprendre les fondements biologiques de l'amour, a-t-il dit d'un ton grave.

— Je m'attends à tout.

— D'abord, on résume. Chaque membre d'une espèce est gouverné par un objectif fondamental : transmettre ses gènes. La sélection naturelle favorise ceux qui se reproduisent le plus. Nous sommes donc programmés pour engendrer un maximum de descendants. Et ne viens pas me dire que tout a changé avec la contraception et tout ce blabla. Tu connais mes arguments : nos programmes ont mis des millions d'années à évoluer. Ils sont toujours actifs, même si nos désirs conscients d'avoir des enfants n'existent plus.

— Jusque-là, j'arrive à te suivre.

— Bien. Deuxième élément : l'homme n'a aucun intérêt à rester fidèle, puisqu'il n'est jamais sûr d'être le père. Pour améliorer ses chances, sa meilleure stratégie est d'injecter des spermatozoïdes à beaucoup de femmes avec ses grosses couilles, en espérant que l'une d'entre elles portera ses enfants. Et je le répète, cette tendance est toujours présente. Peu importe si monsieur utilise des préservatifs ou si madame prend la pilule. Les programmes fonctionnent encore, même s'ils ne produisent plus de résultats.

— Croissez et multipliez, j'ai déjà entendu ça quelque part.

— Poursuivons, dit Jef sans relever ma citation biblique. Troisième point : la femme a elle aussi tendance à l'infidélité. La taille de nos testicules le prouve. On peut facilement démontrer qu'elle a intérêt à tromper son partenaire, bien que ses motivations soient différentes de celles des hommes.

— Et l'amour dans tout ça ?

— J'y arrive. L'amour est la réponse de l'espèce à ces stratégies égoïstes où chaque sexe essaie de tromper l'autre. L'état amoureux déclenche dans notre cerveau une véritable tempête chimique. Je t'ai parlé de la dopamine, mais les modifications sont bien plus complexes. Les phéromones interviennent aussi. Les hormones qui favorisent l'attachement, l'ocytocine et la vasopressine, jouent également un rôle. Et puis, il y a la phényléthylamine, une amphétamine naturelle qui déclenche des sensations d'exaltation et d'euphorie. Un sacré cocktail. On sait encore que certaines régions du cerveau sont comme désactivées dans l'état amoureux. Par exemple le cortex préfrontal médian, qui est la zone du jugement critique. Ce qui confirme le vieux dicton : l'amour rend aveugle. Mais le plus important, c'est que toutes ces modifications n'ont qu'un but : nous rendre obsédés par une seule personne, alors que nous sommes programmés pour chercher plein de partenaires différents. C'est exactement ce que tu es en train de vivre.

— Et où est le problème ?

Nous étions arrivés à la hauteur du jet d'eau qui projetait vers les nuages son demi-mètre cube de liquide par seconde. Jean-François a emprunté la jetée qui conduisait à l'endroit où l'eau sous pression s'élançait verticalement à plus de 200 kilomètres heure. C'est là, sous les embruns des gouttes qui retombaient après avoir vainement tenté de conquérir le ciel, qu'il m'a transmis son message fondamental.

— Le problème, a-t-il dit en criant à mon oreille pour couvrir le grondement de l'eau, c'est que ça s'arrête assez vite. Les recherches montrent que les modifications chimiques qui nous attachent fortement à un partenaire unique durent entre dix-huit et trente mois au maximum. Après, le cerveau retrouve son fonctionnement normal et nos programmes de base reprennent le dessus. La passion amoureuse ne survit pas plus de trois ans.

Nous avons repris le chemin du bord du lac. Je réfléchissais à ce que Jef venait de me révéler. Ça me paraissait à la fois arrogant et simpliste. Pour qui se prenaient ces biologistes qui prétendaient expliquer l'amour ? Les sentiments ne pouvaient quand même pas se réduire aux lois de Darwin.

— Et qu'est-ce que tu fais des couples qui sont toujours ensemble après trente ans de mariage ? Ça existe, non ? ai-je lancé sur un ton de défi.

— Il faut voir les raisons de cette vie commune. Les hommes avaient mis en place des pressions énormes sur les femmes pour contrôler leur tendance à l'infidélité. Chez nous, ces pressions économiques, sociales ou religieuses sont en train de disparaître et on constate les premiers résultats. D'après les statistiques, un couple qui se marie aujourd'hui a deux chances sur trois de divorcer. Et le pourcentage de femmes mariées qui trompent leur conjoint dépasse maintenant celui des hommes. Je te garantis que de moins en moins de gens fêteront leurs noces d'or.

— Mais il y a quand même des personnes qui s'aiment pendant toute une vie !

— Ça dépend de ce que tu entends par aimer. Ce qui ne dépasse pas trois ans, c'est ce que les biologistes appellent la limerence. C'est un état où le monde se rétrécit à la personne aimée. Aucun autre partenaire ne peut attirer l'attention. Au niveau chimique, c'est une dépendance aux effets de la phényléthylamine qui est renforcée par la dopamine. Au bout d'une certaine période, les concentrations de ces substances baissent. Alors, soit on cherche à revivre ces merveilleux moments avec quelqu'un d'autre, soit on passe à une situation plus calme qui est plutôt caractérisée par la production d'endorphines. Appelons ça de l'amitié amoureuse. Mais c'est beaucoup plus fade. Donc il y a toujours le risque de replonger vers un nouvel état de limerence.

Je trouvais son raisonnement très réducteur. La chimie ne pouvait pas expliquer à elle seule toute la complexité d'une relation. C'était plat et triste. Pourtant, je devais reconnaître que ça correspondait assez bien avec mon expérience. Carole et moi avions vécu une vraie passion. Elle était mariée quand nous nous étions rencontrés. Elle avait quitté son mari pour vivre avec moi. Nous avions fait deux enfants et elle était encore partie vers un autre homme lorsque l'ardeur de notre amour s'était émoussée. « J'ai écouté mon cœur » signifiait simplement qu'elle avait de nouveau succombé à la limerence. Mais même si on ne jurait que par la biologie, il restait quand même une faille dans les explications de mon ami.

— Tu affirmes que l'infidélité est programmée en nous, ai-je dit. Alors pourquoi notre cerveau est-il conçu pour se laisser obséder par une seule personne pendant deux à trois ans ?

— Jef s'est arrêté et m'a fait une révérence comiquement exagérée, m'offrant une vue imprenable sur la calvitie naissante au milieu de ses cheveux blonds coupés courts. Quelques passants nous ont dévisagés d'un air intrigué.

— Je me prosterne devant toi, mon cher, a-t-il déclamé. Tu as mis le doigt sur la question centrale de toute cette affaire.

— Je t'écoute.

Il a réfléchi un instant.

— En fait, c'est simplement une manière d'optimaliser les stratégies. Comme par hasard, la durée de la limerence correspond en gros au temps qu'il faut à un petit d'homme pour ne plus être complètement dépendant. À deux ans et demi, il sait marcher, trouver de la nourriture, appeler au secours. Il n'est pas encore capable de se débrouiller tout seul, mais n'a plus besoin des soins constants de ses parents. Si l'un des deux part, ça ne met donc plus sa vie en danger.

— Tu veux dire que l'état amoureux existe simplement pour que l'homme et la femme restent ensemble lorsque les enfants sont tout petits ?

— C'est une hypothèse valable. Dans beaucoup d'espèces animales, la femelle et le mâle se séparent dès que les petits n'ont plus besoin d'être protégés. Chez les humains, c'est évidemment plus compliqué. Mais la sensation de l'amour contribue certainement à une stabilité minimale du couple pour donner de meilleures chances aux nouveau-nés.

— Charmant !

— La nature n'est pas charmante. Elle est efficace. Le fait d'être amoureux favorise aussi l'investissement paternel. Le mâle n'est jamais sûr d'être le père. Chez la plupart des mammifères, on observe très peu d'engagement des mâles dans les soins aux enfants. Logique, puisque si ça se trouve ils s'occupent du rejeton d'un autre. Dans notre espèce, par contre, les pères s'occupent beaucoup mieux des petits. Leur cerveau en état de limerence perd sa capacité de jugement critique et ils n'ont plus de doutes sur leur paternité. Ça augmente les possibilités de survie des bébés.

— Mais alors, pourquoi l'amour ne dure-t-il pas plus longtemps ? Tout le monde serait gagnant. Les couples resteraient fidèles et les hommes seraient certains de leur paternité. Ils protégeraient les petits jusqu'à l'âge adulte et toute la famille vivrait heureuse.

— Amen, a conclu Jef en souriant. Ça, c'est le tableau idyllique que veulent nous vendre les bien-pensants. Mais c'est une vision morale. Au niveau biologique, c'est ce qu'on appelle une stratégie sous-optimale.

— Ça veut dire ?

— Que ce n'est pas mal, mais qu'on peut faire encore mieux. La tactique imbattable, c'est de rester fidèles jusqu'à ce que les chances de survie du premier enfant soient raisonnables, puis de chercher d'autres partenaires. Ça permet à la femme de mettre le sperme de son compagnon en concurrence avec celui d'autres hommes, et que le meilleur gagne ! Et ça permet à l'homme de féconder d'autres femmes en espérant que l'une d'entre elles portera son enfant. Chacun augmente ainsi ses chances d'avoir des descendants qui survivent. Et dans sa sagesse, la nature nous a programmés exactement comme ça. Quelques années de fidélité amoureuse, puis une longue suite de trahisons. C'est la combinaison gagnante dans la guerre pour propager nos gènes. Nous sommes tous construits selon ce modèle. Tant qu'on n'a pas compris ça, on vit dans l'illusion.

Nous venions d'entrer dans le parc des Eaux-Vives. J'ai jeté un regard aux bosquets et je me suis attardé sur les fleurs et les quelques oiseaux qui voletaient à la cime des arbres. La nature. Est-ce que le monde du vivant se résumait vraiment à une course effrénée pour la reproduction ? Je savais bien que la biologie ne répondait pas à toutes les questions, et que les relations entre hommes et femmes ne pouvaient pas se réduire à la guerre du sperme. Mais les explications de Jef contenaient sans doute une part de vérité. Et cette part avait un goût amer. J'ai repensé à la merveilleuse soirée que je venais de passer avec Marie Sophie, à la force des sentiments que nous avions ressentis l'un pour l'autre. Et si derrière tout ça il n'y avait eu que la volonté obstinée de nos gènes. Juste le besoin de se propager ?

Nous avons marché en silence pendant de longues minutes. Jef a remarqué mon changement d'humeur. Au bout d'un moment, il m'a pris le bras et m'a forcé à m'arrêter.

— Écoute David, a-t-il repris d'une voix qui avait perdu son habituelle légèreté, je sais que mon histoire n'est pas forcément agréable à entendre. On vit dans une société qui nous maintient dans l'illusion au sujet des relations amoureuses. On veut nous faire croire que l'amour soulève les montagnes, que la plus belle chose c'est de vivre toute une vie avec la même personne en lui restant fidèle, que les sentiments sont plus forts que la chair, et tout ce blabla. Et on aimerait tous que ça soit vrai. Moi le premier. Malheureusement la réalité est différente, et il faut faire avec.

— Mais tu dois admettre que la biologie ne peut pas expliquer toute la complexité des relations humaines, ai-je rétorqué. Il y a des couples qui s'autorisent des infidélités, mais qui savent préserver leur amour. Et d'autres qui restent fidèles toute une vie. Ce qui se passe entre deux personnes amoureuses ne se réduit pas à un changement de concentration de quelques molécules dans leurs cerveaux.

— Bien sûr. Ce que la biologie peut montrer, ce sont des tendances générales. Chacun garde la possibilité de dépasser sa programmation naturelle par un effort de volonté. C'est d'ailleurs ce qui fait la beauté de la condition humaine. Je dis simplement qu'il vaut mieux connaître les lois de base. Si on les ignore, elles nous rattrapent de toute façon. Comme disait Pascal, « à trop faire l'ange, on fait la bête ».

— Et toi qui connais les lois, qu'est-ce que tu en fais ? ai-je demandé un peu abruptement.

Il s'était remis à marcher. Nous traversions le parc en direction du Bertigo. J'ai accéléré le pas. J'avais froid et je rêvais d'un café brûlant. Jef a réfléchi quelques instants avant de répondre à ma question. J'ai vu qu'il souriait dans sa barbe.

— Disons que j'essaie d'utiliser les règles du jeu en ma faveur.

— Ce qui veut dire ?

— Eh bien, j'adore être amoureux. Je trouve cet état très agréable. Je suis probablement dépendant du cocktail de substances que ça produit dans mon cerveau. Mais comme je sais que ça ne peut pas durer, je m'arrange pour trouver rapidement une nouvelle dose quand je sens les effets diminuer.

— Et comment fais-tu ?

— J'utilise une loi biologique dont je ne t'ai pas encore parlé.

— Je sens que ça va de nouveau me déprimer.

— C'est la dernière, promis. Mais il faut que tu la connaisses, parce que c'est celle qui peut te sauver.

— Alors accouche, mais va à l'essentiel.

— Tu es un élève exigeant ! Bon, allons-y. Dans la recherche d'un partenaire pour s'accoupler, la femelle doit être très attentive. Mieux elle choisit le père de ses enfants, plus elle aura de chances que ses gènes se propagent.

— Je sais, je sais. C'est pour ça que les femmes commencent souvent par refuser. Pour tester l'engagement de l'homme.

— Exact. Parce qu'un homme qui s'engage ne laissera pas tomber sa compagne, ce qui donnera aux enfants de meilleures chances de survie. Mais ça ne suffit pas. Le mieux, c'est de garantir non seulement que les enfants survivront, mais qu'ils auront eux-mêmes beaucoup de descendants.

— Et comment peut-on faire ça ?

— C'est très simple. Pour garantir une nombreuse descendance, il faut s'accoupler avec un partenaire qui séduit beaucoup l'autre sexe. Si cette compétence se transmet aux enfants, la propagation des gènes est garantie.

— Surtout pour les femmes, puisqu'elles sont toujours sûres que leur progéniture porte leurs gènes.

— Absolument. Pour elles, l'idéal est de se marier avec un homme riche qui les mettra à l'abri du besoin. Puis de faire des enfants avec des mecs beaux et attirants qui transmettront leur magnétisme à leurs rejetons. Pour les programmes primitifs des femmes, les séducteurs sont des partenaires idéaux. À condition qu'elles soient mariées avec un gentil cocu qui s'occupera des enfants en croyant qu'ils sont de lui.

Comme d'habitude avec Jean-François, le raisonnement était cynique mais plausible. Cependant, un élément me paraissait obscur. J'ai hésité un instant, puis me suis décidé.

— Je saisis bien le mécanisme, Jef. Mais sans vouloir te vexer, tu n'as pas vraiment le profil d'un playboy. J'ai de la peine à voir comment tu utilises cette loi à ton avantage.

Il a éclaté de rire.

— Je suis obligé de reconnaître que tu as raison. Mais ce qui sauve les mâles lambda comme moi, c'est justement la limerence.

— Je ne comprends pas.

— Les femelles ne sont pas seulement attirées par les séducteurs. Elles ont une tendance générale à préférer les mâles qui ont déjà prouvé leur pouvoir sur l'autre sexe. Ça a été mis en évidence par une expérience avec des guppies.

— C'est quoi ?

— Des petits poissons d'aquarium très colorés. Les femelles recherchent d'habitude les mâles qui ont les couleurs les plus intenses. Mais dans une expérience, on a fait croire à certaines femelles que le choix de leurs congénères s'était porté sur un mâle plus terne. Eh bien, elles se sont accouplées avec lui plutôt qu'avec les plus brillants.

— Simplement pour faire comme les copines ?

— Et oui ! Et ça a été démontré aussi chez les humains. Les femmes sont plus attirées si elles savent que leur partenaire potentiel plaît déjà à une autre, même s'il n'a pas une tête de playboy.

— Je commence à deviner où tu veux en venir.

— Tu as mis le temps.

Le sourire de Jean-François s'est élargi. Il m'a tapé sur l'épaule d'un geste protecteur.

— Tu vois maintenant où est la bonne nouvelle. Quand une femme est amoureuse de toi, les autres femmes le sentent et ça les attire. Dans le monde de la reproduction comme chez les banquiers, on ne donne qu'à ceux qui ont déjà !

— Mais si toi aussi tu es amoureux, tu ne remarqueras même pas ces autres femmes.

— Exact, et c'est là que tout se joue. Le mâle en état de limerence manquera plein d'occasions sans même les voir. Et au bout de trois ans, quand la passion disparaîtra et qu'il retrouvera son instinct de chasseur, il aura perdu ce qui le rendait attractif. Tandis que moi, je commence à chercher la suivante quand la précédente est encore amoureuse. C'est beaucoup plus simple et ça évite énormément de souffrances. Je peux vivre les meilleurs côtés de l'amour sans en subir les inconvénients.

— Et c'est ça que tu me conseilles de faire ?

— Pas tout de suite. Maintenant tu es en pleine lune de miel, il faut que tu en profites. Mais penses-y dans quelques mois. Ça t'évitera pas mal de problèmes.

Je suis resté silencieux. Jean-François voulait manifestement m'aider, mais son raisonnement et ses conseils me paraissaient d'un cynisme révoltant. Il y avait quelque chose de mesquin dans son attitude. Ce réalisme froid me mettait très mal à l'aise.

— Écoute Jef, ai-je fini par dire d'une voix hésitante, je sais que tu me racontes tout ça parce que tu veux me donner un coup de main. Mais franchement ça ne me fait pas du bien. Je ne pourrais jamais me comporter comme toi.

Il a levé les sourcils d'un air à la fois surpris et interrogateur.

— Ah bon, et pourquoi ça ?

— D'abord parce que c'est très égoïste. Est-ce que tu imagines ce que doit ressentir Sandrine ?

— Et si j'étais resté une année de plus en regardant notre passion disparaître, tu crois qu'elle aurait trouvé ça plus beau ? Ou bien tu aurais préféré que ce soit elle qui me largue pour un sapeur-pompier après dix ans de mariage ?

J'ai senti que je l'avais blessé. Mais son agressivité a réveillé ma propre colère.

— Franchement, je préfère me faire jeter de nouveau dans dix ans plutôt que d'adopter ta façon de vivre. Tu dis que tu es amoureux, mais tu ne donnes pas la moindre chance à l'amour. Toutes tes relations sont des échecs programmés, et c'est toi qui les fais échouer. Parce que tu décides dès le départ que ça ne pourra pas marcher plus d'une année ou deux. Tout ça, c'est pour éviter de t'engager vraiment.

— Ah, tu fais dans la psychologie maintenant. Alors, puisque tu es si doué, explique-moi pourquoi tu n'es pas resté plus de trois mois avec la même femme depuis que tu as divorcé.

— Parce que je n'étais pas amoureux, justement !

— Et cette fois-ci c'est pour la vie ?

— Je n'en sais rien, mais je veux au moins croire que c'est possible. Toi, tu te l'interdis. Tu te gargarises avec tes lois biologiques, mais ton univers est tout sec. Il n'y a aucune place pour le rêve ou l'espoir. Ta vision du monde ressemble à une carte d'état-major.

Il n'a pas répondu et est resté un moment les bras ballants en me fixant d'un air plus songeur qu'énervé. Nous étions arrivés dans la rue de la Confédération. Le Bertigo se trouvait à deux pas.

— Je crois que je vois où est le problème, a finalement rétorqué Jef. C'est une question de nombril.

— De nombril ?

— Oui, mon cher. Tu me traites d'égoïste parce que j'utilise les lois naturelles en ma faveur. Eh bien moi, je dis que le nombriliste c'est toi !

— Pardon ?

— Exactement. En décidant que tu as trouvé l'amour qui peut durer toute une vie, tu exiges que la réalité se plie à tes rêves. C'est à la fois égoïste et très orgueilleux. En plus, tu entraînes une jeune femme dans tes fantasmes. Ce qui va occasionner beaucoup de souffrances pour l'un ou l'autre, voire les deux. Tandis que moi, j'ai l'humilité de reconnaître que le monde n'est pas comme je l'aurais rêvé. J'accepte la dure réalité des relations entre les sexes, et j'essaie de m'en accommoder le mieux possible.

— Ça alors, je n'en crois pas mes oreilles. Tu es à deux doigts de dire que je suis un pervers parce que je crois à l'amour.

— Ça dépendra de ton comportement avec Marie Sophie. Si tu es assez modeste pour ne pas la faire rêver de choses impossibles, vous vous en sortirez.

— Et toi qui fais des déclarations passionnées tout en planifiant déjà la fin de l'histoire, tu es le gentil. Évidemment !

— À propos, elle s'appelle Viviane et elle est chimiste. Je l'ai connue à un congrès. Trente-deux ans, des yeux bleus, de longs cheveux noirs bouclés. Elle est adorable et je suis fou d'elle. Mais je lui dis que je suis amoureux, pas que je l'aimerai toute ma vie. Ça me semble bien plus honnête. Elle a décidé de vivre cette histoire avec moi en toute connaissance de cause, comme Sandrine avant elle. Je n'ai jamais promis plus que je ne pouvais tenir. Dans ce sens oui, je suis le gentil. Et le courageux aussi, parce que j'affronte l'idée que l'amour finit. Je coupe, je cautérise, et la plaie cicatrise. J'ai gardé d'excellentes relations avec toutes mes ex, contrairement à toi. Si tu avais quitté Carole avant que son amour pour toi ne disparaisse, vous vous entendriez beaucoup mieux maintenant.

Je méditais ces paroles en franchissant la porte du Bertigo. Il y avait peu de clients à cette heure de la journée. L'ambiance était encore plus feutrée que d'habitude. Ça me convenait bien. J'avais besoin de calme après les théories dérangeantes de Jef. Ses mots tourbillonnaient encore dans ma tête. Nous nous sommes assis à une table proche du bar. Je ne savais plus quoi penser de tout ce que mon ami m'avait dit durant notre promenade. Une seule chose était claire pour moi : je ne pouvais pas vivre comme lui, même s'il avait raison quant aux effets inéluctables de la biologie sur la passion. Je voulais continuer à rêver d'un véritable amour, d'une femme qui serait ma compagne jusqu'au bout du chemin. Et je savais que Marie Sophie pouvait être cette femme. L'idée s'était ancrée au plus profond de moi, même si notre rencontre ne datait que de quarante-huit heures.

J'ai raconté ça à Jef tout en sirotant le cappuccino que j'avais commandé. Il n'a pas cherché à argumenter.

— Je t'ai dit ce que tu devais savoir, a-t-il déclaré tranquillement. Je n'ai rien à ajouter. Je n'ai pas envie qu'on s'engueule là-dessus. J'espère juste que mes conseils pourront t'aider un jour. Pour l'instant, on est tous les deux au début de notre histoire. Juste deux drogués qui attendent leur dose. Mon problème principal, c'est de résister jusqu'à ce soir avant d'appeler Viviane. J'essaie de garder un peu de dignité.

Je n'ai pas pu m'empêcher de sourire et lui ai lancé un coup d'œil complice. Sur ce point, je me sentais effectivement très proche de lui. Il s'est levé pour aller aux toilettes.

— N'en profite pas pour l'appeler en cachette, lui ai-je intimé alors qu'il s'éloignait.

Il a levé les bras en un geste fataliste et s'est engouffré dans l'escalier. C'est à ce moment que mon portable a bourdonné. L'écran affichait le numéro de Marie Sophie. Mon rythme cardiaque s'est accéléré brusquement quand j'ai pris la communication.

— David, je ne vais pas tourner autour du pot, a-t-elle dit sans même me saluer. J'ai quitté ma copine en lui disant que j'avais mal à la tête. Mais c'est à toi que j'ai mal. Je ne me suis plus sentie comme ça depuis mes quinze ans, quand j'ai fugué pour rejoindre mon premier amour. J'ai besoin de te voir.

J'ai senti une vague rayonnante monter depuis mon sexe jusqu'au sommet de mon crâne.

— Je suis au Bertigo avec un ami, ai-je répondu en essayant de garder un ton détaché.

— J'arrive.

Jef est revenu des WC et s'est assis avec une expression préoccupée. Il a commandé un deuxième café et je l'ai imité.

— Bon, j'avoue. Je l'ai appelée, m'a-t-il confié d'un air penaud lorsque le serveur s'est éloigné. Il y a des moments où il faut savoir capituler.

— Et qu'est-ce qu'elle a dit ?

— Elle n'était pas là. Mon vieux, je suis sûr que le son du répondeur qui s'enclenche doit libérer des molécules hypernégatives dans un cerveau amoureux. Si ça continue, je vais perdre mon bel appétit.

— Ça ne te ferait pas de mal. Il me semble que tu as pris quelques kilos ces derniers temps.

— Merci pour ton soutien.

— J'essayais juste de te montrer le côté positif de la situation.

Le serveur nous a apporté les cafés et nous les avons bus à petites gorgées dans un silence méditatif.

— L'idéal, ce serait de réussir à tomber amoureux de deux femmes en même temps, a lancé finalement Jean-François. Le risque de frustration serait minimal.

— Mais ce serait en contradiction avec toutes les lois biologiques que tu m'as décrites.

— C'est vrai, mais on peut toujours rêver.

Il a fixé pendant quelques secondes un point situé derrière mon épaule.

— D'ailleurs, j'aurais même une candidate, a-t-il murmuré en se penchant vers moi. Il y a une femme qui vient d'entrer. Elle est en train d'enlever son manteau. Il faut que tu jettes un coup d'œil discret. Elle dégage quelque chose de très attirant. Ce n'est pas seulement qu'elle est belle. C'est dans ses gestes et sa façon de bouger. Elle est habillée sans aucun effort pour se mettre en valeur, mais malgré ça elle attire le regard.

Il s'est interrompu, l'air interloqué.

— Oh là là, elle arrive droit sur nous.

Je n'ai pas eu le temps de me retourner. Le parfum de Marie Sophie a envahi mes narines et j'ai senti ses lèvres se poser sur ma nuque. J'ai tourné la tête vers elle et sa bouche s'est collée à la mienne dans un baiser à la fois tendre et avide. J'ai entendu Jef qui marmonnait dans sa barbe : « Comme c'est parti là, le coaching s'annonce difficile. »

# X

Quand je repense aux mois qui ont suivi ma rencontre avec Marie Sophie, des dizaines de souvenirs me reviennent en mémoire. Certains ont perdu de leur précision, déjà usés par l'écoulement du temps. D'autres ont gardé des contours clairs et distincts, aussi précisément imprimés en moi que le jour où je les ai vécus. Mais que leurs teintes soient encore éclatantes ou déjà passées, ils forment pour moi un ensemble harmonieux. Un peu comme ces tableaux où l'on ne distingue que des taches de couleur lorsqu'on les regarde de près, mais qui révèlent une image si on les observe à distance. Et le portrait qui se dessine quand je revois tous ces moments m'apparaît très nettement. C'est celui de l'amour. Mais quel amour ? C'est une question que je me suis posée jusqu'à la nausée. Y avait-il vraiment des sentiments profonds entre nous, ou avons-nous simplement subi les effets du cocktail chimique de la limerence qui survoltait nos cerveaux et nos corps ? Où sont passés les fondements de ce que nous avons bâti ensemble ? Pourquoi tout a-t-il été détruit ? Que puis-je reconstruire à présent ?

Lorsque toutes ces interrogations se mettent à bourdonner dans ma tête, je me précipite dans le passé. Pas pour fuir ma vie actuelle, bien qu'elle soit plutôt triste. Non, je reviens plutôt en arrière avec l'espoir que quelque part dans les méandres de ma mémoire, une scène surgira dans laquelle je trouverai la réponse à toutes les questions qui m'obsèdent. Je m'enferme dans ma chambre et je creuse la terre de mes souvenirs comme un archéologue fiévreux, rêvant de trouver le fragment qui me livrera enfin le sens de cette histoire d'amour.

Je ne sais pas pourquoi, mais l'une des images qui me revient avec le plus de netteté est liée à une scène tout à fait banale. C'était un mardi de la fin janvier, à peine deux semaines après que nous avons fait connaissance. Marie Sophie était passée me chercher à la banque et nous avions fait une balade dans la vieille ville. Le temps était très froid, le ciel clair comme un cristal de glace. On distinguait les premières étoiles dans la nuit qui tombait. Nous nous tenions enlacés et nous marchions en silence, contemplant la buée de nos haleines qui se mélangeait dans l'air gelé. De temps en temps, j'embrassais son nez glacé pour lui redonner un peu de chaleur. C'est l'odeur du marchand de châtaignes qui nous a sortis de notre mutisme.

— J'en veux, a murmuré Marie Sophie à mon oreille.

Nous nous sommes dirigés vers la petite baraque où un vendeur barbu emmitouflé dans une écharpe rouge a mis dans mes mains un sachet rebondi.

— Tenez, les amoureux, ça va vous faire du bien !

— Ça se voit tant que ça ? ai-je glissé à Marie Sophie en décortiquant pour elle l'un des marrons.

— Quoi donc ? Qu'on a froid ? Qu'on a faim ? Ou qu'on s'aime ?

Toutes ses fossettes riaient. Elle m'a attiré vers elle, a croqué la moitié du marron et mis l'autre moitié dans ma bouche. J'ai eu l'impression de ressentir sur mes papilles exactement les mêmes sensations qu'elle et juste en même temps. Le goût du long baiser que nous avons échangé ensuite est encore sur ma langue.

— Il faut faire attention aux marrons grillés, a-t-elle chuchoté lorsqu'enfin nos bouches ont réussi à se séparer. C'est encore plus puissant que les philtres d'amour.

Dès le début, notre relation a été marquée par une complicité sensuelle presque magique. Pas seulement quand nous faisions l'amour, mais aussi quand nous vivions ensemble des sensations de toute nature. « J'adore quand le monde entre en moi avec toi », m'avait soufflé Marie Sophie après une soirée que nous avions passée blottis l'un contre l'autre à écouter le concerto pour piano de Rachmaninov. Sur le moment, j'avais trouvé l'expression un peu emphatique. Je comprends maintenant ce qu'elle voulait dire. Le monde nous pénètre par tous nos sens, dans sa splendeur comme dans sa cruauté. Mais la plupart du temps, nous sommes seuls face à ce qu'il provoque en nous. Pouvoir le partager est un privilège rare. C'est peut-être la définition de l'amour.

L'univers des saveurs était bien sûr l'un de nos domaines favoris. Nous avons fait le tour de la planète par restaurants interposés. Je revois le thé brûlant que la serveuse d'un restaurant marocain versait de plus d'un mètre de haut dans de minuscules verres. La soupe thaï dont la première gorgée nous a fait monter les larmes aux yeux sous le portrait d'un éléphant bleu. Les assiettes immaculées d'une célèbre enseigne gastronomique où les portions étaient si minuscules que nous avons fini notre soirée en bâfrant des hamburgers. Et puis les odeurs, les couleurs, les goûts. Et Marie Sophie en face de moi, le frémissement de ses narines quand elle humait un nouveau plat, son air concentré au moment d'apprécier la saveur d'un vin, sa bouche gourmande et curieuse. Et parfois son pied qui remontait le long de ma jambe sous la table pendant qu'un sourire innocent illuminait ses traits.

Nous avons aussi couru les expositions. Marie Sophie était assoiffée d'images. Peinture, photographie, sculpture, elle avait besoin de sa dose régulière de nouveautés visuelles. C'étaient les photos de reportage qui l'attiraient le plus.

— Tu te rends compte, il est là avec nous ! m'avait-elle dit devant le visage buriné d'un paysan afghan que Nicolas Bouvier avait photographié sur la route de Charikar dans les années 1950.

L'écrivain du voyage avait parcouru des milliers de kilomètres pour aller chercher ces paysages, ces figures, ces fragments de vie offerts bien des années après sa mort au public enthousiaste qui visitait l'exposition. Ce vieux laboureur au regard serein qui souriait à l'objectif alors que le soleil lançait ses derniers rayons sur les vallées de l'Hindou Kouch nous contemplait de l'au-delà dans cette galerie de la banlieue genevoise. La main de Marie Sophie est venue se lover dans la mienne, et j'ai ressenti avec elle cet émerveillement teinté d'effroi qui prend possession de toute personne confrontée à l'immensité du monde et à la petitesse d'une vie d'homme.

Benjamin Constant disait que l'amour s'empare du temps. Tant qu'il existe, les événements baignent dans sa lumière et perdent leur chronologie. C'est exactement ce que j'ai ressenti. Sans les décors, je n'arriverais plus à dire quand se situe telle ou telle scène. Ce sont la couleur des feuilles, les habits des gens, la qualité de la lumière qui me permettent de replacer les épisodes dans la succession des saisons. Si je n'avais pas ces repères, tous mes souvenirs de cette période ne formeraient qu'un amas indifférencié. Un gros bloc d'amour qui s'est volatilisé d'un coup un soir de décembre en laissant le temps reprendre ses droits.

Je me souviens de la couleur éclatante des fleurs dans les parcs publics, de la luminosité du ciel, de la chaleur douce et parfumée de l'air. On devait être au milieu du printemps, fin mai peut-être. On sentait dans l'atmosphère cette saveur particulière de la sève qui fait éclater les bourgeons. Nous faisions l'amour plusieurs fois par jour. Nos corps s'attiraient comme des aimants. Le crépuscule approchait. Je lui avais proposé une promenade sur le sentier des Saules. Je voulais lui montrer l'endroit où les eaux de l'Arve rejoignent celles du Rhône pour continuer ensemble leur chemin vers la Méditerranée.

— La réunion de deux fleuves. C'est un tableau qui peut me plaire, a-t-elle dit en m'emboîtant le pas. Nous avons marché en nous tenant par la main, bercés par les clapotis de la rivière qui s'écoulait paresseusement à nos côtés. Au bout du sentier se trouvait une petite rotonde surmontée d'une main courante en fer forgé qui surplombait les eaux. Nous étions seuls, accoudés à la barrière, et nous observions le mariage entre les flots bruns de l'Arve et le courant bleu vert du Rhône. L'air était rempli de senteurs primitives de feuilles et de terre mouillée. On se serait cru sur une île en pleine nature. Marie Sophie est restée longtemps silencieuse. Elle semblait fascinée par le spectacle des eaux qui s'unissaient.

Elle a noué ses mains derrière ma nuque et ses lèvres se sont posées sur les miennes. Sa bouche a lentement parcouru mon visage en effleurant mes joues, mon nez, et mon front. Puis elle s'est mise à embrasser mon cou en me mordillant doucement. Et soudain elle était à genoux devant moi, sa tête à la hauteur de mon sexe. Sa main a baissé la fermeture éclair de mon pantalon d'un geste précis. Elle s'est emparée de ma verge déjà durcie par ses baisers. Je me sentais à la fois excité et mal à l'aise. Quelqu'un pouvait surgir à tout moment dans mon dos. J'entendais le bruit des voitures et quelques fragments de conversations qui venaient de la rive. Marie a levé la tête vers moi. Ses yeux sont restés vissés aux miens pendant qu'elle me prenait délicatement dans sa bouche. Sa langue et ses lèvres se sont unies pour m'amener très vite au bord de l'orgasme. J'ai voulu résister à la montée du plaisir, faire durer ce moment d'extase. J'avais oublié le reste de l'univers. Il ne restait plus que ses prunelles fixées sur moi et ses caresses chaudes sur mon sexe tendu. Mais j'ai compris qu'elle ne me laisserait pas attendre. J'ai joui avec un soupir étouffé et l'ai vue avaler ma semence, son regard toujours rivé au mien. Elle s'est relevée en époussetant son jeans.

J'essayais maladroitement de ranger ma verge avant que quelqu'un n'arrive. Marie Sophie est venue se lover contre moi.

— J'aime te boire, a-t-elle murmuré à mon oreille d'une voix troublée.

Aucune femme ne m'avait jamais parlé ainsi. Je me sentais presque gêné.

— Parce que mon goût te plaît ?

— Non, pas pour ça.

— Pourquoi alors ?

Ses yeux sont revenus chercher les miens.

— Parce qu'en t'avalant, je te mélange à moi.

À la fin juillet, nous sommes partis en vacances aux Açores. C'était son idée. Elle voulait voir où naît l'anticyclone qui apporte le beau temps dans nos contrées. Nous en sommes revenus remplis d'images magnifiques, saoulés de couleurs et de vent. Les lacs bleus et verts lisses comme des miroirs nichés dans les cratères d'anciens volcans. Les églises rivalisant de blancheur d'un village à l'autre. Les dauphins surgissant devant nous au milieu des embruns. La course des nuages dans le ciel. Ce climat imprévisible où pluie et soleil peuvent se succéder quatre à cinq fois dans la même journée. Tout ça vibre encore dans ma mémoire. Je revois Marie Sophie allongée près de moi sur la plage, et les gouttes de la première averse qui ruissellent sur sa peau bronzée. Je la revois se lever d'un mouvement souple et marcher à grandes enjambées vers la terrasse couverte de l'hôtel pour se mettre à l'abri. Je revois comment les hommes qu'elle croisait détaillaient sa silhouette. Et me revient alors ce mélange de joie, de fierté et d'un soupçon d'incrédulité qui s'emparait de moi à l'idée que cette femme m'avait choisi parmi tous les mâles de la planète pour être son compagnon.

Les grandes chaleurs avaient pris fin. Les couleurs intenses de l'été se teintaient déjà de cette douceur qui annonce la lumière d'automne. On devait être au début septembre. Nous nous promenions à travers les vignes de la côte après avoir mangé dans une petite auberge au bord du lac. Marie Sophie marchait en caressant distraitement les grappes qui se gorgeaient de soleil avant la vendange. Nous avions décidé de vivre ensemble. Elle devait déménager chez moi le lendemain. J'ai vu se dessiner sur ses lèvres la petite moue qu'elle faisait lorsqu'une question la préoccupait.

— Vas-y, ai-je fait en lui prenant la main. Dis-moi ce qui te chiffonne.

— Tu commences vraiment à trop bien me connaître, a-t-elle répondu en poussant un petit soupir.

— Et plus je te connais, plus je t'aime. Maintenant vide ton sac !

Elle est restée silencieuse un moment, roulant entre ses doigts une feuille de vigne qu'elle avait détachée d'un cep.

— J'ai peur. C'est ça qui me tracasse, a-t-elle murmuré enfin.

— Peur de venir vivre avec moi ?

— Oui. Et je m'en veux d'avoir peur. Je sais que je t'aime, alors pourquoi est-ce que je suis inquiète à l'idée de partager ta vie ? Je devrais être folle de joie. Au lieu de ça j'ai une boule au ventre.

Elle attendait ma réponse en triturant sa feuille de vigne. J'ai réfléchi longuement avant de poursuivre.

— À mon avis, c'est un signe de maturité. Ça montre que tu n'es pas aveuglée par tes sentiments. Tu sais que la vie commune change beaucoup de choses dans une relation, et qu'il y a un risque que ça se passe mal. Moi aussi j'ai peur. Mais en même temps, nous sentons que notre amour est assez profond pour être soumis à l'épreuve du quotidien. S'il était superficiel, nous n'aurions pas décidé d'habiter ensemble et nous n'aurions pas peur.

Marie a posé sa tête sur mon épaule.

— J'aime bien comme tu parles de nous, a-t-elle soufflé à mon oreille.

Notre histoire n'a pas été faite que de journées idylliques. Nous avons vécu des crises, des moments de colère et de tristesse. Comme dans toute relation passionnée, nos émotions étaient à fleur de peau et nous pouvions passer de la joie à la souffrance pour un simple regard, un geste maladroit, une parole mal comprise. Le plus souvent, Marie Sophie montrait des talents affirmés pour la diplomatie. Après une scène, elle savait me tendre la perche au bon moment pour renouer le dialogue. Quand j'étais vexé ou irrité par ses propos, elle se moquait gentiment de ma tendance à la bouderie et parvenait très vite à me sortir de mon humeur maussade. Elle savait trouver au bon moment les marques de tendresse qui chassaient les nuages de la dispute.

Mais lorsqu'elle se sentait blessée, elle avait une façon effrayante de manifester son mal-être. Elle se murait dans un mutisme complet et je la voyais s'éloigner d'un coup. Elle ne me touchait plus, ne me parlait plus, ne semblait même plus remarquer ma présence. Elle se trouvait en face de moi, mais en fait elle avait disparu. Comme ces nageurs qui plongent soudain et qu'on guette anxieusement lorsque les flots se sont refermés sur eux. Et je ne parvenais pas à faire le moindre geste pour aller à sa recherche. J'étais submergé par des sentiments de colère et d'injustice si violents qu'ils me paralysaient. Je pouvais juste rester sur la berge à contempler la surface de l'eau noire qui avait englouti ma compagne. Ça pouvait durer quelques minutes, quelques heures et parfois des jours entiers. Mais elle finissait toujours par ressurgir des profondeurs et elle revenait vers moi avec un sourire lumineux qui mettait fin au malaise.

La première fois que c'est arrivé, nous venions de terminer un repas gastronomique à l'auberge de Saint-Guillaume. Nous avions quitté la salle à manger pour boire un cognac dans le petit salon. Un feu de bois ronflait dans la cheminée. On devinait la plaine enneigée de l'autre côté de la baie vitrée qui occupait une paroi entière. Les quelques personnes présentes parlaient d'un ton mesuré, confortablement installées dans de larges fauteuils. Marie Sophie me dévisageait et une joie pétillante se lisait dans ses yeux.

— Ça fait un mois jour pour jour que nous sommes amoureux, ai-je dit en levant mon verre. Il faut fêter ça.

Elle a humé l'alcool ambré dans lequel se reflétaient les flammes rousses du feu et a bu une gorgée en me souriant.

— Quand je repense à notre rencontre, je me demande parfois ce qui t'a attirée chez moi, ai-je poursuivi après avoir dégusté mon cognac.

Comme d'habitude, elle a mis du temps avant de répondre.

— Beaucoup de choses, a-t-elle fini par murmurer. Tu es un délicieux mélange.

— Mais est-ce que tu aurais pu m'aimer si je n'avais pas été un banquier connu ?

Elle a eu un regard surpris.

— Bien sûr que non !

— Non ?

— Ça t'étonne ?

— Franchement oui. Je croyais que tu m'aimais pour ce que je suis et pas pour mon statut.

Son visage s'est fermé d'un coup.

— Et toi, est-ce que tu aurais pu m'aimer si j'avais nettoyé les plats dans la cuisine de ce restaurant ?

Elle s'est levée brusquement et s'est dirigée vers les toilettes. Quand elle est revenue, il y avait comme une barrière de métal entre nous. J'ai tenté de relancer la conversation, mais elle a répondu par monosyllabes. Lorsque nous avons quitté l'auberge, elle m'a demandé de la ramener chez elle. Elle est sortie de ma voiture sans un mot pour s'engouffrer dans l'immeuble de la rue Louis-Favre où elle louait un minuscule studio. De retour chez moi, je l'ai appelée. Son portable était coupé, son téléphone ne répondait pas. J'ai passé une nuit horrible. Ce n'est que le lendemain vers midi qu'elle m'a envoyé un message. « Désolée pour hier soir. On ne s'est pas compris. »

Quand nous nous sommes revus, elle est restée silencieuse et m'a souri d'un air un peu confus. Je l'ai serrée fort contre moi. J'étais trop soulagé pour la questionner sur ses réactions. Plus tard, après un ou deux incidents du même type, j'ai enfin osé lui poser la question qui me brûlait les lèvres.

— Tu sais Marie, c'est très dur pour moi quand tu t'éloignes comme ça tout à coup. Tu es là, mais je sens que tu es partie. C'est presque affolant. Je me demande où tu vas.

Elle a mis longtemps avant de répondre.

— Loin. Très loin, a-t-elle murmuré d'une voix éteinte.

— Et qu'est-ce que je peux faire pour que tu reviennes ?

Son silence a duré encore plus longtemps.

— Attendre, a-t-elle dit finalement.

Ça devait être au début juillet, une période de grosses chaleurs. J'avais entrouvert la fenêtre de ma chambre pour laisser entrer l'air plus frais de la nuit. Nous faisions l'amour depuis longtemps. La poitrine de Marie Sophie était couverte de sueur. J'embrassais doucement ses seins. Le sel de sa peau fondait sur ma langue. Nos sexes imbriqués bougeaient ensemble comme mus par une volonté propre. J'ai senti les longues jambes de Marie se nouer autour de ma taille et j'ai su qu'elle allait prendre son plaisir. J'ai eu l'impression de percevoir le cheminement de l'orgasme dans sa chair depuis son ventre jusqu'à son cerveau. Elle a joui si longtemps et si fort que j'ai eu presque peur. Tout son corps était agité de tremblements et ses gémissements se faisaient toujours plus aigus. Elle a poussé un long cri et s'est arc-boutée dans un spasme final. Je l'ai contemplée pendant que les vagues de son plaisir refluaient lentement. Une mèche de cheveux mouillés de sueur tombait sur son front et je voyais une veine battre rapidement dans son cou. Je me sentais fier de l'avoir amenée ainsi vers les plus hauts sommets de l'orgasme, mais presque jaloux de l'intensité de sa jouissance. Elle a semblé revenir sur terre après un voyage sidéral et m'a observé sans un mot. A-t-elle lu sur ma figure l'orgueil et la convoitise qui m'agitaient ? Son regard s'est soudain durci et ses traits se sont tendus. Elle m'a attiré brutalement contre elle et m'a mordu violemment à l'épaule. J'ai poussé un cri de surprise et de douleur. Elle s'est dégagée de mon étreinte et s'est roulée en boule à l'autre bout du lit. Je voyais son dos bouger par à-coups. Des sanglots silencieux la secouaient. Je me suis aperçu que mon épaule saignait. J'étais complètement perdu. Je me suis approché d'elle et j'ai effleuré sa nuque. Elle n'était plus là. Son corps ne réagissait pas à la chaleur de ma main. J'avais l'impression de toucher une coquille vide.

Ma blessure me faisait mal. J'ai senti une vague de colère monter en moi. J'ai eu envie de la frapper, autant pour la punir que pour la faire revenir. J'ai quitté la chambre pour échapper à cette haine brute et suis allé soigner ma plaie à la salle de bain. Quand je suis revenu, elle s'était habillée. Elle est sortie sans un mot. Je me suis effacé pour la laisser passer. Nos corps se sont frôlés, mais il y avait un océan gelé entre nous. Cette fois-là a été la pire. Elle a mis deux jours pour me rappeler. Quand nous nous sommes revus, elle s'est jetée dans mes bras avec les yeux ruisselants de larmes.

— Pardonne-moi, chéri, pardonne-moi, a-t-elle soufflé en caressant mes joues. C'est juste parce que tu me touches trop profond. Parfois je t'en veux d'avoir autant de pouvoir sur moi.

La joie de la retrouver a balayé tout le reste. Jusqu'à ce triste soir de décembre, je n'ai pas mesuré ce que signifiaient vraiment ses paroles.

Pendant toute notre histoire, Marie Sophie a occupé chacune de mes journées, même quand nous n'étions pas ensemble. Je remarquais parfois que ma façon de traiter un dossier ou de fixer des priorités était influencée par les nombreuses discussions que j'avais avec elle sur le monde de la finance. J'aimais beaucoup lui raconter mes journées. Même si elle ne maîtrisait pas l'aspect technique de mes activités, elle me donnait des conseils pertinents sur les affaires en cours. J'avais parfois l'impression qu'elle était près de moi dans les séances de direction, et qu'elle me soufflait à l'oreille les répliques adéquates.

Quand j'étais avec mes amis proches, je ne pouvais pas m'empêcher de parler de Marie. Les copains du poker ont dû subir mes discours enflammés et mes états d'âme. Mais c'est évidemment Arnaud qui a eu droit à l'étalage en continu de mes joies, de mes peines et de mes questions. Notre première discussion approfondie sur le sujet s'est plutôt mal terminée. Nous nous étions téléphoné plusieurs fois et il savait que j'avais rencontré quelqu'un, mais je n'avais encore jamais eu l'occasion de lui décrire en détail ce que je ressentais. Il m'avait invité à prendre le thé à son cabinet et je me faisais une joie de lui parler. Il m'a écouté en sirotant son earl grey. Son premier commentaire m'a énormément surpris.

— Mon ami, est-ce que tu t'es déjà demandé pourquoi on emploie l'expression « tomber amoureux » ? a-t-il dit en posant sa tasse sur la table basse près de son bureau.

— Franchement, non. Je ne suis pas un spécialiste du langage.

— Moi si. Le langage est très important en psychologie, parce que nos expressions sont révélatrices de la sagesse collective de l'humanité. Et dans le cas qui nous occupe, le message est très clair. Tomber, ça veut dire aller vers le bas. Si on dit « tomber amoureux » c'est parce que la passion nous fait glisser vers les zones les plus primitives de notre psychisme. Vers nos émotions, nos besoins et nos manques à l'état brut.

— Tu veux me servir le vieux dicton sur l'amour qui rend aveugle ?

— Pas aveugle. Je dirais plutôt sauvage. À travers l'état amoureux, on touche du doigt la sauvagerie qui est en nous. Et pour certaines personnes qui n'ont pas apprivoisé leur part primitive, la rencontre peut être explosive.

— Attends, tu es en train de me mettre en garde, c'est ça ? Ça fait cinq ans que tu me bassines pour que je sorte de ma tour d'ivoire. Et quand je t'annonce que je suis amoureux, tu essaies de me foutre la trouille avec tes histoires de sauvages !

Arnaud a poussé un soupir. Il a allumé un cigare et a tiré quelques bouffées en me fixant pensivement.

— Et en plus, tu sais que je déteste quand tu fumes tes cigares à la Freud. On est mal partis là.

Il a souri brièvement.

— Je fume parce que je suis avec un ami. Si tu étais un patient, je devrais me contenter de rêver à un Davidoff en attendant la fin de la séance. Note que la plupart de mes patients sont nettement moins chiants que toi, ça compense.

J'ai souri à mon tour. L'atmosphère se détendait un peu, mais je me sentais toujours choqué par sa réaction.

— Bon, vu que je ne suis pas ton patient et que tu mets mes poumons en danger, essayons de gagner du temps. Est-ce que tu peux m'expliquer franchement pourquoi tu m'as fait ce laïus ?

— D'accord. Ça ne va pas te plaire, mais tant pis. Ce que je ressens dans ton histoire d'amour, c'est la rencontre de deux êtres blessés. Nous avons tous des blessures que nous surmontons tant bien que mal et qui ne se voient pas forcément dans la vie quotidienne. Elles peuvent se rouvrir quand on tombe amoureux.

— Tu dis ça parce que je t'ai parlé de ces moments où elle disparaît d'un coup ?

— Oui. Ce type de comportement indique qu'il y a une lésion mal cicatrisée. Mais ce n'est pas grave en soi. Là où ça se complique, c'est quand les plaies de l'un font saigner celles de l'autre.

— Et tu penses que c'est ce qui va se passer ?

— Ça se passe déjà. Regarde comment tu te sens quand elle se montre absente.

— Mais ça arrive très rarement ! Le reste du temps, nous vivons une histoire merveilleuse. Je n'ai jamais été aussi bien avec quelqu'un.

Il m'a dévisagé à travers la fumée de son cigare.

— Écoute, vieux puceau. Ça fait bientôt vingt ans qu'on est amis. Tu connais l'histoire de ma vie et je connais la tienne. Tu m'as parlé de ton enfance de fils unique, de ta mère possessive mais pas assez présente, de tes crises de rage quand elle partait, de ta colère pas encore calmée contre ton ex-femme qui t'a quitté pour un autre. On peut jouer cartes sur table. Ton problème, c'est le manque. Tu ne supportes pas d'être moins aimé. Le sauvage au fond de toi a tout le temps besoin d'être cajolé. Sinon, il se met à hurler.

— Merci pour cette description flatteuse. Ce que tu ne veux pas comprendre, c'est qu'avec Marie Sophie j'ai justement trouvé ce qui me manquait. Je n'ai jamais connu une femme qui soit si proche de moi. Elle aime respirer mon odeur, embrasser mes cheveux, prendre ma main dans la sienne. Avec Carole, ça n'a jamais été comme ça, même au début. Elle pouvait passer des semaines sans avoir le moindre contact physique avec moi. Au fond, je crois qu'elle n'aimait pas mon corps. Marie me touche sans arrêt.

— Mais parfois elle disparaît.

— Ça n'a rien à voir ! Je supporte ses absences, même si elles me font mal. Parce que je sais qu'à son retour nous serons proches. Et ce n'est pas seulement une proximité physique. Elle fait attention à moi, tout simplement. Ça peut être un geste, un regard, une attitude. Je sens qu'elle me voit tout le temps. Avec Carole, j'avais souvent l'impression d'être transparent. Un soir, je lui ai même dit que j'aurais pu me teindre le sexe en vert sans qu'elle le remarque.

Arnaud a fait une moue ironique.

— Ah, vous qui avez le zizi toujours dur, vous êtes vraiment insupportables. On doit vous admirer parce que votre petit bâton se tient bien droit. Eh bien, tu sauras que ça ne plaît pas forcément aux femmes. À la longue, ça leur pèse. Elles préfèrent les hommes qui ont plus de peine à s'exciter, parce qu'avec eux elles mesurent mieux leur pouvoir.

Je me suis rappelé ce qu'il m'avait dit près de la piscine.

— Et toi, ça va mieux avec Sylvie ?

— Ça va mon ami, ça va. Elle déploie des trésors d'érotisme et ça finit par marcher. Et après, elle se sent toute fière. Mais moi, je dois vivre avec la culpabilité de ne pas avoir assez envie de ma femme. Ta croix c'est la frustration, et la mienne l'absence de désir. La vie est dure pour tout le monde.

— Mais avec Marie Sophie, je ne me sens pas frustré. Au contraire, je n'ai jamais rien vécu d'aussi fort dans la sensualité.

— Ça viendra, c'est inéluctable. Son désir va baisser plus vite que le tien. Les hommes veulent le lit, les femmes veulent le nid. Dans quelques années, tu te promèneras tout nu devant elle avec ton gourdin et elle te parlera de changer les rideaux. La question, c'est qu'est-ce que tu vas faire à ce moment-là ?

J'ai senti à nouveau l'irritation monter en moi. J'avais l'impression qu'il voulait gâcher mon bonheur au lieu de le partager.

— Je ne comprends pas pourquoi tu fais l'oiseau de mauvais augure. Est-ce que ça te dérange de me voir heureux ? ai-je lancé d'un ton de défi.

— Le bonheur est un concept instable, a-t-il répondu d'une voix mesurée. J'essaie juste de te montrer que tôt ou tard, tu devras affronter la frustration. Le couple est basé là-dessus. Dans les mariages à l'ancienne, le mari pouvait encore obtenir ce qu'il voulait grâce à la pression sociale ou religieuse, mais c'est terminé. C'est d'ailleurs le drame de beaucoup d'hommes. Tant qu'ils reçoivent ce qu'ils souhaitent, tout va bien. Mais lorsqu'il faut demander parce que Madame ne donne plus assez, ça se gâte. Peu d'hommes savent demander correctement. Ils exigent, menacent, manipulent ou attendent, mais ils ne demandent pas.

— Et comment fait-on pour demander correctement, monsieur le professeur ?

— Il faut être capable de dire honnêtement de quoi on a besoin et pourquoi. Et surtout accepter que l'autre puisse refuser, sans lui en vouloir.

— Bien, j'essaierai de m'en souvenir. En attendant, je vais aller retrouver Marie. Parce que franchement, je me sens mieux avec elle qu'avec toi.

— C'est tout à fait normal, a-t-il répondu tranquillement. Mais n'oublie pas ce que je t'ai dit, vieux puceau. Tu devras te battre contre le sauvage qui vit en toi. Celui qui ne supporte pas le manque.

J'ai reparlé bien des fois avec Arnaud de mon histoire d'amour, mais je sortais toujours de nos discussions avec un sentiment de malaise. Je ne lui ai jamais présenté Marie Sophie, et il n'a pas cherché à faire sa connaissance. Je me demandais parfois s'il n'était pas jaloux de ma passion pour elle. Un jour, il s'est carrément fâché.

— Écoute, vieux puceau. Depuis que tu connais cette fille, on ne parle plus que d'elle, avait-il marmonné en tirant sur son cigare. Il va falloir que tu lui donnes une place un peu plus juste dans ta vie.

— C'est-à-dire ?

— La place que mérite une femme ! Ni plus ni moins. Lorsqu'elles nous ont choisis, elles sont censées nous supporter, nous aimer dans les meilleurs cas, et même nous faire réfléchir si on est assez intelligents pour ça. Mais pas nous prendre la tête au point de ne plus regarder le reste du monde. Tu ne vois plus qu'elle. On dirait un moine devant son icône. C'est très dangereux de prendre les femmes pour des déesses. Ça les place bien trop haut, et surtout ça fait qu'on en attend beaucoup trop.

J'ai aussi été déçu quand j'ai parlé de Marie à Fabienne. C'était après l'une de nos traditionnelles parties de tennis.

— J'ai deux nouvelles à t'annoncer, avais-je dit à Fab avant de commencer le match. La première, c'est que je vais te battre à plates coutures. Et pour l'autre, je t'invite au Brunetto après ta défaite.

— Alors la seconde doit être une grande nouvelle avait répondu Fabienne en riant. Mais la première n'est qu'une conjecture non confirmée !

J'ai remporté la partie sans difficulté. J'étais dans une forme éblouissante et tout me réussissait. Fab a eu beau se battre avec son énergie habituelle, le score a été sans appel.

— Je reconnais que tu t'es montré impressionnant, m'a-t-elle dit une fois assis dans le célèbre restaurant italien de Carouge. Je ne t'ai jamais vu aussi rapide dans tes déplacements.

— C'est parce que ça donne des ailes, ai-je répondu.

— Comment ?

— L'amour. Ça donne des ailes.

Elle se préparait à déguster un verre de Montepulciano, mais elle a interrompu son geste et m'a fixé intensément.

— Alors c'est ça la grande nouvelle. Tu es amoureux ?

— Oui, ma chère !

Son regard s'est attardé sur moi avant qu'elle ne pose la question suivante.

— Je connais l'heureuse élue ?

— Non, je ne crois pas.

Il m'a semblé qu'une ombre fugitive passait dans ses yeux bruns. Elle a repris son verre en main.

— Raconte, a-t-elle demandé.

Je lui ai détaillé toute l'histoire. Elle m'a écouté en buvant son vin. Quand j'ai eu terminé, elle a fait un commentaire étonnant.

— C'est elle qui a choisi le restaurant la première fois ?

— Oui.

— Elle devait savoir qu'au Mamacita, il y a toujours une lumière tamisée avec des bougies sur les tables.

— Pardon ?

— Les bougies. C'est très important pour séduire. Leur lumière éclaire peu, alors les pupilles s'agrandissent. Un homme résiste difficilement à une femme qui a les pupilles légèrement dilatées. C'est un signe de désir. Les dames de l'ancien temps utilisaient aussi de la belladone quand les chandelles ne suffisaient pas.

— Qu'est-ce que tu me racontes ? Tu penses qu'elle avait tout planifié ?

— J'en suis sûre. Elle t'a choisi dès le début. C'est évident.

— C'est flatteur pour moi.

— On peut le voir comme ça. C'est vrai que tu es un très bon parti.

J'ai senti monter une sourde irritation. La manière dont Fab interprétait les événements ne me plaisait pas du tout. Heureusement, le serveur a interrompu la conversation en apportant nos plats. J'en ai profité pour changer de sujet.

— Et toi, comment vont tes amours ? ai-je demandé après lui avoir laissé le temps de savourer un morceau d'osso buco.

— C'est difficile. Tristan n'arrête pas de me relancer. Il dit qu'il m'aime toujours et me supplie de lui donner encore une chance.

— Et alors ?

— Alors je me sens encore plus coupable. Et par moments, je suis à deux doigts de craquer. Je me dis que je suis folle de l'avoir quitté.

— Et qu'est-ce qui t'empêche de revenir sur ta décision ?

— Mon intuition. Je suis sûre que nous serons malheureux tous les deux si nous nous remettons ensemble. C'est une période difficile à traverser, mais je sens que j'ai raison de tenir bon. Je crois beaucoup à mon intuition. Dans tous les domaines, a-t-elle ajouté en me scrutant d'un œil perçant.

Nous avons mangé quelques minutes en silence.

— J'imagine qu'il y aura moins de parties de tennis maintenant que ton cœur est pris, a-t-elle repris. L'amour, ça remplit l'agenda.

— Pas du tout. Je tiens beaucoup à nos rencontres. Si tu as envie de jouer avec moi, je serai là.

— On verra ça.

Elle avait raison. Nous n'avons disputé que quelques rares matches depuis ce jour-là. Le dernier a eu lieu pendant une absence de Marie qui était partie quelques jours à Paris pour sa thèse. Fabienne m'a battu sèchement. Je ne l'avais jamais vue jouer avec une telle rage de vaincre. Après sa douche, elle m'a dit qu'elle avait un rendez-vous urgent et est partie immédiatement. Je me suis retrouvé seul devant la traditionnelle pizza sicilienne au restaurant du tennis club.

Quelque temps plus tard, j'ai pris Jef à part après un poker et je lui ai raconté la réaction de Fab.

— D'après tes théories, elle aurait dû avoir envie de me séduire en apprenant qu'une autre femme était amoureuse de moi. J'ai plutôt eu l'impression qu'elle faisait la tête.

— Alors nous sommes devant un cas de figure différent, a répondu Jean-François.

— Ce qui signifie ?

— C'est très simple. Il y a un cas où la limerence n'exerce pas son pouvoir d'attraction. C'est quand une femme qui était déjà amoureuse de toi s'aperçoit que tu en aimes une autre. Là, elle se sent trahie et elle a tendance à t'en vouloir.

— Tu veux dire que Fabienne...

— C'est une hypothèse logique.

— Mais c'est impossible. On se connaît depuis des années. Nous sommes des amis, rien de plus. Il n'y a jamais eu d'ambiguïté.

Jef a éclaté de rire.

— Mon cher, je crois que tu as encore beaucoup à apprendre sur les femmes !

Lorsque j'ai annoncé à Roxane et Léonore que j'étais amoureux, elles m'ont bombardé de questions.

— Elle a les cheveux de quelle couleur ?

— Elle est gentille ?

— Comment vous vous êtes connus ?

— Elle va habiter avec nous ?

— Elle aura le droit de nous punir comme Gérard ?

Et puis à un moment donné, Léonore a levé vers moi ses immenses yeux noirs et m'a pris la main.

— Papa, a-t-elle demandé d'une voix préoccupée, tu nous as dit que maman t'avait fait du mal. Comment tu peux savoir que cette dame t'en fera pas aussi ?

Parmi tous les souvenirs de mon histoire avec Marie Sophie, le plus beau reste sans aucun doute celui du jour où je l'ai présentée à mes enfants. Elle était tendue. Nous savions tous les deux que si le courant ne passait pas, ça rendrait notre histoire très difficile. Marie avait insisté pour m'aider à préparer le repas du soir et nous avions dressé la table pour quatre. Roxane et Léonore savaient qu'elles allaient rencontrer mon amoureuse ce week-end-là. Mais je ne leur avais pas dit qu'elle serait déjà présente le vendredi soir quand elles arriveraient chez moi. Nous avons entendu leurs voix dans la cage d'escalier.

— Mélissa est une conne.

— Tu dis pas ça de ma copine !

— C'est ta copine, mais c'est une conne. Elle m'a insultée.

— Parce que tu t'es moquée.

— Pas du tout !

— Si !

— Non !

La porte s'est ouverte sur mes deux soleils qui se chamaillaient avec leur vigueur habituelle.

— Salut papa. Mmmm, ça sent bon chez toi.

Roxane s'est jetée dans mes bras et m'a planté un baiser sonore sur chaque joue. Son sourire s'est assombri un instant lorsque sa sœur m'a tiré par la manche.

— Papa, Roxane a dit que Mélissa était conne. C'est méchant et c'est un vilain mot, tu dois la punir.

J'ai soulevé ma cadette de terre et l'ai attirée contre moi pour l'embrasser. Ses longues boucles brunes m'ont chatouillé le cou.

— Pas de punition ce soir, les filles. Parce que vous allez être adorables toutes les deux. Nous avons une invitée qui a préparé à manger pour vous.

— Mais…

Léonore s'est interrompue en apercevant Marie Sophie dans la cuisine. Elle est venue se blottir contre moi et est restée silencieuse. Il y a eu un bref moment de gêne. C'est Roxane qui a rompu la glace.

— Ah, c'est pour ça que ça sentait si bon, s'est-elle exclamée.

J'ai fait les présentations, puis ai demandé aux filles de ranger leurs affaires dans leurs chambres.

— Attendez, je vais vous aider, a dit Marie.

Elle s'est retrouvée devant le fatras que Roxane et Léonore avaient posé dans l'entrée.

— C'est quoi ce truc bizarre ? a-t-elle demandé en soulevant une grande boîte arrondie de couleur bleu foncé.

— Ça, c'est mon nécessaire à maquillage, a répondu fièrement Roxane. Je l'ai reçu pour mon anniversaire. Maman dit qu'à quatorze ans je peux commencer à me maquiller. Et papa est d'accord. Tu veux que je te montre tout ce qu'il y a dedans ?

Elle a pris la boîte des mains de Marie et l'a posée sur la table du salon.

— Tu vois, là c'est les fards à paupières, là les fonds de teint, et puis les rouges à lèvres. Il y a même des vernis à ongles et des brillants, a-t-elle commenté en ouvrant l'un après l'autre les nombreux compartiments du nécessaire.

Marie Sophie suivait les explications d'un œil attentif.

— Peut-être que tu pourras m'aider à trouver mon nouveau style, a dit Roxane. J'ai envie de changer.

— Je veux bien essayer. Mais tu sais, je ne suis pas une spécialiste. Je me maquille très peu.

— Moi aussi je suis pour le maquillage léger. Et c'est pour moi, pas pour plaire aux garçons. De toute façon, l'important c'est mes études. C'est pour ça que je veux pas sortir avec un garçon maintenant. C'est pas bon pour la concentration.

Marie a souri.

— C'est exactement ce que je disais quand j'ai commencé à étudier. Jusqu'à ce que je tombe folle amoureuse, a-t-elle déclaré en promenant son doigt sur un fard à paupières.

Roxane l'a regardée d'un air intéressé.

— Tu avais quel âge ?

— Quinze ans. Juste un peu plus que toi.

— Tu me raconteras ?

— D'accord.

— Moi aussi je veux écouter l'histoire, a dit Léonore.

— Toi tu es trop gamine, a lancé Roxane.

— Mais il y a déjà trois garçons qui me courent après, a rétorqué ma cadette en lui faisant une grimace.

Marie Sophie s'est tournée vers elle.

— Et toi, qu'est-ce que tu as reçu comme cadeau ? lui a-t-elle demandé.

— Papa m'a offert un livre pour apprendre à écrire des poésies.

— Tu en as déjà écrit ?

— Oui, j'aime beaucoup ça.

— Moi aussi, j'ai fait des poèmes. Justement quand j'étais amoureuse de ce garçon.

— Oh, moi, c'est pas sur l'amour. C'est trop compliqué. J'écris sur les vacances ou bien sur mes copines, ou sur des choses comme la mer ou la forêt. Mais j'aimerais bien lire ceux que tu as faits.

— D'accord. Si je les retrouve.

— Bon, maintenant on range et on va manger, ai-je conclu.

Le repas a été très agréable. Pas seulement parce que la cuisine était bonne. Je voyais que Roxane et Léonore avaient adopté ma compagne. Et je percevais la joie de Marie Sophie qui se sentait acceptée par mes filles. Au dessert, j'ai ouvert une bouteille de Château Yquem. Les enfants ont aussi eu droit à deux doigts de vin. Le tintement des verres quand nous avons trinqué m'a fait penser à un carillon de Noël. Ça faisait longtemps que je ne m'étais plus senti aussi heureux.

Depuis ce moment, ma vie a eu pendant plusieurs mois la douceur du grand cru que nous avions bu ce soir-là. Marie Sophie se réjouissait autant que moi de retrouver Roxane et Léonore. Nos week-ends en famille se passaient sans heurts, dans le simple plaisir d'être réunis. Un samedi, alors que je revenais de mon jogging, j'ai entendu des cris et des gloussements en montant l'escalier qui menait à mon appartement. J'ai ouvert discrètement la porte et j'ai vu mes deux filles et Marie en plein milieu d'une bataille de farine dans la cuisine. Elles venaient de faire des crêpes à la confiture et hurlaient de rire dans un nuage de poudre blanche. Je ne sais pas si c'est le spectacle de leur jubilation ou l'odeur d'enfance des crêpes qui flottait dans l'air, mais une écluse s'est ouverte au fond de moi. J'ai senti mes yeux se mouiller et j'ai couru vers la salle de bain pour qu'elles ne me voient pas. J'ai pleuré pendant de longues minutes. Je pouvais enfin laver à grande eau les cinq années de souffrance que je venais de vivre. Ces larmes si longtemps contenues avaient le goût de la joie et du soulagement. Le goût sucré des crêpes, du foyer retrouvé, du bonheur à nouveau possible.

Marie Sophie a déménagé la première semaine de septembre pour venir loger à Carouge. Les mois qui ont suivi représentent la plus belle période de mon existence. Nous avions tous deux quelques craintes à l'idée de vivre ensemble, mais elles ont été très vite balayées. La complicité que Marie avait établie avec mes filles a sûrement joué un rôle dans la réussite de notre vie commune. Roxane et Léonore étaient très heureuses qu'une nouvelle compagne habite avec moi dans cet appartement où elles avaient vécu avec leur mère.

— Tu sais papa, m'a dit Roxane quelques jours après le déménagement, c'est vraiment génial que Marie soit là. Depuis que tu l'as rencontrée, je sens que tu vas beaucoup mieux. Tu es plus sympa avec nous, et puis tu critiques moins maman.

Je l'ai serrée contre moi sans rien dire.

La vie commune a même eu raison des soudaines absences de Marie Sophie. Pendant que nous avons vécu sous le même toit, aucune crise n'est venue assombrir notre relation. Marie avait gardé son poste de secrétaire intérimaire, mais elle passait l'essentiel de son temps à préparer sa thèse en travaillant souvent à la maison. Et quand je revenais de la banque, ma porte s'ouvrait sur la chaleur de son sourire. Nous vivions à la fois l'intensité de la passion et l'amour serein des vieux couples. Même l'appartement me semblait plus beau et plus lumineux. C'était comme si les meubles, les murs et les tableaux reprenaient de l'éclat depuis qu'une femme aimante occupait à nouveau les lieux. Les choses étaient enfin rentrées dans l'ordre. Moi qui ai toujours proclamé mon athéisme, je me suis surpris plusieurs fois à remercier le ciel de m'avoir offert ce cadeau. Cette deuxième chance de réussir ma vie. Peut-être que je n'aurais pas dû. Dieu doit punir sévèrement les incroyants qui se permettent de lui parler. Marie a disparu le 21 décembre.

# XI

C'ÉTAIT À LA FIN MAI. Je me trouvais à Barcelone pour un congrès qui devait se terminer le dimanche soir. Les conférences étaient beaucoup moins intéressantes que prévu et j'hésitais à avancer mon départ. Après un exposé insipide le samedi en fin d'après-midi, j'avais décidé de ne pas assister à la dernière journée. Les deux vols du soir étaient complets, mais il restait une couchette dans le train de nuit qui arrivait à Genève pour 6 heures du matin. Je pouvais être à Carouge un quart d'heure plus tard et apporter les croissants du dimanche à ma petite famille. J'ai décidé de ne pas avertir ma femme. J'aimais l'idée de me glisser silencieusement dans le lit alors qu'elle dormirait encore. Nous avions eu quelques tensions ces derniers temps. Cette surprise romantique me semblait un bon moyen de lui rappeler tout l'amour que j'avais pour elle.

J'ai passé une mauvaise nuit dans le train, me réveillant presque à chaque arrêt. Pendant tout le trajet en taxi entre la gare de Cornavin et mon domicile, j'ai éprouvé une sensation étrange dans mon ventre. Je me suis dit que c'était le manque de sommeil. Mais ça s'est accentué quand j'ai ouvert la porte de l'immeuble. Quelque chose n'allait pas. C'est en arrivant sur mon palier que j'ai compris. À côté des petits souliers de Roxane et Léonore rangés devant la porte de mon appartement, il y avait une paire de grosses bottes noires. Des bottes d'homme au cuir épais. Elles s'affichaient avec arrogance entre les sandales de mes filles et les escarpins de Carole. Leur présence au milieu des chaussures de ma famille avait quelque chose d'obscène et de conquérant.

J'ai su immédiatement. Un autre homme passait la nuit chez moi. Et Carole n'avait même pas pris la peine de dissimuler sa présence. Ces bottes devant ma porte à 6 heures du matin proclamaient à tout l'immeuble que quelqu'un avait pris ma place. Un étranger occupait mon lit. Il avait mis son sexe dans le ventre de ma femme pendant que mes enfants dormaient dans la pièce d'à côté. En un éclair, j'ai compris que c'était fini. Que Carole m'ait trompé, ce n'était pas dramatique. Moi aussi j'avais eu quelques passades. Mais qu'elle accueille son amant dans notre lit conjugal en présence de mes filles, qu'elle ne cherche même pas à cacher ses horribles bottes aux voisins, ça montrait que j'avais déjà disparu de son cœur. J'ai été pris d'un vertige et d'une vague de nausée. J'ai dû m'appuyer contre le mur pour ne pas tomber. Je sentais une lame de froid glacial envahir tout mon corps. Je suis resté plusieurs minutes devant la porte de mon appartement, complètement hébété, incapable de bouger. Un moment, j'ai pensé m'enfuir, faire comme si je n'avais rien vu. Revenir en fin de matinée, un sourire plaqué sur la face, et offrir à ma femme le parfum que j'avais acheté pour elle en Espagne. Mais c'était inutile. Nier la réalité n'aurait rien résolu. Il fallait affronter les faits.

Tout ce qui s'est passé ensuite s'est déroulé pour moi sans étonnement. C'était comme si j'assistais à un mauvais film dont j'avais déjà lu le scénario. Carole avait fermé et laissé la clé à l'intérieur, ce qu'elle ne faisait jamais d'habitude. J'ai dû sonner à plusieurs reprises avant qu'elle ne se manifeste.

— Qui est là ?

— C'est moi, ouvre.

Il y a eu un long silence. J'ai patienté quelques instants, puis me suis mis à secouer la poignée.

— Il faut que tu attendes un moment, a-t-elle fini par dire.

— Carole, je suis crevé. Ouvre cette porte !

— Mais pourquoi tu arrives si vite ?

— J'ai pris le train de nuit, je voulais te faire une surprise.

— Ce n'est pas une très bonne idée.

Sa voix ne recelait aucune culpabilité. Pas d'appréhension non plus, juste de la contrariété.

— Ouvre maintenant !

J'avais hurlé sans même m'en rendre compte. La porte a fini par s'entrebâiller sur ma femme en chemise de nuit qui me regardait le visage fermé. Je suis entré et nous sommes restés face à face dans le vestibule sans dire un mot. Carole n'était même pas embarrassée. Elle me fixait d'un air morose, presque boudeur. Comme un enfant qu'on dérange dans ses jeux pour l'obliger à faire ses devoirs. Si elle avait pu m'effacer d'un coup de gomme à ce moment-là, je crois qu'elle l'aurait fait.

J'ai rapidement été vérifier que mes filles dormaient, puis je me suis dirigé vers le salon. Un homme d'une trentaine d'années faisait nerveusement les cent pas près de la fenêtre. Il s'est tourné vers moi. Il avait des cheveux blonds coupés en brosse et un faciès quelconque. Ses yeux fuyaient les miens.

— Vous êtes chez moi, lui ai-je dit d'une voix que je m'efforçais de ne pas laisser trembler. Je vous demande de quitter mon domicile immédiatement.

Il a hésité un instant, puis a battu en retraite vers le vestibule. Je suis entré dans la salle de bain pour me passer un peu d'eau fraîche sur la nuque. Mes jambes flageolaient et j'ai dû m'asseoir sur le rebord de la baignoire. Je suis resté un long moment la tête dans mes mains, essayant de calmer les battements de mon cœur que je sentais cogner violemment à mes tempes. Quand je suis sorti, j'ai entendu des chuchotements dans le couloir. Carole parlait à voix basse avec son amant qui n'avait toujours pas vidé les lieux. J'ai senti ma colère exploser.

— Je vous avais dit de partir immédiatement ! ai-je crié à l'homme.

— Oh ça va ! a répondu Carole en faisant de la main le geste d'écarter un importun.

Cette exclamation et ce petit mouvement du poignet sont encore gravés en moi au fer rouge. Ils ont signé la fin de notre mariage. J'ai compris qu'elle n'avait ni remords ni compassion pour ce que j'éprouvais. Dans sa tête, c'était moi qui étais de trop. Moi. Son mari. Le père de ses enfants. Je savais que ça se passerait comme ça. Je l'avais su en voyant les bottes devant ma porte. Tout s'était enchaîné exactement comme je l'avais craint. Je crois que c'est pour ça que je l'ai haïe. Parce que j'espérais un miracle et qu'il n'a pas eu lieu.

Ces bottes noires ont hanté mes rêves pendant des années. Elles représentaient pour moi l'attitude implacable des femmes lorsqu'elles n'aiment plus. Je ne pensais pas qu'un autre objet puisse évoquer plus cruellement le malheur qui s'abat sur un amour. J'avais tort.

Lorsque Carole est partie, j'ai commencé par vendre notre lit conjugal. Un magnifique lit Louis Philippe en acajou dont nous étions tombés amoureux chez l'antiquaire de la rue Veyrier. C'était le symbole de notre union. Nous y avions conçu nos enfants. Je ne supportais pas l'idée de dormir dans une couche où mon épouse avait offert son corps à un autre homme. Pendant les années qui ont suivi, l'appartement a vu défiler des femmes qui y ont passé quelques nuits. Mais c'est seulement quand les affaires de Marie Sophie se sont mêlées aux miennes que ma chambre a retrouvé son harmonie.

Marie n'était pas de ces gens qui accumulent les souvenirs dans leur grenier et transportent leur vie entière à chaque déménagement. Elle avait étonnamment peu d'affaires. Pas mal de livres, quelques disques, une garde-robe plutôt modeste et des objets glanés au cours de ses voyages. L'un d'eux a tout de suite attiré mon attention. C'était un masque africain en bois poli teint en noir. Il représentait un visage de femme dont les traits dégageaient à la fois une impression de sérénité et de mystère. La bouche était fermée, ses lèvres délicates s'étiraient en un sourire énigmatique. Le nez fin et les orbites allongées présentaient un aspect presque oriental. Des rides assez profondes montaient du coin des yeux vers les tempes. Le front était grand, légèrement bombé et surmonté d'une coiffure sophistiquée où les mèches de cheveux se mêlaient à des colliers de perles. On aurait dit la figure d'une prêtresse ou d'une reine. Il était accroché à l'entrée du studio de Marie Sophie et semblait scruter chaque visiteur. Lorsqu'elle avait déménagé chez moi, elle m'avait demandé de le mettre sur la paroi du vestibule.

— Il n'irait pas mieux dans le salon ? avais-je proposé.

Elle avait eu l'air gênée et avait réfléchi longtemps avant de répondre.

— Écoute David, c'est un peu compliqué à expliquer, mais c'est très important pour moi qu'il soit à cet endroit.

— Tu peux me dire pourquoi ?

— Disons que c'est une espèce de rite. Je le mets toujours à l'entrée du lieu où je vis.

— Je ne savais pas que tu étais superstitieuse.

Elle avait légèrement froncé les sourcils.

— Ce n'est pas de la superstition. Je t'expliquerai peut-être un jour. Je te demande juste d'accepter que c'est important pour moi. Est-ce que ça t'embête que je l'accroche là ?

Quelque chose dans le ton de sa voix m'avait fait comprendre qu'il ne fallait pas insister. J'avais donné mon accord, et depuis ce jour-là le masque en bois noir m'accueillait à chaque fois que je rentrais chez moi. Il me faisait penser à un mélange de Joconde africaine et de Bouddha au féminin. J'aimais bien son sourire et son air de sagesse tranquille. Nous étions devenus amis.

Lorsque j'ai quitté Marie Sophie ce 21 décembre, rien ne m'avait alerté dans son comportement. Notre rituel matinal s'était déroulé comme à l'accoutumée. Nous avions bu notre café ensemble, puis j'avais été chercher la Tribune du jour et la lui avais apportée. Elle aimait commencer ses journées en lisant son journal. Elle m'avait embrassé sur le pas de la porte et, comme tous les matins, sa main avait brièvement caressé les petites pattes d'oie qui se formaient au coin de mes yeux. Ce geste me touchait profondément. J'y voyais son désir d'être à mes côtés pendant que le temps passerait et transformerait peu à peu ces rides en sillons sous ses doigts.

Je suis parti à la banque l'esprit serein. Mais à mesure que la journée a avancé, je me suis senti de plus en plus nerveux. Au début, je me suis dit que c'était simplement le stress du travail. Nous étions dans l'effervescence des activités de fin d'année et j'enchaînais réunion sur réunion. Mais quand le soir est arrivé, je sentais au creux de mon estomac une sensation qui me rappelait de terribles souvenirs. J'avais beau me raisonner, quelque chose me disait qu'un événement grave s'était produit. J'ai appelé la maison. Pas de réponse. Le portable de Marie ne répondait pas non plus. J'ai demandé à Béatrice d'annuler mon dernier rendez-vous et j'ai foncé vers Carouge. En débouchant devant mon immeuble, j'ai croisé Mauro Fignardi, le concierge. Il m'a détaillé d'un air bizarre. J'ai monté quatre à quatre les marches qui menaient à mon appartement. La porte était fermée à clé. J'ai ouvert, cherché l'interrupteur. Quand la lumière s'est allumée, j'ai compris avant même d'entrer que mon univers allait s'écrouler pour la deuxième fois. C'est à nouveau un objet qui m'a tout révélé. Pas un objet en trop comme les bottes du pompier, mais un objet en moins. Le masque africain n'était plus accroché au mur du vestibule.

J'ai couru comme un fou à travers l'appartement. Je pressentais la catastrophe, mais je ne voulais pas y croire. Le matin même, j'avais senti l'amour et la tendresse dans chaque geste de ma compagne. Elle ne pouvait pas m'avoir quitté. C'était impossible. Pourtant, la visite de chaque pièce confirmait mes pires craintes. Au salon, les disques et les livres de Marie n'étaient plus là. Leur absence laissait une trace blafarde sur les étagères. Dans la salle de bain, ses affaires de toilette avaient disparu. Et dans notre chambre, l'armoire avait été vidée de tous les habits qui lui appartenaient. Plus une robe, plus une jupe, plus un seul pull, plus un sous-vêtement. Je suis revenu au salon. Quand mon regard s'est posé sur le magnifique sapin que nous avions préparé pour mes filles, quelque chose s'est brisé en moi. Léonore et Roxane se faisaient une telle joie de ces vacances de Noël ensemble. C'était le symbole du bonheur retrouvé, des blessures guéries. J'ai senti que je n'aurais pas la force de leur annoncer le désastre. J'ai titubé jusqu'à la cuisine pour boire un verre d'eau et me suis écroulé sur une chaise. Le journal du matin était encore ouvert sur la table. À côté, il y avait une feuille avec l'écriture de Marie Sophie. En voyant une larme tomber sur le papier, je me suis aperçu que je pleurais. J'ai essuyé mes yeux pour lire. Il y avait peu de mots. «*David, pardonne-moi. Je t'aime, mais je n'en peux plus. MS*».

Je suis resté prostré pendant au moins une heure. Des images défilaient sans cesse dans ma tête. Des fragments de notre histoire qui remontaient à la surface comme les débris d'un navire après un naufrage. Ils apparaissaient et disparaissaient inlassablement, ballottés dans les vagues de ma conscience. Jusqu'à ce qu'une idée envahisse soudain mon esprit. Il ne me restait rien d'elle. Rien. Elle avait toujours refusé que je la photographie. Je n'avais aucun portrait, aucun objet qui lui ait appartenu. Tout ce qui attestait son passage dans ma vie, c'étaient ces quelques lignes d'adieu griffonnées à la hâte. Sans ce bout de papier, j'aurais pu croire que j'avais rêvé. J'ai composé fébrilement son numéro de portable. Je savais qu'elle ne répondrait pas, mais j'espérais au moins entendre le son enregistré de sa voix. Un message m'a appris que le correspondant n'était pas atteignable. Je me suis levé d'un bond et ai parcouru l'appartement comme un homme ivre, à la recherche d'une trace qu'elle aurait pu laisser. Je vidais les tiroirs, fouillais dans les placards, claquais les portes des armoires. Je marmonnais des mots sans suite en transformant chaque pièce en champ de bataille. J'étais comme possédé. Je ne sais pas combien de temps ça a duré. Je me rappelle que je me suis retrouvé hébété dans le vestibule, avec dans la main le clou auquel elle avait accroché son masque africain. Je l'avais arraché du mur et je le tenais devant moi. J'attendais que ce bout de métal me parle, qu'il me révèle pourquoi Marie Sophie était partie. Je me suis dit que j'étais en train de devenir fou. C'est à ce moment-là que le téléphone a sonné.

Deux pensées contraires ont jailli simultanément dans mon cerveau, comme deux lames qui s'affrontent en duel. C'est elle, le cauchemar est fini. Ce n'est pas elle, elle n'appellera plus jamais. J'ai décroché, le cœur battant la chamade.

— Alors, vieux puceau, tu as le temps de boire un verre avec ton meilleur ami avant Noël ?

La voix d'Arnaud avait mis rapidement fin au duel. Je n'ai pas réussi à répondre tout de suite.

— Allô, tu m'entends ?

J'ai dégluti et respiré profondément.

— Arnaud, est-ce que tu peux passer à la maison ?

— Oh là là, tu as une voix de mort vivant. Qu'est-ce qui se passe ? La bourse s'effondre ?

— Marie a disparu.

— Comment ça disparu ?

— Elle a pris toutes ses affaires, il n'y a plus rien. Est-ce que tu peux venir ?

Ma voix s'est brisée.

— J'arrive, a-t-il dit.

Un quart d'heure plus tard, il était dans ma cuisine. Il a sorti deux bières du réfrigérateur et m'a rempli un verre sans me demander mon avis.

— Considère ça comme une ordonnance, a-t-il proféré d'un ton sans réplique. L'alcool est le médicament de premier secours en cas de choc amoureux.

Nous nous sommes assis et avons bu en silence. Arnaud m'observait en attendant que je parle.

— Il n'y a rien à raconter, ai-je fini par lâcher. Ce matin, tout était normal et ce soir elle est partie.

Je lui ai montré le mot que Marie avait laissé. Il l'a lu, puis m'a dévisagé.

— Tu es sûr qu'il n'y a rien eu ? Quelque chose que tu aurais fait et qui aurait pu la blesser, la mettre en colère ou l'inquiéter ?

J'ai passé en revue les journées précédentes en essayant de me remémorer tous les événements de notre quotidien.

— Non, vraiment je ne vois pas. Tout allait bien. On était très amoureux. Hier, on a préparé le sapin pour Noël…

J'ai senti mes yeux se remplir de larmes. Arnaud est resté muet pendant un long moment. Il tapotait distraitement du bout des doigts sur le message de Marie Sophie.

— Franchement, je pensais qu'elle te mettrait tôt ou tard face au manque, mais pas aussi brutalement.

— Qu'est-ce que tu veux dire ?

— On en a déjà parlé, mon ami. La passion amoureuse, c'est souvent la rencontre de deux névroses. Ton problème, c'est que tu ne supportes pas le manque. Le sien, c'est l'envie de fuir. Tu m'as raconté qu'elle avait fugué à quinze ans, et tu m'as parlé de ces moments où elle s'éloignait tout à coup de toi.

— Mais ça n'est plus arrivé depuis que nous vivons ensemble.

— Ça arrive aujourd'hui. Le couple, c'est comme une danse. Les pas de l'un entraînent l'autre. Mais parfois ça se danse en sous-sol et on ne voit le résultat au grand jour que beaucoup plus tard.

J'ai senti une boule se former dans mon estomac.

— Tu prétends qu'elle est partie à cause de moi ?

— Je ne prétends rien. Je te dis juste que la passion nous confronte à nos blessures profondes. Mais c'est aussi un moyen de les dépasser. Ton boulot maintenant, c'est d'affronter l'absence.

— Mais qu'est-ce que tu racontes ! Tu veux que je reste là les bras ballants à attendre ?

— Qu'est-ce que tu peux faire d'autre ? La faire ramener par la police ? Elle est majeure et vaccinée, elle peut aller où elle veut. Et en plus, vous n'êtes pas mariés. Quant à la thèse de l'enlèvement, tu peux la biffer tout de suite. D'abord elle t'a laissé un mot, et en plus je suis tombé sur Fignardi tout à l'heure. Il n'a pas osé te le dire quand vous vous êtes croisés, mais il l'a vue partir. Elle a mis toutes ses affaires dans un taxi vers 4 heures cet après-midi.

J'étais effondré.

— Ça ne peut pas finir comme ça. Je n'arrive pas à le croire. Mais pourquoi elle m'a quitté ? Pourquoi ?

Arnaud a posé sa main sur mon épaule.

— Mon ami, tu ne trouveras pas la réponse. C'est elle qui la détient. Maintenant, chacun doit faire sa part du travail. La tienne, ce sera de lutter contre ta frustration et ta colère. Comme ça tu pourras accueillir Marie si elle revient. Et vous danserez une nouvelle danse, plus belle que l'ancienne.

Il m'a servi une deuxième bière pour ponctuer ses paroles. Je l'ai bue presque d'un trait tout en réfléchissant à ce qu'il venait de dire. J'ai eu l'impression que l'alcool rendait mes idées plus fluides et me redonnait de la vigueur.

— Ton discours de psy, je le connais par cœur, ai-je répliqué d'un ton de défi. En gros, ça veut dire que c'est moi qui dois changer pour que les choses évoluent. Bientôt, tu vas me demander d'aller faire cinq ans de psychanalyse.

— Ça me paraît un minimum.

— Mais il y a une hypothèse que tu refuses d'envisager, ai-je poursuivi sans tenir compte de son commentaire.

— Laquelle ?

— Eh bien, la plus logique quand on n'a pas le cerveau tordu d'un psy. Si Marie est partie, c'est que quelque chose est arrivé qui l'a obligée à le faire.

— Tu veux dire un événement extérieur qui n'aurait rien à voir avec toi ?

— Exactement.

— Quel genre d'événement ?

— C'est ce que je compte bien découvrir !

Arnaud m'a fixé avec intensité, puis il a pris le message de Marie Sophie et l'a agité sous mon nez.

— D'accord, jouons à l'enquête policière. Tu es obligé d'admettre que ce billet est notre indice principal, n'est-ce pas ?

— Pour l'instant, oui.

— Et que dit-il ?

— Qu'elle m'aime ! ai-je répondu d'une voix provocante.

— Tu as oublié la suite. Elle t'aime mais elle n'en peut plus. Donc elle part.

— Oui, mais elle ne dit pas pourquoi. Tu veux me faire croire que c'est lié à notre relation. Mais c'est moi qui ai partagé sa vie, pas toi. Et je sais qu'elle était heureuse, surtout depuis que nous habitons ensemble. Alors je suis sûr qu'il s'est passé quelque chose pour qu'elle écrive ça.

— Tout à coup ? En moins d'une journée ? Le matin c'est l'harmonie parfaite, et l'après-midi elle ne peut plus vivre avec toi ?

— Oui, tout à coup. Il y a plein d'explications possibles. Elle a peut-être appris qu'elle était gravement malade, ou un gros problème d'argent lui est tombé dessus, ou quelqu'un l'a menacée.

— Ou un ancien amant a soudain refait surface. Un amant qu'elle n'avait pas réussi à oublier. C'est possible aussi, ça.

Je suis resté bouche bée, puis j'ai failli l'étrangler.

— Espèce de salaud ! Salaud ! Et tu dis que tu es mon ami !

J'ai essayé de le cogner en pleine figure, mais il a saisi mon poignet avant que je puisse le frapper.

— Oui je suis ton ami, vieux puceau. Et si je tape où ça fait mal, c'est pour faire entrer dans ton crâne obtus quelque chose que tu te refuses à voir.

— Tu veux me faire croire qu'elle avait un amant ?

— Je veux te montrer qu'une part d'elle t'échappe forcément. Une très grande part.

Il a lâché ma main et a bu une gorgée de bière. Ses yeux restaient braqués sur les miens.

— Tu sais, a-t-il repris, le plus difficile dans les relations humaines, c'est d'accepter que l'autre est un autre. Et c'est encore plus dur dans un lien amoureux. On voudrait tous que notre partenaire voie le monde comme nous. Ça rassure, on se sent moins seul. Mais ça ne marche pas comme ça. L'autre est toujours différent, et tôt ou tard on est confronté à cette évidence.

— Et tu imagines que je ne m'en rends pas compte ?

— Je crois que tu as de la peine à intégrer ce que ça implique. Tu souhaiterais un amour qui ressemble à la banque. On lit le contrat, les choses sont claires, on signe. On donne telle prestation et on reçoit telle autre en échange. Tout le monde joue la partie avec les mêmes règles. Ça peut fonctionner dans les affaires, mais pas dans les sentiments.

J'ai senti à nouveau monter l'exaspération. Arnaud avait l'art de me dénigrer dans les pires moments. J'ai décidé de ne pas répondre à ses attaques et me suis resservi une bière. Il a eu un bref sourire.

— Mon ami, je sais que mes comparaisons t'énervent. Ce n'est pas grave. La colère sert parfois à prendre conscience des choses. Ce qui s'est passé aujourd'hui te montre à quel point tu ignorais comment Marie peut réagir. Quelle que soit la raison de son départ, tu dois admettre qu'elle a préféré s'enfuir plutôt que d'en discuter avec toi.

— C'est vrai. Et c'est pour ça que j'ai absolument besoin de savoir ce qui est arrivé. Si je trouve pourquoi elle est partie, ça me donne une chance de comprendre son point de vue. Et peut-être de l'aider. C'est aussi ça l'amour, non ?

— Oui, si tu es capable d'accepter ce que tu vas découvrir sans lui en vouloir.

J'ai eu un pincement au cœur.

— Tu crois qu'elle m'a quitté pour un autre ?

— Franchement, je crois qu'il n'y a rien à trouver. Elle est partie pour des raisons qu'elle est la seule à connaître. Et c'est ça le plus difficile à admettre. L'altérité. Mais je comprends que tu aies envie de chercher une explication différente.

Je lui ai ouvert une autre bière. L'alcool m'enveloppait d'une chaleur protectrice. Je me sentais plus optimiste. Il y avait sûrement une piste et nous allions la dénicher.

J'ai repris le message griffonné par Marie et l'ai relu à plusieurs reprises en réfléchissant aux moyens de faire apparaître la vérité.

— Je devrai engager un détective privé. Il me faut quelqu'un qui puisse la retrouver ou au moins me renseigner sur son histoire. Je ne sais presque rien d'elle.

Arnaud m'a regardé d'un air étonné.

— Tu veux fouiller dans son passé ?

— C'est le seul moyen de comprendre.

— Tu crois qu'elle apprécierait ?

— Et moi, tu crois que j'apprécie de rentrer chez nous et de trouver ce billet sur la table ?

Il a semblé sur le point de répliquer, puis s'est ravisé. J'ai poursuivi mes réflexions.

— Je vais aussi interroger Béatrice. C'est son amie. Elle pourra sûrement m'aider.

J'ai composé le numéro de portable de mon assistante, mais c'est une voix enregistrée qui m'a répondu. J'ai raccroché sèchement.

— Décidément, tout le monde a disparu ! Il faut absolument que je fasse quelque chose tout de suite. Tu n'as pas une idée brillante ?

Arnaud est resté un long moment silencieux. Je sentais qu'il ne croyait pas à l'utilité de mon enquête. Mais il a finalement dû se dire que mieux valait jouer le jeu.

— Tu pourrais utiliser une technique que j'emploie en thérapie. C'est ma version personnelle de ce que Freud appelait l'attention flottante. Je me laisse bercer par les paroles du patient sans les interpréter, jusqu'à ce qu'un élément résonne. Là, je creuse.

— Cent cinquante euros de l'heure pour te faire bercer. Tu fais vraiment un beau métier !

— Je suis content de voir que tu n'as pas perdu ton sens de l'humour, a-t-il remarqué. Si tu veux essayer l'attention flottante, il faudrait que tu laisses remonter les souvenirs de votre vie commune, sans chercher à trier. Pour voir si quelque chose se détache du reste.

— Quelque chose comme quoi ?

— C'est difficile à dire. Un événement qui n'aurait pas la même couleur ou la même texture que les autres. Il ne faut pas trop réfléchir. Laisse ton inconscient faire le travail.

— Ça m'a l'air un peu flou comme méthode.

— Qu'est-ce que tu risques ?

Il avait raison. J'ai bu une gorgée de bière et j'ai fermé les yeux. Très vite, les images sont revenues se bousculer dans ma tête. Rires, baisers, disputes, caresses. Une année d'amour passionné défilait sous mes paupières. Plusieurs minutes ont passé. J'ai rouvert les yeux et continué à siroter ma bière, mais ça n'a pas arrêté le flot des souvenirs. Je me suis laissé emporter par le courant. La figure de Marie Sophie flottait devant moi. Une vague de tristesse m'a envahi à l'idée que je ne reverrais peut-être jamais ses fossettes, ses minuscules taches de rousseur, sa petite moue quand une question lui brûlait les lèvres. J'aimais tellement les expressions de son visage. Même sa façon de froncer les sourcils me plaisait. J'ai revu ce froncement lorsque je lui avais demandé pourquoi elle voulait à tout prix accrocher son masque africain dans le hall d'entrée. Cette scène s'est imposée parmi la succession d'images qui défilaient. Le sentiment d'étrangeté que j'avais éprouvé m'est revenu en mémoire.

— Tu as découvert quelque chose ?

Arnaud avait dû voir mon expression se modifier. Il m'a encouragé d'un geste.

— Ce n'est peut-être rien, mais il y a eu un moment où j'ai trouvé son comportement plutôt mystérieux, ai-je dit d'une voix hésitante.

J'ai raconté l'histoire. Il a eu l'air très intéressé.

— Un objet fétiche, a-t-il murmuré. Elle devait lui attribuer un grand pouvoir symbolique.

— Elle m'avait dit qu'elle m'expliquerait un jour, mais elle ne m'en a plus jamais reparlé. Tu crois que c'est important ?

— Je n'en sais rien. Mais tu devrais te renseigner sur ce masque. Essaie d'en trouver une reproduction dans un livre ou sur internet pour voir ce qu'il représente. Ça te donnera peut-être une piste.

— Franchement, je ne vois pas trop ce que ça va m'apporter. Ce n'est pas l'objet lui-même qui compte, c'est ce qu'il signifiait pour elle. Et ça, il n'y a qu'elle qui aurait pu me le dire.

J'ai revu les traits fins et les yeux allongés de la parure en bois noir. Une image indistincte a flotté un moment à la surface de ma conscience, comme si j'avais déjà croisé ce visage sombre avant de le rencontrer dans l'appartement de Marie Sophie. Mais je n'ai pas réussi à retenir cette vision fugace et elle a disparu dans les méandres de mon esprit.

— Il faut bien commencer quelque part, a commenté Arnaud. Tu as tellement peu d'éléments que tu dois t'accrocher à la moindre possibilité. Au pire, tu amélioreras ta culture au sujet des masques africains. Écoute, je sais que c'est un moment très dur pour toi, mais il va falloir que je te laisse.

Je ne voulais pas qu'il parte. Pas tout de suite. Je n'avais aucune envie de me retrouver seul avec mes pensées.

— Reste un moment. L'enquête ne fait que commencer, il me faut encore tes lumières. Il y a une dernière bière au frais. On se la partage, d'accord ?

— Va pour la dernière. Mais après, je disparais. Sylvie m'attend pour aller au théâtre. Une pièce d'avant-garde, je n'ai même pas compris le titre. Si j'arrive en retard, elle va me jouer « scène de ménage en un acte ». Tu vois, quand elles sont là elles nous prennent la tête autant que lorsqu'elles disparaissent.

— Ce n'est pas vraiment la même chose. J'échange quand tu veux.

— Je sais, vieux puceau. Je sais.

Nous avons trinqué. Il a observé quelques instants la mousse dans son verre comme pour y chercher de nouveaux indices.

— J'ai eu une autre idée pendant que tu t'entraînais à l'attention flottante.

— Oui ?

— Quand les gens sont sous l'emprise d'une émotion violente, ils ont souvent des comportements très différents de leurs habitudes. Si un événement imprévu a perturbé Marie Sophie, on doit pouvoir en trouver les traces.

— Quelles traces ? Marie est la personne la plus ordonnée que je connaisse. Si elle a été bouleversée, ça ne se voit pas. Elle a fait le ménage dans chaque pièce. C'est moi qui ai tout mis sens dessus dessous en arrivant.

— Tu as regardé partout ?

— Partout. Il ne reste rien d'elle.

— Et dans la poubelle ? Les enquêteurs y trouvent souvent des choses intéressantes.

— Bien vu !

Je me suis levé d'un bond pour aller ouvrir la poubelle qui se trouvait sous l'évier de la cuisine. Mais mon espoir a été de courte durée. Le compartiment était vide, le sac venait d'être changé. Je me suis rassis, déçu et énervé. Elle avait vraiment fait place nette avant son départ, jusque dans les moindres détails. C'était très mauvais signe.

Arnaud me scrutait d'un air songeur en finissant sa bière. Une fois encore, j'ai eu l'impression qu'il ne croyait pas à mon enquête. Peut-être avait-il raison. Marie était partie, poussée par ses propres démons. Rien de spécial n'était arrivé, juste un être qui se détache d'un autre. Vivre avec elle était mon bonheur et c'était devenu son malheur. Deux visions incompatibles. Sa décision de me quitter avait mûri en elle sans que je me doute de rien. L'altérité.

— Quand on cherche des pistes il faut être systématique, a repris mon ami qui semblait à mille lieues de mes réflexions. Est-ce que tu peux me garantir que tu as examiné toutes les pièces ?

— Oui, je te l'ai déjà dit.

— Et ici dans la cuisine ?

J'ai eu un pauvre sourire.

— Ici, elle a effectivement laissé quelque chose.

J'ai agité sous son nez le mot d'adieu que j'avais trouvé en arrivant.

— Ce n'est pas tout, a-t-il répondu.

— Qu'est-ce que tu veux dire ?

— Je vois autre chose.

— Ouais, moi aussi. Des bouteilles de bière vides.

Il a soupiré comme un professeur devant un élève médiocre.

— Tu dis que Marie était très ordonnée. Est-ce que ça lui arrivait souvent de laisser traîner le journal ? m'a-t-il demandé en montrant du doigt la Tribune ouverte sur la table.

Sa remarque m'a frappé. Marie ne supportait pas de voir des magazines qui n'étaient pas à leur place. Elle rangeait toujours soigneusement la presse du jour juste après l'avoir lue. Nous avions un bac destiné au recyclage du papier et j'avais dû plusieurs fois aller y récupérer la Tribune en arrivant le soir à la maison. Je me suis soudain rendu compte à quel point la présence de ce journal était incongrue. Pourquoi l'avait-elle laissé sur la table de la cuisine alors qu'elle avait soigneusement rangé toutes les pièces et même changé la poubelle ?

— Je vois que tu te poses la même question que moi, a dit Arnaud.

— Tu crois que ça signifie quelque chose ?

— Si on accepte ton hypothèse d'un événement inattendu qui l'aurait bouleversée, ça pourrait être une piste. Elle a peut-être lu une information qui a provoqué sa décision de partir.

J'ai saisi la Tribune. Elle était ouverte à la rubrique économique. J'ai parcouru fiévreusement les différents articles. Entre l'analyse des taux de crédit à long terme et les spéculations sur le cours du dollar, je n'ai rien vu qui me paraisse digne d'intérêt. Puis mon regard a été attiré par un fait divers en bas de page. Le titre avait été marqué au stylo noir. Le stylo de Marie, celui qu'elle avait utilisé pour m'écrire son mot d'adieu. J'ai montré l'article à Arnaud et nous l'avons lu ensemble. Il parlait du suicide d'un milliardaire anglais, Francis Baldwinter, qui laissait un empire dans l'électronique de pointe. Apparemment, le drame était dû à des déboires conjugaux. La veuve se refusait à tout commentaire. J'ai dévisagé mon camarade d'un air perplexe.

— On dirait qu'elle a souligné le titre. Tu crois qu'elle aurait pu connaître ce bonhomme ?

Il a haussé les épaules.

— Tout est possible. Mais ça ne dit pas pourquoi sa mort l'aurait poussée à te quitter. Si tu engages un détective, tu pourras le lancer sur la piste. D'un autre côté, elle a peut-être gribouillé cette feuille de chou pour chauffer son stylo avant de t'écrire, et tout ça n'a rien à voir.

— Mais pourquoi aurait-elle laissé traîner le journal ?

— Hypothèse un, c'est un acte manqué, phénomène bien connu des psys. Sans l'avoir décidé consciemment, elle voulait te laisser un message sur les raisons de son départ. Hypothèse deux, elle l'a oublié par hasard et il n'y a rien à comprendre.

— Et quel est ton avis ?

— Franchement, je ne sais plus. Ce qui est sûr, c'est qu'on a bu trop de bières. Mange un morceau, va te coucher et laisse reposer tout ça.

Il a jeté un coup d'œil à sa montre.

— Oh là là, il faut vraiment que j'y aille. Je t'appelle demain.

Je l'ai accompagné jusqu'à sa voiture. Je n'aimais pas l'idée de me retrouver seul, mais je n'avais pas envie de manger dehors. En revenant vers mon immeuble, je me suis senti ridicule. La femme que j'aimais m'avait quitté et je cherchais des explications autour d'un masque africain et d'un milliardaire anglais suicidé. J'étais en plein délire. Dans l'entrée, j'ai contemplé tristement la boîte aux lettres où mon nom côtoyait celui de Marie. Elle n'avait pas pensé à changer le libellé. Tout à coup, j'ai eu l'espoir fou qu'elle m'ait laissé un autre message. J'ai ouvert la boîte. Il n'y avait pas de lettre. Juste la clé de mon appartement que Marie Sophie avait dû glisser là avant de partir. La clé de notre vie à deux abandonnée sans commentaire. En la voyant, j'ai réalisé que tout était vraiment fini.

# XII

Je me suis réveillé vers 5 heures du matin. Machinalement, j'ai tendu la main vers Marie pour sentir sa chaleur. Lorsque mes doigts ont rencontré le vide au lieu de la douceur de sa peau, tout m'est revenu en mémoire. Les images du rêve que je venais de faire ont défilé dans ma tête. Nous marchions côte à côte dans une avenue du centre-ville. Marie Sophie semblait pressée et hâtait l'allure. La rue était très bruyante, les voitures nous frôlaient à grande vitesse et une masse de gens pressés envahissait le trottoir. J'ai dit à ma compagne de ralentir, mais elle n'a pas eu l'air de m'entendre. Je me sentais essoufflé et j'avais mal à une jambe. Marie marchait de plus en plus vite et je ne parvenais pas à me maintenir à sa hauteur. Elle a pris quelques pas d'avance sans paraître s'inquiéter que je reste à la traîne. Ma jambe gauche était parcourue d'élancements douloureux et je me suis mis à boiter. J'ai crié à Marie de m'attendre, mais elle était déjà à plusieurs mètres et ne s'est pas retournée. Dans un effort désespéré, j'ai essayé de courir pour la rattraper. J'ai trébuché et ai failli tomber. Elle a tourné le coin de la rue et lorsque je suis arrivé au croisement, elle avait disparu dans la foule. J'ai regardé de tous les côtés pour tenter de l'apercevoir, mais je n'ai vu que des visages inconnus et fermés qui poursuivaient leur chemin. Je me suis appuyé au mur d'un immeuble, haletant et perdu, en me demandant ce qui m'arrivait.

Assis dans mon lit, j'ai soudain remarqué que mon cœur battait beaucoup trop vite. J'étais en nage. Une douleur sourde irradiait dans ma poitrine. J'avais de la peine à respirer. Je sentais des picotements dans mes bras et j'avais l'impression que mes extrémités devenaient insensibles. J'ai essayé de me raisonner. Ce n'est rien, juste une crise d'angoisse, ça va passer. Mais ça ne passait pas. Mes pulsations étaient toujours plus rapides et j'ai pensé avec horreur que mon cœur allait éclater d'une seconde à l'autre. J'ai sauté hors de mon lit et me suis précipité à la salle de bain pour fouiller l'armoire à pharmacie. Après quelques minutes de recherches fébriles, j'ai enfin mis la main sur une vieille boîte de calmants que mon médecin m'avait prescrits après mon divorce. La date de péremption était largement dépassée, mais j'étais prêt à prendre le risque. Tout plutôt que cette sensation de mort imminente. J'ai avalé les deux derniers cachets qui restaient dans la boîte en me bénissant de ne pas l'avoir jetée.

Au bout d'un moment, l'angoisse a lentement reflué. Je me sentais toujours oppressé, mais c'était le poids du malheur, plus de la panique. Je me suis recouché, mais je n'ai pas réussi à me rendormir. J'ai décidé de me lever et de prendre une douche. Je me suis rendu compte que je ne pourrais pas aller travailler. Je me sentais trop mal pour affronter la journée chargée qui m'attendait au bureau. Heureusement, aucun rendez-vous essentiel n'était programmé, et dès le lendemain j'allais être en vacances pour dix jours. J'ai attendu avec impatience que l'horloge marque 6 h 30 pour pouvoir appeler Arnaud. Je savais qu'il arrivait ponctuellement à son cabinet tous les jours à ce moment-là. Il a répondu dès la première sonnerie et je lui ai raconté ce qui venait de m'arriver.

— Tu as bien fait de prendre les pilules, m'a-t-il dit d'une voix apaisante.

— Ah bon. Je croyais que tu étais contre les médicaments.

— Je suis contre quand on les prend par orgueil. Beaucoup de gens veulent des cachets pour continuer à fonctionner. Ils les emploient comme on se mettrait des tampons dans les oreilles, pour ne pas écouter les messages que leurs symptômes veulent transmettre. C'est l'arrogance de l'ego. Ça c'est inadmissible.

— Et ce n'est pas mon cas ?

— Non, mon ami. Tu as pris ces comprimés par humilité. Tu as courbé l'échine devant la puissance de l'angoisse. Il y a des fois où l'on doit admettre qu'on a besoin d'un peu de chimie pour survivre. Mais je sais que tu vas essayer de comprendre ce qui se passe.

— Je n'ai pas le courage d'aller bosser aujourd'hui.

— Très bien. Ne cherche pas à être un surhomme. Pense à toi. Tu devrais contacter le psy que tu avais consulté après ton divorce. On n'est pas de la même école, mais dans son genre il est plutôt bon.

J'ai senti mon estomac se nouer.

— Pourquoi veux-tu que j'aille voir un psy ? Tu crois que je suis en train de faire une dépression ?

— Mais non, vieux puceau. Seulement il est clair que le départ de Marie va réactiver tes névroses. Tu vas passer par une période difficile, il va falloir serrer les fesses. C'est mieux si tu as quelqu'un pour te donner un coup de main.

— Tu ne me conseilles pas de faire du vélo ?

— On est en décembre. Il fait un peu frisquet pour le vélo. Je prescrirais plutôt la natation.

— Tu sais que je n'aime pas trop nager.

— C'est l'occasion de changer. Mon ami, mes patients m'attendent. Je dois te laisser. Ça va aller, tu verras. Appelle-moi quand tu veux.

À 8 heures, j'ai téléphoné à Béatrice pour lui dire que je ne me sentais pas bien et que je ne viendrais pas à la banque. Je lui ai demandé d'annuler tous mes rendez-vous de la journée. Au timbre de sa voix, j'ai compris qu'elle était au courant de ce qui s'était passé.

— Est-ce que Marie Sophie t'a contactée ? ai-je demandé à brûle-pourpoint.

— Oui, a-t-elle fini par admettre après un moment de silence. David, je suis vraiment désolée. Elle ne m'avait jamais dit que vous aviez des problèmes.

— À moi non plus, ai-je répondu d'un ton un peu aigre. Est-ce que tu sais où elle est ?

— Non. Elle m'a juste envoyé un message. J'ai essayé de l'atteindre, mais son numéro de portable est hors service.

— Béatrice, il faut absolument que je puisse discuter de tout ça avec toi. On peut se voir un moment ce soir ?

— Oui, bien sûr. Mais j'ai peur de ne pas pouvoir t'aider. J'ai très peu rencontré Marie ces derniers temps. Je n'ai aucune idée de ce qui a pu la pousser à partir.

— J'ai juste besoin que tu me parles d'elle. On se voit au Bertigo vers 19 heures ?

— D'accord, j'y serai.

Mon coup de fil suivant a été pour le psychiatre qui m'avait aidé cinq ans auparavant. J'ai eu la chance de pouvoir lui parler avant qu'il ne commence ses consultations. L'un de ses patients venait de se décommander et il m'a proposé de venir le matin même. C'était un coup de chance. D'habitude il fallait attendre des semaines avant d'obtenir un rendez-vous. J'ai pris ça comme un signe positif. Quand je suis arrivé chez lui, il m'a accueilli chaleureusement et m'a écouté avec attention pendant que je lui racontais mon histoire. Il a fait ses habituels schémas pour illustrer la situation. D'après lui, les choses étaient limpides.

— Monsieur Clerc, le principal système affectif stable dans votre vie actuelle est celui que vous formez avec vos deux filles. Vous m'avez dit que vous vous entendiez très bien avec elles.

— C'est vrai. Nous nous voyons peu, mais nous nous aimons beaucoup. Elles m'appellent souvent quand elles sont chez leur mère.

— Eh bien, c'est à partir de là qu'il faut reconstruire. Votre relation avec vos filles est l'élément clé. Quant au départ de votre compagne, c'est évidemment très douloureux pour vous, mais ça ne remet pas en question ce que vous avez bâti avec Roxane et Léonore.

— Mais c'est quand même effrayant de constater que je n'ai rien vu venir. J'ai vécu une histoire d'amour très profonde avec Marie Sophie, et je m'aperçois que je n'ai pas su la comprendre. Sinon, elle ne serait pas partie comme ça. Et ça vaut aussi pour Carole. Je n'aurais jamais imaginé qu'elle puisse me quitter pour un autre. J'ai l'impression d'être incapable de déchiffrer les sentiments des femmes.

Il a eu une mimique amusée.

— Je crois que beaucoup d'hommes partagent vos interrogations. Ne prenez pas tout sur vous. On ne peut jamais comprendre parfaitement l'autre. C'est déjà difficile de se comprendre soi-même. Nous allons réfléchir ensemble à ce qui s'est produit, mais le plus important n'est pas de trouver une explication. L'essentiel est de voir comment vous pouvez construire un cadre de bien-être pour vous et vos enfants. La solution est dans l'avenir, pas dans le passé.

Il m'a prescrit des calmants légers et des somnifères, puis m'a donné rendez-vous pour le début janvier. J'étais à la fois soulagé et déçu. D'un côté je me sentais rassuré de voir qu'il ne considérait pas mon état comme alarmant, et d'un autre j'étais révolté par le peu d'importance qu'il accordait à Marie. Pour lui, elle n'avait été qu'un épisode anecdotique dans ma vie. Il l'avait barrée d'un trait de plume dans ses petits schémas. Elle avait quitté la scène et il fallait passer au chapitre suivant. Je ne m'y sentais pas du tout prêt.

De retour chez moi, j'ai contemplé d'un œil morne le désordre que j'avais laissé en fouillant chaque pièce. Je me suis forcé à ranger un peu. Vers 11 h 30, l'appartement était à nouveau présentable. Si Marie Sophie avait été là, nous aurions cuisiné ensemble pour nous préparer un déjeuner en amoureux. Je n'avais pas faim, et l'idée de manger seul n'améliorait pas mon appétit. J'ai pensé à Fabienne. Nous ne nous étions plus rencontrés depuis l'automne, mais je l'avais appelée régulièrement. Je savais qu'elle restait à Genève pour les vacances de Noël. J'ai composé son numéro de portable. La sonnerie a retenti plusieurs fois avant qu'elle ne réponde.

— Bonjour David. Je ne peux pas te parler longtemps, je suis en train de faire mes courses.

— Désolé de te déranger. C'était juste pour savoir si tu voulais manger avec moi à midi.

Il y a eu un silence qui a duré quelques secondes.

— Qu'est-ce qui se passe, mon grand ? On ne s'est plus vus depuis quatre mois et tout à coup tu m'appelles pour m'inviter le jour même. Je sens qu'il y a anguille sous roche.

J'ai décidé de jouer cartes sur table et lui ai raconté le départ de Marie.

— J'ai le moral au fond des chaussettes, ai-je ajouté. Je ne suis pas allé travailler aujourd'hui. Je reconnais que mon invitation est plutôt égoïste, mais je n'ai pas le courage de manger seul et ça m'aurait fait du bien de te parler.

Sa voix s'est radoucie.

— Je vois. Une intervention d'urgence pour secourir un cœur meurtri. C'est dans mes cordes. Mais je n'ai pas envie d'aller au restaurant. Je te propose de venir faire la cuisine chez toi. Des spaghettis amatriciana avec un bon verre de chianti, ça te va ?

— C'est parfait, mais je ne te garantis pas que j'aurai un appétit dévorant.

— Je suis prête à relever le défi. La recette vient de ma mère. Personne ne résiste à la pasta della mamma.

— Fab

— Oui ?

— Merci, vraiment.

— Tu me remercieras quand tu auras goûté mes pâtes. Bon, à tout à l'heure.

Je regardais Fabienne s'affairer dans ma cuisine. Les oignons, l'ail et les lardons grésillaient dans la poêle. Elle a rapidement découpé les tomates pour les ajouter à la préparation. Un parfum d'Italie a envahi la pièce. J'ai mis la table en me sentant vaguement coupable de laisser mon invitée préparer le repas toute seule.

— Tu t'occuperas de la vaisselle, m'avait-elle rétorqué lorsque j'avais proposé de l'aider.

Quand les spaghettis ont été cuits al dente, elle les a disposés sur nos assiettes et a versé sur eux la sauce fumante. J'ai pris la bouteille de chianti.

— Tu verras, c'est une pure merveille, ai-je dit en remplissant son verre.

Je me suis servi très modérément. Elle a eu l'air surprise.

— Tu dis qu'il est excellent et tu n'en prends qu'une dose homéopathique ?

J'ai hésité un instant, puis me suis décidé.

— J'ai été voir un psy. Il m'a prescrit des calmants. Le mélange avec l'alcool est déconseillé.

Sa main a rapidement effleuré la mienne dans un geste de réconfort.

— Alors tu en baves, hein mon grand.

— Oui, c'est vraiment dur. Les médicaments aident à amortir le choc. Le plus difficile, c'est de me dire que je n'ai rien vu venir. Je croyais être proche d'elle et je m'aperçois qu'elle m'a caché tous ses doutes et ses problèmes. Elle n'a pas cru que j'aurais pu l'aider. C'est ça qui fait le plus mal.

Nous avons mangé quelques minutes en silence. Les pâtes étaient succulentes, mais j'avais un appétit d'oiseau.

— Je me demande si Tristan a ressenti les choses comme toi quand je lui ai annoncé que je partais, a repris Fabienne.

— C'était sûrement différent. Tu lui avais parlé de tes hésitations. Il devait se rendre compte que quelque chose n'allait pas, mais il a quand même dû être surpris. Vous nous surprenez toujours, parce que vous avez une manière très différente de vivre les difficultés de couple.

— Ah bon. Comment ça ?

— Je pense que les femmes ont des capacités d'accommodation beaucoup plus faibles que les hommes. Vous faites des efforts jusqu'à un certain point pour maintenir la relation. Mais si quelque chose vous déplaît vraiment, vous avez tendance à décréter beaucoup plus vite que nous la fin du couple. Les hommes sont capables de faire plus de compromis.

— Tu le crois vraiment ?

— Oui. Et c'est pour ça qu'on vous enfermait à la maison et qu'on vous empêchait de gagner de l'argent. Pour éviter de vous voir disparaître. Maintenant que vous êtes libres, vous partez dès que quelque chose vous embête. Je t'ai déjà dit que huit fois sur dix, c'est la femme qui demande le divorce.

Les yeux de Fabienne se sont assombris.

— Tu es très injuste David, a-t-elle répliqué. Il y a peu de femmes qui se séparent de leur compagnon par caprice. Et les compromis des hommes consistent souvent à prendre une maîtresse tout en gardant leur petit confort avec bobonne à la maison. C'est de la lâcheté. Moi, j'ai quitté Tristan pour nous donner de meilleures chances de bonheur à tous les deux. Ça a été le fruit d'une longue réflexion et je trouve que j'ai été plutôt courageuse. D'ailleurs il n'a pas mis beaucoup de temps pour m'oublier. Il a rencontré quelqu'un et il va se marier en février, ce qui prouve que ma décision était juste. Il ne tenait pas à moi, mais juste à l'idée de fonder une famille.

— Et toi ?

— Moi, j'attends.

— Le prince charmant ?

— Non, juste un homme capable de me donner l'amour que je mérite.

Je n'ai pas répondu tout de suite. J'avais perçu de la souffrance dans ses paroles. Je lui ai pris la main à mon tour.

— Tu es une femme exceptionnelle, Fab. L'homme que tu choisiras aura beaucoup de chance.

Elle a levé la tête et m'a observé avec une intensité particulière. Son regard a plongé dans le mien comme pour y chercher une chose qu'elle seule aurait pu voir.

— Peut-être que… a-t-elle dit avant de s'interrompre.

— Oui ?

Elle a hésité, puis a fini par hausser les épaules d'un geste fataliste.

— Non, rien.

Elle m'a adressé un sourire indéfinissable.

— En tout cas, tu as compris que ce sont les femmes qui choisissent, c'est déjà ça !

J'ai réussi à finir mon assiette sous l'œil approbateur de mon invitée.

— Merci, c'était vraiment très bon.

— Je te l'avais dit, personne ne résiste à la pasta della mamma.

J'ai rangé la vaisselle pendant que Fab préparait les cafés. Quand nous nous sommes installés au salon pour déguster nos expressos, j'ai décidé de lui raconter l'histoire du masque africain.

— Je pense qu'un événement a peut-être provoqué le départ de Marie, ai-je ajouté. J'essaie de découvrir ce qui s'est passé, et pour ça j'ai besoin d'en savoir plus sur elle. Son attitude par rapport à cet objet m'a paru étrange. Si je trouve ce qu'il représente, ça me donnera peut-être un nouvel éclairage.

— Je respecte ton envie de comprendre, mon grand. C'est normal de chercher des réponses.

— Je sais que je m'accroche peut-être à des chimères, mais au moins ça va m'occuper un peu. Est-ce que je peux compter sur tes compétences d'historienne pour mon enquête ?

Elle a acquiescé.

— Il n'y aura probablement pas beaucoup d'efforts à faire. Il suffit de quelques mots clés sur internet et on devrait déjà avoir des pistes.

Nous sommes allés dans mon bureau et j'ai allumé l'ordinateur. Fab s'est assise à côté de moi et je lui ai passé les commandes. Les mots « masque » et « Afrique » ont fait apparaître toute une série de sites spécialisés dans la vente d'objets d'art. La plupart proposaient des galeries d'images. Nous les avons consultées l'une après l'autre et des parures de toutes sortes ont défilé devant nos yeux. Des visages allongés aux joues creusées et au menton pointu, des faces toutes rondes aux lèvres protubérantes, des têtes à cornes mélangeant des attributs animaux et humains, et même des effigies qui rappelaient la peinture cubiste avec des traits déstructurés et des couleurs bariolées. Au bout d'une demi-heure, j'ai commencé à désespérer. Nous nous étions connectés à des dizaines de sites, avions visionné des centaines de masques, mais la Joconde noire qui avait trôné dans mon vestibule n'était jamais apparue.

— Je crois qu'on fait fausse route, ai-je murmuré d'une voix lasse. C'est peut-être tout bêtement un objet qui a été sculpté par quelqu'un qu'elle connaissait. Ça peut venir de Paris ou de Genève. Rien ne prouve qu'il s'agisse d'artisanat africain, c'est moi qui ai fait cette déduction.

— La première qualité du chercheur, c'est la persévérance, a rétorqué Fab.

Elle a recommencé en ajoutant des mots clés comme « symbole » ou « ornement », mais nous retombions souvent sur des sites déjà explorés. Et les rares images nouvelles ne correspondaient toujours pas à ce que nous cherchions. J'allais lui dire d'abandonner lorsqu'une minuscule vignette a attiré mon regard.

— Essaie d'agrandir celle-là, ai-je dit en la montrant du doigt.

Fabienne s'est exécutée et soudain le masque de Marie a rempli tout l'écran. La figure au sourire énigmatique correspondait trait pour trait à celle qui avait orné mon hall d'entrée. J'ai senti une poussée d'adrénaline parcourir tout mon corps.

— Belle pièce, a-t-elle commenté. Essayons d'en savoir plus sur sa provenance.

La légende de la photographie indiquait qu'il s'agissait d'une parure de cérémonie utilisée par l'ethnie Mende de Sierra Leone. Fab a rapidement trouvé une série de sites qui parlaient de ce peuple et de ses coutumes. En les parcourant, nous avons appris que le masque était utilisé lors des cérémonies rituelles qui marquaient l'entrée des jeunes filles dans l'âge adulte. Les adolescentes prêtes à devenir femmes passaient plusieurs semaines en forêt dans des camps interdits aux hommes. C'était là qu'on les préparait à assumer leurs futures fonctions d'épouses et de mères. Lorsque leur initiation était terminée, elles rentraient au village et étaient autorisées à porter ce masque qui symbolisait l'idéal féminin des Mende. Fabienne a lancé l'impression de la photo que nous avions trouvée.

— Ça te fera un souvenir, m'a-t-elle dit en me tendant le papier qui sortait de l'imprimante.

J'ai poussé un soupir de dépit.

— Merci pour ton aide. Mais ça ne me dit rien de plus sur ce qui a causé le départ de Marie.

— Tu sais au moins qu'elle était sensible au rôle des femmes dans la société. Si tu veux, je vais faire des recherches plus poussées. Le sujet m'intéresse.

— Ce que j'ai besoin de savoir, c'est comment elle voyait sa vie auprès de moi. Et pourquoi elle est partie. Ton enquête sur les Mende ne pourra pas répondre à ça.

— C'est probable. Mais il ne faut négliger aucune piste. C'est ce que j'appelle les indices singuliers. Ils permettent parfois de faire des découvertes importantes dans les recherches historiques.

— On verra bien. En tout cas, merci encore d'être venue et de m'apporter ton aide. Ça me fait beaucoup de bien.

Elle m'a caressé brièvement la joue d'un geste maternel.

— Tu peux compter sur moi. Et maintenant, je vais te laisser. Je t'appellerai demain.

J'ai passé le reste de l'après-midi à lire un roman policier pour me changer les idées. Quelques minutes avant 7 heures, j'ai franchi la porte du Bertigo. Béatrice était déjà là, assise devant un Martini à une table proche de l'entrée. Elle m'a accueilli avec un peu de gêne. J'ai senti qu'elle ne savait pas trop quelle attitude adopter. Je me suis installé près d'elle et j'ai commandé une eau minérale.

— Merci beaucoup d'être venue, ai-je lancé pour la décrisper. J'apprécie vraiment.

— C'est la moindre des choses, mais franchement je ne crois pas que je te serai très utile. Comme je te l'ai dit au téléphone, je n'ai plus croisé Marie depuis pas mal de temps.

— Ça n'a pas d'importance. Ce qui compte pour moi, c'est de comprendre ce qui s'est passé. Il y a quelque chose que je n'ai pas su voir et qui a provoqué son départ. Tu es son amie la plus proche, tu dois pouvoir m'aider.

— Je ne la connais pas depuis si longtemps, tu sais. On s'est rencontrées quelques semaines avant que je te la présente. C'était il y a environ une année.

— Comment avez-vous fait connaissance ?

Elle a eu un instant d'hésitation. Il m'a semblé que son visage se crispait légèrement.

— C'était à un cours, a-t-elle fini par répondre d'une voix hésitante.

— Quel genre ?

Son malaise s'est accentué.

— Euh, en gros ça portait sur le développement personnel. Tu sais, ces trucs psys qui intéressent beaucoup les femmes.

Ses yeux évitaient mon regard. Je brûlais de lui demander quel était exactement le thème du cours, mais je ne voulais pas sembler indiscret. J'ai décidé d'utiliser un autre angle d'approche.

— Elle ne m'a jamais parlé de ça. Est-ce qu'elle a continué à fréquenter cette formation après notre rencontre ?

— Oui.

— Jusqu'à récemment ?

— Oui, je crois.

— Tu n'en es pas sûre ?

— Eh bien, on n'était plus dans le même… groupe. Et comme je ne l'ai plus vue depuis deux mois… Euh, tu m'excuses un instant, il faut que j'aille aux toilettes.

Je me suis demandé si son départ était vraiment dû à un besoin urgent, ou si elle préférait couper court à mon interrogatoire. J'ai décidé qu'à son retour, je la questionnerais sans ménagement. Je voulais savoir quel était ce cours et pourquoi elle était gênée d'en parler. Soudain, la mélodie d'un portable a résonné. Ça venait du sac à main de Béatrice qu'elle avait laissé sous la table. La sonnerie a retenti trois fois, puis s'est tue. J'ai discrètement jeté un coup d'œil au sac. Le portable n'était pas verrouillé. Une idée a fusé dans mon esprit. Mon assistante m'avait dit qu'elle avait reçu un message de Marie. C'était l'occasion unique de lire son contenu. J'ai saisi l'appareil et j'ai vite passé à la section messages. Celui de Marie datait de la veille à 17 heures. Mon cœur battait la chamade et la sueur faisait glisser mes doigts sur les touches. Je jetais de fréquents coups d'œil en direction des WC en priant pour que Béatrice s'y attarde. J'ai ouvert le message et parcouru à toute vitesse les quelques mots qu'il contenait. «*Je n'en peux plus. Je pars. Fais attention à toi. Sois prudente avec B. MS*». Du coin de l'œil, j'ai vu la porte des WC s'ouvrir. J'ai juste eu le temps de laisser tomber le portable dans le sac avant que Béatrice n'arrive.

J'ai bu un peu d'eau pour me donner une contenance. Elle avait l'air plus tranquille. C'était moi qui me sentais nerveux à présent.

— Je suis désolé si je te parais indiscret, mais j'ai besoin de savoir sur quoi portait ce cours que vous avez fréquenté, ai-je dit d'une voix un peu sèche.

Elle a hoché la tête comme si elle s'attendait à ma question.

— Je pensais que tu allais me le demander. C'est aussi pour ça que je suis partie, j'avais besoin de réfléchir.

— Les toilettes sont un grand lieu de méditation, ai-je lancé pour détendre l'atmosphère.

Elle a eu un bref sourire.

— Bon. Ça touche ma vie privée et celle de Marie, mais je veux bien t'en parler, parce que je sais que tu me questionnes dans un but louable.

— Merci pour ta confiance.

— En fait, il n'y a rien d'extraordinaire. C'est un cours pour aider les femmes qui s'interrogent sur leurs rapports avec les hommes. Tu comprends pourquoi j'hésitais à en parler. C'est gênant d'avouer qu'on se sent un peu perdue face à l'autre sexe.

J'étais surpris. Ni Béatrice ni Marie ne me semblaient avoir besoin de soutien sur ce plan.

— Et concrètement, quelle est la méthode ? ai-je repris.

— L'idée, c'est qu'il y a eu de grands bouleversements dans le rôle que les femmes doivent assumer, à la fois dans le couple et dans la société. Ça fait qu'on ne sait plus très bien où on en est avec les hommes. Le cours nous aide à assimiler ces changements pour trouver notre place. On parle aussi des différences entre la psychologie féminine et masculine, ce genre de choses. Il y a des conférences en groupe pour la théorie générale et des consultations individuelles.

— Il faudrait une version pour le public masculin, ça aurait sûrement beaucoup de succès.

J'essayais de maintenir une ambiance sympathique, mais je me sentais déçu. Tout ça ne m'apportait rien d'utile. Il fallait revenir à Marie Sophie.

— Tu sais que Marie avait très peu de relations, ai-je repris. Elle ne m'a présenté que quelques vagues camarades de travail ou d'études. Tu es son amie la plus proche. Tu dois pouvoir m'aider à comprendre ce qu'elle a fait. Même si elle se posait des questions sur notre couple, ça ne justifie pas un départ aussi soudain.

Elle a longuement réfléchi en baissant la tête, puis a fini par lever son regard vers moi.

— Franchement, ce qui m'a le plus frappé chez elle, c'est sa peur du bonheur.

— Qu'est-ce que tu veux dire ?

— Eh bien, c'était comme si les belles choses qui lui arrivaient l'effrayaient. Je sais qu'elle a eu très peur quand elle est tombée amoureuse de toi. Ça lui semblait trop fort. Elle se sentait emportée et ça l'inquiétait. Même chose quand elle a rencontré tes filles ou qu'elle a déménagé chez toi. Elle craignait que ça ne marche pas. Mais quand elle a vu que tout se passait bien, ça l'a encore plus alarmée. Je lui disais de profiter des cadeaux que la vie lui faisait, mais elle avait beaucoup de peine à se laisser aller. Tu sais, comme ces gens qui te disent toujours que c'est trop beau pour être vrai, que ça ne va pas durer, que plus dure sera la chute. J'ai l'impression que la joie lui faisait tout de suite imaginer que des malheurs allaient venir.

J'ai poussé un soupir de dépit. Que faire avec tout ça ? Les commentaires de Béatrice recelaient peut-être une part de vérité, mais ça ne suffisait pas pour expliquer la fuite de Marie. Il devait y avoir autre chose. Un élément déclencheur qui m'avait échappé. En désespoir de cause, je suis revenu à mon indice singulier, comme l'appelait Fab. J'ai sorti de ma poche la photo du masque africain et l'ai dépliée sur la table.

— Est-ce que tu as déjà vu cet objet ? ai-je demandé à mon assistante.

Ses yeux se sont agrandis de surprise en contemplant la Joconde noire, et elle m'a observé d'un air perplexe.

— Bien sûr, a-t-elle fini par répondre. C'est le masque qui était dans le studio de Marie, et ensuite dans ton appartement.

— Tu ne l'as vu nulle part ailleurs ?

Ma question était de pure forme, mais j'ai eu l'impression que Béatrice se crispait à nouveau. Je l'ai scrutée avec attention.

— Est-ce que tu as déjà vu ce masque ailleurs ? ai-je repris d'une voix plus forte.

Elle semblait complètement perdue.

— Non, bien sûr que non. Mais qu'est-ce qui se passe David ? Tu poses des questions tellement bizarres, tu es sûr que ça va ?

Sa remarque a augmenté mon irritation. J'étais persuadé qu'elle me dissimulait une partie de l'histoire. J'ai pensé tout à coup à son portable. Je n'avais pas eu le temps de refermer le message de Marie Sophie. Béatrice allait forcément s'apercevoir que j'avais fouillé dans son sac. Autant le lui révéler tout de suite.

— Qui est B ? ai-je dit d'un ton coupant.

Elle a sursauté.

— Je ne vois pas de quoi tu parles.

— Marie t'a écrit d'être prudente avec B. Qui est-ce ?

Son visage s'est empourpré et elle m'a détaillé avec un mélange de colère et d'incrédulité.

— Tu as pris mon portable. Tu l'as pris dans mon sac et tu t'es permis de lire mes messages ! Mais qu'est-ce qui t'arrive ? Tu perds la tête ! Tu sais que je pourrais porter plainte ?

— Non, non, non, tu ne le feras pas. Tu me caches quelque chose sur le départ de Marie et tu n'as sûrement pas envie que la police s'en mêle. C'est le moment de me dire la vérité. Qui est B ?

Ses mâchoires se sont crispées et elle a secoué la tête. Elle a ouvert la bouche et l'a refermée sans rien dire, puis a poussé un long soupir. J'ai eu l'impression qu'elle allait m'avouer quelque chose. Mais son attitude a changé brusquement. Elle a respiré profondément à plusieurs reprises et s'est calée sur sa chaise.

— David, je suis consciente que tu souffres beaucoup. Mais il faut que tu fasses attention. Tu es en train de déraper. Tu as violé ma vie privée en ouvrant mon portable. Ce n'est pas ce genre de comportement qui te fera avancer. Je ne porterai pas plainte parce que je ne veux pas te faire du tort, mais tu devras te débrouiller tout seul avec tes questions.

Elle s'est levée, a mis sa veste et m'a tourné le dos. Juste avant de se diriger vers la porte, elle s'est retournée vers moi.

— Tu n'as même pas imaginé que Marie puisse me parler d'un sujet personnel, a-t-elle lancé d'un ton outré. Le conseil qu'elle m'a transmis dans son message n'a rien à voir avec votre rupture. Il ne concerne que moi !

Elle a quitté le Bertigo en me jetant un dernier regard indigné. Je suis resté un moment sans réaction. Des idées contradictoires s'agitaient dans ma tête. Je me traitais de mufle et j'avais honte de m'être laissé aller, mais je trouvais malgré tout que son attitude était louche. J'ai payé l'addition et je suis sorti marcher au hasard en essayant de retrouver mes esprits. Béatrice avait manifestement été troublée à certains moments de notre dialogue. Cela signifiait-il qu'elle cherchait à me cacher quelque chose ? C'était ma plus proche collaboratrice et je croyais bien la connaître, pourtant je me sentais incapable de déterminer si elle m'avait dit la vérité. Ses intentions m'étaient aussi étrangères que celles des passants anonymes que je croisais sur mon chemin. Combien d'entre eux mentaient à leur conjoint, à leurs parents, à leur patron ?

Une vieille dispute qui m'avait opposé à Arnaud m'est brusquement revenue en mémoire. C'était quelques jours après que j'ai découvert l'amant de ma femme dans notre appartement. J'avais dit à Carole que je demanderais le divorce si elle continuait à le fréquenter. Elle avait affirmé qu'elle ne voulait pas me quitter, mais qu'elle se sentait incapable de ne plus voir cet homme. Nous avions eu plusieurs discussions orageuses durant lesquelles elle se montrait d'abord intraitable, puis finissait par sombrer dans la culpabilité. Elle sanglotait que j'étais un mari merveilleux, qu'elle avait honte de ce qu'elle faisait, mais qu'elle ne pouvait pas s'en empêcher. « Je suis une mauvaise femme, je ne te mérite pas, je vais devenir folle, je n'en peux plus » étaient les expressions qui revenaient le plus souvent. Je me sentais très mal à l'aise parce que l'image qu'elle avait de moi était fausse. Je n'étais pas un mari si parfait, puisque je l'avais trompée. C'étaient des histoires sans conséquences qui n'avaient jamais menacé notre union, mais elles avaient existé. J'avais l'impression qu'en me taisant je pouvais sauver mon couple. La culpabilité de Carole l'empêcherait de me quitter, et elle finirait peut-être par oublier son amant. Mais l'idée de mentir, même par omission, pour parvenir à mes fins me semblait insupportable. J'en avais parlé à mon ami qui s'était carrément fâché.

— Tu es vraiment un indécrottable puceau avec ton envie de tout dire ! avait-il éructé. On dirait un gamin qui a besoin d'avouer à sa maman qu'il s'est touché le zizi. C'est quoi ces histoires ? Depuis quand est-ce que la vérité sauve les couples ? Décide-toi à grandir un peu !

— Mais enfin Arnaud, il y a quand même des règles. J'ai caché mes liaisons à Carole pour la protéger, mais là je ne peux plus continuer.

— Et où est le problème ? Tu as trompé ta femme, mais tu l'aimes encore. Alors tu te tais et tu portes le poids de ce que tu as fait. Seul face à ta conscience, comme un homme. Mais Monsieur veut tout révéler en espérant que sa bourgeoise va fondre devant tant de noblesse et lui donner l'absolution. Tu es vraiment un rêveur !

— Alors tu penses qu'on peut surmonter une crise de couple en mentant ?

— Je pense que vivre en couple est difficile et qu'il y a plusieurs stratégies pour y arriver. Je ne dis pas que mentir est la meilleure, mais tout dire me semble encore pire. Il y a des fois où on doit accepter de se sentir indigne et fermer sa gueule. C'est aussi une preuve d'amour.

Je n'avais pas écouté mon camarade. J'avais avoué mes incartades à Carole en lui disant que je l'aimais et que je voulais reconstruire notre couple sur la vérité. Le lendemain, elle avait annoncé à toute sa famille et à son cercle d'amis que je l'avais trompée plusieurs fois. Elle ne pouvait plus me faire confiance. Ce n'était pas à cause de sa folle passion pour un pompier que nous devions divorcer, mais parce que je l'avais trahie.

En déambulant dans les rues de la vieille ville, je me demandais si Marie Sophie avait pu me mentir tout au long de notre relation. Peut-être qu'elle avait su mieux que moi se taire par amour. Avait-elle voulu me protéger en me dissimulant une partie de sa vie ? Son départ était-il lié à ce qu'elle m'avait caché ? Son amie Béatrice était-elle complice ? Ou étais-je en train de délirer complètement ? Ces questions n'avaient pas de réponse. Je suis rentré chez moi seul et déboussolé, perdu dans une jungle de doutes.

# XIII

*Ne pas oublier de respirer!* Ces mots calligraphiés d'une petite écriture pointue s'étalaient sur une feuille de papier quadrillé que mon copain Louis avait punaisée un matin de novembre sur le mur de sa chambre d'internat. Nous avions quinze ans et nous étions inséparables. Au début de l'année scolaire, Louis était tombé fou amoureux d'une copine de lycée. Elle l'avait quitté après une brève idylle pour se jeter dans les bras d'un garçon plus âgé. Pendant plusieurs jours, mon camarade avait pensé au suicide. Nous avions passé des soirées entières à nous engueuler dans sa minuscule piaule au troisième étage de l'internat. À voix basse pour ne pas réveiller les voisins boutonneux qui dormaient en rêvant d'examens de maths ou du décolleté de la prof d'anglais. Louis voulait mourir, parce qu'il était certain de ne plus jamais retrouver ce qu'il avait perdu. Le meilleur était déjà passé, ça ne valait plus la peine de continuer à empiler des années vides. Moi qui n'avais jamais embrassé une fille, je lui faisais miroiter tous les cadeaux que l'avenir pouvait lui offrir.

— T'imagines que la suite sera belle parce que t'as encore rien vécu, ripostait-il en me lançant l'éclat fiévreux de ses yeux gris. Moi, je sais que c'est foutu. J'ai tout reçu trop tôt. Ça pourra plus jamais être aussi fort.

— Tu sais rien du tout! Tu te prends pour qui à décider que t'as eu le mieux de ce qui existe? Le mieux, c'est pas une fille qui se tire après trois mois!

— Pauvre con! Tu fais des théories sans rien connaître. Je vois vraiment pas pourquoi je t'écoute. T'es incapable de comprendre ce que ça fait d'être amoureux.

Je sortais de nos disputes épuisé et inquiet, craignant qu'il ne mette finalement son projet à exécution. J'avais songé à demander l'aide d'un adulte, mais je savais que Louis m'aurait étranglé si j'avais révélé son secret.

Et puis un matin, en allant le chercher pour partir au lycée, j'avais vu ce billet sur le mur près de sa fenêtre. *Ne pas oublier de respirer!* Pour tous ceux qui avaient contemplé ces mots, ça confirmait que Louis était vraiment fêlé. L'anecdote avait fait le tour de l'établissement. Mais moi, j'avais compris que mon ami avait décidé de vivre.

— On respire qu'à moitié, m'avait-il expliqué. Alors il reste toujours de l'air pas net au fond des poumons et c'est mauvais pour la santé. En plus, respirer à fond ça détend. On se sent mieux. Mais faut se concentrer, ça vient pas tout seul.

Louis est devenu dentiste et vit en Australie. Il en est à son troisième mariage. Nous échangeons encore des nouvelles de temps en temps. Dans la période qui a suivi le départ de Marie Sophie, j'ai souvent repensé à la phrase qu'il avait affichée au-dessus de son lit après son chagrin d'amour. Moi aussi, j'ai décidé de ne pas oublier de respirer. J'ai affronté les journées l'une après l'autre, et j'ai tout fait pour ne pas garder de pensées viciées au fond de moi. Expirer à fond, chasser l'air impur. Comme disait Louis, ça ne vient pas tout seul. J'ai commencé par appeler Béatrice pour lui présenter mes excuses. Elle les a acceptées de bonne grâce et a paru soulagée de voir que nos relations n'allaient pas s'envenimer. Ensuite, j'ai contacté un détective privé que m'avait recommandé le responsable sécurité de la CMD. Les questions qui tournaient dans ma tête risquaient de me pourrir la vie, la meilleure solution était de confier à un professionnel le soin de chercher les réponses. Je savais bien qu'il ne pourrait pas tout éclairer, mais il me fournirait au moins des indications sur certains points précis.

Le 23 décembre en début d'après-midi, je me suis donc rendu au bureau de M. Roger Daubert, situé dans un immeuble discret du boulevard Saint-Georges. Un homme d'une cinquantaine d'années aux cheveux poivre et sel coupés courts m'a ouvert la porte. Il avait une carrure imposante, mais sans embonpoint. On devinait le sport quotidien et les exercices de musculation. Son visage buriné évoquait un marin au long cours, habitué aux brusques changements d'humeur de la mer. Il m'a fait entrer dans une pièce meublée d'une table ovale en noyer sur laquelle était posé un ordinateur portable. J'ai pris place sur l'une des chaises et il s'est assis en face de moi.

— Je travaille seul, m'a-t-il dit d'une agréable voix de basse. Ça limite les risques de fuites. Vous permettez que je prenne des notes pendant que vous m'expliquez de quoi il retourne ? J'ai acquiescé et j'ai commencé à raconter mon histoire. Il pianotait quelques mots sur son portable, puis me considérait d'un air attentif. À aucun moment il n'a paru surpris ou dubitatif, même lorsque j'ai évoqué mes indices singuliers : le masque africain et l'article sur le suicide de Baldwinter. Le sentiment de gêne qui m'avait habité au début de l'entretien s'est peu à peu dissipé. Daubert m'inspirait confiance. Je sentais chez lui une bonne dose d'expérience et de compétence. On remarquait aussi qu'il savait se mettre à la place de son interlocuteur sans chercher à le juger.

— Si je comprends bien, vous souhaitez en premier lieu obtenir des renseignements sur Marie Sophie Chatel ? m'a-t-il demandé de sa voix posée.

— Exactement. Je me dis que son départ s'explique peut-être par des éléments de sa vie ou de son passé dont elle ne m'a pas parlé. Si vous trouvez quelque chose, ça m'aidera à comprendre ce qui s'est produit. Et si en plus vous parvenez à la localiser, ce serait l'idéal.

— Bien. Je vais chercher des informations à Genève et aussi à Paris où elle a vécu. Mais pour ce qui est de la retrouver, je ne peux rien vous promettre. Si elle a quitté son cercle d'amis, ce sera très difficile. Je ne dispose pas des moyens que pourrait mettre en œuvre la police pour une personne disparue.

— J'en suis conscient, mais je ne peux pas m'adresser à la police. Techniquement, elle n'a pas disparu. Elle m'a juste quitté, et nous n'étions pas mariés.

J'ai cru voir une lueur de compassion dans son regard, et je me suis demandé combien d'hommes abandonnés ou de maris trompés avaient défilé dans son bureau.

— Il y a un élément délicat, a-t-il repris. Votre assistante, Mlle Dallais, pourrait être une source d'informations importante. Souhaitez-vous que je l'interroge ou que j'enquête sur elle ?

J'ai hésité. Tous mes doutes au sujet de Béatrice me sont revenus en mémoire. Mais je ne voulais pas jouer un double jeu. Je m'étais excusé, je ne pouvais pas me mettre à la faire surveiller.

— Non, ai-je fini par répondre. Si j'ai des questions à lui poser, je le ferai directement.

— Et en ce qui concerne le masque africain ?

— J'ai quelqu'un qui fait des recherches sur l'objet. Inutile de fouiller de ce côté. Mais ce serait bien de montrer sa photo aux personnes que vous interrogerez, pour voir si ça leur dit quelque chose. Je vais vous noter l'adresse internet où vous pourrez la trouver.

— Bon. Il y a une dernière chose. Le milliardaire anglais. Je peux travailler de deux façons. Ou bien j'effectue une revue de presse en contactant aussi quelques journalistes britanniques que je connais, pour avoir une idée plus précise de ce qui s'est passé. C'est l'option « light ». Ou bien je me rends en Angleterre pour mener une enquête plus approfondie. Mais là, ça va vous coûter beaucoup plus cher.

— Pour l'instant, on va s'en tenir aux données de la presse. Je ne suis pas du tout sûr que cette piste apporte quelque chose. Mais essayez quand même de questionner les relations de Marie pour savoir si elle connaissait ce Baldwinter.

Il m'a adressé un sourire encourageant.

— Monsieur Clerc, mon métier est de vous apporter tous les éclaircissements possibles. Soyez sûr que je le ferai.

Ensuite, il m'a détaillé ces tarifs. Ce n'était pas bon marché, mais ses prix devaient refléter ses capacités. Et j'étais prêt à payer beaucoup pour ne plus rester dans l'incertitude. Je suis sorti de son bureau l'esprit plus libre, avec l'impression d'avoir expulsé l'air vicié qui stagnait au fond de mes poumons.

Le plus dur, ça a été la période de Noël. L'effervescence qui régnait dans les rues de Genève a réveillé mon sentiment de solitude. Je suis sorti le 24 décembre pour acheter les cadeaux de Roxane et Léonore, mais à la vue de tous ces couples qui se bousculaient dans les rayons, je n'ai pas tenu le coup. Marie aurait dû être à mes côtés ce jour-là. Elle avait insisté pour venir m'aider à choisir des présents originaux pour mes filles. Nous aurions dû nous promener enlacés dans les grands magasins, pestant contre la société de consommation qui transformait Noël en foire, tout en guettant les articles qui pourraient plaire à mes deux adolescentes. Et ses yeux auraient soudain brillé d'un éclat d'émeraude au moment de repérer les boucles d'oreilles parfaites pour Roxane ou le T-shirt rêvé de Léonore. Au lieu de ça, je me frayais péniblement un passage dans la cohue avec l'impression que les vendeuses qui croisaient mon regard devinaient toutes que ma femme venait de m'abandonner. J'ai quitté le quartier des commerces sans avoir rien acheté et suis rentré me réfugier chez moi.

Fabienne m'a proposé de passer la soirée avec elle et ses parents. Son invitation m'a fait plaisir, mais j'ai refusé. Je me sentais trop mal pour donner le change, et je ne voulais pas gâcher leur fête avec ma tristesse. J'ai donc réveillonné seul chez moi, devant une demi-bouteille de champagne et quelques victuailles achetées chez un traiteur. Je n'ai pas pu m'empêcher de vérifier plusieurs fois la tonalité de mon téléphone. J'espérais secrètement que Marie appellerait. Ça aurait été mon plus beau cadeau. Mais les seuls coups de fil sont venus d'Arnaud qui passait les fêtes en Allemagne, et de Jef qui avait fait une escapade en amoureux à Venise avec Viviane. J'ai été me coucher vers 22 h 30, après avoir avalé une bonne dose de somnifères. Avant de m'endormir, j'ai repensé à mes parents morts sept ans plus tôt dans un accident de voiture. Ils avaient eu la chance de partir ensemble. Aucun des deux n'aurait à vivre l'absence et la solitude. Je leur en voulais encore de m'avoir laissé tout seul si brusquement, sans personne pour me soutenir dans ces moments glacés. Puis la quiétude artificielle des barbituriques a envahi mon cerveau et j'ai plongé dans un sommeil sans rêves.

J'ai appelé Roxane et Léonore le 25 pour leur souhaiter un Joyeux Noël, mais je n'ai pas eu le courage de leur annoncer que Marie était partie. J'entendais derrière elles des rires, de la musique et des bruits de conversations. La fête de famille battait son plein. Un brusque éclair de rage contre Carole m'a transpercé. Sans son égoïsme, c'est dans mon foyer qu'auraient raisonné ces rires. J'ai raccroché rapidement après avoir donné rendez-vous à mes filles le 29. Pendant les jours qui ont précédé leur arrivée, je me suis arrangé pour avoir constamment quelque chose à faire. Trouver enfin des cadeaux pour mes deux soleils, dresser une liste des films et des spectacles qu'on pourrait voir tous les trois, aménager l'appartement afin que les vides laissés par le départ de Marie Sophie ne soient pas trop criants, faire les courses, écrire des cartes de vœux, amener ma voiture au garage, ranger la cave, louer des skis, choisir un tableau à accrocher sur le mur du vestibule. J'ai même été faire quelques brasses à la piscine des Pervenches. Tout plutôt que rester à ruminer sur mon malheur.

Le soir du 27 j'ai mangé avec Paul, et le lendemain j'ai participé au poker de fin d'année qui nous réunissait toujours après la mi-décembre. Saumon, champagne, foie gras et sauternes. C'était le menu rituel. Cette édition se passait chez Jef qui venait de rentrer de Venise. J'avais raconté la disparition de Marie à Polo et il avait mis les autres au courant. Une péripétie de plus dans le livre de nos démêlés avec les femmes.

— Dans l'état où tu es, tu vas tous nous plumer ! a proclamé Jef. Tu connais le proverbe : « malheureux en amour... ».

Quand j'ai expliqué que je venais d'engager un détective, Maurice a approuvé en levant son verre.

— Tu as raison. C'est comme au poker, il faut avoir le courage de payer pour voir. Quand tu sauras ce qui s'est passé, tu te sentiras mieux.

— Mais avec les femmes, on paie souvent beaucoup et on ne voit quand même rien ! a lancé Lionel, provoquant l'hilarité générale.

Nous avons disserté sur la tyrannie féminine, joué gros et bu d'excellents vins. J'ai perdu un maximum, ce que j'ai considéré comme un signe encourageant. J'ai tendance à croire aux proverbes.

— Salut papinou ! Oh, vous avez enlevé le joli masque de l'entrée. Comment ça se fait ?

Léonore contemplait d'un air perplexe la nature morte que j'avais accrochée au mur à la place de la Joconde noire. J'avais longuement réfléchi à la façon d'annoncer aux filles le départ de Marie. Mais la question lancée par ma cadette lorsque je lui ai ouvert la porte le matin du 29 m'a pris complètement au dépourvu.

— Marie Sophie est partie et elle a pris le masque avec elle, ai-je balbutié.

— Partie ? Tu veux dire pour toujours ?

J'ai acquiescé, sans parvenir à répondre. Je sentais mes yeux se remplir de larmes.

— J'en ai marre, tu as oublié la moitié de ton fourbi dans la voiture de maman, et c'est moi qui ai dû tout porter ! C'est la dernière fois que...

Roxane est apparue sur le palier, chargée comme un mulet. En voyant ma tête, elle s'est interrompue et a laissé tomber ses affaires à ses pieds.

— Qu'est-ce qui se passe ? a-t-elle lancé en nous jetant un regard interloqué.

— Marie est partie, a répondu Léonore d'une toute petite voix.

— Partie où ?

— T'es vraiment trop bête ! Elle a quitté papa, voilà !

— Mais c'est pas possible, ils étaient tout amoureux. On se quitte pas comme ça d'un coup sans raison. Papa, qu'est-ce qu'il y a eu ?

Roxane avait besoin de comprendre pour faire face à la brutalité de la nouvelle. J'ai senti une nouvelle fois à quel point elle me ressemblait. Cette même nécessité de trouver des explications pour rendre le monde moins effrayant. Là, je ne pouvais pas l'aider. J'ai secoué la tête et écarté les mains en signe d'impuissance. Je pleurais comme un veau et j'avais honte de mes larmes. Je m'étais pourtant juré de ne pas craquer devant elles. Je voyais qu'elles étaient effrayées de me voir dans cet état, mais je ne parvenais pas à contrôler la vague de tristesse qui m'avait submergé. Elles sont venues toutes les deux se blottir contre moi. Je les ai embrassées et j'ai fermé les yeux pour laisser leur parfum de jeunesse m'envelopper comme un baume apaisant.

— Ça va aller papa, a murmuré Roxane. Nous, on est là. Et on t'aimera toujours.

Léonore a serré très fort ma main entre les siennes sans rien dire, puis je l'ai entendue marmonner entre ses dents : « C'est une menteuse, Marie. Elle m'avait promis qu'elle te ferait pas de mal ».

Les jours suivants se sont plutôt bien passés. J'avais prévu un programme d'activités substantiel. Cinéma, spectacles, sorties au restaurant et surtout trois journées de ski dans une station de montagne du Valais où nous avons passé le nouvel an. Crans-Montana possède l'un des plus beaux golfs d'altitude du monde. En hiver, le parcours devient un lieu de promenade qui offre un panorama où la vue s'étend du Mont-Blanc au Cervin. C'est sur ce plateau enneigé que j'ai emmené mes filles après le repas de la Saint-Sylvestre. Nous avons fui les fêtes bruyantes qui se déroulaient dans les hôtels et les bars bondés de la station pour vivre le changement d'année au grand air, entourés par l'ombre majestueuse des sapins. Il faisait très froid. Le paysage baignait dans la lumière diffuse de la lune et la neige crissait agréablement sous nos pas.

Quand les douze coups de minuit ont retenti au clocher de la chapelle, nous avons formé un cercle en nous tenant par la main. Je me suis rendu compte que Roxane avait presque ma taille. Léonore m'arrivait déjà à l'épaule. L'image de ses petites jambes potelées de bébé qui s'agitaient devant moi pendant que je la langeais a traversé mon esprit. Un vertige m'a saisi face au temps qui s'enfuyait. J'allais avoir quarante-quatre ans. Mes deux fillettes adorées étaient devenues des adolescentes et elles grandissaient loin de moi avec un homme qui avait pris ma place dans leur quotidien. Tout ce que je leur avais montré pendant des années, c'était le spectacle de mon ressentiment envers leur mère. Maintenant, elles avaient droit à mon désarroi et à ma tristesse devant le départ de Marie. Je me sentais un père minable.

— Bonne année papa ! ont lancé mes filles en chœur.

— Bonne année mes chéries, ai-je répondu en essayant de sourire.

— Je suis sûre que plein de belles choses vont t'arriver bientôt, a repris Roxane. Tu sais, j'ai un sixième sens.

— Alors, je n'ai plus de soucis à me faire. Tant mieux, parce que j'ai tendance à être grincheux avec vous ces temps-ci. Je ne suis pas très marrant comme papa.

— C'est pas vrai ! s'est écriée Léonore. Des fois tu nous fais bien rire, surtout quand tu imites les vieilles stars du rock. C'est quand t'es malheureux que tu t'énerves pour rien. Mais ça, c'est un peu normal. Moi je trouve que t'es le meilleur papa du monde.

— Et il y a autre chose que j'adore chez toi, a ajouté Roxane, c'est que tu aimes nous raconter plein de trucs sur ce qui se passe dans le monde. Tu expliques super bien. Avec toi, je comprends mieux qu'avec les profs à l'école.

Je les ai serrées très fort dans mes bras, et j'ai planté des baisers sonores sur leurs joues. Nous sommes rentrés bras dessus bras dessous vers notre hôtel en chantant « Let it be ». La nuit m'a semblé moins vide.

J'ai recommencé à travailler le 4 janvier. Paradoxalement, le stress qui régnait à la banque m'a fait du bien. Le temps passé à régler les problèmes au boulot m'évitait de penser à mes ennuis personnels. J'ai retrouvé les vieilles stratégies que j'avais employées après mon divorce pour ruser avec la solitude. Beaucoup d'heures supplémentaires, des séances fixées le plus tard possible dans la journée, des programmes pour le week-end en sollicitant alternativement différentes personnes. Ça ne marchait pas toujours. J'ai dû affronter des soirées pleines de peur face à l'avenir et de ressentiment envers Marie. Mais les séances avec le psy m'ont fait du bien. Petit à petit, j'ai trouvé un nouvel équilibre. Les crises d'angoisse et de colère ont laissé la place à un chagrin profond mais vivable. Comme disait Arnaud, le chagrin c'est comme le sel. Si on n'en rajoute pas trop, il y a toujours moyen de le dissoudre.

Vers le milieu de février, Roger Daubert est venu me présenter son rapport. Les nouvelles s'avéraient très décevantes. Il n'avait pas retrouvé Marie Sophie, et les personnes qu'il avait interrogées ne lui avaient fourni aucun indice utile.

— Mademoiselle Chatel a vécu longtemps seule avec sa mère, m'a-t-il dit en consultant brièvement un calepin où il avait résumé ses notes. Son père est mort quand elle avait cinq ans. Accident de train. Il conduisait une locomotive à la SNCF. La famille a touché une bonne rente et ils ont pu vivre sans soucis financiers, mais la petite a été perturbée par le décès de son papa. Elle est devenue très instable avec de brusques accès de colère et de désespoir. Elle a été suivie par plusieurs médecins et les choses se sont améliorées. Elle était brillante à l'école et très vive d'esprit selon ses camarades. Et puis à quinze ans, elle a disparu de la circulation pendant une semaine. Elle avait fugué pour rejoindre un amour de vacances à Concarneau. Ils voulaient s'enfuir en Amérique, mais les parents du garçon les ont découverts et la petite a été ramenée chez elle. Après ça, elle est devenue encore plus renfermée. Elle se confiait à très peu de gens.

— Avez-vous retrouvé cet homme ? ai-je demandé avec un pincement au cœur.

— Oui. J'ai pu le joindre par téléphone. Il a fini par réaliser son rêve, il habite aux États-Unis. Il est marié avec une Américaine, possède une petite entreprise de boulangerie et élève ses deux enfants. Il se souvient de l'affaire comme d'une bêtise d'adolescent et n'a plus jamais revu Mlle Chatel. À mon avis, il n'y a rien à chercher de ce côté-là.

— Et la famille ?

— La mère est morte il y a quatre ans. Après une longue maladie, comme on dit. Elles étaient très liées. La maman ne s'était jamais remariée. Elles vivaient dans leur bulle et avaient peu de contacts sociaux. La seule personne qui les connaissait vraiment était l'une des tantes de Marie Sophie, Marlène Chatel, la sœur de son père. C'est elle qui m'a fourni la plupart des renseignements. Une vieille fille charmante et un peu excentrique qui fait de la brocante à Paris. Selon elle, Marie et sa mère avaient plus ou moins coupé les ponts avec le reste de leur famille. Quand sa maman est décédée, la fille a tout vendu et est partie à l'étranger. Elle a juste écrit de temps en temps à sa tante pour la rassurer. Apparemment, elle a fait du bénévolat dans l'éducation au Sénégal, puis a voyagé dans différents pays d'Afrique et d'Amérique latine. Au bout de deux ans, elle est revenue à Paris et a repris contact avec l'université. Sur les conseils de son professeur, elle a décidé de commencer une thèse de doctorat à Genève. La dernière fois que Marlène Chatel a parlé à sa nièce, c'était il y a six mois lorsque Marie Sophie a fait un court séjour dans la capitale pour sa thèse. Elle lui a raconté que tout se passait bien dans ses études et qu'elle avait rencontré quelqu'un. La tante a reçu quelques lettres depuis lors, mais elle n'a plus eu de contacts après la mi-décembre. Elle n'a pas paru inquiète de la disparition. D'après elle, ça colle tout à fait avec le caractère de sa nièce.

— Vous lui avez montré la photo du masque ?

— Bien sûr. Elle m'a dit que Marie avait ramené plein d'objets de son séjour en Afrique et lui avait proposé d'en vendre quelques-uns dans sa brocante. Mais le masque ne faisait pas partie du lot. Elle est certaine de ne l'avoir jamais vu. Elle n'a pas non plus entendu parler de l'industriel anglais Baldwinter.

Jusque-là, les informations de Daubert correspondaient au peu de chose que Marie m'avait raconté sur sa vie. Elle m'avait parlé de la mort de son père, de sa fugue amoureuse, de la relation très intime qu'elle entretenait avec sa mère et de la période difficile qu'elle avait vécue après son décès. Elle avait aussi mentionné plusieurs fois sa tante Marlène, mais était toujours restée assez floue sur ses copains français et sur son séjour en Afrique.

— Et ses amis, que disent-ils ?

Le détective s'est passé la main dans ses cheveux en brosse et a soupiré. Apparemment, son enquête l'avait plutôt frustré.

— Mademoiselle Chatel ne semblait pas accorder beaucoup d'importance à sa vie sociale, a-t-il repris. J'ai retrouvé à Paris quelques camarades de classe et d'université. Ils en font tous un portrait assez concordant. Une fille sérieuse, intelligente, très indépendante, qui savait écouter mais parlait très peu d'elle-même. Un personnage difficile à cerner qui n'avait pas d'amis intimes, même si elle se montrait tout à fait agréable dans les contacts avec ses collègues. On ne lui a pas connu de relation sentimentale pendant ses années d'études. Personne n'a gardé de liens avec elle après son départ de France.

— Elle a l'art de se faire oublier, ai-je marmonné.

Daubert a acquiescé.

— Le trait de caractère que toutes ses connaissances ont souligné, c'est sa liberté d'opinion, a-t-il repris. Elle ne se préoccupait pas du jugement des autres. Elle était capable de quitter un cours en plein milieu d'une explication si elle estimait que le sujet était présenté de façon ennuyeuse. Son professeur à la Sorbonne et son directeur de thèse à Genève ont souligné ses capacités intellectuelles et sa force de travail. Mais ils ont admis qu'ils en savaient très peu sur elle.

— Et qu'a dit Grinberg de sa disparition ? Ce n'est pas normal qu'elle abandonne sa thèse d'un jour à l'autre.

— D'après lui, elle n'a pas abandonné. Ils s'étaient vus quelques jours avant qu'elle ne quitte votre appartement. Elle avait fini de récolter ses données et ils s'étaient mis d'accord sur un échéancier pour la suite. Elle paraissait très motivée. Maintenant, elle doit trier son matériel, faire les analyses et rédiger une première version de son texte. Ça peut lui prendre plus d'une année et elle n'a pas besoin de lui pour ça. Il est persuadé qu'elle rendra son travail dans les délais. Le règlement de l'université lui accorde encore deux ans pour terminer son doctorat.

— Et son activité de secrétaire intérimaire ?

— J'ai interrogé la responsable de la société. Mademoiselle Chatel était une employée très appréciée, mais personne ne la connaissait en dehors du travail. Le 21 décembre dans l'après-midi, elle a téléphoné pour dire qu'elle ne viendrait plus. Sans donner d'autre explication. D'après sa tante, elle n'a pas de problèmes financiers. La vente des biens de ses parents lui a procuré un pécule qui lui permettrait de tenir deux ou trois ans sans travailler.

Tout ça était plutôt déprimant. Le brouillard restait total. Daubert a dû percevoir mon désappointement. Il m'a jeté un bref coup d'œil avant de feuilleter à nouveau son carnet de notes.

— Monsieur Clerc, je suis conscient de vous apporter des nouvelles qui ne répondent pas vraiment à vos attentes, a-t-il repris. Mais c'est tout ce que je peux vous offrir. Marie Sophie a laissé très peu de traces. Jusqu'à preuve du contraire, il n'y a pas eu d'événement particulier dans sa vie qui pourrait expliquer son départ soudain. Bien sûr, il reste des zones que je n'ai pas explorées. Quelque chose a pu se passer durant les années qu'elle a passées en Afrique, ou pendant ses voyages. Mais si c'est le cas, elle l'a caché aux deux personnes qui comptaient le plus pour elle : sa tante Marlène et vous. Il faudrait engager des frais importants pour obtenir des éclaircissements supplémentaires, et franchement je ne crois pas que ça vaille la peine.

— Alors que me conseillez-vous ?

Il m'a dévisagé longuement. Son regard tranquille me fixait sans ciller.

— À mon avis, la réponse se trouve dans ce qui s'est passé entre elle et vous, m'a-t-il répondu de sa voix calme.

— Mais si j'ai fait appel à vos services, c'est justement parce que rien de ce que j'ai vécu avec elle ne peut expliquer son départ ! Le matin même de sa disparition, elle m'a dit qu'elle m'aimait. On tourne en rond là !

Daubert a eu un geste d'apaisement.

— Je comprends votre frustration, mais il n'y a aucune indication qu'un événement extérieur ait provoqué sa fuite. J'ai récolté des renseignements sur le suicide de Baldwinter. La presse à scandale évoque un conflit avec son épouse. Il ne s'agit en tout cas pas de problèmes d'argent. Son groupe avait eu des difficultés financières, mais deux jours avant le drame il venait de signer un énorme contrat pour un système de guidage de missiles. Ses actions ont grimpé de façon vertigineuse. Il était plus riche que jamais. Les journalistes que j'ai contactés disent que sa femme avait menacé de le quitter. Ils se connaissaient depuis quinze ans et il était fou d'elle. Quand il a vu qu'elle allait vraiment partir, il a craqué. Je vous ai rédigé un dossier détaillé sur toute l'affaire. Vous y trouverez des coupures de presse et des photos du couple. Je les ai montrées à toutes les connaissances de Mlle Chatel, mais personne n'a reconnu Baldwinter ni son épouse. Il n'y a pas de lien. Votre compagne a griffonné cet article de journal par hasard.

Le détective a sorti de sa serviette une chemise cartonnée qu'il m'a tendue avec un sourire un peu contrit.

— Je crois avoir récolté toutes les informations accessibles dans la configuration actuelle, a-t-il repris. Je suis désolé de ne pas avoir d'éléments plus probants à vous apporter. Pour moi, tout converge vers une explication qui ne regarde que Marie Sophie Chatel et vous.

— Est-ce que vous en êtes vraiment sûr ?

— Il n'y a jamais de certitude absolue. Je dirais que l'unique élément qui laisse encore une place au doute concerne votre assistante, Béatrice Dallais. C'est la seule amie intime de Marie Sophie. Si quelqu'un peut connaître des éléments qui nous auraient échappé, c'est elle. À part ça, je vous conseillerais de prendre contact avec Marlène Chatel, la tante de Paris. Vous trouverez ses coordonnées dans le dossier que je vous ai donné. C'est une femme bienveillante. Tôt ou tard, sa nièce lui donnera des nouvelles et elle pourra vous rassurer sur le sort de votre compagne.

— Mais ce n'est pas elle qui saura me dire pourquoi Marie est partie.

— Non, évidemment.

— Et vous, monsieur Daubert ?

— Moi ?

— Dans votre travail, vous devez avoir vu pas mal de couples en rupture. Quel est votre sentiment par rapport à ce qui m'est arrivé ?

Il a pris une longue inspiration, a croisé ses bras sur sa poitrine et m'a scruté longuement, comme s'il cherchait sur mon visage des indices sur la meilleure façon de répondre à ma question.

— Je pense que ce n'est pas une situation standard, a-t-il fini par répliquer.

— Comment ça ?

— Eh bien, l'amant caché, les mensonges, les trahisons. Tout ce qui fait le quotidien du détective.

— Qu'est-ce que c'est alors ?

— Je dirais que c'est le genre d'affaire où les réponses ne viennent pas des faits.

— Ce qui veut dire ?

— Que tout s'est joué dans la tête de Mlle Chatel. Et personne à part elle n'accédera à ces renseignements-là.

Il m'a tendu la main.

— Parfois, il faut accepter que des questions n'aient pas de réponse, m'a-t-il dit d'un ton bienveillant. Au revoir, monsieur Clerc. Et bonne chance.

L'entrevue avec Daubert m'a abattu. Je me retrouvais à la case départ. L'attitude de Marie restait toujours aussi incompréhensible. J'ai décidé de laisser mes interrogations en veilleuse pendant un moment, en espérant qu'avec le temps la lumière se ferait. Je me disais que Marie Sophie finirait par m'appeler, ou que je pourrais au moins discuter avec sa tante pour en savoir plus. J'ai mis toutes mes forces dans le travail. Heureusement, les dossiers urgents ne manquaient pas. Je n'avais pas le temps de m'ennuyer. Mes rapports avec Béatrice s'étaient normalisés. Nous n'avions plus fait allusion à notre altercation au Bertigo et nous évitions soigneusement de parler de Marie. Mon assistante s'acquittait de ses tâches avec son efficacité habituelle, mais je sentais que notre relation avait changé. Parfois, en observant sa physionomie souriante, je me demandais ce qui pouvait se cacher derrière ce masque.

Arnaud et Fabienne m'ont beaucoup soutenu durant ces mois de convalescence. Chacun à sa manière. Mon meilleur ami en m'engueulant à chaque fois que je m'apitoyais sur moi-même, et Fab en me faisant sentir que je pouvais compter sur elle si la solitude devenait trop pesante. Elle m'invitait régulièrement à partager des moments de détente. Nous avons repris nos parties de tennis, visité des musées, vu plein de films et découvert de nouveaux restaurants. Elle ne cherchait pas à me consoler. Elle était là, tout simplement. Et peu à peu j'ai retrouvé la complicité de notre enfance, quand je guettais sa venue sur le chemin de l'école et qu'on s'encourageait mutuellement avant d'affronter les examens. Parfois, elle serrait doucement ma main dans les siennes, sans rien dire, et la chaleur de ses paumes rendait l'hiver moins froid.

Je l'avais questionnée à plusieurs reprises sur l'avancement de ses investigations concernant le masque africain. Elle me répondait qu'elle n'avait pas encore fait le tour du sujet.

— Un peu de patience ! disait-elle. Les historiens ne rendent leurs conclusions que lorsqu'ils ont analysé toutes les données. Il faut être méticuleux, c'est la base du métier. Laisse-moi encore un peu de temps.

J'avais fini par renoncer à la presser. Peut-être parce que je ne croyais plus à l'utilité de ses recherches. Les conclusions de Daubert montraient que mes indices singuliers n'avaient probablement aucun lien avec le départ de Marie. La Joconde noire était presque sortie de mon esprit lorsqu'un soir du début mars, Fab m'a téléphoné pour m'annoncer que son rapport était prêt.

— Si tu as le temps de faire un saut chez moi, je pourrai t'expliquer les secrets de cette parure. Et tu verras, il y a vraiment des choses intéressantes.

Au ton de sa voix, j'ai compris qu'elle était très satisfaite de son enquête. Ça m'a donné envie d'en savoir plus.

Je suis arrivé vers 21 heures devant l'appartement de mon amie d'enfance. Fabienne habitait dans un petit immeuble de la vieille ville donnant sur la place Bourg-de-Four. Elle était tout sourire quand elle m'a accueilli.

— On va s'installer au salon, a-t-elle proposé. J'ai préparé une bouteille de porto. Vingt ans d'âge. C'est un vin pour les moments exceptionnels.

— C'est pour marquer la fin de ton enquête sur le masque, ou il y a autre chose à célébrer ?

— On fête le masque, les femmes et aussi l'amour. Les trois sujets sont liés.

Je lui ai lancé un coup d'œil inquisiteur. Elle arborait un sourire éclatant et ses yeux bruns brillaient d'un éclat inhabituel.

— Tu es tombée amoureuse ?

— Ça se pourrait.

J'ai senti un drôle de fourmillement dans mon estomac.

— Comment, ça se pourrait ?

— Disons qu'une belle histoire est prête à commencer.

— Et on peut savoir qui est l'heureux élu ?

— Tu seras le premier informé, mon grand. Mais ce n'est pas encore le moment.

— Bon. Tu m'as appelé pour me parler du masque, pas de ta vie amoureuse. Alors ne perdons pas de temps. Qu'est-ce que tu as trouvé ?

J'ai été surpris moi-même par le ton presque cassant avec lequel j'avais poursuivi. Mais Fab n'a pas semblé s'en formaliser.

— Installe-toi, a-t-elle répondu. Je vais te dévoiler tout ce que j'ai appris sur ta Joconde noire.

Elle a ouvert un épais dossier en cuir et en a retiré quelques feuillets qu'elle a brièvement parcourus, comme pour se remettre en mémoire les points clés qu'elle voulait aborder.

— La conclusion de mon enquête, c'est que cette parure symbolise le niveau le plus élevé, je dirais même le plus sacré, de la fonction des femmes dans la société.

— Là, il va falloir m'en dire un peu plus.

— C'est prévu. Savoure ton porto et ouvre tes oreilles. Tu te rappelles que le masque est utilisé dans des cérémonies d'initiation par une ethnie qui vit en Sierra Leone.

— Oui, Madame le professeur. Je me souviens même qu'ils s'appellent les Mende et que dans leurs rites on apprend aux jeunes filles à tenir leur rôle d'épouses.

— Bien. La première chose qui m'a frappée quand je me suis documentée sur ce peuple et ses coutumes, c'est l'importance qu'ils accordent à la fonction sociale des femmes. C'est le seul cas connu dans cette partie de l'Afrique où un masque est porté par des personnes de sexe féminin dans les danses rituelles. D'habitude c'est réservé aux hommes.

— Je comprends que ça t'ait plu.

— Mais il y a autre chose d'encore plus intéressant. Cet apprentissage des rôles féminins est géré par une société secrète qui s'appelle les Sandé. Elle est composée uniquement de femmes, et seules ses membres sont autorisées à initier les jeunes filles. La mission générale est connue de tous et les cérémonies finales sont publiques. Mais les choses qu'on enseigne aux jeunes filles pour en faire des femmes sont des mystères jalousement protégés.

— Ça n'a rien d'extraordinaire. D'après ce que je sais, les initiations masculines sont basées sur le même principe.

— Tu as en partie raison. D'ailleurs il existe chez les Mende une société réservée aux membres masculins de la communauté. Elle s'appelle les Poro et remplit à peu près les mêmes fonctions que les Sandé. Mais il y a des différences subtiles, et c'est ça qui m'a mis la puce à l'oreille.

Fab parlait avec animation. Ses joues avaient légèrement rosi sous l'effet du porto, ou peut-être était-ce simplement le plaisir d'expliquer ses découvertes. Il y avait un éclat nouveau en elle. Je me suis souvenu des explications de Jef sur la limerence. Est-ce que ça marchait aussi pour l'autre sexe ? Alors si un homme était tombé amoureux d'elle, elle allait en attirer plein d'autres. Cette idée m'a mis mal à l'aise. Elle s'est interrompue brusquement.

— Est-ce que tu m'écoutes, David ?

— Euh, excuse-moi, ai-je répondu d'un air un peu gêné. J'ai perdu le fil pendant un moment.

— Essaie de te concentrer ! C'est pour toi que j'ai fait tout ce boulot, même si j'admets que ces recherches m'ont beaucoup plu.

— Bien sûr. Bon, on en était à l'organisation des Sandé. Tu disais que certains éléments t'avaient frappée.

— Oui, c'est là que ça devient intéressant. D'abord, le masque. C'est le symbole d'une autre réalité. Il renvoie au versant secret de l'initiation. Les organisations chargées de l'éducation des adolescentes dans d'autres ethnies n'ont pas cet aspect mystérieux. Le côté initiatique est en général réservé aux garçons. Là encore, les Sandé se distinguent.

— Comment ?

— Eh bien, chez les garçons, la grande majorité des rites sont des épreuves de force ou de courage. Une fois qu'on a réussi le test, on devient un homme. Dans l'initiation des filles, ça se passe différemment. Tout semble axé sur la transmission d'un savoir secret qui va permettre aux jeunes femmes d'assumer leur rôle d'épouse et de mère. C'est plutôt un apprentissage qu'une série d'épreuves. Et ça peut durer jusqu'à six mois pendant lesquels les adolescentes vivent dans la forêt, coupées de leur famille et de leur village.

— Et qu'est-ce qu'elles apprennent ?

Fabienne a souri en buvant une gorgée de porto.

— Si on le savait, ce ne serait plus secret mon grand !

— Mais il y a sûrement des ethnologues malins qui ont pu récolter quelques indices.

— C'est vrai. On a des indices. Et ils proviennent essentiellement du masque. Il représente la connaissance sacrée et les pouvoirs acquis au cours de l'initiation. Si on est capable de lire les symboles qu'il contient, on peut avoir une idée de ce qui est enseigné aux jeunes filles durant leur retraite.

— Et tu as réussi à comprendre ces symboles ?

— J'ai trouvé des interprétations d'experts qui me semblent intéressantes.

— Je t'écoute.

Elle a posé sur la table du salon une photographie de la Joconde noire.

— Qu'est-ce qui t'a le plus frappé quand tu regardais ce masque ? m'a-t-elle demandé.

— Son sourire, ai-je répondu sans hésiter. Il dégage une grande douceur. Ça me calmait de le contempler.

— Eh bien, voilà les premiers éléments que les jeunes filles Mende apprennent lors de leur initiation. Une femme doit rester sereine en toutes circonstances, et elle doit pouvoir apporter autour d'elle une aura de bien-être. Savoir aider, soigner et calmer. Les traits du masque représentent l'idéal de beauté, à la fois intérieure et extérieure, de chaque femme accomplie.

— Mais comment leur enseigne-t-on ça ?

— Ça, mon grand, ça fait partie du secret.

— Dommage. Ça pourrait être utile chez nous.

— Tu as noté que dans le sourire du masque, les lèvres sont serrées.

— Oui, mais ça n'enlève rien à son éclat, au contraire.

— Exact. Cette bouche fermée symbolise la capacité de garder les secrets. Sérénité, beauté et discrétion, c'est l'idéal féminin des Mende.

— Très bon programme.

— Et ce n'est pas tout. Tu as remarqué le front ?

— Oui, il est grand et un peu bombé.

— Ce front légèrement proéminent symbolise la sagesse et les capacités de compréhension acquises lors de l'initiation Sandé.

— Belles et intelligentes. Décidément, elles feraient le bonheur de beaucoup d'hommes de chez nous. Mais pourquoi ces rides autour des yeux ? J'ai toujours été surpris qu'un visage si gracieux soit autant ridé. C'est aussi pour évoquer la sagesse ?

— Pas vraiment. Selon les ethnologues, ce ne sont pas des rides, mais des scarifications. Ces marques prouvent que la personne a acquis un statut d'initiée. Ça montre aussi l'estime que les Mende accordent à leurs femmes. Ils les voient comme des êtres qui détiennent des connaissances essentielles pour le bien-être de la communauté. Si les hommes occidentaux avaient cette vision de leurs compagnes, tu ne crois pas que ça ferait baisser le taux de divorces ?

J'ai senti l'ironie dans la voix de Fabienne.

— Tu as raison, ai-je répondu. Mais malheureusement ça ne suffit pas. J'ai toujours admiré Marie Sophie et elle le savait. Ça ne l'a pas empêchée de me quitter.

— C'est un cas particulier, a rétorqué Fab. Tu dois reconnaître qu'elle avait une personnalité assez, disons, compliquée.

— Je ne te le fais pas dire. Et c'est pour essayer de la comprendre que je t'ai lancée sur la piste du masque.

— J'en ai été ravie. L'enquête s'est révélée passionnante.

— Je suis heureux que ça t'ait plu, et je te remercie pour tout le travail que tu as fait. Mais franchement, ça ne m'apporte pas beaucoup d'éléments pour expliquer le départ de Marie.

Fabienne n'a pas répondu tout de suite. Elle a soigneusement rangé ses notes, puis a rempli nos verres de porto. J'ai quitté le sofa pour me diriger vers la grande fenêtre du salon qui donnait sur la place Bourg-de-Four. Quelques flocons flottaient dans l'air, mais il n'y avait pas assez de neige pour blanchir les rues et les toits. Une mince pellicule grisâtre qui hésitait entre l'état solide et liquide se formait sur le sol. La place était vide. La lumière froide des réverbères lui donnait un aspect tristounet. Ça n'était plus tout à fait l'hiver, mais pas encore le printemps. Un état intermédiaire, comme suspendu entre deux temps, qui correspondait à ce que je ressentais par rapport à ma vie amoureuse. Pas très agréable à contempler, ni à vivre d'ailleurs. Fab s'est rapprochée de moi et a mis son bras sur mon épaule.

— Elle est partie, mon grand, a-t-elle murmuré. La seule chose à comprendre, c'est ça. Elle t'a laissé seul avec tes questions et ta tristesse. Une femme qui fait une chose pareille donne déjà un message très clair.

— Il y a quand même un élément troublant. Son amie Béatrice m'a dit que Marie a suivi un cours sur le rôle de la femme dans la société. Elle ne m'en avait jamais parlé. Ça recoupe les thèmes que tu as trouvés en faisant tes recherches sur les Mende.

— Et alors ? Ça montre simplement qu'elle réfléchissait à son identité féminine. C'est une preuve d'intelligence, pas d'amour.

— Mais pourquoi accordait-elle une si grande importance à ce masque ? Elle s'est presque fâchée quand je lui ai proposé de le mettre ailleurs que dans notre vestibule.

Mon amie a poussé un bref soupir dans lequel j'ai senti un peu d'agacement.

— Tu peux faire toutes les hypothèses David, a-t-elle repris. Même les plus délirantes. Ta compagne était peut-être une grande prêtresse Sandé et elle te l'a toujours caché. Mais ça ne change rien au fait qu'elle t'a quitté. Et quand on quitte un homme, c'est parce qu'on ne l'aime plus assez fort. Je crois que c'est ça que tu ne veux pas admettre, parce que ça fait trop mal. Mais tant que tu ne l'auras pas reconnu, tu ne pourras pas avancer.

Elle avait parlé d'un ton véhément. En regardant ses yeux qui étincelaient dans la lumière tamisée du salon, j'ai été frappé par deux évidences. Elle comprenait parfaitement ce que je ressentais. Et cet inconnu dont elle était tombée amoureuse avait beaucoup de chance.

# XIV

Après la soirée passée chez Fabienne, j'ai commencé à me résigner. Ni Daubert ni l'enquête sur le masque africain n'avaient apporté le moindre élément d'explication. Il ne me restait qu'à admettre les faits. Marie Sophie m'avait abandonné du jour au lendemain pour des raisons que je ne connaîtrais sans doute jamais. Il fallait vivre avec ça. C'était très douloureux, mais je ne voyais pas d'autre chemin. Mon psy, que je consultais encore de temps en temps, m'encourageait dans cette voie. Arnaud, Jef et Fab aussi. Ils faisaient de leur mieux pour me donner un coup de main.

— De toute façon, ça ne sert à rien de chercher des réponses. La femme est imprévisible par nature, c'est inscrit dans ses gênes. Et les hommes doivent faire avec.

C'était le 7 avril. Jean-François nous avait conviés à l'inauguration de son nouveau laboratoire. Viviane n'avait pas pu se libérer et j'avais senti la déception de mon copain devant son absence. Les derniers invités venaient de partir. Il nous avait réquisitionnés, Arnaud et moi, pour finir les petits fours. Nous nous sommes installés à la réception et Jef, après avoir débouché une dernière bouteille, s'est lancé dans un de ses discours enflammés dont il a le secret.

— Et vous savez quel est l'événement fondamental qu'on ne peut pas prévoir chez la femme ? a-t-il repris en agitant son index sous nos yeux.

Arnaud et moi avons continué à picorer nos amuse-gueule sans tenter de répondre. Nous savions qu'il allait enchaîner.

— L'ovulation ! a-t-il clamé. Eh oui, pauvres mâles. Vous appartenez à une espèce où la femelle ne dévoile pas ses périodes de fertilité. Nos cousins les singes savent quand leurs compagnes sont en chaleur et risquent d'être fécondées par des rivaux. Ils connaissent le moment où il faut se battre pour assurer leur descendance. Tandis que pour nous, le mystère est complet.

Résultat, nous devons toujours nous occuper de nos femmes. Sous peine de risquer qu'un autre leur fasse des enfants. C'est épuisant.

— Et même quand on les chouchoute, a marmonné Arnaud, ça ne garantit pas leur fidélité.

— Évidemment. L'espèce humaine n'est pas monogame. Nous sommes programmés pour ne pas rester fidèles. C'est pour ça qu'on a de grosses couilles, je l'ai déjà expliqué à David.

— La guerre du sperme, je m'en souviens. Un de tes concepts les plus romantiques.

— Ce n'est pas mon concept, c'est une réalité biologique. La femme a tout intérêt à se mettre en couple avec un homme qui possède assez de ressources, puis à le tromper avec un mâle plus séduisant. Si le bellâtre la féconde, elle donnera naissance à des enfants qui auront hérité de son pouvoir d'attraction. Ce qui garantit une vaste descendance à la mère. D'autant plus que le cocu fera tout pour que les petits bâtards qu'il prend pour sa progéniture grandissent sans soucis.

— Tu ne crois pas que tu noircis un peu le tableau ? a dit Arnaud d'un ton dubitatif.

— Je ne noircis rien du tout, a répliqué Jef. Je suis un scientifique. Dans une enquête très sérieuse, on a demandé à plusieurs milliers de femmes s'il leur était arrivé de faire l'amour avec deux hommes dans la même journée. Tu sais combien ont répondu oui ? Dis un chiffre !

— Aucune idée.

— Soixante-dix pour cent, mon cher ! Plus des deux tiers. Et l'enquête date de plusieurs années. Le taux a certainement augmenté entretemps. On sait aussi que les femmes mariées trompent plus souvent leurs époux quand elles sont en période d'ovulation. On dirait que leur corps réclame la guerre du sperme. Les spermatozoïdes des deux mâles qui les ont pénétrées le même jour se mélangent en elles, et le plus fort triomphe. Très bon moyen de pratiquer la sélection naturelle. Mais il y a un hic. La plupart du temps, le combat est truqué.

— Qu'est ce que tu veux dire par là ?

— L'époux part souvent avec un gros handicap. On a mesuré le nombre moyen de spermatozoïdes contenus dans une éjaculation. Il peut varier de cent à six cents millions. Il est minimal quand l'homme fait l'amour régulièrement avec la même partenaire. Ça veut dire que le mari qui câline sa femme va éjaculer dans son vagin une dose standard d'environ cent millions de cellules. Mais le nombre de spermatozoïdes augmente nettement si le mâle a une relation sexuelle avec une partenaire qu'il voit rarement. L'amant qu'elle fréquente en cachette déchargera donc dans le corps de l'épouse une armée six fois plus nombreuse. Vous voyez que les chances de gagner la guerre du sperme ne sont pas vraiment égales. Et comme si ça ne suffisait pas, la femme favorise elle aussi son partenaire illégitime.

— Je sens que l'explication va être une vraie publicité pour le mariage, ai-je lancé.

— Elle ne va pas vous faire plaisir, mais vous en saurez plus sur le processus de fécondation, a repris Jean-François. Il faut comprendre que les spermatozoïdes ont un long chemin à parcourir depuis le vagin jusqu'à l'ovule. La femme peut intervenir en favorisant leur progression.

— Comment ?

— À travers un phénomène qui reste mystérieux pour beaucoup de mâles : son orgasme. Une femme qui jouit juste avant ou après que son partenaire a éjaculé facilite très nettement la progression du sperme en l'aspirant vers l'ovule. Et vous imaginez déjà quels sont les résultats des recherches sur l'orgasme des femmes.

— Elles jouissent plus souvent avec leur amant qu'avec leur mari, a soupiré Arnaud.

— Exact ! Tout ceci fait qu'il y a pas mal d'hommes qui subissent l'échec biologique absolu : sans le savoir, ils consacrent leurs ressources à nourrir et à élever des enfants qui ne sont pas les leurs. Victimes de l'imprévisibilité des femmes.

— Et tu as des chiffres, évidemment.

— Évidemment. C'est un sujet délicat, mais il y a des résultats assez concordants qui proviennent des études de groupes sanguins et des recherches en paternité. Le taux moyen d'enfants dont le père officiel n'est pas le véritable géniteur est estimé entre dix et quinze pour cent.

— C'est énorme, s'est exclamé Arnaud. Ça signifie que sur une classe de vingt élèves, deux à trois ne sont pas les enfants de leur père.

— Absolument. Comme disent les Américains : « Mama's baby, papa's maybe ». Mais ça varie beaucoup en fonction du statut social. Dans les couches les plus pauvres, le taux peut aller jusqu'à trente pour cent. Les femmes dont le mari a peu de ressources ont plus tendance à se faire féconder par d'autres. Mais ça ne veut pas dire que les mecs qui ont réussi dans la vie sont à l'abri de l'infidélité.

— Merci de nous rassurer, ai-je marmonné en vidant mon verre.

Je me sentais plutôt déprimé. Les théories de Jef me rendaient d'humeur maussade. Je ne voulais pas me soumettre à ses vérités biologiques désespérantes. Mais une petite voix me soufflait qu'il avait peut-être raison.

— Et voilà pourquoi au cours des âges, les hommes ont essayé par différents moyens de contrôler l'imprévisibilité du sexe dit faible, a-t-il conclu. Les ceintures de chasteté, la burka, le tchador, l'infibulation, ne sont rien d'autre que des tentatives grossières pour empêcher les femmes de céder à leur nature profonde. Et dans nos sociétés occidentales, nous nous retrouvons face au cœur du problème sans l'avoir résolu. La femme est imprévisible et on doit s'en accommoder. Ce que David a vécu avec Marie Sophie n'est qu'un exemple de cette situation.

— Merci Jef. Je me sens beaucoup mieux en imaginant qu'elle est partie parce qu'elle était enceinte d'un autre.

— Ce n'est pas du tout ce que je voulais dire, et tu le sais bien.

— On a compris, a commenté Arnaud. Tu voulais juste lui montrer qu'il est confronté à une question universelle. Pour qu'il se sente moins seul.

— Exactement.

— C'est sympa les gars, mais je n'ai pas vraiment l'impression que mon histoire est standard. Vous en connaissez beaucoup, vous, des mecs dont la femme s'est volatilisée du jour au lendemain sans la moindre explication ?

— Elles ne disparaissent pas toutes, a répondu Arnaud. Mais elles pourraient toutes le faire. Ce qui m'a le plus frappé dans la psychologie des femmes, c'est leur capacité à tourner la page d'un coup et de façon brutale. Quand elles n'aiment plus, tout ce qu'elles ont vécu avant est balayé. Elles se tournent vers la suite sans état d'âme. Toi, tu restes sur le quai à regarder le train partir. Et tu es étonné qu'elle ne te fasse même pas signe par la fenêtre.

— Alors, qu'est-ce qu'on peut faire pour s'en sortir ?

— À mon avis, il y a deux façons de voir les choses, a poursuivi Arnaud. La première, je l'appelle la stratégie du chimpanzé. Les rapports entre les sexes, c'est la jungle. Donc, pour tirer son épingle du jeu, le mâle doit se montrer foncièrement égoïste et baiser sans s'attacher. Ne rien attendre des femmes, ne compter que sur lui, et ne jamais oublier cette loi fondamentale : mieux vaut être l'amant que le mari.

— Le titre est bien choisi, a glissé Jean-François, sachant que chez nos cousins les chimpanzés les testicules pèsent trois fois plus que chez les humains par rapport au poids du corps. Ils sont vraiment programmés pour s'envoyer un maximum de femelles.

— Merci. Je signale quand même que ce profil devient moins fréquent à mesure que l'homme avance en âge. L'autre extrême, c'est ce que j'ai nommé l'attitude mystique. La femme est l'avenir de l'homme, le couple est la plus belle aventure que l'on puisse vivre. L'amour est une vibration divine. Notre âme sœur existe quelque part, et elle nous attend pour fonder une famille où tout le monde s'aidera et se comprendra jusqu'à la fin des temps.

— Franchement, je ne peux pas m'empêcher de préférer celle-là.

— Et c'est pour ça que je te traite de vieux puceau. Mais j'aimerais insister sur un point fondamental. Beaucoup de psys prétendent que cette vision a quelque chose de fusionnel. En gros, ce serait l'envie de retrouver le bonheur du bébé qui tétait sa mère. Je pense qu'il y a de ça, mais pas seulement. À mon avis, les hommes qui sont attirés par cette conception du couple éprouvent un sentiment de type religieux envers les femmes. Et c'est encore plus dangereux que de vouloir sucer les nénés de maman.

— Tu pourrais t'expliquer ?

— La religion, c'est le désir d'établir un lien avec quelque chose de transcendant. Quelque chose qui nous dépasse. Qui est plus grand, plus complet ou plus parfait que nous. Si on éprouve ça vis-à-vis des femmes, on court à l'échec. Parce qu'on leur demande d'être ce qu'elles ne sont pas et de nous apporter ce qu'elles ne peuvent pas. Au début, elles se sentent flattées qu'on les mette sur un piédestal. Et puis elles s'aperçoivent de tout ce que ça implique. Elles voient qu'elles ne pourront jamais être à la hauteur, et elles nous le font payer.

— Mais alors, a repris Jef. Si la stratégie du chimpanzé ne tient pas à long terme, et que celle du mystique est irréaliste, qu'est-ce qui nous reste ?

— Le compromis. Trouver le juste milieu. C'est loin d'être simple, mais il n'y a pas d'autre chemin. Et puis surtout, il faut cultiver l'amitié virile. Notre devoir d'hommes, c'est de nous différencier des femmes. Pas de leur ressembler. Il n'y a rien de pire que ces nouveaux maris qui torchent les mômes, les promènent en poussette et font les courses. On les voit toujours accrochés aux basques de leurs gonzesses. Pour un peu, ils iraient se faire épiler avec elles. Non, bon sang ! Il faut faire des trucs d'hommes et garder des moments réservés aux mâles. Sortir entre copains, aller chasser, faire du vélo. C'est bon pour le couple. Et en plus, l'entente avec des vrais potes nous apportera toujours un plus, qu'on vive avec une femme ou pas.

— La preuve ! ai-je dit en levant mon verre.

On a trinqué.

Le printemps défilait nonchalamment. L'air était doux, les journées bien remplies, et la douleur de l'abandon n'occupait plus le devant de la scène. Elle était toujours présente, mais restait en arrière-plan. J'avais suffisamment d'activités au travail et dans mes loisirs pour la tenir à distance. Je voyais plus souvent Jef et moins Fabienne. Quelque chose avait changé entre nous depuis le soir où elle m'avait annoncé qu'elle était amoureuse. J'avais trouvé des prétextes pour décliner plusieurs invitations. On continuait quand même à jouer au tennis et elle avait fini par mettre le sujet sur le tapis après un match.

— J'ai l'impression que tu n'as plus tellement envie de me voir, a-t-elle dit alors que nous dégustions notre pizza au restaurant du tennis club. Depuis quelque temps, tu es occupé à chaque fois que je te propose une sortie. Qu'est-ce qui se passe ? Tu es fâché contre moi ?

— Non, non, pas du tout.

— Alors quoi ?

— Ce n'est pas facile à expliquer. Disons que c'est plutôt contre moi que je suis fâché. Je n'arrive pas à me réjouir de ton bonheur. Et je m'en veux. Alors je me dis que le mieux, c'est de te laisser tranquille.

— Mon bonheur. Mais de quoi tu parles ?

— Eh bien, tu m'as dit que tu étais amoureuse, non ?

Elle a eu l'air interloquée, puis son visage s'est éclairé.

— Ah c'est ça ! a-t-elle dit d'un ton soulagé. Je ne le crois pas ! Non, c'est vraiment trop bête.

Elle riait toute seule à présent, et me regardait d'un air attendri.

— Alors, c'est parce que tu es jaloux que tu ne veux plus me voir, a-t-elle repris en posant sa main sur la mienne. Bon, il fallait bien que je te le dise un jour. La grande nouvelle, c'est que…

— Je ne suis pas jaloux, l'ai-je interrompue un peu sèchement en retirant ma main. Je veux juste te laisser plus d'espace pour vivre ce que tu as à vivre. D'ailleurs moi aussi j'ai rencontré quelqu'un.

Je ne sais pas pourquoi j'ai éprouvé le besoin de lui mentir. Réaction de mâle blessé, peut-être. Quoi qu'il en soit, le problème avec les mensonges, c'est qu'après on ne peut plus revenir en arrière.

Fabienne est restée silencieuse un long moment.

— Bon, a-t-elle dit. Tu veux me laisser de l'espace. Très bien. Et le tennis, on continue quand même ?

— Bien sûr. Et on peut toujours faire des choses ensemble de temps en temps. On se fait signe, d'accord ?

— C'est ça, on se fait signe.

— Maintenant, j'ai l'impression que c'est toi qui es fâchée. On ne va pas se tirer la gueule quand même.

Elle m'a fixé avec cette intensité particulière qui me mettait mal à l'aise. Pour la première fois, j'ai remarqué qu'il y avait de minuscules paillettes dorées dans ses iris. Elle a poussé un soupir.

— Mais non David, ne t'inquiète pas. On est de vieux amis.

Je passais toujours plus de soirées en compagnie de Jean-François. Son histoire avec Viviane battait de l'aile depuis qu'elle avait refusé de venir à l'inauguration de son laboratoire.

— Il y a des signes qui ne trompent pas, m'avait-il dit une semaine après la fête alors que nous buvions un café dans un bistrot de la vieille ville. C'est vrai qu'elle devait assister à un congrès en Allemagne. Mais elle aurait pu rentrer plus tôt pour être avec moi. Une femme en plein état de limerence l'aurait fait.

— Alors, tu penses que les molécules de l'amour sont déjà en train de s'épuiser ? Tu m'avais dit que l'effet durait trois ans.

— Ça varie entre dix-huit et trente mois. Et ça va faire une année et demie que je connais Viviane. Apparemment, on est dans la partie inférieure de la fourchette. Mais je crois qu'il y a autre chose.

— Ah bon ?

— Elle veut des enfants et elle sait que ça ne sera pas possible avec moi. J'ai été très clair à ce sujet. J'ai déjà donné, je ne vais pas remettre ça à quarante-sept ans. Elle en a bientôt trente-quatre et ses ovules commencent à réclamer leur dû. Dans ces cas-là, le mâle qui refuse la fécondation n'a aucune chance.

— Ça veut dire que c'est bientôt fini entre vous ?

— J'en ai bien peur.

— Et qu'est-ce que ça te fait ?

— Ça me fait mal, qu'est-ce que tu crois ! Je souffre. C'est toujours douloureux de voir un amour qui se termine. Mais il faut l'accepter. C'est livré avec. Ça fait partie du paquet cadeau.

— Donc, tu repars en chasse.

— Oui, mais je vais peut-être changer de cible. Fini les TQ. À mon âge, il faut les choisir en dessous de trente ans ou au-dessus de quarante. Entre les deux, elles ont trop envie de fonder une famille ou elles ont des petits enfants qui sont exaspérants.

— Décidément, tu es un pragmatique.

— Juste un chimpanzé vieillissant qui essaie de survivre, mon cher.

À la fin mai, Jef m'a appelé un lundi matin pour m'annoncer deux nouvelles. Un : il avait rompu avec Viviane. Deux : le vendredi suivant aurait lieu une soirée spéciale au Verre à Soi, un bar restaurant que nous fréquentions occasionnellement.

— Ils ont engagé un DJ qui vient de Paris, m'a-t-il dit d'un ton excité. C'est un artiste du remix. Il combine les vieux standards du rock avec de la musique électronique.

— Je ne savais pas que tu t'intéressais à ce genre d'événement, ai-je rétorqué.

— Tu ne comprends rien. Le public va être complètement mélangé. Il y aura des quadras comme nous qui viendront pour écouter les vieux tubes des Stones ou de U2, et puis des petites jeunes de vingt ans qui seront là pour planer sur les synthétiseurs. C'est une occasion unique de draguer tous azimuts.

— Je reconnais bien là ta passion pour la musique ! Bon. Ça se passe à quelle heure ?

— Ils ferment les portes à 20 heures. On doit obligatoirement réserver pour la soirée complète. Il y a d'abord un repas, puis le DJ commence à 22 heures. Ça finit à 2 heures du matin.

— C'est des horaires de vieux, ça !

— Bon, tu viens ? Je peux encore avoir des places si j'appelle aujourd'hui.

J'ai hésité un instant. Roxane et Léonore seraient chez leur mère et je n'avais rien de prévu pour ce week-end. Ça tombait plutôt bien. Il me faudrait juste demander à Béatrice d'annuler une réunion que j'avais placée à 17 h 30, mais ça ferait plaisir à tout le monde. Ma tendance à organiser des séances le vendredi en fin de journée commençait à faire jaser.

— D'accord. Je suis partant.

— Tu ne le regretteras pas. Je m'occupe de tout. À vendredi.

Je n'ai pas pu m'empêcher d'envier mon ami. J'aurais bien aimé posséder sa faculté de récupération après une rupture. Moi, je n'avais même pas commencé à cicatriser.

Le Verre à Soi était déjà bondé quand nous sommes arrivés. Une serveuse pressée nous a conduits à notre table qui se trouvait à une des extrémités de la grande salle en L.

— Regarde toutes ces filles splendides qui se sont mises sur leur trente et un pour nous, a murmuré Jef. Et encore, on ne voit pas la totalité de la salle depuis ici. Je me sens comme un gamin dans un magasin de bonbons !

Il exagérait un peu. Mais il avait raison de souligner l'atmosphère de drague qui régnait dans le bar. Il y avait pas mal de tables formées uniquement de femmes ou d'hommes. Et des coups d'œil, des sourires, des mimiques s'échangeaient déjà d'un groupe à l'autre. Sous le vernis de gestes polis et convenus, on sentait que les stratégies de séduction se mettaient en place.

— L'important, m'a soufflé Jean-François pendant que nous dégustions un Martini, c'est de repérer le plus vite possible une ou deux cibles potentielles. Ensuite, il faut rapidement estimer celle qui t'offre le plus de chances et ne plus la lâcher. Les femmes ont besoin de sentir qu'on s'accroche. Elles détestent les indécis.

— On m'a l'air plutôt mal placés, ai-je répondu en désignant d'un mouvement de tête les tables voisines de la nôtre.

D'un côté, il y avait deux copines proches de la cinquantaine qui regardaient autour d'elles d'un air hautain en échangeant des sourires pincés, et de l'autre un jeune couple qui alternait discussions animées et baisers langoureux. L'homme avait un faciès volontaire, un menton carré, des épaules larges et musclées. On lui aurait facilement donné le rôle principal dans un film d'action. La fille, une noiraude aux cheveux courts, n'avait pas plus de vingt-cinq ans et était habillée de façon très sexy. Elle portait un top noir qui descendait en diagonale vers son ventre, laissant une épaule nue et couvrant à peine son sein gauche. On avait l'impression qu'il allait jaillir du tissu au moindre mouvement un peu brusque. Sourires et petites moues se succédaient sur ses lèvres pulpeuses pendant qu'elle parlait avec son copain.

— Tu as raison pour la table sur ma droite, a dit Jef en se penchant vers moi. Ça sent le divorce mal réglé et la ménopause acide. Mais je détecte une ouverture potentielle sur ma gauche. Ces couples de jeunes beaux sont souvent explosifs. Il suffit qu'ils s'engueulent et elle est capable de se tirer avec un vieux, juste pour l'embêter.

— Ta force, c'est ton optimisme, ai-je rétorqué. De mon côté, je ne vois rien d'attirant pour l'instant. D'ailleurs, je ne sais même pas si j'ai envie d'être attiré.

Le brouhaha des conversations a légèrement diminué au moment où on nous a servi les plats. La nourriture était quelconque. Un vague filet de porc aux champignons ou quelque chose dans le genre. Jean-François mangeait avec appétit. Je picorais dans mon assiette. Le souvenir des ravissements gastronomiques partagés avec Marie Sophie m'est revenu en mémoire. Son expression lorsqu'elle découvrait une nouvelle saveur. Et la manière dont son corps se collait contre le mien quand nous nous retrouvions au lit à la fin de la soirée. J'ai parcouru la salle des yeux. Tous ces mâles et ces femelles en attente de quelques moments d'excitation. Ça m'a paru triste et sordide. Mais qu'est-ce que je faisais là ? Jef m'a dévisagé.

— Ici, pas de place pour la nostalgie mon vieux. Les femmes détestent ça. Si tu te laisses prendre par le passé, tu vas finir avec la bite sous le bras. Bois un coup et essaie de vivre le moment présent. Tu peux encore profiter de super bonnes sensations si tu les laisses venir.

J'ai haussé les épaules et vidé mon verre. Le dessert s'est révélé du même acabit que le plat principal. Affligeant. Mais heureusement, nous avions commandé une bouteille d'Amigne douce pour l'accompagner. Ça améliorait nettement le niveau. La chaleur sucrée du vin a apaisé la vague de tristesse qui m'avait envahi. Quand le DJ a commencé à mixer, j'étais prêt à savourer la musique. De grands écrans avaient été placés sur les parois de la salle. Ils diffusaient des images de concerts mélangées à des scènes filmées dans la nature. On voyait Mick Jagger hurler dans son micro, puis un lion rugissant dans la savane, des dauphins qui jaillissaient des vagues, des chevaux au galop sur une plage de Camargue, et de nouveau les Stones devant une foule déchaînée. L'effet était saisissant. Les haut-parleurs crachaient *Miss you*, mais la mélodie de Keith Richards s'entremêlait avec des volutes électroniques qui l'enveloppaient sans lui enlever sa beauté. J'étais sous le charme. Jean-François a levé le pouce dans ma direction en souriant béatement. Les morceaux se sont succédé. U2, Frankie goes to Hollywood, Eurythmics. Je les connaissais tous, mais le mélange avec les sons générés par ordinateur leur donnait une dimension nouvelle qui reliait passé et avenir. C'était tout simplement superbe. Le volume est monté progressivement et toujours plus de gens se sont mis à danser. La musique était hypnotique et sensuelle. Je sentais ma cage thoracique vibrer au rythme des basses et mes pieds battaient la mesure. Le jeune couple de la table voisine s'est levé et a commencé à onduler en rythme. La femme enlaçait son partenaire avec une lascivité provocante. Son bassin était lové contre celui de l'homme et ses mains lui agrippaient les hanches. Il la caressait d'une main distraite pendant qu'elle l'embrassait goulûment. Jef s'est levé.

— Allons un peu plus loin, m'a-t-il dit. Sinon, je vais exploser sur place !

Je l'ai suivi dans la foule toujours plus dense qui s'agitait entre les tables.

Nous avons trouvé un espace praticable. J'ai jeté un coup d'œil autour de moi, puis je me suis lancé. D'habitude, je n'aime pas trop danser. Je n'ai jamais appris les pas de base et j'ai toujours peur d'avoir l'air ridicule. Mais là, c'était différent. La musique était tellement prenante qu'elle guidait mes mouvements. Il suffisait de se laisser traverser par la mélopée et le corps bougeait naturellement. Je me balançais les yeux mi-clos en murmurant tout bas les paroles des chansons. Après quelques morceaux, une jeune femme aux longs cheveux blonds s'est retrouvée près de moi. Elle avait un corps mince dont les courbes m'ont fait penser à Carole. Un couple enlacé qui tanguait sur la piste l'a bousculée. Nos regards se sont croisés et elle m'a souri. Je me suis légèrement rapproché d'elle. Un nouveau mix a commencé. *Still loving you* des Scorpions, le slow idéal pour la drague. J'ai vu qu'elle le connaissait. Son sourire s'est élargi. Je lui ai souri à mon tour. Un homme d'une quarantaine d'années qui arrivait derrière moi a fait un pas vers elle et l'a saisie par la main. Elle s'est lovée contre lui et a murmuré quelque chose à son oreille.

Il a jeté un coup d'œil dans ma direction et a posé sa main d'un geste possessif sur les fesses de la femme. Je leur ai tourné le dos et me suis concentré sur la musique.

À la fin du slow, j'ai rejoint notre table pour me désaltérer et j'ai vu que le couple d'à côté était installé avec Jef. Le DJ mixait maintenant *Desire* de U2 et l'ambiance était aussi électrique que dans la chanson. Les deux jeunes semblaient avoir pas mal bu et s'engueulaient copieusement. Jean-François se tenait en retrait. Il s'est levé en prenant une bouteille de Perrier quand il m'a aperçu.

— Ils ont commencé à se chamailler il y a un quart d'heure, m'a-t-il expliqué en me tendant l'eau gazeuse. Il lui reproche d'allumer les mecs et d'être habillée comme une pute. Elle dit qu'elle s'est faite belle pour lui et qu'il devrait en être fier. Je les ai invités à boire le verre de la réconciliation, mais j'espère évidemment que ça finira en rupture. Ce serait mieux si tu évitais de venir à table pour le moment. Il faut laisser la situation évoluer.

L'évolution semblait se faire à grande vitesse. L'homme a brusquement quitté sa chaise. Il a agité un index menaçant sous le nez de sa compagne et l'a saisie par le bras pour la forcer à se lever. Elle s'est débattue et l'a repoussé. Il a hésité un instant, puis a tourné les talons et s'est dirigé à grands pas vers la sortie.

— C'est là que j'entre en scène m'a murmuré Jef. Si on ne se voit plus, on s'appelle demain.

Il s'est assis près de la jeune femme et lui a servi un peu de vin. Elle faisait une moue boudeuse et gardait les yeux baissés. Jean-François lui a parlé pendant plusieurs minutes. Je n'entendais pas ce qu'il disait, mais j'ai vu des sourires furtifs se dessiner sur les lèvres de la fille. Il s'est rapproché et lui a caressé la main. Quand il s'est levé, elle l'a suivi. Ils se sont enlacés pour danser. Elle a posé sa tête sur l'épaule de mon ami pendant que les mains de Jef caressaient doucement sa nuque et la peau nue de son dos. C'est elle qui finalement a tourné son visage vers le sien et lui a offert sa bouche.

Le cours de drague donné par Jean-François m'a laissé un goût plutôt aigre. Cette démonstration qu'une femme peut passer d'un homme à l'autre de façon soudaine était plus parlante que toutes les statistiques. En début de soirée, la pulpeuse noiraude avait pourtant l'air très amoureuse de son compagnon. Peut-être qu'elle était en pleine ovulation et que son corps réclamait la guerre du sperme. Décidément, il valait mieux être l'amant. Pour la première fois depuis le départ de Marie, j'ai senti monter en moi l'envie de caresser une femme. Mon désir avait été anesthésié durant plusieurs mois par la tristesse. Il renaissait ce soir-là dans les pulsations de la musique, à la vue des corps féminins qui virevoltaient autour de moi. J'ai décidé de rester encore un peu, au cas où une occasion se présenterait. Les enceintes ont déversé l'intro de *Black magic woman*. Je me suis remis à danser en guettant du coin de l'œil les candidates potentielles.

Plusieurs morceaux ont défilé sans que l'ombre d'une possibilité ne se manifeste. J'ai revu la blonde qui m'avait souri. Elle a passé près de moi collée à son homme sans m'accorder un regard. Jef m'avait prévenu. Je m'y prenais trop tard. Beaucoup de couples s'étaient déjà formés et la concurrence se révélait très dure. Je n'étais ni le plus jeune, ni le plus cool, ni le plus beau. Je me suis senti comme un vieux chasseur fatigué. Dans cet état d'esprit, inutile de tenter quoi que ce soit. Il était temps de rentrer à la maison. Je suis revenu vers ma table pour régler l'addition. Jean-François avait disparu, mais un serveur m'a dit que tout était payé. J'ai fait deux pas vers la sortie et tout d'un coup, je me suis retrouvé nez à nez avec Béatrice.

J'étais tellement surpris de la voir que je suis resté un long moment à la dévisager sans rien dire. Elle portait un chemisier bleu dont le décolleté laissait deviner la naissance de ses seins, et une minijupe blanche qui mettait en valeur le bronzage de ses longues jambes. Le décolleté m'a paru un peu plus ouvert et la jupe légèrement plus courte que les habits qu'elle mettait au travail. Ces quelques centimètres de tissu en moins lui donnaient un air à la fois plus sensuel et plus accessible. Les chasseurs avaient dû tirer à vue, mais apparemment aucun n'avait fait mouche. Devant mon silence, c'est elle qui a pris la parole.

— Bonsoir David. C'est sympa de te voir ailleurs qu'au bureau !

— Bonsoir Béatrice. Je… Je ne savais pas que tu étais là.

— Je me suis décidée au dernier moment. C'est une amie qui m'a invitée. Elle aurait dû venir avec son copain, mais il a eu un empêchement. Je joue les bouche-trous. On a mangé de l'autre côté de la salle, c'est pour ça que tu ne m'as pas vue.

— Et ta copine ?

— Déjà partie. Elle n'était pas de très bonne humeur. Moi je suis restée encore un moment pour profiter de la musique. Ce DJ est génial !

— C'est vrai. Ça faisait longtemps que je n'avais pas eu autant de plaisir. On danse ?

Elle a acquiescé et s'est dirigée vers un coin où la foule était moins compacte. En la suivant, j'ai vu plusieurs hommes la déshabiller des yeux. J'ai senti mon désir revenir. Le vieux chasseur avait trouvé une proie in extremis. Je savais bien que séduire mon assistante n'était pas la meilleure chose à faire. Ça risquait de compliquer nos relations de travail. Mais j'avais trop envie d'essayer, rien que pour voir ce qui se cachait derrière le masque d'amabilité imperturbable qu'elle me montrait à longueur de journée.

*You can leave your hat on.* La voix rauque de Joe Cocker faisait vibrer les baffles, et les écrans diffusaient des extraits du strip-tease torride de Kim Basinger mélangés avec des scènes de soleil couchant sur les îles du Sud. C'était le morceau idéal pour faire monter la température. Béatrice se déhanchait en imitant certaines poses de l'actrice et me jetait des œillades en pouffant de rire. Elle avait les joues rosies par le rythme de la danse et une mimique espiègle adoucissait ses traits. Je découvrais une autre femme que la secrétaire froide et efficace que j'avais côtoyée. J'aimais beaucoup sa façon de jouer avec la sensualité de son corps sans se prendre au sérieux. Elle était séduisante et elle le savait, mais elle n'employait pas sa beauté comme une arme. Je me suis rapproché d'elle et l'ai enlacée. Son visage était tout près du mien et je voyais de fines gouttes de sueur sur son front et sur le sommet de son nez. Ces petites perles salées la rendaient plus humaine. Elles effaçaient ce côté lisse et désincarné de mannequin qui m'avait souvent dérangé chez elle. C'était bon de sentir sa chaleur contre mon corps. Nous bougions lentement en nous laissant porter par la musique. Les slows se sont succédé. J'ai promené mes mains sur son dos en effleurant sa chute de reins et j'ai senti qu'elle s'abandonnait à mes caresses. Pendant que Stevie Wonder susurrait *Woman in red*, j'ai posé mes lèvres dans le creux de son cou.

Puis soudain, la musique s'est arrêtée et les lumières se sont rallumées. Les danseurs regardaient autour d'eux l'air un peu hagard, ramenés brutalement sur terre par la fin du spectacle. Des applaudissements nourris ont éclaté, mais le DJ n'a pas joué de morceaux supplémentaires. La salle a commencé à se vider. J'ai fixé Béatrice.

— C'était trop bon ! On va écouter la suite du disque de Stevie Wonder chez moi ?

Elle a passé sa main dans ses cheveux blond cendré, puis ses yeux bleus se sont plantés dans les miens.

— D'accord, a-t-elle répondu en souriant.

# XIV

Béatrice était assise sur le canapé du salon et sirotait le whisky coca que je venais de lui servir. Elle m'observait pendant que je farfouillais dans ma collection de CD. Mon système de classement était totalement aléatoire et il m'a fallu un moment avant de retrouver le disque de Stevie Wonder. Je l'ai glissé dans la chaîne hi-fi et les premières notes de *I just called to say I love you* ont envahi la pièce. Elle a posé son verre, s'est levée et est venue se serrer contre moi. La musique était moins belle qu'au Verre à Soi, mais ça n'avait pas beaucoup d'importance. Ce qui comptait, c'était le corps de Béatrice qui s'offrait à mon étreinte. J'ai commencé à caresser doucement le bas de son dos. Lorsque j'ai glissé ma main sur ses cuisses, elle s'est raidie un instant. J'ai cherché sa bouche, mais elle s'est dérobée et a posé quelques baisers timides au coin de mes lèvres. Le contact de mes doigts sur la peau de ses jambes galbées a décuplé mon désir.

— J'ai envie de toi, ai-je murmuré à son oreille.

— Laisse-moi te faire du bien, a-t-elle répondu d'une voix douce.

Je ne demandais que ça. J'ai commencé à déboutonner son chemisier, faisant apparaître un soutien-gorge en soie blanche qui mettait en valeur les courbes de ses seins. Je voyais ses petites aréoles brunes et le bout de ses tétons à travers le tissu. C'était très excitant de découvrir l'intimité de cette femme que j'avais côtoyée à longueur de journée dans mon bureau. J'ai voulu la dégrafer, mais elle a arrêté mon geste.

— Laisse-moi te faire du bien, a-t-elle répété d'un ton mal assuré.

J'ai embrassé les rondeurs de sa gorge et j'ai posé ma bouche sur la sienne, mais elle s'est à nouveau détournée. Ses dérobades m'excitaient encore plus. Je me suis penché pour lui enlever sa minijupe. J'avais repéré la fermeture éclair sur le côté et je l'ai ouverte d'un coup sec. Avant qu'elle n'ait pu réagir, j'avais fait glisser le tissu le long de ses jambes. Je me suis agenouillé derrière elle en la tenant par les hanches et j'ai promené mes lèvres sur ses fesses. Un string blanc les divisait en deux magnifiques demi-lunes et j'ai senti mon excitation atteindre son paroxysme à l'idée que seul ce minuscule bout de tissu me séparait encore de son sexe. Je me suis relevé en me collant contre elle pour lui faire sentir mon désir. Elle restait d'une immobilité de statue. J'ai mordillé sa nuque et avancé mes mains pour caresser ses seins, mais elle avait croisé les bras sur sa poitrine. Il m'a semblé qu'elle tremblait. Son attitude m'a soudain paru étrange.

Je me suis mis face à elle et lui ai doucement relevé le menton. Des larmes ruisselaient sur ses joues. Elle évitait mon regard.

— Je suis désolée David, a-t-elle bredouillé d'une voix cassée. Je n'y arrive pas.

— Comment, tu n'y arrives pas ?

— Elle m'avait dit de te faire du bien. Qu'il suffisait que je me laisse aller et que ça irait. Mais je n'y arrive pas.

Elle restait figée devant moi en sanglotant, avec son chemisier déboutonné et sa jupe sur les chevilles. Le tableau devenait tout sauf excitant. Je l'ai aidée à se rhabiller et nous nous sommes assis sur le canapé.

— Est-ce que tu peux m'expliquer ce qui se passe ? ai-je demandé lorsque j'ai eu l'impression qu'elle s'était un peu calmée.

— C'est ma faute, a-t-elle répondu en poussant un gros soupir. Elle m'avait dit de te faire du bien. C'était très important. Mais je n'ai pas su.

— Mais enfin, de qui est-ce que tu parles ?

Elle a pris son visage dans ses mains et s'est remise à pleurer. Une idée terrible m'a traversé l'esprit.

— C'est Marie ? Est-ce que c'est Marie Sophie qui t'a poussée à faire l'amour avec moi ? Réponds !

Elle a secoué la tête en signe de dénégation.

— Mais qui alors ?

Elle a continué à sangloter sans rien dire. Je lui ai pris la main.

— Béatrice, tu ne peux pas continuer à te taire. Il faut que tu me parles. Tout de suite.

— Je sais, a-t-elle fini par murmurer. J'avais réussi la première épreuve, mais là j'ai tout loupé. De toute façon, c'est fini.

— Est-ce que tu pourrais être un peu plus claire ?

— C'est Mme Bracca. Marie m'avait mise en garde, mais je ne l'ai pas écoutée.

J'ai repensé au texte que j'avais lu sur son portable. Mon intuition était donc juste, elle m'avait menti. J'ai senti mon cœur accélérer à l'idée que j'allais enfin savoir ce qui s'était passé.

— Elle m'avait prévenue que tu chercherais à obtenir des renseignements, a poursuivi ma secrétaire. Elle voulait voir si j'étais capable de garder le secret. C'était la première épreuve. Je m'en suis bien sortie, même si j'ai failli craquer quand tu as vu le message de Marie. La deuxième étape, c'était pour exercer ma capacité à faire du bien. Je devais te câliner, satisfaire tes désirs et te consoler.

Elle m'a adressé un pauvre sourire.

— Je suis vraiment triste de ne pas avoir réussi, a-t-elle repris. Côté affection, ça aurait pu marcher parce que j'ai beaucoup de tendresse pour toi et que je t'admire. J'aurais pu être ton amie et t'aider du mieux possible. Mais elle m'a dit que faire du bien avec le corps était essentiel. Et ça, j'ai essayé ce soir, mais je bloque. Je n'arrive pas à avoir une intimité physique avec un homme dont je ne suis pas amoureuse.

J'avais un peu de peine à la suivre dans ses confessions désordonnées.

— Si tu reprenais tout depuis le commencement, ai-je proposé. D'abord qui est cette Mme Bracca et comment est-ce que tu l'as rencontrée ?

Béatrice a de nouveau soupiré.

— Bon, il va falloir que je te parle de ma vie privée, a-t-elle dit d'un ton hésitant. Ça me gêne, mais au point où on en est c'est inévitable. J'aimerais juste ta promesse que tout ça restera entre nous.

— C'est promis.

— Alors, sers-moi un verre, ça va m'aider à me confier.

Je lui ai versé un autre whisky coca. Elle l'a bu d'un trait et s'est lancée.

— J'ai vécu pendant trois ans avec un homme dont j'étais très amoureuse. J'avais vingt-huit ans quand je l'ai connu. Il s'appelle Marco et travaille dans un garage. Je me voyais déjà mariée avec lui en train de pouponner nos enfants. Mais quand j'ai été promue à la banque, ça a commencé à se détériorer. Je crois qu'il n'a pas supporté que j'aie un poste à responsabilités alors que lui restait un simple réparateur. On a continué cahin-caha, mais il s'éloignait toujours plus de moi. J'en souffrais énormément. Pour sauver notre couple, j'ai refusé de suivre M. Von Wartburg à Zurich. Mais Marco m'a quittée. Il est parti avec une autre. C'était quatre mois avant que tu arrives au siège romand de la CMD. Ça m'a détruite. J'étais persuadée que c'était ma faute. Je me disais que je n'avais pas su l'aimer. J'étais complètement perdue. C'est alors que je suis tombée sur une annonce dans la Tribune. Ça parlait d'un cours pour aider les femmes à mieux comprendre leurs rapports avec les hommes.

— Celui que tu as mentionné quand on s'est vus au Bertigo ?

— Exactement. Je me suis inscrite. C'est là que j'ai fait la connaissance de Marie Sophie et qu'on est devenues amies. Elle fréquentait le cours depuis plus d'une année.

— Et cette Mme Bracca ?

— C'est l'organisatrice. Il y a différentes personnes qui interviennent, mais c'est elle qui donne la majorité des conférences. Elle est brillante. Elle a une culture incroyable et elle sait captiver son public. Quand on l'écoute, on est comme hypnotisé.

— Si je me souviens bien, tu m'avais dit au Bertigo que Marie n'était plus dans le même groupe que toi ?

— Eh bien, c'est un peu plus compliqué. Nous assistons à un programme de conférences qui ont lieu toutes les deux semaines. Elles sont aussi ouvertes au public. C'est là que j'ai connu Marie Sophie. En plus de ces exposés, il y a des entretiens individuels qui se déroulent au cabinet de Mme Bracca. Mais il faut avoir suivi au moins un cycle annuel de conférences pour y être admis. Marie ne venait plus aux cours publics, elle fréquentait uniquement le cabinet. Moi, je n'ai eu mon premier entretien que quelques jours avant qu'elle disparaisse.

— Elle ne m'a jamais parlé de ces consultations.

— C'est normal. Le secret. C'est la première étape. Mme Bracca insiste beaucoup là-dessus. Elle me l'a dit quand on s'est vues. Ces discussions ne doivent pas être dévoilées. La discrétion est la première vertu de la femme accomplie.

— Et qu'est-ce qui arrive à celles qui parlent ? On leur coupe la langue ?

— Rassure-toi, je n'ai rien à craindre. Quand on ne réussit pas, ça met simplement fin aux consultations. On peut continuer à assister aux exposés publics, mais la porte de Mme Bracca se ferme. Elle m'a expliqué ça au début. Moi, j'ai échoué à la deuxième étape.

— Parce que tu n'as pas voulu te prostituer ?

— Tu es injuste. Ça n'a rien à voir avec ça. Dans nos entretiens, elle m'a fait comprendre à quel point il est essentiel pour une femme d'apporter du bonheur autour d'elle. Ça m'a beaucoup touchée, surtout par rapport à ma culpabilité vis-à-vis de Marco. La sexualité joue un rôle important pour le bien-être de l'homme. Une femme accomplie doit être capable de procurer du bonheur avec son corps. Mme Bracca m'a demandé si j'étais d'accord d'essayer.

— Avec n'importe qui ?

— Non, bien sûr. Elle m'a proposé que ce soit avec toi, mais je pouvais refuser. J'ai accepté parce que j'avais vraiment envie de te faire du bien. J'ai vu combien tu as souffert ces derniers mois. Quand tu m'as demandé d'annuler la réunion de vendredi en me disant que tu allais au Verre à Soi, j'ai sauté sur l'occasion. Je me suis arrangée pour me faire inviter par une copine, puis j'ai guetté le bon moment pour t'aborder. Je voulais te faire passer une soirée qui t'aurait fait oublier tes soucis. Mais voilà, je me suis surestimée…

— Et tu vas lui raconter que ça n'a pas marché ? Tu pourrais lui mentir.

— Non, ça ne sert à rien. Tout ça est basé sur l'honnêteté. S'il y a du mensonge, ça empêche toute progression. Je ne connaîtrai pas les prochaines étapes du chemin avec Mme Bracca, c'est tout.

— Ce n'est peut-être pas plus mal. Elle m'a quand même l'air d'avoir de drôles de méthodes. Ça ressemble un peu à une secte, non ?

— Je n'ai pas eu cette impression. Il y a des règles à respecter et des stades à atteindre, mais on reste libre d'arrêter n'importe quand. Ce qui est sûr, c'est qu'elle a un énorme charisme. Les discussions avec elle vont me manquer.

— Et Marie Sophie, est-ce qu'elle a été plus loin que toi ?

— Certainement. Elle a eu des entretiens avec Mme Bracca pendant plus d'une année. Elle ne m'en a jamais révélé le contenu. Mais j'ai senti que dans les derniers mois il y a eu un désaccord. Marie semblait de moins en moins convaincue. Je ne sais pas si elle continuait à la voir, mais elle m'a conseillé plusieurs fois de me méfier d'elle sans jamais vouloir m'expliquer pourquoi.

— Est-ce que son départ pourrait être lié à tout ça ?

— J'avoue que j'y ai pensé. C'est possible, mais il n'y a qu'elle ou Mme Bracca qui pourraient te répondre.

— Eh bien, je crois que je vais aller lui poser quelques questions. Elle a l'air de beaucoup se préoccuper de mon bien-être. Un peu trop pour quelqu'un qui ne m'a jamais vu. Quand a lieu la prochaine conférence publique ?

— Lundi prochain à 20 heures. Elle parlera du rôle des femmes dans l'histoire, d'après ce qu'elle m'a dit. Ça se passera dans une salle de l'université à l'avenue du Mail.

— J'y serai. Est-ce que tu pourrais attendre jusque-là pour lui raconter ce qui est arrivé ce soir ? J'aimerais profiter de l'effet de surprise.

Béatrice a hésité un instant, puis elle a acquiescé.

— D'accord. C'est le moins que je puisse faire pour que tu me pardonnes de t'avoir menti.

J'ai plongé mon regard dans ses yeux bleus.

— À ce propos. Est-ce qu'il y a encore quelque chose que tu m'as caché lors de notre discussion au Bertigo et que je devrais savoir ?

Elle a réfléchi.

— Je ne sais pas si c'est important, a-t-elle fini par répondre. Ça concerne le masque africain de Marie, celui qui était dans votre appartement. Tu m'avais demandé si je l'avais vu ailleurs.

— Eh bien ?

— Il y a exactement le même dans le bureau de Mme Bracca.

Il était plus de 3 heures du matin quand je me suis couché après avoir ramené Béatrice chez elle. J'ai eu beaucoup de peine à m'endormir. Des sentiments contradictoires se bousculaient dans mon esprit. Il y avait du soulagement à l'idée que j'avais raison. Quelque chose se cachait bien derrière le brusque départ de ma compagne. Je tenais enfin un fil que je pouvais tirer pour dénouer l'écheveau. Mais en même temps, je me sentais trahi. Il devenait clair que Marie Sophie m'avait dissimulé des éléments importants de sa vie. Pour elle, je ne représentais peut-être qu'une étape dans le rituel d'initiation proposé par Mme Bracca. Ça voulait dire qu'elle ne m'avait jamais aimé. Tout ça n'était qu'un exercice et elle s'était enfuie plutôt que de me l'avouer. Cette pensée me tordait le ventre.

J'ai fini par m'assoupir aux petites heures de l'aube pour sombrer dans un sommeil agité. Le téléphone m'a réveillé vers 10 heures. C'était Jean-François qui venait aux nouvelles.

— Alors, comment s'est passée ta soirée ? m'a-t-il lancé d'un ton guilleret.

— Si je te le disais, tu ne me croirais pas, ai-je répondu d'une voix pâteuse. Mais je sens que tu meurs d'envie de me raconter la tienne.

— Oh, je n'entrerai pas dans les détails, je suis un gentleman. Mais je peux juste te dire qu'embrasser le corps d'une femme de vingt-cinq ans est une expérience très agréable quand tu en as presque le double. Et que la créativité sexuelle de la nouvelle génération m'a laissé bouche bée, si tu m'autorises cette image.

— Alors tu as sacrifié à la guerre du sperme ?

— C'est plutôt elle qui l'a fait, métaphoriquement en tout cas. Les vieux programmes fonctionnent toujours, même si on utilise des préservatifs. Et franchement, ça ne m'étonnerait pas qu'elle ait été en période ovulatoire. Elle était déchaînée. C'était juste un coup d'un soir, mais elle m'a montré toute la panoplie de ses talents.

— Alors si tu n'avais pas employé de capote, tu aurais pu lui faire un enfant.

— Peut-être. Et elle aurait annoncé la bonne nouvelle à son mec sans jamais mentionner notre rencontre. L'imprévisibilité des femmes. En tout cas, je suis sûr d'une chose. Puisqu'elles mentent, autant être du bon côté de leurs mensonges. Si tu vois ce que je veux dire.

— Je vois.

— Et ta soirée à toi ?

— On en parlera une autre fois. Disons que je ne suis pas certain d'être du bon côté des mensonges féminins. Est-ce que tu aurais envie de faire un golf avec moi demain ? J'ai besoin de me changer les idées.

— D'accord. Je passe te prendre à 10 heures. À demain.

Après avoir pris ma douche et mon petit-déjeuner, j'ai décidé d'appeler Fabienne. Je voulais lui raconter mes découvertes et avoir son avis. J'ai composé le numéro de son portable. Elle a répondu d'une voix un peu essoufflée.

— Salut David. Je suis en train de faire une balade en montagne.

— Je peux te parler cinq minutes ?

— Oui, on va faire une petite pause.

Je me suis demandé si elle se promenait avec son amoureux. Si c'était le cas, j'étais content de lui voler un peu de son temps.

— Il y a de nouveaux développements concernant le masque, ai-je repris.

— Ah bon. Raconte !

Je lui ai résumé ce que j'avais appris la veille en omettant les parties intimes de l'histoire.

— Très intéressant, a-t-elle lancé. Cette Mme Bracca s'inspire peut-être du rituel Sandé. Elle propose à des femmes déboussolées une espèce d'initiation pour les aider à se sentir mieux avec les hommes.

— Ça m'en a tout l'air. Et Marie y était mêlée d'une façon ou d'une autre. Peut-être que le masque est la récompense offerte à celles qui ont franchi toutes les étapes du processus. C'est pour ça qu'il avait tant d'importance pour elle.

— Reste à savoir quelles sont ces étapes et pourquoi ton ex s'est éloignée de cette femme les derniers temps. Tout ça est bien mystérieux.

— J'ai décidé d'assister à la prochaine conférence de Mme Bracca. Ça parlera d'histoire. Est-ce que tu serais d'accord de m'accompagner. C'est lundi soir à 20 heures.

— Ça me va. Je suis curieuse de voir le personnage.

— Merci beaucoup. Tu pourras aussi me donner ton avis sur le contenu de son exposé. Je veux savoir si elle bluffe ou si elle maîtrise vraiment son sujet.

— C'est dans mes cordes.

Il y a eu un instant de silence, puis Fab a repris d'une voix différente.

— Et ton amie, elle ne va pas être jalouse que je t'accompagne ?

— Comment ?

— Il y a quelques semaines, tu m'as annoncé que tu avais rencontré quelqu'un.

— Ah. Ça… Euh, c'est déjà fini. Et toi, comment vont tes amours ?

De nouveau un silence.

— Moi, ce n'est pas facile, mais ça continue. Je suis persévérante.

— Tant mieux. Bon, Eh bien je passe te prendre à 19 h 30. Bonne balade.

J'aurais voulu discuter avec Arnaud pour qu'il me donne son avis sur les derniers événements, mais il était parti pour quelques jours de vacances avec Sylvie et il coupait toujours son portable dans ces cas-là. J'ai donc rongé mon frein en attendant le lundi soir. La partie de golf avec Jef sous un soleil rayonnant a été un moment agréable. Nous avons mangé ensemble et il a cherché à savoir ce qui s'était passé au Verre à Soi, mais je suis resté très évasif. Je ne voulais pas qu'il se lance dans une interprétation biologique. J'avais besoin de plus d'éléments avant de lui révéler mes découvertes.

Il pleuvait à verse lorsque j'ai été chercher Fabienne. J'ai décidé de prendre ma voiture, mais je me suis retrouvé coincé dans les embouteillages. Le temps de trouver une place de parc et de repérer la petite salle au sous-sol de l'université, l'exposé de Mme Bracca avait déjà commencé quand nous sommes enfin arrivés. La caissière qui officiait à l'entrée était en train de compter la recette. Elle nous a observés d'un air sévère en nous donnant nos billets. Le public était plutôt clairsemé. Une quarantaine de personnes, en grande majorité des femmes entre vingt-cinq et cinquante ans. Tout le monde écoutait attentivement les mots d'introduction de la conférencière. Nous nous sommes faufilés au dernier rang le plus discrètement possible.

— Et maintenant, en route vers la lumière, a lancé Mme Bracca d'un ton emphatique au moment où nous nous sommes assis.

J'ai échangé un coup d'œil avec Fab. Nous nous demandions tous les deux ce que pouvaient bien augurer ces paroles étranges. L'éclairage a progressivement diminué. On ne distinguait plus que la silhouette élancée de l'oratrice qui se tenait un peu en retrait à gauche de la scène. Une image est apparue sur l'écran placé au centre. C'était le portrait d'une femme dans la trentaine qui portait une perruque poudrée comme celles des aristocrates du XVIII^e^ siècle. Elle avait des traits fins, une bouche bien dessinée et un nez légèrement busqué. Son menton reposait sur sa main gauche dans une posture de méditation pensive. Ses yeux vifs semblaient détailler le public avec curiosité. Mme Bracca est restée silencieuse pendant un long moment, comme si elle voulait s'effacer devant cette femme qui nous contemplait de son regard énigmatique.

— Vous avez devant vous le portrait d'Émilie Le Tonnelier de Breteuil, marquise du Châtelet, née à Paris le 17 décembre 1706 et décédée en 1749, a-t-elle fini par annoncer d'une voix bien posée. Il est probable que peu de gens parmi vous la connaissent, mais l'histoire de sa vie va nous aider dans nos réflexions. Je vais vous la résumer en quelques mots.

J'ai vu que Fabienne avait sorti un calepin et se préparait à prendre des notes. L'historienne entrait en action. J'ai compris qu'elle vérifierait scrupuleusement toutes les affirmations de la conférencière pour juger de son sérieux.

— Émilie a la chance de naître dans une famille très ouverte, a repris Mme Bracca. Son père est introducteur des ambassadeurs de Louis XIV. Il aime les arts et les sciences. Dès l'enfance, elle côtoie des personnalités comme le poète Jean-Baptiste Rousseau, le philosophe Fontenelle, le duc de Saint-Simon. Elle parle le latin, le grec et l'allemand. À dix-neuf ans, elle se marie avec le marquis Florent Claude du Châtelet dont les plus grandes qualités sont ses absences fréquentes pour cause de carrière militaire et la grande liberté qu'il laisse à sa femme. Il faut avouer qu'elle en profite bien. Elle a des amants prestigieux dont le plus connu est Voltaire avec qui elle entretiendra une liaison de presque quinze ans. C'est lui qui l'encourage à approfondir ses études de mathématique, de physique et de philosophie. Elle fréquente le mathématicien et astronome Maupertuis, le physicien Bernouilli, et d'autres grands noms parmi les scientifiques de l'époque. Elle se passionne pour la philosophie de Leibniz et est fascinée par les théories de Newton. En 1740, elle publie un ouvrage intitulé *Les institutions de physique* dans lequel elle démontre sur la base de résultats expérimentaux que la force des corps est proportionnelle au carré de leur vitesse multiplié par leur masse. Elle ouvre ainsi la voie vers la célèbre équation d'Einstein. La voie vers la lumière. Mais la communauté scientifique admet difficilement qu'une femme révolutionne ainsi les conceptions courantes. L'ouvrage va susciter de nombreuses polémiques, puis tombera dans l'oubli. On accusera même la marquise de ne pas l'avoir écrit elle-même. C'est en traduisant et en commentant les *Principia Mathematica* de Newton qu'elle s'assurera l'estime des chercheurs de son époque. Ce sera malheureusement trop tard. Le livre ne paraîtra que dix ans après sa mort. Émilie décède le 10 septembre 1749 à cause d'une infection contractée lors de son accouchement. Elle avait donné naissance à une petite fille qui ne lui a pas survécu. En fait, on peut soutenir qu'elle est morte d'amour.

Pendant l'exposé de Mme Bracca, les portraits des différents personnages dont elle parlait défilaient sur l'écran. Au moment où elle a lancé son affirmation est apparue l'image d'un homme qui arborait un sourire conquérant dans un visage d'une beauté un peu molle.

— En février 1748, la marquise du Châtelet fait la connaissance de Jean-François de Saint-Lambert à la cour de l'ex-roi Stanislas de Pologne où elle réside avec Voltaire, a continué la conférencière. Il est officier au duché de Lorraine et se targue d'être poète. Elle en tombe follement amoureuse. Il a dix ans de moins qu'elle. Les lettres qu'elle lui écrit témoignent d'une passion à la fois désespérée et féroce. Cette femme de quarante-deux ans qui a côtoyé les plus grands esprits de son temps et a mené une carrière scientifique exceptionnelle redevient une adolescente en pamoison devant le jeune officier. Elle se languit de lui pendant qu'il courtise d'autres femmes. Elle fait tout pour le garder auprès d'elle, mais même sa grossesse ne le retiendra pas. Il la laisse seule pendant plusieurs mois avec le pressentiment effrayant qu'elle ne survivra pas à son accouchement et qu'elle ne pourra pas terminer son œuvre. Elle meurt en laissant incomplète sa traduction de Newton qu'elle a délaissée pour Saint-Lambert. Voltaire a résumé l'histoire dans une épître touchante.

*Saint-Lambert, ce n'est que pour toi*
*Que ces belles fleurs sont écloses.*
*C'est ta main qui cueille les roses*
*Et les épines sont pour moi…*
*Elle a laissé là son compas*
*Et ses calculs et sa lunette.*
*Elle reprend tous ses appas;*
*Porte-lui vite à sa toilette*
*Ces fleurs qui naissent sous tes pas*
*Et chante-lui sur ta musette*
*Ces beaux airs que l'amour répète*
*Et que Newton ne connut pas…*

Il y a eu quelques sourires dans le public pendant que l'oratrice déclamait le poème. Mme Bracca a fait une pause pour boire une gorgée d'eau, puis s'est tournée vers l'écran. On y voyait à présent la photographie d'un jeune couple. L'homme portait moustache et arborait un costume sombre, une chemise au col empesé et une cravate noire. Il me rappelait quelqu'un de connu. La femme avait des lèvres pleines, un front large, des yeux profonds au regard chaleureux et un menton volontaire. Ses cheveux étaient rassemblés en un large chignon. D'après les habits du couple, la photographie devait dater des années 1900.

— Nous allons maintenant parler d'une autre femme et d'un autre amour, plus proche de notre époque, a poursuivi Mme Bracca. Je vais vous raconter la passion de Mileva Maric pour son mari Albert Einstein. Si Émilie de Breteuil a préparé le chemin par ses travaux, c'est Mileva Maric qui a ouvert la dernière porte pour permettre à son époux d'entrer dans la lumière. Mileva naît le 19 décembre 1875 à Titel, une petite ville à 60 kilomètres de Belgrade. Elle manifeste très tôt des dons hors du commun pour les sciences et les mathématiques. Ses parents l'autorisent à effectuer ses études supérieures en Suisse. À l'automne 1896, elle s'inscrit à l'école polytechnique de Zurich dans la section de mathématique et physique. C'est là qu'elle fait la connaissance d'Albert Einstein. Cette rencontre va bouleverser sa vie. Elle avait souvent proclamé son désir de faire carrière en tant que physicienne et ne voulait pas se marier pour ne pas dépendre d'un homme. Mais la force des sentiments qu'elle éprouve pour Albert va balayer ses résolutions. Leur passion est à la fois amoureuse et intellectuelle. Dès 1898, ils commencent une collaboration scientifique étroite et ont des discussions passionnées sur les grandes questions de la physique. Mais l'amour se traduit différemment pour la femme que pour l'homme. En 1901, Mileva tombe enceinte et interrompt ses études. Elle se marie en 1903 contre l'avis de ses parents et donne naissance à un deuxième enfant l'année suivante. Pendant ce temps, Albert obtient son diplôme de l'école polytechnique et prépare sa thèse de doctorat. Mileva n'est plus physicienne, elle est femme au foyer. Mais en plus de ses tâches ménagères et de ses responsabilités de mère de famille, elle continue à travailler assidûment avec son mari sur les questions scientifiques qui les passionnent. Elle soutient Albert dans les moments de doute où il ne croit plus en ses capacités, le motive quand il n'a plus le goût de travailler, et surtout elle met à son service ses dons extraordinaires en l'aidant à résoudre les problèmes mathématiques liés à ses théories. Cette collaboration va se traduire en 1905 par la publication dans la revue *Annalen der Physiq* d'un article fondamental intitulé « Électrodynamique des corps en mouvement ». Ce texte de trente pages contient toutes les bases de la théorie de la relativité. Le manuscrit original a été détruit. Mais un témoin, le physicien russe Abraham Joffe, a affirmé qu'il était signé Einstein-Maric. La version publiée ne mentionne que le nom d'Albert Einstein. Une polémique s'est développée sur la contribution de Mileva Maric à la théorie de la relativité et à la découverte de la célèbre équation $E = mc^2$. Certains spécialistes de l'histoire des sciences estiment qu'elle a joué un rôle fondamental dans les premiers travaux de son mari. D'autres prétendent qu'elle n'a rien apporté, à part le soutien qu'une femme aimante doit à son époux. Ce qui est sûr, c'est qu'au moment de leur divorce en 1919, Albert a affirmé que s'il obtenait un jour le Prix Nobel de physique, il verserait toute la somme à son ex-femme. C'est ce qu'il a fait en 1922. Ce geste peut être interprété comme une reconnaissance du rôle de Mileva dans ses découvertes, mais elle-même n'a jamais demandé qu'on lui rende justice. Elle ne s'est pas remariée et on ne lui a pas connu d'autre passion qu'Albert. Pendant la guerre de 1914-1918, alors qu'elle habitait à Zurich et lui à Berlin, elle a vécu dans une situation très difficile car son mari ne lui envoyait de l'argent que de façon irrégulière. Elle s'est remise à travailler pour pouvoir élever ses enfants et s'est occupé toute sa vie de son fils cadet qui était gravement malade. Elle est morte seule et pauvre en 1948 alors qu'Albert Einstein, l'unique amour de sa vie, avait déjà accédé à une gloire mondiale.

L'éclairage de la salle a augmenté progressivement. Mme Bracca s'est replacée au centre de la scène. La lumière permettait à présent de distinguer ses traits. J'ai été frappé par l'élégance de son maintien. Elle portait des pantalons de coton bleu marine et un chemisier gris perle. Ses cheveux blancs coupés courts donnaient à son visage un air dynamique et volontaire, accentué par des yeux noirs perçants qui rayonnaient d'un éclat particulier. Elle avait un regard de battante, dans lequel brillait une petite flamme ironique que je ne parvenais pas à interpréter. J'hésitais entre l'humour et le cynisme. Elle avait certainement dépassé la soixantaine, mais elle se déplaçait avec souplesse et vivacité. On la sentait à l'aise dans son corps vieillissant et on devinait que dans sa jeunesse elle avait dû être d'une beauté resplendissante.

Elle est restée un moment silencieuse, comme pour laisser au public le temps d'intégrer son retour au premier plan, puis elle a repris son exposé.

— Je vous l'ai dit en introduction, l'histoire de l'équation d'Einstein n'est qu'un moyen que nous allons utiliser pour réfléchir au rôle des femmes dans la société. La découverte de la formule qui lie l'énergie et la lumière a transformé le destin de l'humanité. Mais ce qui nous intéresse ce soir, c'est la manière dont Émilie de Breteuil et Mileva Maric ont contribué à ce bouleversement. Nous allons en tirer des enseignements sur la façon dont les femmes peuvent changer le monde.

J'ai jeté un coup d'œil à Fabienne. Elle semblait très intéressée par le discours de Mme Bracca et son côté grandiloquent n'avait pas l'air de la déranger.

— Le premier élément qui semble évident c'est que les femmes restent au second plan, a repris la conférencière. Soit par choix comme Mileva, soit à cause des hommes, comme ce fut le cas pour Émilie à laquelle les scientifiques de son époque n'ont pas daigné prêter attention. Les historiens des sciences ont fini par mettre en évidence le rôle précurseur de la marquise du Châtelet dans l'analyse des rapports entre la vitesse et l'énergie. Et les contributions de Mme Einstein aux équations de son mari sont à présent reconnues par un grand nombre de spécialistes. Ce sont deux cas où l'influence féminine a été mise en lumière. Mais combien d'autres femmes œuvrent dans la discrétion et l'anonymat sans que jamais l'importance de leur implication soit dévoilée ? Combien de découvertes scientifiques, d'œuvres d'art, de décisions politiques majeures sont-elles liées aux idées qu'une femme a fait germer dans le cerveau d'un homme ? N'y a-t-il pas une injustice profonde dans le fait que les hommes occupent souvent le devant de la scène alors que leurs inspiratrices restent en coulisses ? Faut-il revendiquer notre place au premier rang ou accepter d'agir en arrière-plan ?

L'oratrice a laissé planer un silence, puis elle a repris d'une voix forte.

— Je vais peut-être vous choquer, mais pour moi la réponse est limpide. C'est en restant dans l'ombre que les femmes exerceront leur influence sur l'avenir du monde. Et elles le feront par amour, pas pour conduire la révolution. L'amour tient une place centrale dans nos vies, c'est le moteur de nos actes. Regardez Mileva Maric. Elle aspirait à une grande carrière de physicienne, mais sa passion pour Albert a bouleversé tous ses plans. Par amour, elle a mis ses rêves de côté et s'est entièrement consacrée à la réussite de son mari. Elle l'a soutenu jusqu'à ce qu'il soit reconnu, puis elle s'est consacrée à ses enfants et à son fils cadet malade. Quant à Émilie de Breteuil, ce sont ses sentiments pour Voltaire qui l'ont amenée à étudier la physique et la philosophie. Sa passion pour Saint-Lambert l'a ensuite détournée des sciences et l'a peut-être empêchée de mener à bien ses plus importants travaux. Tous ses choix ont été guidés non par son ambition personnelle, mais par ses sentiments. Nous avons là deux exemples de la même attitude. La femme agit avant tout pour faire le bien de ceux qu'elle aime, c'est ce qui motive ses décisions. À mon avis, notre influence sur l'évolution de la société passe inévitablement par l'amour et c'est pour cela qu'elle est rarement reconnue. Nous exerçons plutôt des effets indirects, à travers l'aide ou l'inspiration que nous apportons aux hommes que nous aimons. Je sais que beaucoup de mouvements féministes revendiquent pour les femmes un pouvoir de décision politique et économique égal à celui des hommes. Je pense qu'il s'agit d'une grave erreur, car cette stratégie nous amène à nier notre identité profonde et provoque une compétition inutile avec le sexe masculin. Nous devons laisser les hommes s'agiter sous les feux des projecteurs comme leur nature solaire les y incite. Notre rôle est de les amener avec douceur et subtilité à faire ce que nous estimons juste, sans jamais apparaître en pleine lumière. Notre plus grand pouvoir réside dans notre humilité. C'est notre capacité à nous effacer par amour qui nous aidera à changer le monde.

J'étais assez surpris par le discours de Mme Bracca et je ne partageais pas du tout ses opinions. J'avais connu suffisamment de collègues aussi égocentriques qu'ambitieuses dans les milieux bancaires pour réfuter le mythe de la femme humble guidée par l'amour d'autrui. En plus, je me disais qu'elle se ferait lyncher si jamais elle présentait ses idées devant un groupe de féministes. Sa vision du sexe faible avait selon moi un côté presque dégradant. Mais le public semblait conquis par ses arguments. Fabienne ne bronchait pas et continuait à prendre des notes. La conférence s'est poursuivie pendant environ trois quarts d'heure autour des mêmes arguments. L'oratrice a répondu avec assurance aux questions de l'auditoire et a terminé en invitant tout le monde au même endroit deux semaines plus tard pour un exposé sur le sexe du cerveau. Des applaudissements nourris ont salué la fin de son intervention. Environ une moitié du public a quitté la salle, mais une vingtaine de femmes se sont dirigées vers l'estrade en file indienne. J'ai compris que ça devait être les participantes du cours mentionné par Béatrice. Elles venaient faire signer à Mme Bracca une attestation de présence. Le sésame qui leur ouvrirait les portes des consultations privées données dans son cabinet.

— Qu'est-ce que tu en dis ? ai-je glissé à Fab.

— C'est une femme intéressante, a-t-elle murmuré. Je vais vérifier l'exactitude historique de ses affirmations. Pour ce qui est de sa philosophie, il faut encore que j'y réfléchisse. Mais je trouve ses idées plutôt attirantes.

— Je vais aller l'interroger. Tu m'attends dans le petit bistrot en face de l'université ?

— Tu ne veux pas que je t'accompagne ?

— Non. Je te remercie. Ça doit se passer entre elle et moi.

Fabienne m'a embrassé sur la joue et s'est dirigée vers la sortie. Je me suis approché de la file d'attente. Mme Bracca s'était assise à la table placée sur la gauche de la scène. Elle signait les attestations sans hâte, prenant le temps d'un bref échange avec chaque personne. J'étais le dernier de la queue et j'ai dû patienter presque une demi-heure avant d'arriver devant elle. Je pensais qu'elle manifesterait de la gêne ou au moins de l'étonnement en me voyant apparaître, mais j'en ai été pour mes frais.

— Bonsoir monsieur Clerc, a-t-elle dit d'une voix tranquille en levant les yeux vers moi.

— Bonsoir. J'ai beaucoup de questions à vous poser et elles ne concernent pas votre conférence que je n'ai d'ailleurs pas trouvée très intéressante.

Mme Bracca s'est levée. Elle s'est mise à ranger ses notes dans une serviette en cuir noire.

— Votre présence ici montre que notre brave Béatrice n'a pas réussi dans sa tentative, a-t-elle continué d'un ton badin. Ça ne m'étonne qu'à moitié. C'est une fille sensible et intelligente, mais il lui manque l'essentiel. Elle n'a pas envie de sortir du lot.

— Je ne suis pas ici pour parler de Béatrice. Je veux savoir ce qui s'est passé avec Marie Sophie et pourquoi vous vous intéressez tellement à moi. Et je veux des réponses immédiatement.

— Je crains que ce ne soit pas possible. J'ai un rendez-vous ce soir et je suis déjà en retard. Mais je comprends que vous ayez besoin d'en savoir plus et je ferai mon possible pour vous éclairer. Appelez-moi demain à mon bureau et nous trouverons une date pour nous rencontrer.

— Pas question. Je ne vous lâche pas. Qui me dit que vous n'allez pas vous évanouir dans la nature d'ici demain ? Je veux qu'on règle ça maintenant.

Elle a fermé sa serviette et s'est campée devant moi. La lueur ironique dans son regard brillait de tous ses feux.

— Vous n'êtes pas en position d'exiger, monsieur Clerc. C'est une attitude très masculine, mais ça ne marchera pas. Il faut juste me faire confiance. Rassurez-vous, je serai là demain. Voici ma carte. Appelez-moi.

— Restez ici ou je vous promets les pires ennuis !

— Ce qui signifie ?

— Je peux vous attaquer pour contrainte psychologique, menaces, ou pire. Avant de partir, Marie Sophie m'a laissé un mot disant qu'elle n'en pouvait plus. Ce sont vos pressions qui l'ont contrainte à fuir. D'ailleurs, elle a envoyé un message à Béatrice en lui disant de se méfier de vous. Vous êtes forcément impliquée dans sa disparition.

Je croyais avoir abattu ma carte maîtresse, mais elle a carrément éclaté de rire.

— Allons, monsieur Clerc. Ne soyez pas stupide. Vous êtes une personnalité connue. Vous n'avez certainement pas envie qu'on vous prenne pour un illuminé. En plus, Marie n'a pas disparu. Elle vous a quitté, c'est tout. Bonne soirée et à demain. J'attends votre téléphone.

Elle m'a planté là avec un grand sourire et je me suis retrouvé seul dans la salle vide. Quand j'ai raconté la scène à Fabienne quelques minutes plus tard, elle a eu une moue songeuse.

— Mon grand, je crois que tu es tombé sur quelqu'un de très fort. Tu as intérêt à bien te préparer si tu ne veux pas qu'elle te mène par le bout du nez.

— Qu'est-ce que tu veux dire ?

— Eh bien, j'ai l'impression qu'elle a toujours un coup d'avance. Tu crois la déstabiliser et c'est toi qui te retrouves le bec dans l'eau. Si tu veux obtenir tes réponses, il va falloir changer de tactique.

— Je ne comprends pas.

— Elle a l'air de connaître parfaitement les hommes et leur manière de réagir. Si tu la joues macho comme ce soir, tu n'as aucune chance.

— Alors, qu'est-ce que tu proposes ?

— Ne cherche pas à contrôler la discussion. Montre-lui tes émotions au lieu de vouloir jouer au dur. Fais confiance à ton intuition. Je suis certaine qu'elle sera sensible à ton côté féminin.

— Tu trouves que j'ai un côté féminin ?

— Tous les hommes en ont un. Arnaud ne t'a pas expliqué ça ? Toi, tu cherches à le cacher derrière tes compétences. Mais quand on sait te regarder, on ne peut pas le louper. Et moi je sais.

Fab a pris ma main dans la sienne pendant que ses iris pailletés d'or restaient braqués sur moi. Je ne sais pas pourquoi, mais tout d'un coup je me suis senti rougir.

# XVI

J'ai mal dormi cette nuit-là, un sommeil nerveux entrecoupé de rêves confus. Au réveil, j'ai décidé d'appeler la tante de Marie à Paris. Avant d'affronter Mme Bracca, je voulais savoir si mon ex-compagne avait donné de ses nouvelles. Marlène Chatel s'est montrée très aimable. Je n'étais pas un inconnu pour elle, même si c'était notre première conversation. Je savais que Marie lui avait parlé de moi, et j'ai eu l'impression qu'elle était désolée de ce qui m'arrivait. Elle a répondu à toutes mes questions avec beaucoup de gentillesse. Oui, Marie l'avait appelée plusieurs fois depuis le début de l'année. Non, elle n'avait pas dit où elle vivait. Seulement qu'elle allait bien, mais qu'elle avait besoin d'être seule pour faire le point. Oui, elle continuait à travailler sur sa thèse. Non, elle n'avait pas donné d'explications sur notre rupture, le sujet n'avait pas été abordé.

En raccrochant, j'ai senti la colère et la tristesse m'envahir avec une même violence. Marie avait donné très vite de ses nouvelles à sa tante, mais elle n'avait même pas pris la peine de m'envoyer ne serait-ce qu'un petit mot pour me rassurer. Je trouvais son comportement révoltant. Ce silence qu'elle m'imposait alors qu'elle faisait entendre sa voix à d'autres me semblait scandaleux. C'était comme si l'intimité de notre relation n'avait jamais existé. Après tout ce que nous avions partagé en étant si proches, j'avais perdu jusqu'au droit de savoir si elle était toujours en vie. Notre amour s'était construit sur le respect et la confiance. Mes filles l'avaient accueillie à bras ouverts. Et voilà que tout à coup elle nous rayait de son univers sans la moindre explication, sans la moindre pensée pour ce que je pouvais éprouver. C'était consternant.

J'avais une réunion importante en début de matinée. Ça concernait la restructuration des succursales genevoises de la CMD. Rien de tel que le travail pour changer les idées. Après deux heures de discussions techniques, les émotions suscitées par mon coup de fil parisien s'étaient un peu estompées. J'en ai profité pour appeler Mme Bracca. Elle n'a pas fait de commentaires sur notre rencontre précédente et m'a donné rendez-vous le soir même. À 19 h 30, je gravissais les escaliers qui menaient à son cabinet situé au dernier étage d'un immeuble plutôt ancien, rue de la Fontaine. Il n'y avait pas d'ascenseur et j'avais le souffle un peu court en arrivant devant son palier. Sur la porte en bois massif figurait une plaque en métal doré qui portait les inscriptions « Irène Bracca – Conseils pour femmes – Sonnez et entrez ». J'ai pénétré dans le vestibule après avoir appuyé sur la sonnette, et je me suis dirigé vers la salle d'attente. Elle était meublée d'un petit canapé en velours rouge et d'un guéridon sur lequel s'empilaient différentes brochures pour des méthodes de développement personnel. Ça allait de « Apprivoisez l'énergie des cristaux » à « Le Reiki, voie vers le bien-être », en passant par « Dépasser ses peurs par l'autohypnose ». J'ai fait la grimace. Toutes ces recettes promettant le bonheur me mettaient mal à l'aise. « La souffrance est un marché porteur » disait souvent Arnaud. Je me suis demandé si Irène Bracca faisait partie de ces « parapeutes », comme il les appelait, qui faisaient miroiter des solutions miraculeuses à des gens mal dans leur peau.

La porte de la salle d'attente s'est ouverte et elle s'est avancée vers moi en souriant, drapée dans une longue robe noire.

— Bonsoir monsieur Clerc, c'est un plaisir de vous accueillir. Venez dans ma salle de consultation, nous serons plus à l'aise.

Elle m'a précédée dans une pièce aux parois vert pâle. Un grand bureau trônait dans un angle, près d'une des larges fenêtres. Au centre se trouvait une table basse avec deux fauteuils en cuir beiges.

— Asseyez-vous, je vous en prie.

J'ai pris place et elle s'est installée en face de moi. J'avais décidé de la laisser commencer, mais elle ne semblait pas pressée d'entamer la conversation. J'ai balayé la pièce du regard. De nombreuses photographies en noir et blanc étaient accrochées aux murs. Uniquement des portraits de femmes. Leurs visages ne me disaient rien. Et puis, juste au-dessus du bureau, la réplique exacte du masque africain qui m'avait accueilli pendant des mois à l'entrée de mon appartement. En l'apercevant, je n'ai pas pu retenir un léger tressaillement. Irène Bracca a fait comme si de rien n'était.

— Vous observez les photographies, a-t-elle fini par dire de sa voix énergique. Eh bien, toutes les femmes que vous voyez ici ont contribué à changer le monde. En face de vous, il y a le portrait de Lise Meitner. C'est elle qui a découvert la fusion nucléaire en 1938, mais elle a été éclipsée par Otto Hahn dont elle était probablement amoureuse. Il a utilisé ses résultats et a reçu le Prix Nobel à sa place. À côté, c'est Nadejda Kroupskaïa, la femme de Lénine. Une pédagogue très douée qui a remanié tout le système d'enseignement en Russie. Peu de gens se souviennent d'elle. Et à votre gauche, vous avez le portrait de Sabina Spielrein qui a côtoyé les fondateurs de la psychanalyse. Elle a vécu une passion torride avec Carl Gustav Jung, puis elle a fréquenté Freud à qui elle a inspiré sa théorie finale. Votre ami le Dr Marel pourra certainement vous en dire plus.

— Vous avez l'air d'en savoir beaucoup sur deux sujets, ai-je rétorqué. Les femmes qui ont changé le monde et… moi.

Elle a esquissé un sourire.

— C'est exact. En ce qui concerne les femmes, ma mission est de les aider à être fières de leur rôle. Chacune d'entre nous peut exercer une grande influence sur l'avenir de la société. Il y a des peuples qui l'ont compris, mais en Occident on a tendance à l'oublier. Beaucoup de femmes sont déboussolées et doutent d'elles. Je leur rends confiance en leur montrant la noblesse de leur tâche et le pouvoir qui est entre leurs mains.

— Je ne suis pas sûr de vous suivre.

— Ce sont encore les hommes qui se trouvent à la plupart des postes de commande politiques et économiques. Les femmes cherchent moins à gravir les échelons. Elles agissent plus par amour que par ambition, mais elles peuvent influencer les hommes qu'elles aiment. Imaginez que les compagnes des principaux dirigeants de la planète procèdent de façon coordonnée pour souffler les mêmes idées à leurs maris. Ça pourrait avoir des effets impressionnants, non ?

— Il faudrait d'abord que leurs maris les écoutent. Et en quoi cette perspective peut-elle aider les femmes qui viennent vous voir ? À moins que vous ne receviez ici que des épouses de présidents.

Elle a souri de nouveau.

— Le même raisonnement s'applique à tous les niveaux de la société. Chaque femme peut apporter sa pierre à l'édifice. C'est ce que je leur explique et ça leur fait énormément de bien.

— Tant mieux. Maintenant, parlons d'une femme en particulier. Je pense que c'est grâce à Marie Sophie que vous en savez autant sur moi. Que faisait-elle chez vous et pourquoi a-t-elle disparu ?

— Malheureusement, je ne peux pas vous donner beaucoup d'éléments. Le contenu de nos discussions fait partie du secret professionnel. Et pour ce qui est de son départ, il m'a surprise autant que vous. Mais comme je vous l'ai déjà dit, elle n'a pas disparu. Elle vous a quitté, ce n'est pas la même chose.

— Elle vous a quittée aussi. Béatrice m'a dit qu'il y avait des tensions entre vous. Marie se méfiait. On dirait que votre méthode ne l'a pas vraiment aidée. Alors arrêtez de faire comme si vous n'étiez pour rien dans son départ !

La colère avait enflé ma voix. Irène Bracca est restée silencieuse. Elle ne manifestait pas d'émotion particulière, mais j'ai senti un changement dans son attitude.

— Écoutez, je suis désolé, ai-je repris d'un ton plus mesuré. J'ai énormément souffert de sa fuite et c'est loin d'être terminé. J'ai besoin de votre aide pour y voir plus clair.

— Je veux bien essayer, a-t-elle répondu. Mais alors il faut jouer cartes sur table. Dites-moi tout ce que vous savez et je verrai si je peux compléter vos informations.

— D'accord.

Je lui ai raconté dans le détail mes investigations et l'enquête de Daubert. J'ai même mentionné Baldwinter. Elle a voulu en savoir plus.

— Vous dites que Marie a souligné un article qui parlait du suicide de ce monsieur ?

— Exactement. C'est un milliardaire anglais qui s'est tiré une balle dans la tête. J'ai demandé au détective de se renseigner à son sujet, mais il n'a trouvé aucun lien avec elle.

— L'article a paru le jour de sa disparition ?

— Oui. J'ai trouvé la Tribune ouverte à cette page sur la table de la cuisine. Jusqu'ici, j'ai pensé que c'était un hasard, qu'elle avait dû gribouiller le journal avant de m'écrire son mot d'adieu. C'est en tout cas ce qu'affirmait Daubert. Il était convaincu que le départ de Marie Sophie n'était pas lié à des causes extérieures. C'est pour ça que je n'ai pas creusé plus loin. Mais maintenant que je vous ai trouvée, tout a changé. Est-ce que vous savez quelque chose sur Marie et ce Baldwinter ?

— Elle n'a jamais mentionné ce nom dans nos entretiens.

— Et le masque africain qui est au-dessus de votre bureau ? Marie avait le même et elle l'a installé à l'entrée de notre appartement. Ça avait l'air très important pour elle.

— C'est juste une reproduction. Les originaux valent une fortune. Il s'agit d'un masque rituel utilisé par une peuplade qui vit en Sierra Leone.

— Les Mende. Je sais. Et je me suis aussi documenté sur les Sandé, la société secrète qui initie les femmes. Ce que j'aimerais savoir, c'est pourquoi Marie accordait autant de valeur à ce masque et quel est le lien avec vous.

— C'est un cadeau que je fais aux personnes qui ont suivi des consultations chez moi. Les Sandé ont su faire reconnaître l'importance du rôle joué par les femmes dans la société. Ce présent permet à mes patientes de se rappeler leur propre valeur. Je leur conseille de le mettre à un endroit où elles le verront tous les jours.

— Et pourquoi ne l'avez-vous pas offert à Béatrice ?

— Il faut avoir suivi un certain nombre de consultations, Béatrice n'en est qu'au début.

— J'ai l'impression qu'elle devra se passer de votre cadeau. Elle m'a dit qu'elle n'avait pas réussi l'épreuve et qu'elle n'aurait plus le droit de venir chez vous. Vous avez des méthodes assez étranges. Ça pourrait causer des dégâts chez des personnes fragiles.

— Béatrice est quelqu'un de solide. Je ne me fais pas de soucis pour elle.

— Et Marie Sophie ? C'est peut-être à cause de ce qui s'est passé dans ce cabinet qu'elle a pris la fuite.

— Elle se trouvait dans une phase qui rendait nos relations plus tendues, c'est vrai. Mais ça fait partie du processus.

— Sur quoi portaient ces tensions ?

— Malheureusement, je ne peux pas vous le dire.

J'ai de nouveau senti la colère nouer mon estomac. L'attitude d'Irène Bracca commençait à me porter sur les nerfs.

— Ce n'est pas ce que j'appelle jouer cartes sur table. Je vous ai dit tout ce que je savais, mais quand c'est à vous de parler vous vous réfugiez derrière le secret professionnel. Je pense que vous n'en avez même pas le droit. Vous n'êtes ni psychiatre ni psychologue. Vous me cachez des choses et j'ai de gros doutes sur vos méthodes. Si vous ne collaborez pas, je vais vous dénoncer pour exercice illégal de la psychothérapie. Mon ami Arnaud Marel fait partie de la commission de surveillance. Vous avez envie qu'il vienne vérifier vos compétences et vos diplômes ?

Elle ne s'est pas départie de son sourire tranquille.

— Je comprends que mon silence vous irrite, mais je ne peux pas vous répondre pour l'instant. Vous me mettez devant un dilemme. Pour vous aider, il faudrait que je vous révèle des éléments qui auraient dû rester confidentiels. Il m'est impossible de prendre cette décision maintenant. Je dois y réfléchir. Quant au Dr Marel, je serais heureuse d'avoir une discussion avec lui s'il le souhaite.

— Vous pouvez y compter ! Je vais l'avertir immédiatement. Vous voulez m'empêcher de découvrir la vérité, mais je la trouverai sans vous. Je vais rouvrir l'enquête et tout reprendre en détail. Et quand la police viendra vous interroger, vous serez peut-être plus loquace.

— Monsieur Clerc, je crois que nous allons mettre un terme à cette discussion. Vous êtes trop en colère pour continuer. Je ne vous en veux pas. La peur et l'agressivité se déclenchent plus vite chez les hommes que chez les femmes. Parce que vos ancêtres devaient être sans cesse aux aguets pour pouvoir protéger la tribu. Vous stressez plus facilement que nous, mais c'est pour la bonne cause. Je vous appellerai dès que j'aurai pris une décision.

Je suis parti sans la saluer, furieux à la fois contre elle et contre moi-même. Elle avait de nouveau réussi à me mettre dans tous mes états et je n'avais pas progressé d'un pouce. Le lendemain, j'ai appelé Arnaud qui venait de rentrer de vacances. Je lui ai raconté toute l'histoire et lui ai demandé s'il pouvait aller voir Irène Bracca. Cette femme représentait une énigme pour moi, j'avais besoin qu'il me donne son avis avant de décider quoi faire.

— J'ai un moment en fin de semaine, m'a répondu Arnaud. J'essaierai de la voir vendredi matin. J'adore rencontrer des femmes mystérieuses. Je te contacte dès que c'est fait.

Je me suis abruti de travail pendant les jours qui ont suivi. Curieusement, Fabienne ne m'a pas demandé de nouvelles. Je n'ai vu aucun de mes amis. Tant que la situation ne serait pas clarifiée, je voulais garder pour moi ce qui s'était passé. Je restais tard à la banque et je rentrais directement à la maison. J'essayais de ne pas me laisser obnubiler par cette histoire. Ça marchait plutôt bien dans la journée, mais durant plusieurs nuits le visage de Mme Bracca est venu se glisser dans mes rêves.

Le vendredi, Arnaud m'a appelé pour me donner rendez-vous à la terrasse du Bertigo. Je buvais déjà mon deuxième Martini quand il est enfin arrivé. Vingt minutes de retard. Il n'est jamais ponctuel. Un jour, très énervé après l'avoir à nouveau attendu près d'une demi-heure, je lui avais fait remarquer que ses retards continuels montraient clairement son besoin d'être désiré.

— C'est moi le psy, avait-il répondu en rigolant. C'est moi qui fais les interprétations. Toi, tu contrôles les bilans annuels.

Il s'est assis et a allumé un de ses cigares freudiens dont la fumée me donne la nausée. J'ai ravalé mes protestations.

— Alors, tu l'as vue ?

— Je l'ai vue. On a discuté pendant plus d'une heure.

— Ton opinion ?

Il a réfléchi un instant et a soufflé une longue bouffée.

— Mon ami, il faut d'abord que les choses soient claires. Je ne suis pas devin et je ne radiographie pas l'âme des gens. Je ne peux te donner qu'une impression. Je me fais une idée des personnalités en utilisant mon expérience et mon intuition, mais je ne prétends pas connaître quelqu'un après une heure de discussion.

— Ta modestie t'honore. Alors, ton impression ?

— Elle a quelque chose.

— Si tu pouvais être un peu plus précis.

— Elle a de la profondeur. J'ai senti quelqu'un de complexe. Elle est certainement intelligente et cultivée, mais avec une capacité de réflexion qui va plus loin que ce qu'on apprend dans les livres. On sent qu'elle a vécu, qu'elle a su profiter de ce que la vie enseigne.

— Tu l'as interrogée sur son statut officiel ?

— J'ai attaqué bille en tête. Pas d'autorisation de pratiquer la psychothérapie, aucune trace de son nom dans les listes officielles, dénonciation possible à la commission de surveillance et tout le toutim. Ça l'a laissée de marbre. Enfin, quand je dis de marbre, on aurait même dit que ça l'amusait. Elle m'a répondu qu'elle donnait simplement des conseils à des femmes en situation délicate, que ces femmes étaient toutes majeures et que ça n'avait rien à voir avec de la thérapie. Rien de répréhensible.

Arnaud a fait une moue rieuse en se rappelant un épisode de la conversation.

— Elle a même ajouté ceci : « Cher monsieur, vous savez comme moi que les séances des psychothérapeutes sont remboursées par l'assurance-maladie. Mes conseils, eux, sont payés par mes clientes au tarif plein. Elles leur accordent donc une valeur supérieure. Je profite simplement de la liberté de commerce. » Tu vois que la dame a de l'humour et une bonne dose d'estime de soi.

— Est-ce que tu as testé ses connaissances ?

— Je n'ai même pas essayé de le faire avec discrétion. Elle a très bien compris le but de mes questions, et là encore ça a eu l'air de l'amuser. Je lui ai fait passer un examen express pour vérifier l'étendue de son savoir. Les résultats sont clairs. Elle connaît très bien l'histoire de la psychologie et ses principaux courants. Elle pourrait donner des conférences sur le behaviorisme ou la thérapie systémique, en passant par Rogers et la psychanalyse. Elle est incollable sur Freud et elle maîtrise Jung sur le bout des doigts, ce qui n'est pas à la portée du premier venu. En plus, on sent qu'elle s'est particulièrement intéressée au rôle des femmes. Elle peut citer les théories de Mélanie Klein et de Françoise Dolto. Elle a lu Virginia Satir, Marie-Louise von Franz, et elle m'a parlé avec passion de l'influence qu'a exercée Sabina Spielrein sur les pionniers de la psychanalyse. Franchement impressionnant. Dix-huit sur vingt au minimum, et je la soupçonne d'en savoir aussi beaucoup sur d'autres domaines des sciences humaines comme la mythologie, la sociologie ou l'histoire.

— Alors, ta conclusion ?

— Conclusion est un bien grand mot. Tout ce que je peux dire, c'est qu'elle a un bagage impressionnant. Mais ça ne suffit pas. Un bon thérapeute, c'est avant tout quelqu'un qui est capable primo de se connaître lui-même et secundo de se mettre à la place des autres pour les comprendre. Voilà les deux mamelles qui donnent le lait d'une relation positive. Seulement, juger ces éléments sur une discussion d'une heure est plus délicat que de vérifier des connaissances théoriques. C'est moins palpable, ça se lit entre les lignes. Mon intuition, c'est qu'elle pourrait donner un coup de main à des gens déboussolés. Il me semble qu'elle a l'intelligence et la subtilité nécessaires.

— Tu la recommanderais à quelqu'un qui cherche des conseils ?

Il a réfléchi un instant en tirant sur son cigare.

— Non, je crois que non.

— Pourquoi ?

— Eh bien, je pense que ses qualités lui permettraient d'aider ses semblables. Mais ce bagage pourrait aussi lui servir à des activités beaucoup moins nobles si elle n'est pas capable de maîtriser son ombre. Un thérapeute peut se transformer en manipulateur ou en chef de secte. Il suffit de basculer du côté obscur. Rien ne me prouve qu'elle a su éviter ce danger. Dans ces conditions, je ne la recommanderais pas. La marge d'erreur est trop grande.

Il est resté un instant silencieux et m'a fixé attentivement.

— Tu veux un conseil d'ami ?

— Dis toujours.

— Tu n'as rien à gagner en harcelant cette femme pour trouver des réponses. Il n'y a que Marie Sophie qui pourrait t'éclairer. Et elle n'est plus là. Le mieux pour toi, c'est d'oublier Mme Bracca et son ex-cliente. Bosse, plonge-toi dans les cours de la bourse, ou va draguer. Mais arrête de mariner dans cette histoire.

— Tu as oublié « fais du vélo », ai-je répondu d'un ton maussade.

Il a éclaté de rire, puis a jeté un coup d'œil à sa montre et s'est levé précipitamment.

— Il faut que j'y aille. J'ai rendez-vous avec Sylvie. On peut avoir du retard avec un homme, surtout si c'est un ami. Mais une femme qu'on fait attendre, c'est comme un fauve qu'on n'a pas nourri. Appelle-moi.

Il est parti en me laissant seul devant l'addition. Il n'avait pas confirmé mes soupçons, mais ne les avait pas non plus démentis. Un coup pour rien. Fallait-il abandonner ou continuer à courir après une vérité qui se dérobait à chaque fois ? Je tournais ces questions dans ma tête en regardant fondre les derniers glaçons dans mon verre. Mon portable a bourdonné à ce moment-là. J'ai répondu et la voix d'Irène Bracca a résonné à mon oreille.

— Bonsoir monsieur Clerc, je ne vous dérange pas ?

— Non, ça va.

— Bien. Je vous appelle pour vous dire que j'ai pris ma décision. Je suis prête à vous donner les informations confidentielles que vous réclamez. Mais il faut que vous me laissiez un peu de temps. Je ne pourrai pas vous recevoir avant une quinzaine de jours.

— Pourquoi ?

— Je pars à l'étranger. Je serai de retour le 22. Je peux vous voir le lendemain en début de soirée. Ça vous convient ?

Pendant un instant, je me suis demandé si elle avait décidé de s'enfuir. Mais alors pourquoi me proposer un rendez-vous ? De toute façon, je n'avais pas les moyens de dicter mes conditions.

— Je serai à votre cabinet le 23 juin à 20 heures.

— Parfait. Pour vous aider à patienter, je vais vous faire parvenir un dossier qui pourrait vous intéresser.

— Quel genre de dossier ?

— Je vous laisse la surprise. Lisez-le avec attention. Nous en reparlerons à mon retour. À bientôt, monsieur Clerc.

J'ai passé le week-end à me demander quels documents elle allait me transmettre, et surtout pour quelle raison elle me les envoyait. Tout ça devenait de plus en plus énigmatique. Mais une chose était sûre : l'intervention d'Arnaud avait produit son effet. La mystérieuse conférencière prenait mes menaces au sérieux et s'était décidée à collaborer. Les réponses se trouvaient enfin à portée de main. Cette idée m'a mis dans un état d'excitation que j'avais beaucoup de peine à contrôler. J'aurais voulu activer l'écoulement du temps, zapper les deux semaines à venir pour me retrouver directement en face d'Irène Bracca. Ou au moins pouvoir vivre le film des prochaines journées en accéléré, en ne m'arrêtant que sur les moments importants. Le suivant est arrivé le lundi soir. En rentrant du bureau après une journée au rendement médiocre, j'ai trouvé une grande enveloppe brune dans ma boîte aux lettres.

Je me suis installé sur le sofa. J'ai soupesé l'enveloppe pendant un long moment, sans me décider à l'ouvrir. Je savais qu'elle contenait le dossier promis par Mme Bracca. Peut-être les clés pour comprendre le départ de Marie Sophie. Mais en même temps, j'avais peur de ce que j'allais découvrir. Depuis des mois, je faisais tout pour apprendre la vérité. Mais tout à coup, je me suis demandé si ça valait vraiment la peine de savoir. Et si les papiers me révélaient des choses horribles sur Marie ? Aucun document ne pourrait la faire revenir. Notre histoire était finie. Alors à quoi bon risquer de souffrir encore, de voir son image salie ? Et quelle preuve aurais-je que les renseignements étaient véridiques ? Ne valait-il pas mieux arrêter cette course aux chimères ? Pour briser cette chaîne de questions, j'ai fini par déchirer le sommet de l'enveloppe d'un geste brusque et j'ai étalé son contenu sur la table du salon. Il y avait un mot manuscrit plutôt lapidaire. « *Comme promis. À bientôt. IB* » et une dizaine de pages dactylographiées. Je les ai parcourues à toute vitesse. À mesure que j'avançais, la surprise a fait place à la colère. Les papiers ne contenaient strictement rien qui aurait pu concerner Marie. Pas la moindre ligne. Irène Bracca s'était encore payé ma tête. Le texte racontait la vie d'une obscure femme de lettres française du XVII^e^ siècle. Antoinette de Salvan, dite la muse d'Albi. En arrivant au bout de sa brève biographie, j'hésitais entre la consternation et la rage. Qu'est-ce qui avait bien pu pousser Mme Bracca à m'envoyer ce document ? Si elle voulait me mettre dans de bonnes dispositions avant notre entrevue, c'était largement raté. Ou alors il y avait un message caché entre les lignes. Je me suis fait un café bien fort et j'ai repris le texte depuis le début.

Antoinette de Salvan était née en 1638. Mariée à Antoine de Fontvieille, seigneur de Saliès et prévôt royal d'Albi, elle s'était retrouvée veuve à trente-quatre ans et avait toujours refusé de se remarier. La fortune héritée de son époux lui avait permis de se consacrer à l'étude des sciences et aux belles-lettres. Elle avait publié des essais et des romans historiques. Le plus connu, *La comtesse d'Isembourg, princesse de Hohenzollern* avait été traduit en plusieurs langues. Elle avait été reçue en 1689 à l'académie des Ricovrati de Padoue. La muse d'Albi avait entretenu une correspondance avec Claude-Charles Guyonnet, seigneur de Vertron, qui était l'un des historiographes de Louis XIV. En 1704, elle avait fondé une société littéraire appelée « Chevaliers et Chevalières de la Bonne Foi » qui avait disparu à sa mort en 1730.

Que faire de ce fatras ? J'avais beau lire et relire chaque paragraphe, aucun indice n'apparaissait. Encore une femme qui avait exercé une certaine influence à son époque, mais dont seuls quelques spécialistes connaissaient l'existence. Ça m'a rappelé la conférence sur la marquise du Châtelet. Irène Bracca voulait-elle continuer sa démonstration sur les personnages féminins oubliés par l'histoire ? Elle savait bien que la seule chose qui m'intéressait, c'était de comprendre pourquoi Marie était partie. Comment cette Antoinette de Salvan pouvait-elle avoir un lien avec ma compagne ? Je me sentais prisonnier d'un jeu dont je ne maîtrisais pas les règles. J'ai appelé Fabienne pour avoir son avis, mais elle était injoignable. Probablement en train de roucouler avec son amoureux. Je ne voulais pas parler de tout ça à Jef ni aux copains du poker. Pas tant que les indices resteraient aussi flous. Et il était inutile de me confier à Arnaud. Il m'avait déjà donné son opinion. Je restais seul avec mes questions.

Durant les jours qui ont suivi, j'ai failli plusieurs fois jeter les feuillets à la poubelle. Mais je ne pouvais pas m'empêcher de penser qu'Irène Bracca m'avait transmis un message. Il y avait probablement une clé que je n'avais pas réussi à trouver. Peut-être le texte n'était-il que le début du jeu de piste. Dans ce cas, je devais utiliser les informations contenues dans la biographie d'Antoinette de Salvan pour découvrir où menait le chemin. J'ai commencé par rechercher à la bibliothèque universitaire le roman qu'elle avait publié. *La comtesse d'Isembourg* avait paru en 1678. Je me suis forcé à le lire de bout en bout. L'ouvrage racontait l'histoire de Marie-Anne, une jeune fille d'une grande beauté qui avait perdu ses parents à l'âge de dix ans. Sa sœur aînée l'avait recueillie et promise en mariage au comte d'Isembourg, un vieil homme acariâtre. Maltraitée par son époux, la jeune femme s'enfuit dans le sud de la France avec un domestique qui se révéla bientôt aussi méchant que le vilain mari. Elle demanda la protection de l'évêque d'Albi et finit par entrer dans un couvent où tout le monde louait sa sagesse et son intelligence.

Les hommes sont méchants, sauf les évêques. Les femmes sont bonnes et lumineuses. Le message semblait clair. En faisant des recherches à la bibliothèque, je suis tombé sur plusieurs articles qui mettaient en exergue le combat d'Antoinette de Salvan contre les mariages forcés. Certains experts la considéraient comme l'une des pionnières du féminisme. Mme Bracca avait-elle simplement voulu me rendre plus sensible à la cause des femmes ? Cette hypothèse s'est confirmée quand j'ai concentré mon enquête sur l'académie des Ricovrati qui avait accueilli la muse d'Albi en 1689. J'ai découvert que cette assemblée de scientifiques et de lettrés, à laquelle avait appartenu Galilée, était l'une des seules à admettre des femmes. Ses membres avaient milité pour la participation du sexe faible au gouvernement et à la recherche scientifique. Ils avaient compté parmi eux aussi bien des mathématiciennes que des femmes écrivains, notamment Madeleine de Scudéry admise en 1685. Elle avait été célèbre dans toute l'Europe pour ses romans galants. J'ai retrouvé ce nom dans un volume contenant un recueil de lettres du dix-septième siècle publié en 1806. À côté des missives de Madame de Scudéry, on y trouvait la correspondance d'Antoinette de Salvan avec Claude-Charles Guyonnet de Vertron. En rentrant de la bibliothèque avec le livre sous le bras, je me suis dit que Fabienne aurait été fière de moi. J'avais mené mon enquête avec la rigueur d'un historien. En plus, le thème l'aurait certainement passionnée. J'ai de nouveau essayé de l'appeler, mais elle ne répondait ni sur sa ligne fixe ni sur son portable. Je lui avais laissé plusieurs messages sans qu'elle donne signe de vie. Presque trois semaines sans nouvelles. J'ai poussé jusqu'à son appartement. Personne. Elle avait dû partir avec son amoureux pour un week-end romantique. Le mien s'annonçait morose. Roxane et Léonore étaient chez leur mère. Heureusement, Irène Bracca revenait dans quelques jours.

Pendant le dimanche après-midi, j'ai lu toutes les lettres qu'Antoinette de Salvan avait envoyées trois siècles plut tôt à l'historiographe de Louis XIV. Ça m'a fait une impression étrange de parcourir ces lignes écrites par un être dont il ne restait que quelques os enfouis dans la terre du Languedoc. Tous ces mots si vivants, pleins de rêves et de désirs. Ces projets grandioses défendus avec fougue. Tout ça pour finir inéluctablement en poussière. Ou peut-être pour y échapper, au moins partiellement. La muse d'Albi rêvait d'entrer dans la postérité. « *Si nous exécutons ce que je vous propose, nous serons illustres pendant plusieurs siècles* » écrivait-elle dans sa première missive. Le projet concernait la création d'une « secte de femmes » qui devait proposer au monde des règles de vie nouvelles qu'aucun philosophe masculin n'avait su découvrir. Parmi ces lois figurait évidemment l'égalité des sexes. Mais une lecture attentive révélait qu'Antoinette de Salvan voyait plutôt les femmes largement supérieures aux hommes. « *J'ajouterai, avec votre permission, que vous êtes des usurpateurs qui, sans aucun titre légitime, avez pris possession de l'empire du monde* » lançait-elle à M. de Vertron. Et elle continuait « *Je trouve que vous n'avez qu'un empire imaginaire et que nous régnons véritablement. Oui, monsieur, vous êtes nos officiers, nos soldats, nos magistrats ; et, sans vous en apercevoir, si vous remontez à la source des plus grands événements, vous trouverez toujours que les dames y ont la meilleure part.* » Elle concluait de manière imparable « *Dieu nous fit pour vous plaire, et par conséquent pour vous commander, puisqu'il n'est point d'empire plus sûr et plus absolu que celui que l'on a sur les cœurs.* » Claude-Charles Guyonnet n'avait pas semblé se formaliser de ces affirmations plutôt cassantes. Il avait soutenu le projet de la muse d'Albi. Avec son appui, elle avait créé la Société des Chevaliers et Chevalières de la Bonne Foi, une académie littéraire qui avait pour but de faire reconnaître la sagesse des femmes. Le groupe avait accepté quelques hommes en son sein, dont le seigneur de Vertron, mais n'avait pas perduré après la mort d'Antoinette de Salvan en 1730. Fin de l'histoire. Retour à la poussière.

# XVII

En me dirigeant vers le cabinet de Mme Bracca ce soir du 23 juin, je repensais aux documents qu'elle m'avait envoyés. J'avais compris son message. Elle voulait me rendre attentif à la lutte que les femmes menaient depuis des siècles pour être reconnues. C'était sa mission, son combat quotidien. Je l'avais senti lors de sa conférence et pendant notre premier entretien. Mais ça ne m'intéressait pas. Je venais la voir pour obtenir des informations sur la disparition de Marie. Elle n'avait pas l'air de vouloir le comprendre. Notre rencontre risquait à nouveau de se transformer en dialogue de sourds.

Elle m'a accueilli dans un ensemble bleu nuit. Ses traits m'ont paru tirés, mais sa poignée de main restait vigoureuse. Je me suis installé en face d'elle dans le fauteuil beige de sa salle de consultation. Cette fois, il n'y a pas eu de round d'observation. Elle a pris la parole immédiatement, comme si elle était pressée d'en finir.

— Je crois à la vertu du secret, a-t-elle lancé. C'est ce que j'enseigne aux femmes qui viennent me voir. Mais il y a des moments où il faut savoir dévoiler ce qui était confidentiel. J'ai beaucoup réfléchi et j'en ai conclu que la meilleure chose à faire est de tout vous dire. C'est un risque que je prends, mais je pense pouvoir vous faire confiance.

— Je vous remercie de m'aider.

— Je vais commencer par une question. Savez-vous ce qui est rond, vert et blanc et qu'on trouve sous la mer ?

J'ai scruté son visage. Elle me fixait d'un air tout à fait sérieux, comme si ma réponse avait une grande importance. À quoi jouait-elle ?

— Rond, vert et blanc. Sous la mer. Non, je ne vois pas, ai-je fini par admettre.

— Un chou… marin !

— Ah bon.

— Oui, un chou marin. Et savez-vous ce qui est rond, vert et blanc, qu'on trouve sous la mer, mais avec plein d'abeilles autour ?

Je l'ai regardée longuement. J'étais partagé entre l'inquiétude et la colère. Avais-je affaire à une folle ou se moquait-elle encore de moi ? Sa physionomie restait impassible.

J'ai fait un effort pour me contenir.

— Je ne vois toujours pas.

— Un chou marin... ruche !

— Vous pouvez me dire à quoi nous jouons ?

— Nous ne jouons pas. Un chou marin ruche, c'est poétique, non ?

— Je ne suis pas ici pour faire de la poésie.

— Moi non plus. Vous vous souvenez du KGB ?

— Les anciens services secrets de l'Union soviétique ?

— Oui. Ils ont utilisé de façon intensive la technique du sous-marin. Rien à voir avec la mer. Leurs sous-marins russes étaient des agents qui accomplissaient des tâches très particulières. Ils devaient devenir intimes de certaines personnes. Des personnes qui n'étaient pas encore aux commandes dans leur domaine, mais qui avaient de bonnes chances d'accéder un jour à des postes de pouvoir. C'est ce qu'on appelle le deuxième cercle. Entre les années 1950 et 1985, toute une série d'agents du KGB se sont infiltrés en Europe et aux USA avec des missions à très long terme. Ils devaient s'installer en Occident et établir des relations avec des gens appartenant au deuxième cercle, particulièrement dans les domaines militaires, industriels et financiers. Ils sont devenus les amis, les conjoints ou les confidents de leurs cibles en attendant que celles-ci arrivent dans les premiers cercles du pouvoir. Ça a parfois duré plusieurs dizaines d'années. Les Russes savent être très patients. Et lorsque les cibles atteignaient des postes clés, il devenait très facile de leur soutirer des renseignements sans attirer de soupçons. Comment imaginer que la femme qui partage votre vie depuis vingt ans et vous a donné trois enfants est en fait un agent russe ? Les sous-marins se sont révélés un excellent investissement pour le KGB.

— Et vous voulez en venir où avec votre leçon d'espionnage ?

— Vous le savez déjà, monsieur Clerc. Vous le savez, mais vous avez besoin de me l'entendre dire. Vous faites partie du deuxième cercle et Marie Sophie avait pour mission de rester près de vous jusqu'à ce que vous arriviez au pouvoir. Ce qui devrait se produire dans trois ans, lorsque Victor

Schnertz prendra sa retraite du directoire de la CMD. Il trouve votre vision de la banque trop sociale, mais il ne pourra pas vous barrer la route de sa succession.

— Vous voulez me faire croire que Marie était un agent secret russe ?

— Non, bien sûr que non. Nous ne nous occupons pas des intérêts nationaux ou idéologiques. Notre but est bien plus noble. Mais nous savons nous inspirer de méthodes qui ont fait leurs preuves.

— Nous ? C'est qui, nous ?

— Avez-vous lu les papiers que je vous ai envoyés la semaine passée ?

— La biographie de cette Antoinette de Salvan ? Oui, j'ai lu votre dossier. Mais je ne vois pas le rapport avec notre discussion.

— Vraiment ?

La lueur ironique que je commençais à connaître s'était allumée dans ses yeux.

— Si vous avez creusé un peu le dossier, le grand projet de celle qu'on appelait la muse d'Albi a dû vous frapper, a-t-elle repris d'un ton doctoral.

— Vous voulez parler de cette académie littéraire qui devait propager la sagesse au féminin ? J'ai lu la correspondance qu'elle a échangée à ce sujet. Mais le groupe a disparu à la mort de sa fondatrice.

— Ça, c'est la version que l'histoire a retenue. La réalité est différente. Les Chevaliers et Chevalières de la Bonne Foi ne représentaient que la pointe de l'iceberg. La façade qu'on montre au public. En dessous, il y avait une société secrète qu'Antoinette de Salvan a créée en 1699 et qu'elle a nommée l'Ordre des femmes. Ses membres avaient la mission d'influencer les hommes de leur entourage pour qu'ils construisent un monde plus juste. Grâce à ses contacts à l'académie des Ricovrati, Antoinette de Salvan a pu partager le savoir des femmes les plus brillantes de son époque. Ça l'a aidée à définir les trois principes de base qui ont assuré la survie de son Ordre.

— Comment ça ?

— Tout d'abord, elle a compris la nécessité du secret absolu. Pour que son organisation puisse atteindre ses objectifs, il était indispensable que les hommes au pouvoir ignorent son existence. Les Chevalières de la Bonne Foi jouaient le rôle de paravent. Leurs activités se limitaient à des réunions philosophiques autour d'une collation. Ça passait pour un caprice de dames. Pendant ce temps, l'Ordre des femmes pouvait prospérer.

— Aucun homme n'y était admis ?

— Aucun. Mais quelques-uns ont connu son existence. Ils ont su se taire car ils approuvaient les buts de l'association. Le deuxième principe était de ne pas transgresser les lois. Pas de contrainte ni de violence, aucun acte répréhensible. Les disciples de l'Ordre utilisaient pour seules armes leur intelligence et leur charme. Voilà pourquoi elles n'ont jamais attiré l'attention des autorités.

— Et le troisième principe ?

— Comprendre les hommes pour réussir à les influencer. Antoinette de Salvan pensait qu'une bonne connaissance de l'esprit masculin était la clé qui permettrait à ses disciples de remplir leur mission. L'Ordre s'est tenu au courant des plus récentes avancées scientifiques, particulièrement dans le domaine des sciences humaines, de la biologie et de l'anthropologie. Tout ce qui aide à mieux saisir le comportement des hommes nous intéresse.

— Et vous allez me dire que cette secte existe encore de nos jours et que vous êtes l'héritière d'Antoinette de Salvan à la tête de l'organisation, c'est ça ?

— Pas tout à fait. Nous n'avons pas de dirigeante en chef. Nous travaillons en petits groupes autonomes. Nous ne mettons en place des structures hiérarchiques que pour des périodes brèves et en cas d'absolue nécessité. C'est une manière de faire inspirée par le comportement social d'une amibe appelée dictyostelium discoideum. Ça évite les conflits de pouvoir qui minent les organisations masculines. Je suis simplement la coordinatrice d'un groupe parmi d'autres.

— Et Marie en faisait partie ?

— Oui.

Irène Bracca me regardait d'un air détaché, sans paraître se soucier de ma réaction.

— Vous imaginez que je vais avaler ces élucubrations ?

— Vous m'avez demandé des renseignements, je vous les donne. Mais mon but n'est pas de vous convaincre. Au contraire, je préférerais que vous ne me croyiez pas.

— Alors pourquoi est-ce que vous me racontez tout ça ?

— J'ai beaucoup hésité avant de vous en parler, mais ça m'a semblé la solution la moins risquée.

— Je ne comprends pas.

— L'une des caractéristiques de votre personnalité, c'est la ténacité. Quand vous avez déterré un os, vous ne le lâchez pas. J'ai eu peur que vous ne recommenciez votre enquête et que vous ne finissiez par faire des découvertes qui pourraient mettre en danger nos activités.

— Et comment pourrais-je menacer une organisation secrète qui fonctionne depuis plus de trois cents ans ?

— En dévoilant notre existence. Nous vivons dans un monde où l'information circule à la vitesse de l'éclair. Les hommes sont orgueilleux, surtout quand ils ont atteint les cercles du pouvoir. S'ils apprennent que nous cherchons à influencer leurs décisions, ça va rendre notre action beaucoup plus difficile.

— Vous voulez me faire croire qu'il y a une de vos disciples aux côtés de chaque dirigeant de la planète ?

— Non. Nous n'en sommes pas encore là. Mais nous avons bien avancé. Durant les premières années, le réseau s'est développé rapidement. La marquise du Châtelet en a fait partie, ainsi que l'écrivain Madeleine de Scudéry. Antoinette de Salvan l'a connue par l'intermédiaire des Ricovrati. Elle avait ses entrées à la cour de Louis XIV et connaissait Madame de Maintenon.

— La maîtresse du roi ?

— Pas seulement sa maîtresse. Ils se sont mariés secrètement en 1683. Grâce à elle, notre Ordre a pu se développer. Nous avons subi des revers lors de la Révolution française. Il nous a fallu reconstruire complètement notre sphère d'influence. Mais à partir du XIXe siècle, nous avons pu nous ramifier dans de nombreux pays. Notre patience est en train de porter ses fruits. Dans quelques années, notre réseau sera suffisamment efficace pour provoquer des changements majeurs. Mais pour cela, il faut qu'il reste secret.

— Et vous me révélez ce secret parce que vous avez peur que je le découvre. C'est bizarre comme raisonnement.

— Pas tant que ça. En vous disant la vérité, j'ai l'occasion de vous expliquer en détail notre philosophie et les raisons de notre action. Ça me donne une chance de vous avoir de notre côté.

— Votre philosophie, c'est de manipuler les hommes. Ce n'est pas très nouveau. Les femmes le font depuis des millénaires. Pas besoin de créer une société secrète pour ça.

— Vous êtes injuste, monsieur Clerc. Notre Ordre a été fondé pour réaliser un idéal noble et altruiste. Celui d'un monde sans oppression, sans guerres, sans discrimination. Nous n'exerçons pas notre influence pour des motifs égoïstes. Il ne s'agit pas de se faire offrir des bijoux ou des manteaux de fourrure. Les hommes gouvernent encore dans la plupart des pays et des entreprises. L'avenir de notre planète est lié à leurs décisions. Nous utilisons simplement la stratégie qui nous semble la plus efficace pour peser sur ces décisions.

— Vos agissements sont quand même basés sur la tromperie. Vos disciples mentent sur leurs sentiments pour s'infiltrer dans l'intimité des dirigeants. Si ce que vous dites est vrai, ce que j'ai pris pour ma plus belle histoire d'amour n'était qu'une mascarade.

Irène Bracca n'a pas répondu. Ses yeux noirs m'ont observé pendant quelques instants, puis elle s'est levée de son fauteuil pour venir près de moi. Elle a posé sa main sur mon poignet.

— Écoutez, a-t-elle repris. Nous sommes réunis dans cette pièce pour des raisons très différentes. Vous êtes là parce que vous espérez comprendre pourquoi votre compagne vous a quitté. Et moi je veux éviter que vous ne mettiez en danger une œuvre qui dépasse de loin nos petites personnes. Une œuvre à laquelle j'ai consacré une grande partie de ma vie. J'ai pris un risque énorme en vous parlant de l'Ordre des femmes. Est-ce que vous acceptez de me donner encore quelques minutes ? Après, je vous dirai ce que je sais sur le départ de Marie Sophie, et vous agirez selon votre conscience. Réfléchissez tranquillement. Pendant ce temps, je vais nous préparer quelque chose à boire. Un darjeeling, ça vous va ?

Pendant qu'elle s'affairait dans la cuisine, j'ai essayé de clarifier mes idées. Ce que je venais d'entendre était énorme. Un complot de femmes pour changer la planète. Et Marie au milieu de tout ça. Je me suis approché de la fenêtre pour me dégourdir les jambes. Le cabinet offrait une vue panoramique sur Genève. Au premier plan, la cathédrale avec la flèche de son clocher et ses murs en pierre grise. Puis les rues sinueuses de la vieille ville, et au loin les lumières des avenues où les enseignes des banques et des grands magasins brillaient dans la nuit. Se pouvait-il que cet univers familier dissimule en son sein un autre monde ? Un monde dans lequel des femmes se réunissaient en secret pour décider comment influencer les hommes de pouvoir. Je me sentais dans un état second, incapable de réfléchir posément. J'ai décidé d'écouter Irène Bracca et de voir ensuite quelle conduite adopter.

Elle est revenue en apportant deux tasses de porcelaine bleue. Nous avons dégusté le thé fumant.

— Je suis prêt à entendre vos explications, ai-je dit en posant ma tasse.

— Je vous remercie. Je vais commencer par ce qui vous préoccupe. Je sais que vous vous sentez trahi par Marie. Vous pensez qu'elle vous a menti sur ses sentiments. Ce que vous devez comprendre, c'est que nos membres accomplissent leur mission par amour. Mais cela dépasse la passion pour une personne. Nous agissons par amour de la vie et des êtres humains, avec l'espoir de bâtir un monde meilleur pour tous. Cela n'empêche pas les femmes de l'Ordre de ressentir un profond attachement pour leur compagnon. D'ailleurs, nous n'obligeons jamais nos membres à s'approcher d'un homme qui ne les attire pas. Si Marie Sophie vous a choisi, c'est parce que nous le lui avons proposé, mais aussi parce que vous lui plaisiez.

— Peut-être, mais les règles du jeu sont quand même faussées à la base. Vous entrez en relation avec les hommes pour les utiliser. C'est le contraire de l'amour. Quand on aime, on ne cherche pas à manipuler l'autre. On va vers lui pour donner, pas pour prendre.

— Je partage votre vision. Le don est la marque de l'amour. C'est pourquoi nos membres apprennent à donner énormément au compagnon qu'elles ont choisi. Ça fait partie de leur formation. Nous savons de quoi les hommes ont besoin et nous le leur offrons à profusion.

— Que voulez-vous dire ?

— La règle édictée par notre fondatrice est très claire. La connaissance représente l'une des clés pour atteindre nos buts. Nous sommes devenues des spécialistes de la psychologie masculine. C'est un savoir qui nous aide à remplir notre mission.

La petite flamme d'ironie ne brillait plus dans ses yeux, mais elle parlait toujours avec son assurance habituelle. Ses affirmations tranchantes me mettaient mal à l'aise.

— Et de quoi avons-nous besoin, puisque vous nous connaissez si bien ? ai-je repris.

— La vraie question n'est pas de quoi, mais pourquoi. Ce que les hommes réclament, c'est du sexe. Toutes les femmes le savent. C'est d'ailleurs l'un des motifs de discorde les plus fréquents dans le couple.

— Jusque-là, vous n'apportez pas grand-chose de nouveau.

— La différence, c'est que nos disciples savent pour quelle raison les mâles se montrent si friands d'érotisme. Ce n'est pas parce qu'ils sont plus libidineux ou plus libertins, comme le croient beaucoup de femmes. Leurs demandes sexuelles viennent d'un profond besoin d'être rassurés.

— Rassurés ?

— Oui. C'est l'une des découvertes de la psychologie évolutionniste. Une approche qui nous a beaucoup intéressées. L'une de ses fondatrices est une femme, Leda Cosmides. En gros, l'idée est que nos comportements et nos émotions ont aussi subi le processus de sélection naturelle décrit par Darwin dans sa théorie de l'évolution.

— Quel rapport avec le sexe ?

— La base de la théorie de Darwin, c'est que chaque organisme sélectionne les caractéristiques qui lui donnent les meilleures chances de se reproduire. Or les hommes et les femmes ne sont pas égaux devant cet objectif, puisque vous n'êtes jamais sûrs d'être les pères de vos enfants.

Les grandes théories de Jef sur la guerre du sperme me sont revenues en mémoire. Une conversation avec Irène Bracca l'aurait certainement ravi. Elle a fini son thé et a poursuivi sa démonstration.

— Des chercheurs anglais ont demandé à des couples d'imaginer deux scènes. Dans la première, leur partenaire annonçait avoir fait l'amour avec quelqu'un d'autre, mais sans éprouver de sentiments, uniquement pour le sexe. Dans la seconde, il y avait aussi une relation en dehors du couple, mais sans relation sexuelle. C'était plutôt une amitié amoureuse, des moments passés ensemble, une attirance intellectuelle. On a enregistré le rythme cardiaque, la conductance de la peau et la tension musculaire des personnes qui participaient à l'expérience. Le but était de repérer des signes de stress. Les résultats sont très clairs : les hommes présentent un stress maximal lorsqu'ils imaginent que leur femme a fait l'amour avec un autre. Leur cœur accélère, ils transpirent, leurs muscles se tendent. Par contre, le fait que leur compagne entretienne une amitié avec un homme sans qu'il y ait de sexe les touche très peu. C'est exactement le contraire pour les femmes.

— Et alors ?

— Les hommes cherchent sans arrêt à vérifier que leur compagne les désire toujours. C'est vital pour eux, puisque la propagation de leurs gènes est menacée si ce désir se porte sur un autre mâle. Leurs demandes sexuelles viennent de là. Ce n'est pas par arrogance ou par luxure qu'ils veulent faire souvent l'amour. Cette exigence fait partie de leur programmation biologique. Nous expliquons cela à nos disciples lors de leur formation. Ça leur permet de mieux comprendre l'importance du sexe pour leur conjoint, et ça les aide à réagir de façon adéquate. Elles apprennent à valoriser le corps de l'homme pour lui faire sentir qu'elles ont envie de lui. Elles se montrent actives dans l'érotisme et accueillent favorablement les avances de leur partenaire. Ça crée des liens très solides dans le couple.

— Vous êtes en train de me dire que vous formez des call-girls qui mettent les mâles sous leur coupe grâce à leur science de la séduction.

— Pas du tout. Nous le faisons par amour, pas par intérêt personnel.

J'avais de la peine à garder mon calme. La façon dont elle dépeignait les hommes avait le don de m'exaspérer.

— Vous prétendez avoir étudié avec attention notre psychologie, ai-je lancé d'un ton acide. Mais vous en présentez une vision pour le moins caricaturale. À vous écouter, nous ne sommes que des pénis sur pattes. J'espérais un peu mieux après trois cents ans de réflexions.

Elle a eu une moue amusée.

— Les aspects liés au sexe ne représentent qu'une partie de notre savoir. Nous avons aussi étudié les éléments psychologiques qui garantissent la durée d'un couple. Avez-vous entendu parler du Love Lab ?

— Non.

— C'est un laboratoire fondé par un professeur de psychologie américain qui s'est spécialisé dans l'étude du couple, John Gottman. En fait, le Love Lab est simplement un petit appartement dans lequel des hommes et des femmes sont invités à passer un week-end en amoureux. La seule différence, c'est qu'il est bourré de caméras, d'enregistreurs et de capteurs. Gottman y a accueilli des milliers de couples pendant plus de trente ans. Il arrivait à prédire neuf fois sur dix si une union allait se terminer par un divorce, après avoir observé les partenaires pendant juste cinq minutes dans son laboratoire. Les recherches du professeur Gottman et d'autres spécialistes ont permis de montrer quels sont les éléments qui assurent la cohésion d'un couple. Nos membres les étudient et apprennent à les mettre en pratique.

— Alors vous connaissez les secrets des couples heureux.

— Ce serait présomptueux de dire ça, mais nous avons identifié les points qui peuvent faire la différence.

— Par exemple ?

— Il faut souvent parler à l'autre de ce qu'on aime chez lui, au lieu de lui dire ce qu'on n'aime pas. Les surprises et les gestes de tendresse sont aussi très importants, tout comme les marques d'estime et d'entraide. Mais l'essentiel, c'est d'élaborer des rituels de réconciliation. Ce n'est pas l'absence de conflit qui fait durer un couple. Les conjoints qui restent ensemble se disputent autant que les autres, mais ils savent régler leurs querelles de façon harmonieuse. Les femmes de notre Ordre maîtrisent les techniques qui permettent de se rapprocher après l'orage. Nous utilisons des découvertes modernes, par exemple la programmation neurolinguistique, mais aussi des connaissances anciennes comme celles des Sandé. Nos membres savent donner un maximum de chances à leur union. Leurs compagnons se sentent très bien avec elles, parce qu'elles leur apportent tout ce qui est nécessaire à leur bien-être physique et psychologique.

J'ai repensé aux premiers mois de ma relation avec Marie Sophie. Le tableau ne cadrait pas complètement.

— Vous exagérez un peu, ai-je répondu. Si Marie faisait partie de votre secte, elle n'avait pas dû assimiler toutes vos leçons. Il lui arrivait de s'éloigner de moi sans raison, parfois pendant plusieurs jours. J'en ai souffert, surtout au début de notre histoire.

— C'était certainement voulu.

— Comment ça voulu ?

— C'est une question d'équilibre entre l'amygdale et l'ocytocine. Nos disciples maîtrisent parfaitement le sujet. Nous avons analysé de près les récentes découvertes de la neurobiologie.

— C'est quoi ce charabia ?

— L'amygdale est une région du cerveau située près du lobe temporal. C'est elle qui déclenche les réactions de peur et d'agression. Elle s'active notamment quand on aperçoit un visage inconnu, parce que c'est une menace potentielle. L'ocytocine est parfois appelée « l'hormone de l'amour ». Elle est produite dans l'hypothalamus. Sa concentration augmente pendant l'activité sexuelle, les caresses et l'orgasme. Elle induit un état de confiance et favorise les liens.

— Et alors ?

— L'ennemi numéro un du couple c'est l'ennui. Quand il n'y a plus de stimulation émotionnelle, le danger apparaît. Les conjoints ont l'impression qu'ils savent tout l'un de l'autre. Il n'y a plus de surprise. Ça devient banal et plat. Pour l'éviter, il faut stimuler l'amygdale de temps en temps. Par exemple à travers un comportement inhabituel ou agressif. Pour qu'on se souvienne que l'autre est un étranger, qu'on ne le connaît pas vraiment. Ça déclenche une vague d'émotion négative, mais si elle est calmée assez rapidement par l'ocytocine, le cocktail devient très agréable. On ne s'ennuie jamais. Savoir s'éloigner et se rapprocher au bon moment, c'est une des choses que nous apprenons avec beaucoup de soin aux membres de notre Ordre. Marie était une élève brillante.

— Et vous appelez ça de l'amour ! Pour moi, c'est de la manipulation pure et simple.

— C'est faux. La manipulation implique le mensonge. Nous ne mentons pas, sauf par omission pour protéger notre Ordre. Tout ce que Marie Sophie vous a dit sur elle et sur ses sentiments était vrai.

— Mais elle était avec moi parce que je suis un dirigeant, pas parce qu'elle m'aimait.

— Elle a appris à vous aimer. Les hindous comparent le mariage à une soupe. D'après eux, les Occidentaux qui s'épousent par amour laissent refroidir une soupe chaude. Notre taux de divorce dépassera bientôt les deux tiers. Alors qu'en Inde, où les mariages sont arrangés par les parents, on réchauffe progressivement une soupe froide. Les conjoints savent qu'ils doivent développer leurs sentiments l'un pour l'autre.

— Mais tout se fait au grand jour. La coutume est connue. Tandis que votre secte agit dans l'ombre.

— L'Ordre des femmes organise des unions pour remplir sa mission, c'est vrai. Mais nos membres ont toujours le choix de refuser. Si elles acceptent, elles font tout pour apporter à leur compagnon l'amour dont il a besoin. Peu d'épouses peuvent en dire autant.

— Il y a quand même un mensonge à la base. Les hommes que vous choisissez ne savent pas que leur couple est une histoire arrangée. Si je m'étais douté des raisons qui amenaient Marie vers moi, je serais parti en courant.

— C'est pour cela que nous gardons le secret. Mais vous devez admettre qu'elle vous a donné tout ce que vous attendiez.

— Là n'est pas la question. Elle ne m'a pas aimé pour ce que je suis ! Si vous lui aviez désigné une autre cible, elle n'aurait jamais partagé ma vie.

— Et vous. Est-ce que vous l'avez aimée pour elle ou parce qu'elle savait combler vos besoins ? Ce sont des questions complexes, monsieur Clerc. Il est vrai qu'elle ne serait pas venue vers vous sans notre intervention. Mais ce n'est pas différent d'une rencontre qu'on fait en répondant à une annonce. Je vous le répète, elle aurait pu dire non. Vous aussi d'ailleurs. Elle vous a choisi parce que vous l'attiriez et ses sentiments pour vous étaient sincères.

— Alors pourquoi est-elle partie ? Pourquoi ?

Irène Bracca a poussé un profond soupir. Elle a posé son menton sur ses mains jointes et est restée silencieuse, les paupières baissées, dans une attitude presque méditative. On aurait dit que ma question l'avait plongée dans un abîme de réflexions. Pendant que son silence se prolongeait, j'ai réfléchi à sa dernière remarque. Avais-je vraiment aimé Marie ou juste sa capacité à satisfaire mes désirs ? Tout à coup, je me sentais moins sûr de la réponse. Mme Bracca a levé les yeux vers moi.

— Je n'étais pas certaine des raisons de son départ, a-t-elle repris d'une voix grave. Mais la conversation que nous avons eue l'autre soir a confirmé ce que je supposais.

— Je vous écoute.

— Quand vous m'avez demandé s'il y avait des liens entre elle et Baldwinter, je vous ai répondu qu'elle n'avait jamais mentionné son nom dans nos entretiens. C'est exact, mais j'ai joué sur les mots. En fait, c'est moi qui ai parlé de lui à Marie.

— Pourquoi ?

— Elle était dans une phase de doute. Elle se posait des questions sur l'efficacité réelle de l'Ordre. Sur notre capacité à faire changer les choses. Nos membres se sentent parfois isolées. Pour des raisons de sécurité, elles ne se connaissent pas entre elles. La motivation de Marie faiblissait. Elle se demandait même si tout ça n'était pas une histoire que j'avais inventée. Ça créait des tensions entre nous. Pour la rassurer et lui prouver l'efficacité de l'Ordre, j'ai commis une grosse erreur.

— Laquelle ?

— J'ai transgressé notre loi du silence. Je lui ai révélé qu'Annie, l'épouse de Baldwinter, est l'une des nôtres. Nous l'avons placée près de lui il y a quinze ans, à une époque où il n'était encore qu'un jeune financier aux talents prometteurs. La mission d'Annie était de veiller à ce qu'il investisse son argent dans des activités utiles pour les hommes et pour la planète. C'est ce qu'elle a fait. En quelques années, il est devenu multimilliardaire dans l'électronique de pointe. Ses usines fabriquent des prothèses de haute technologie, des instruments de microchirurgie, des cellules photovoltaïques de nouvelle génération. Mais il y a environ huit mois, la presse spécialisée a révélé que son groupe connaissait de grosses difficultés. Selon les analystes financiers, la meilleure solution était qu'il s'associe avec une entreprise produisant des missiles.

— Des missiles ? Je ne vois pas le rapport.

— Ils voulaient utiliser une rétine artificielle développée par l'une des filiales médicales de Baldwinter. Le but était d'adapter la technologie pour améliorer le système de guidage des fusées. J'étais certain qu'Annie mettrait tout son poids pour empêcher que ça se fasse. Il était fou d'elle et écoutait toujours son avis. J'ai expliqué tout ça à Marie en lui disant qu'elle pourrait voir les résultats concrets de notre action. Mais tout est allé de travers. Annie a menacé de quitter Baldwinter s'il s'associait avec des marchands d'armes. Il l'a quand même fait pour sauver son empire, puis il s'est suicidé. Je pense que c'est en lisant la nouvelle dans la Tribune que Marie Sophie a craqué.

— Et vous avez décidé de m'en parler par crainte que j'enquête de nouveau sur Baldwinter et que je découvre le pot aux roses ?

— Oui. Annie a été bouleversée par ce qui est arrivé. Elle est encore très fragile. J'ai eu peur qu'elle ne révèle tout si elle était mise sous pression.

— Et Béatrice, pourquoi lui avez-vous demandé de coucher avec moi ?

— J'espérais que vous renonceriez à vos investigations si vous retrouviez l'amour d'une femme. J'ai agi trop vite. À travers mes consultations, j'évalue quelles sont les femmes susceptibles de faire partie de l'Ordre. Je les sélectionne en leur faisant passer une série de tests. En demandant à Béatrice de s'occuper de vous, j'ai tenté un coup de poker. Je me rendais compte qu'elle n'était peut-être pas prête, mais le temps pressait. Quand je vous ai vu à ma conférence, j'ai compris que je m'étais trompée. Béatrice a échoué. Elle ne saura jamais rien sur l'Ordre des femmes.

— Et elle ne recevra pas le masque Sandé. Ce n'est pas un cadeau que vous faites, comme vous l'avez prétendu. C'est le symbole d'appartenance à votre Ordre.

— J'ai joué sur les mots. C'est aussi un cadeau, mais il est vrai que je l'offre à celles qui ont terminé leur initiation. C'est la marque de notre groupe.

— Vous jouez beaucoup sur les mots. Ce n'est pas l'amour d'une femme que vous vouliez me faire retrouver, mais une nouvelle disciple. Pour prendre la place de Marie et continuer sa mission.

— L'un ne va pas sans l'autre. Nos membres basent leurs actions sur l'amour.

— Arrêtez d'employer ce mot ! C'est insupportable. Vous utilisez les femmes qui viennent chercher votre aide et vous les jetez dans les bras des hommes que vous voulez manœuvrer. Voilà la vérité.

Elle a secoué la tête en signe de dénégation, mais sans rien dire. Comme si elle se rendait compte que ses paroles ne pourraient pas me faire changer d'avis.

— Vous êtes de nouveau en colère, monsieur Clerc, a-t-elle remarqué d'un ton las. Vous vous laissez envahir par un ressentiment personnel. Vous ne voulez pas voir que ce qui se joue va bien au-delà. C'est l'avenir de notre planète qui est en jeu. L'Ordre des femmes peut aider à bâtir un monde meilleur. Ça ne veut rien dire pour vous ?

— On ne bâtit pas un monde meilleur sur le mensonge. Vos méthodes sont indignes de votre but. Vous voulez tirer les ficelles dans l'ombre en nous manipulant comme des pantins. Et ça, c'est inadmissible.

— Orgueil et colère. Voilà le cocktail masculin par excellence. Celui qui conduit le monde à sa perte.

— Et le cocktail féminin, c'est quoi ? Séduction et tromperie ? Je vais être très clair avec vous. Je pense que votre Ordre est nuisible. Je vais révéler ce que vous faites pour mettre un terme à vos activités.

— Je vais être claire aussi. Je suis triste que vous n'acceptiez pas de nous aider. J'ai commis une erreur en vous parlant. Je croyais que vous sauriez voir la noblesse de notre cause. Je ne vous veux pas de mal. Mais si vous tentez de nous nuire, je devrai vous en empêcher.

— Vous me menacez ?

— Je vous demande de réfléchir encore. Faites votre vie, partez à la recherche de Marie si vous l'aimez toujours. Mais n'essayez pas de dévoiler l'existence de l'Ordre. Vous n'avez rien à y gagner.

— Si. Un peu plus de respect pour les hommes. Et c'est déjà beaucoup.

Une fois de plus, je suis parti sans la saluer.

# XVIII

Il était presque 22 h 30 quand je suis sorti de l'immeuble. J'ai remonté la rue de la Fontaine. Les étoiles brillaient dans un ciel qui hésitait entre le bleu sombre et le noir. L'air tiède de cette nuit de juin avait la douceur de l'été. Un peu plus haut, sur la place Bourg-de-Four, une foule animée colorait les terrasses des cafés. Les rires et les bruits des conversations m'ont fait du bien. Il me semblait que je retrouvais le monde réel après cette discussion délirante avec Mme Bracca. Je me suis rendu compte que j'avais faim. L'appartement de Fabienne était à quelques mètres, mais je ne voulais pas débarquer à l'improviste. Ça faisait trois semaines que je ne l'avais plus vue. Je l'ai appelée en me demandant si j'arriverais enfin à l'atteindre. J'avais vraiment besoin de lui raconter ce qui venait de m'arriver. La sonnerie a retenti plusieurs fois. J'allais raccrocher lorsqu'elle a finalement répondu. Elle ne pouvait pas venir tout de suite et m'a proposé de me retrouver trois quarts d'heure plus tard chez Dino. Ça me laissait le temps de déguster un plat de lasagnes au saumon. Je me suis attablé et j'ai commandé un verre de Vernaccia. Je l'ai bu à petites gorgées et j'ai mangé mes pâtes en essayant de me concentrer sur leur saveur. Mais je n'ai pas pu empêcher une question de se former dans mon esprit. Elle ne concernait pas Irène Bracca, mais Fabienne. Je trouvais étrange qu'elle ne m'ait plus donné signe de vie depuis si longtemps, et je me suis demandé ce qui la retenait chez elle. Peut-être qu'elle était avec son amoureux. Depuis ma table sur la terrasse, je pouvais voir la porte de son immeuble. J'ai décidé de ne pas la quitter des yeux. Je voulais surprendre la sortie d'un éventuel visiteur. À moins qu'il ne passe la nuit chez elle. J'ai demandé un autre verre de vin pour oublier cette idée.

J'en étais à la cassatta maison lorsqu'un homme d'environ trente-cinq ans a quitté l'immeuble et s'est éloigné vers le parc des Bastions. Il avait une silhouette athlétique et marchait d'un pas décidé. Cinq minutes plus tard, Fabienne est sortie à son tour et s'est dirigée vers ma table.

— Bonsoir, mon grand. Qu'est-ce qui t'amène dans le quartier ? a-t-elle lancé en m'embrassant sur la joue.

— J'ai essayé plusieurs fois de t'atteindre, mais tu étais injoignable. On aurait dit que tu avais disparu de la circulation.

— J'ai été très occupée. Désolée de ne pas t'avoir donné de nouvelles. En tout cas, c'est gentil d'être passé me voir.

— En fait, j'avais rendez-vous chez Mme Bracca. Son cabinet est à deux pas d'ici. Elle m'a dit des choses qui m'ont beaucoup perturbé. Je ne sais plus où j'en suis. J'avais besoin d'en parler à une personne de confiance.

— Alors raconte !

J'ai détaillé la conversation que j'avais eue en début de soirée, sans oublier de mentionner les documents que j'avais reçus dix jours auparavant. Fabienne m'a écouté attentivement en dégustant une grappa. Elle m'a laissé parler sans faire de commentaires, m'interrompant juste une ou deux fois pour me demander des précisions. Quand j'ai eu terminé, elle m'a jeté un regard songeur.

— Sacrée histoire. Je comprends que ça te chamboule.

— Qu'est-ce que tu en penses ?

— Pour moi, ce ne sont que des fadaises. Même si historiquement ça tient la route. J'ai entendu parler de cette Antoinette de Salvan et je crois bien qu'elle a vécu à la même époque que la marquise du Châtelet. Je peux consulter le dossier que t'a donné Mme Bracca et vérifier si ça colle. Mais le plus probable, c'est qu'elle a brodé son scénario à partir de quelques données récoltées dans des bouquins. Une société secrète de femmes qui aurait traversé les siècles incognito, ça me semble un peu gros. Même si l'idée est séduisante.

— Comment ça séduisante ?

— Ce serait une belle revanche sur les machos qui gouvernent la planète. Menés par le bout du nez sans le savoir. Je suis presque tentée de m'inscrire !

— Je ne trouve pas ça très drôle. Ça te plairait d'apprendre qu'une organisation de mâles s'est donnée pour but d'utiliser les femmes ?

— C'est déjà fait, et vous avez entièrement atteint votre objectif. Ça fait des millénaires que vous nous dominez.

— Il y a des pays où un homme n'ose plus rester seul avec une femme dans une pièce fermée parce qu'il peut se faire accuser de harcèlement sexuel. Elle a bon dos, la domination des mâles.

Fabienne a posé sa main sur la mienne d'un geste apaisant.

— Bon, on ne va pas se rejouer la guerre des sexes. Qu'est-ce que tu comptes faire de ces prétendues révélations sur l'Ordre des femmes ?

— Je n'en sais rien. Si c'est vrai, c'est extrêmement grave. Mais ce qui me fait le plus mal, ce n'est pas l'idée d'un complot mondial. C'est que Marie soit venue vers moi juste pour me manipuler.

— Tu ne veux toujours pas comprendre, David. L'important, ce n'est pas pourquoi elle est venue, ni même pourquoi elle est partie. L'important c'est qu'elle n'est plus là. Elle n'a pas eu assez d'amour pour rester. Ça, c'est une vérité incontournable et il va bien falloir que tu l'acceptes un jour.

— Peut-être, mais je dois savoir si ce que j'ai vécu avec elle n'était qu'une mascarade. Je ne pourrai pas être en paix tant que je n'aurai pas la réponse.

— Alors tu risques de rester encore longtemps à remuer le passé. Je ne suis pas sûre que ce soit le mieux pour toi.

— Il faudrait que je trouve des preuves de l'existence de l'Ordre. Comme ça je pourrai aller voir la police sans passer pour un illuminé. Et ils se mettraient à la recherche de Marie pour la faire témoigner.

— Mais comme il y a neuf chances sur dix pour que ce soit un énorme bobard, tu me sembles mal parti. Mme Bracca est probablement une mythomane. Très cultivée et intelligente, mais mythomane quand même.

— Et pourquoi est-ce qu'elle aurait inventé tout ça ?

— Pour plein de raisons. Le plaisir de mener en bateau un célèbre banquier, par exemple. Raconter ces sornettes lui permet d'exercer son pouvoir sur toi. Ou alors c'est tout simplement la jalousie.

— Comment ça ?

— Peut-être qu'elle était amoureuse de Marie et qu'elle t'en veut de la lui avoir enlevée. En te faisant croire que ta compagne était membre d'une secte, elle casse définitivement votre relation.

— Qu'est-ce que tu racontes ? Tu veux dire que Marie Sophie était lesbienne et qu'elle me l'a caché ?

— Il suffit que Mme Bracca le soit.

— C'est du délire.

— Pas plus que l'existence de l'Ordre des femmes.

— Alors tu penses qu'il n'y a rien de vrai là-dedans.

— Je pense que Mme Bracca a sûrement des petits secrets, tout le monde en a. Mais je ne crois pas à cette histoire.

Bizarrement, l'image de l'homme qui avait quitté son immeuble quelques minutes plus tôt m'a soudain traversé l'esprit.

— Et tes petits secrets à toi, est-ce qu'ils sont bien protégés ? ai-je lancé d'un ton qui se voulait dégagé.

— Pourquoi tu me demandes ça ?

— J'ai découvert qui est l'amoureux que tu me caches depuis trois mois.

Elle m'a dévisagé d'un air interloqué.

— Qu'est-ce que tu racontes ?

— D'ailleurs je me demande pourquoi tu ne le montres pas à tout le monde. Il a l'air plutôt bel homme.

— Mais de qui tu parles ?

— De celui avec qui tu étais quand j'ai appelé. Je l'ai vu sortir de chez toi tout à l'heure.

— Ah, tu as vu Richard.

Il m'a semblé que ses traits se détendaient.

— Et alors, qu'est-ce que ça te fait d'avoir aperçu mon amoureux ? a-t-elle repris avec un petit sourire.

— Rien de spécial. Je trouve que tu aurais pu me le présenter. C'est tout.

— C'est que tu avais l'air contrarié quand je t'en ai parlé. Tu te souviens. Tu m'as même dit qu'il fallait qu'on se voie moins souvent. Je me suis demandé si tu n'étais pas un peu jaloux.

— Pas du tout !

— Même pas un petit peu ?

— Mais non, voyons. Je suis content pour toi.

— Dommage.

— Comment ça, dommage ?

Je ne comprenais plus rien à ce qu'elle disait. Son visage avait à nouveau changé d'expression. Il y avait maintenant une sorte de gravité qui émanait d'elle.

— Tu sais David, les pires mensonges sont ceux qu'on se fait à soi-même. C'est très important de se montrer honnête sur ce qu'on ressent.

— Bien sûr. Tu es mon amie. Je veux juste que tu sois heureuse.

Elle a gardé le silence pendant un long moment. Son regard me scrutait avec cette intensité particulière qui me mettait mal à l'aise. Mais ce soir, il y avait encore autre chose dans ses iris pailletés d'or. Ça ressemblait à un appel de détresse.

— J'espère aussi que je trouverai le bonheur, a-t-elle fini par murmurer. Mais ce n'est pas pour tout de suite. Là, je suis juste triste à crever.

Ses yeux s'étaient emplis de larmes. C'était la première fois que je la voyais pleurer. Je me suis senti complètement désemparé. Comme dans le bureau de Mme Bracca quelques heures plus tôt, j'ai eu l'impression qu'un univers inconnu se dévoilait soudain à moi. Une réalité différente qui bouleversait mes certitudes. J'ai voulu prendre la main de Fabienne pour la consoler, mais elle a eu un brusque mouvement de recul.

— Ne me touche pas, s'il te plaît. C'est déjà assez difficile comme ça.

— Mais enfin, Fab, qu'est-ce qui se passe ?

Elle a baissé la tête et s'est mise à parler d'un ton nerveux.

— Il se passe que c'est toi l'homme que j'aime. Voilà. Je ne voulais pas te le dire ce soir, mais là je n'en peux plus. J'en ai marre d'attendre que tu sois prêt à m'écouter. Ça fait des mois que je guette le bon moment, que j'espère des signes qui ne viennent pas. C'est aussi pour ça que je ne me suis plus manifestée ces dernières semaines. Je voulais faire le point. Ne plus te voir pendant quelque temps. Mais il n'y a rien à faire. Je suis amoureuse de toi. Je cherchais comment te l'annoncer. Je peux te jurer que je ne voyais pas la scène comme ça. Mais tant pis. Il fallait que ça sorte.

— Mais ce visiteur qui vient de quitter ton appartement…

— Richard est un collègue qui enseigne avec moi à Candolle. Il est venu corriger des copies. Il n'y a jamais rien eu entre nous. Si au moins tu avais été jaloux, j'aurais pu espérer que tu éprouvais quelque chose pour moi.

— On a toujours été amis, Fab. Juste des amis. C'était clair entre nous. Tu ne vas pas me dire que tu es amoureuse de moi depuis qu'on allait à l'école ensemble.

— Quand j'étais gamine, j'avais un peu le béguin. Mais je ne te l'aurais jamais avoué, même sous la torture. On s'est perdus de vue à l'adolescence et quand on s'est retrouvés, tu étais marié. Après, il y a eu Tristan et j'ai essayé de croire à mon histoire avec lui. Mais depuis que je l'ai quitté, je me suis rendu compte que c'était toi que j'attendais.

— Comment ça ?

— Oh, c'est venu progressivement. Rien à voir avec le coup de foudre. Ça a commencé le soir où tu m'as parlé de Marie Sophie. J'ai senti que j'étais déçue au lieu de me réjouir pour toi. Ça m'a perturbée, mais je n'ai pas voulu y réfléchir. Pendant l'année que tu as passée avec elle, j'ai rencontré plusieurs hommes. Mais je voyais bien que mon cœur restait fermé. Quand elle est partie et qu'on a recommencé à se fréquenter, c'est devenu évident. Si tu savais le nombre de fois où j'ai eu envie de presser mes lèvres sur les tiennes, de sentir tes mains sur ma peau.

— Mais pourquoi tu ne m'as rien dit ?

— Je ne voulais pas te jeter mon amour à la figure. Je savais qu'il te faudrait du temps pour surmonter le départ de Marie. Et puis j'avais peur que mes sentiments ne soient pas partagés. Peur de vivre ce qui m'arrive ce soir.

Elle avait relevé la tête et me fixait avec un mélange de tristesse et de défi.

— Enfin, maintenant tu sais. À toi de décider ce que tu vas faire avec ça. Si tu ne veux plus qu'on se voie, je comprendrai.

Elle s'est levée brusquement et s'est approchée de moi. Sa bouche est venue se poser sur mes lèvres dans un baiser furtif.

— Je ne sais pas si tu as déjà vécu ça, a-t-elle murmuré en se redressant. C'est chaud et doux, mais en même temps ça fait très mal. Ça ne m'était jamais arrivé.

Elle s'est dirigée à grandes enjambées vers son appartement. Je suis resté là, tiraillé entre l'envie de lui courir après et celle de rentrer chez moi, de prendre un somnifère et de me réfugier dans le sommeil. J'ai fini par commander un verre de cognac et l'ai bu d'un trait, puis je suis allé me coucher. Après l'Ordre des femmes, l'amour de Fabienne. Ça faisait trop de révélations pour une seule soirée.

# XIX

— On va t'appeler David Vincent !

Arnaud agitait son pinceau en riant à gorge déployée. Comme tous les samedis matins, il peignait dans le petit atelier qui jouxtait son cabinet. Ses talents picturaux m'avaient toujours paru très limités, mais il adorait barbouiller ses toiles.

— David Vincent, a-t-il repris en recouvrant son tableau de peinture bleu pâle. Tu sais, ce héros d'une série TV des années 60.

— Non, ça ne me dit rien.

— Mais si ! C'est une série culte. Une histoire de science-fiction. Le gars tombe sur une soucoupe volante un soir alors que sa voiture est en panne sur une route déserte. Il comprend que les extraterrestres sont venus envahir la planète. Il essaie d'alerter les autorités. Mais tout le monde le prend pour un fou, vu que ses aliens ressemblent comme deux gouttes d'eau aux humains. La seule différence, c'est qu'ils ont le petit doigt tordu. Ils s'infiltrent dans tous les rouages de la société et essaient de supprimer Vincent.

— Merci pour la comparaison.

— Sauf que tes extraterrestres à toi, leur différence avec nous c'est qu'ils n'ont pas de bite, a-t-il repris en riant de plus belle.

— J'adore ton humour. Donc, tu crois que Mme Bracca m'a raconté des salades. Tu penses que l'Ordre des femmes n'existe pas ?

Il était occupé à aligner des petits points rouge vif au milieu de sa toile et ne m'a pas répondu tout de suite.

— Je pense que les femmes n'ont pas besoin d'une organisation secrète pour nous manipuler, a-t-il finalement lancé. Elles nous mènent par le bout du nez depuis pas mal de temps.

— C'est exactement ce que je lui ai répondu.

— Mais ce qui arrive chez nous est complètement nouveau. Les mâles sont en train de perdre leur pouvoir. Avant, les rôles étaient bien définis. Les femmes devaient utiliser leur esprit ou leur séduction pour obtenir ce qu'elles voulaient. Elles avaient la possibilité de nous influencer, mais pas de nous contraindre. Maintenant, elles peuvent nous obliger à courber l'échine. Regarde ce qui se passe pour les divorces. Dans les trois quarts des cas, c'est la femme qui part. Et son ex doit financer la nouvelle vie de Madame en s'estimant heureux s'il a encore le droit de voir ses enfants.

— Tu ne veux quand même pas revenir aux lois du Moyen Âge.

— Bien sûr que non, vieux puceau. Je ne dis pas que la domination des hommes était une bonne chose. Je considère tout ça d'un point de vue psychologique. Le pouvoir est une drogue. Nos prédécesseurs en ont usé et abusé, mais les hommes d'aujourd'hui vont subir un sevrage brutal. Et ça va faire mal. La vie de ceux qui perdent le pouvoir n'est pas drôle. Je prédis une augmentation des états de stress et de dépression chez les mâles occidentaux. Mais la plus grande menace pour la santé mentale c'est de conquérir le pouvoir, pas de le perdre. Les femmes sont en danger parce que l'ivresse du pouvoir peut perturber le sens des réalités. Sous prétexte qu'elles ont été opprimées, elles en déduisent que tous les malheurs de l'humanité viennent des mecs. Nos pines sont des épées, les hommes sont foncièrement violents et guerriers. Certaines féministes affirment que toute pénétration est un viol, même si la partenaire est consentante. Tu te rends compte ! Elles oublient qu'il y a autant de salopes que de salauds, et que les femmes ont simplement une manière différente d'être mauvaises. Le mal est androgyne. Mais ceux qui voudraient le leur rappeler se font tout de suite traiter de machos rétrogrades. Bientôt, elles vont nous obliger à pisser assis au nom de l'égalité des sexes !

Il avait trempé son pinceau dans une peinture rose vif et l'employait comme un goupillon pour asperger la toile en cercles concentriques. Il a reculé un peu en contemplant le résultat avec satisfaction.

— Alors, tu comprends, a-t-il repris. Même si l'Ordre des femmes existait, ça me ferait beaucoup moins peur que ce qui est en train de se passer au grand jour dans nos pays. La société secrète de Mme Bracca, c'est l'ancienne manière de faire. Influencer, séduire, manipuler, ce sont des armes féminines classiques. On est habitués. Et au moins, ces dames-là ne cherchent pas à nous couper les couilles.

— Mais tu n'y crois pas vraiment.

— Franchement non. J'ai trouvé Irène Bracca intelligente et cultivée. Elle aurait pu être une bonne thérapeute. Mais elle a dû basculer du mauvais côté. À mon avis, elle a cherché à t'abuser avec cette histoire. Les belles femmes ont souvent tendance à verser dans l'ésotérique ou le paranormal quand elles vieillissent. Ça leur permet de continuer à fasciner.

— Mais elle a quand même envoyé Béatrice me séduire.

— Pour mesurer son pouvoir sur elle. Et aussi sur toi. Rien à voir avec l'Ordre des femmes. À ta place, j'oublierais tout ça. La grande nouvelle, c'est que Fabienne est amoureuse de toi. C'est une femme bien. Elle peut t'aider à être heureux. Laisse-toi aller au lieu de te prendre la tête avec un prétendu complot vieux de trois siècles.

— Ce n'est pas si simple.

— Si, justement. C'est très simple. Il suffit que tu abandonnes le passé et que tu t'intéresses au présent.

— Tu es vraiment génial comme psy. Est-ce que tu débites des âneries pareilles à tes patients ? Bientôt, tu vas me dire d'aller faire du vélo avec Fab.

— Excellente idée !

Il a apposé une signature illisible dans le coin droit du tableau.

— C'est fini ? ai-je demandé en examinant l'amas de points écarlates sur le bleu pâle de la toile.

— Oui, je suis dans ma période minimaliste. Il ne me reste plus qu'à trouver un titre.

— Urticaire dans le ciel, ça te va ?

J'ai quitté Arnaud sans être convaincu par ses arguments. Roxane et Léonore m'attendaient à la maison. Je leur avais promis un pique-nique au lac d'Annecy pour le lendemain. Nous avons passé l'après-midi à courir les magasins pour acheter les victuailles du repas. Il fallait aussi dénicher les accessoires indispensables qui allaient des assiettes en carton aux nouveaux costumes de bain, en passant par la crème solaire. On sentait dans l'air un avant-goût de grandes vacances. Les gens déambulaient en souriant et le ciel avait la couleur de l'été. Mais je n'arrivais pas à me fondre dans cette ambiance bon enfant. Je me remémorais les nombreuses discussions que j'avais eues avec Marie au sujet de mon travail, et je me demandais dans quelle mesure son opinion avait pesé sur mes décisions. Se pouvait-il que l'Ordre des femmes ait cherché à influencer la politique de la CMD ? À un moment, j'ai surpris mes filles en train de pouffer en lorgnant de mon côté.

— Quoi ? Qu'est-ce qu'il y a ?

Roxane m'a dévisagé d'un air malicieux.

— Rien, papa. Ça fait juste la troisième fois qu'on te demande si on peut aller manger une coupe de glace, et t'as toujours pas répondu. J'ai l'impression que t'es encore plus dans la lune que d'habitude.

Pour me faire pardonner, je leur ai offert deux immenses banana splits.

Durant toute la matinée du dimanche, j'ai hésité à appeler Fabienne. Sa déclaration m'avait bouleversé. Au fond de moi, je devais reconnaître que mes sentiments pour elle avaient changé. Il ne s'agissait plus simplement d'une amitié. Plusieurs fois durant ces derniers mois, j'avais senti qu'elle m'attirait. Et c'était bien des morsures de jalousie que j'avais éprouvées quand elle m'avait parlé de son mystérieux amoureux. Mais en même temps, son amour me faisait peur. Il était trop fort, trop sûr, trop limpide. Moi je naviguais encore dans le brouillard. Je n'étais pas certain de pouvoir lui apporter ce qu'elle espérait. Je ne lui ai pas téléphoné et j'ai pris la route d'Annecy seul avec mes filles.

Le temps était splendide et l'humeur de Roxane et Léonore au beau fixe. Mais la journée a été difficile pour moi. En contemplant les familles installées dans l'aire de pique-nique, j'ai senti la vieille rancœur pointer le bout de son nez. Ces couples qui s'enlaçaient amoureusement pendant que leurs enfants couraient autour d'eux me renvoyaient à l'échec de mon mariage. Après le repas, mes filles ont foncé vers la plage. Je les observais de loin en feuilletant distraitement un magazine. Elles s'éclaboussaient et se poursuivaient avec d'énormes éclats de rire. Elles jouaient comme des enfants, mais leurs corps montraient qu'elles devenaient femmes. Léonore avait les jambes élancées de sa mère et Roxane ses cheveux blond vénitien. J'ai surpris les mimiques d'un groupe d'ados qui suivaient mon aînée des yeux alors qu'elle revenait vers moi. Elle s'est allongée à mes côtés, essoufflée par sa course.

— Alors, ça te plaît le lac d'Annecy ? ai-je demandé en fermant mon magazine.

— Ouais. C'est top. Comme à la mer, mais sans le sable. Moi, le sable, j'aime pas trop. Ça gratte.

— Et Léonore, elle est où ?

— Besoin urgent. Elle est partie vers les WC.

Roxane s'est mise sur le dos, les mains croisées derrière la nuque. Au bout d'un moment, elle s'est tournée vers moi.

— Dis, papa. Comment on sait si on est amoureux ?

— Oh là là. Tu me poses une question délicate. Ça dépend des gens, et ça dépend des fois aussi. Parfois, c'est tellement fort qu'on le sait tout de suite. Et d'autres fois ça grandit doucement. Mais on finit par s'en apercevoir, parce que la personne qu'on aime prend toujours plus de place dans nos pensées.

— Maman et toi, c'était fort ?

— Très fort, oui.

— Alors pourquoi elle t'a quitté ?

— C'est à elle qu'il faut le demander.

— Elle m'a répondu qu'elle avait écouté son cœur.

— Ça veut juste dire qu'elle s'est laissé prendre par son envie d'un autre. Moi, je crois qu'on doit comprendre son cœur plutôt que de l'écouter.

— Et comment on fait ?

— On réfléchit sur soi. On se demande de quoi on a vraiment besoin pour se sentir bien. On discute avec son compagnon de ce qui va et de ce qui ne va pas. On cherche des solutions ensemble.

— Ça a l'air compliqué.

— C'est pour ça que beaucoup de gens préfèrent partir vers quelqu'un d'autre.

Ma fille a poussé un soupir désabusé.

— L'amour ça me fait peur. Si c'est pour souffrir après, ça vaut pas la peine.

— Tu es amoureuse ?

— Je sais pas. Il y a un garçon qui me plaît beaucoup. Je pense souvent à lui. Il s'appelle Christophe. Il a de super yeux noirs. Quand il me regarde, je me sens toute bizarre.

— Et lui, est-ce qu'il t'aime ?

— J'ai l'impression, mais en fait j'en sais rien. On s'est pas encore parlé. Si ça se trouve, je me fais des idées.

— Il faudra bien que tu saches.

— Je suis pas pressée, c'est peut-être mieux de continuer à rêver.

L'arrivée de Léonore qui m'a couvert de bisous pour que je lui offre un tour en pédalo a mis fin à la conversation. Mais le soir, au moment où mes filles montaient dans le train pour rejoindre leur mère, Roxane m'a pris à part sur le quai de la gare.

— Et Marie Sophie, papa, tu crois qu'elle a essayé de comprendre son cœur ?

Sa question m'a laissé pantois.

— Je n'en sais rien, chérie, ai-je fini par répondre.

— Et si elle revient, tu pourrais encore l'aimer ?

J'ai serré ma fille dans mes bras. Ces séparations du dimanche soir restaient des moments très durs pour moi.

— Elle ne reviendra pas, ai-je murmuré à l'oreille de Roxane.

Béatrice était tout sourire quand je suis entré dans son bureau lundi matin. Je lui avais raconté ma première entrevue avec Irène Bracca, mais sans lui donner de détails. Elle ne m'avait plus questionné à ce sujet. Je connaissais sa discrétion, mais j'étais quand même étonné qu'elle ne cherche pas à connaître la suite de l'affaire. On aurait dit que tout ça ne l'intéressait plus. J'ai compris les raisons de son attitude lorsque nous avons bu un café ensemble en fin de matinée.

— Je te trouve rayonnante depuis quelques jours, lui ai-je dit en dégustant mon expresso. Tu es encore plus belle que d'habitude.

— Marco est revenu ! a-t-elle lâché en rougissant. Il m'a appelée mardi dernier et on s'est vus plusieurs fois. Il est seul, sa copine est partie. On a passé un week-end formidable ensemble. Il m'a invitée dans un hôtel quatre étoiles au bord de la mer. Et il m'a fait des déclarations d'amour jusqu'à 3 heures du matin.

— Et tu as craqué.

— Au début, je me suis dit que j'allais lui en faire baver. Mais je sens que je l'aime encore, alors pourquoi me forcer à jouer l'indifférente ? Oui, j'ai craqué. La nuit a été merveilleuse. Et au matin, il m'a demandée en mariage.

— C'est un rapide. Tu as accepté ?

— Je lui ai dit que j'allais réfléchir, mais au fond de moi je sais déjà que je vais dire oui. C'était ce que je voulais avant qu'il parte.

— Tu n'es pas rancunière.

— Je l'aime, c'est tout.

— Tu ne regrettes pas de devoir renoncer aux conseils de Mme Bracca ?

— Elle m'a appris des choses qui me seront utiles dans mon mariage. Mais elle ne me manquera pas. Pour moi, c'est une page tournée. Et toi, est-ce qu'elle t'a aidé à comprendre pourquoi Marie est partie ?

— Pas vraiment. Je ne sais pas si je comprendrai un jour.

— C'est peut-être ça qu'il faut accepter. Moi non plus, je n'ai pas vraiment réalisé pourquoi Marco m'a quittée. Je crois qu'il ne le sait pas lui-même.

Béatrice s'est interrompue, puis m'a regardé d'un air embarrassé.

— Mme Bracca m'a quand même poussée à faire une grosse bêtise, a-t-elle ajouté d'une voix un peu inquiète.

— Tu n'as pas de soucis à te faire. Je n'ai parlé à personne de notre soirée après le Verre à Soi. Tu sais que les banquiers sont capables de garder les secrets.

Elle a souri et m'a embrassé sur la joue.

— Merci David. Je serai très heureuse si tu viens au mariage.

— Ce sera avec grand plaisir.

Fabienne, Roxane, et maintenant Béatrice. Décidément, Cupidon faisait des heures supplémentaires dans mon entourage. Je me suis dit que je devrais en profiter. Mais le mystère de l'Ordre des femmes ne me laissait pas en paix.

Pour le poker du mardi soir, Maurice avait apporté une magnifique bouteille de Ribera del Duero. Il a proposé qu'on la déguste avant de commencer à jouer. Après avoir bu une gorgée dans un silence religieux, chacun y a été de son commentaire. Quand mon tour est arrivé, j'ai décidé de leur faire part de mes préoccupations.

— Maurice, ce vin est un chef-d'œuvre. Pas de discussion là-dessus. Mais avant qu'on commence à jouer, il y a quelque chose que j'aimerais vous raconter. J'ai besoin de votre avis, même si vous trouvez que mon histoire est délirante.

Ils m'ont écouté avec attention pendant que je leur détaillais l'enquête de Daubert et ma conversation avec Irène Bracca. Quand j'ai eu terminé, il y a eu un moment de silence autour de la table.

— Alors, qu'est-ce que vous en pensez ?

— Dans ce monde de fous tout est possible, a marmonné Lionel. Si ça se trouve, ta secte existe vraiment. Ce qui est dégueulasse, c'est que les belles manipulatrices qui en font partie ne s'intéressent qu'aux hommes de pouvoir. Et nous autres, pauvres péquenots, on doit se contenter des mégères qui n'ont jamais appris à satisfaire les mâles.

Éclat de rire général.

— Il y a une autre possibilité, a lancé Maurice. La manipulation n'est peut-être pas là où on croit.

— Qu'est-ce que tu veux dire ?

— Ça pourrait venir de la banque. Quelqu'un qui est jaloux de ton ascension et qui essaie de te piéger.

— Comment ça ?

— En te faisant croire à cette histoire abracadabrante grâce à la complicité de la Bracca. On espère peut-être que tu parleras de cette affaire à toujours plus de gens. Ensuite, il suffira de quelques fuites bien dosées pour démontrer que tu es en train de devenir parano parce que tu n'as pas supporté le départ de ta compagne. Et c'est la fin de ta carrière.

— Ça paraît un peu tordu, non ?

— Dans le monde du business, tous les coups sont permis. Tu devrais le savoir.

— De toute façon, tu ne peux rien faire tant que tu n'as pas de preuves, a dit Jef. Et pour trouver des preuves, il faut procéder de façon scientifique.

— Tu as une méthode ?

— Il faut s'attaquer au maillon faible. Celui qui a le plus de chances de céder.

— Et c'est qui le maillon faible ?

— La veuve de Baldwinter, évidemment. Si ce qu'a raconté Mme Bracca est vrai, c'est la seule personne qui peut confirmer l'histoire.

— Et tu veux que j'aille sonner à sa porte pour lui faire avouer qu'elle fait partie de l'Ordre des femmes ?

— Pas tout de suite. Il faut d'abord l'amener à se découvrir, et surveiller ses réactions. Est-ce que ton détective a trouvé son adresse ?

— Oui, elle figure dans le dossier qu'il m'a donné.

— Très bien. Alors, tu lui envoies une lettre anonyme avec un texte du genre : « Je sais ce que vous avez fait. Je vous contacterai. » Et tu y joins une photo du masque africain. En même temps, tu la fais surveiller de près par Daubert. Si elle a un comportement inhabituel, c'est que le complot est réel. Ensuite, tu vas la trouver et tu lui fais signer des aveux. Elle se sent coupable du suicide de son mari, elle craquera facilement.

— Excellente idée, a renchéri Lionel.

— Mets des gants en composant la lettre et va la poster en France, a maugréé Maurice. Si mon hypothèse est juste, mieux vaut éviter de laisser découvrir que le célèbre banquier David Clerc envoie des courriers anonymes à une veuve éplorée. Tout ça parce qu'il délire sur un complot mondial organisé par les femmes.

— La précaution est utile, a admis Jef. Je peux te passer une paire de gants, j'en ai tout un stock au labo.

— Vous me voyez vraiment faire ça ?

— C'est le seul moyen d'en avoir le cœur net. Discuter avec Mme Bracca est inutile. Tu ne sauras jamais si elle dit la vérité.

— Et toi, Polo, est-ce que tu as un avis sur le sujet ?

Le plus jeune membre de notre groupe était resté silencieux, sirotant tranquillement son vin sans participer au débat.

— J'ai un avis, a-t-il répondu avec un léger sourire. Mais je le réserve uniquement pour toi David. Je t'en parlerai après la fin de la partie.

— Petit cachottier, va !

Malgré cette remarque ironique de Lionel, les autres n'ont pas insisté. Tout le monde respectait le sens de la discrétion dont Paul faisait toujours preuve. Son comportement m'a quand même intrigué. J'ai attendu avec impatience que la soirée de poker se termine pour savoir ce qu'il voulait me dire. Je n'avais pas la tête au jeu et ça ne pardonne pas. Quand nous avons quitté la table, j'avais perdu deux boîtes entières de jetons.

— Tu n'as pas très bien joué ce soir, a noté Polo après le départ des autres.

— Je me demandais ce que tu voulais m'annoncer. Ça m'a empêché de me concentrer.

— Je suis désolé de t'avoir perturbé. Quand tu as raconté ton histoire, ça m'a donné une idée. Et comme c'est une idée, disons pas très orthodoxe, c'est mieux si ça reste entre nous.

— Je t'écoute.

— Tu te rappelles qu'il y a trois ans, j'ai passé un mois en détention préventive pour une affaire de transferts de fonds.

— Bien sûr. On t'attendait pour le poker et on a appris le lendemain que la police t'avait arrêté. Ça a été un sacré choc.

— Pour moi aussi. Mais il y a du positif dans chaque situation. La justice a finalement reconnu mon innocence. Et ce séjour derrière les barreaux m'a permis de rencontrer des gens très intéressants. Je suis resté lié avec un gars qui s'était fait coffrer pour cambriolage. Riton, un Français pure souche. Je le considère comme un génie dans son domaine. Aucune serrure ne lui résiste. Mais le plus étonnant, c'est sa culture sur les proverbes. Je crois qu'il en connaît des milliers. D'après lui, les proverbes nous montrent le chemin. Il en cite sans arrêt.

— Et tu me conseilles de lui raconter mon histoire pour voir quelle maxime ça lui inspire ?

— Non, je pensais plutôt à son autre talent. Il est revenu dans le droit chemin. Maintenant, il travaille comme plombier. Mais je sais qu'il ne me refuserait pas un petit service.

— De quel genre ?

— Ta seule chance de connaître la vérité, c'est d'aller la chercher à la rue de la Fontaine. Tu peux toujours envoyer ta lettre à la femme de Baldwinter, mais si elle ne réagit pas tu resteras dans le doute. Le seul moyen de savoir, c'est de fouiller dans les papiers ou dans l'ordinateur de Mme Bracca.

— Attends, j'ai peur de comprendre. Tu me proposes d'aller cambrioler son cabinet avec ton copain Riton, c'est ça ?

— Exactement. Il pourrait y aller seul, mais il ne saura pas quoi chercher. Tu devras l'accompagner pour découvrir les preuves dont tu as besoin. Et mieux vaut agir rapidement parce que si l'affaire est vraie, ta brave dame risque de tout détruire pour se protéger. Et elle le fera sûrement dès que sa complice lui parlera de ta lettre.

— Est-ce que tu te rends compte de ce que tu me demandes ? Je suis un banquier connu. Dans trois ans, j'ai toutes les chances d'entrer à la direction générale d'une société qui brasse des centaines de milliards. Et tu voudrais que je me transforme en cambrioleur !

— Je ne nie pas qu'il existe un risque, mais il est minime. Riton est un professionnel. Il n'y a aucune raison pour que ça se passe mal. À toi de choisir, mais il faut faire vite. À mon avis, tu dois agir le lendemain du jour où tu enverras la lettre. Après, il sera trop tard.

— Je voulais écrire la lettre demain. Ça veut dire qu'on devrait s'introduire chez Mme Bracca jeudi soir. C'est trop court.

— Pas si je contacte mon pote maintenant. Il a deux jours pour repérer les lieux et préparer le matériel. C'est largement suffisant.

J'ai repensé à ce que Jef disait de moi. « David est un bon joueur de poker. Son seul défaut, c'est qu'il n'accepte pas le doute. Il paie toujours pour voir les cartes. Ça le rend trop prévisible. » Étais-je en train de commettre une bévue monumentale ? Je l'ignorais, mais je sentais que l'incertitude était devenue insupportable.

— Appelle Riton, me suis-je entendu murmurer.

# XX

J'ai quitté le travail un peu plus tôt ce mercredi et je me suis installé à la table de ma cuisine, muni d'un exemplaire du Figaro, d'un tube de colle et d'une paire de gants que Jef m'avait fournis. J'ai sorti une bière du frigo et l'ai bue presque d'un trait avant de me mettre au travail. J'espérais que l'alcool m'aiderait à ne pas trop me questionner sur ce que j'étais en train de faire. J'ai été pris d'un fou rire nerveux en découpant les lettres dans le journal. La scène me paraissait irréelle. J'avais l'impression de me voir sur un écran de cinéma en train de coller soigneusement les mots du texte avec mes mains gantées. C'était quelqu'un d'autre. Le David Clerc qui était aux commandes de la CMD n'aurait jamais fait ça. J'ai légèrement modifié le message proposé par Jef pour le rendre plus percutant. Ça donnait « JE SAIS CE QUE VOUS AVEZ FAIT POUR L'ORDRE. JE VOUS CONTACTERAI BIENTÔT ». J'étais en train de glisser la lettre dans l'enveloppe avec la photo du masque Sandé lorsque l'image de Marie Sophie a surgi dans mon esprit. Six mois plus tôt dans cette même cuisine, elle m'écrivait son mot d'adieu. J'ai eu le sentiment étrange que quelqu'un d'autre décidait de mes actions.

J'ai posté la lettre à Annemasse. Elle arriverait à Londres dans la journée de vendredi. Ensuite, j'ai contacté Daubert en lui expliquant sa mission de surveillance sans en préciser les raisons. Il a eu l'air surpris lorsque je lui ai exposé ma demande, mais il ne m'a pas questionné sur mes motivations. Il a juste vérifié que j'étais d'accord avec les frais importants qu'entraînait cette nouvelle phase de l'enquête. Quand je lui ai donné mon feu vert, il m'a affirmé qu'il serait dans la capitale anglaise vendredi matin et me tiendrait au courant des mouvements d'Annie Baldwinter. Un vrai pro.

J'ai passé la journée de jeudi à me dire que le projet de Polo était complètement fou. Dix fois, j'ai failli l'appeler pour lui demander de tout annuler. Mais à 22 heures, j'étais attablé comme convenu dans un petit bar proche du parc des Bastions. Paul est arrivé quelques minutes après moi, accompagné d'un homme d'une cinquantaine d'années qui parlait de façon volubile en agitant les mains. Son visage jovial était éclairé par des yeux bruns sans cesse en mouvement qui brillaient d'un regard vif derrière les petites lunettes rondes surmontant son nez aquilin. Je l'ai tout de suite trouvé sympathique.

— Je te présente Riton, m'a lancé Polo en arrivant à ma hauteur.

— Bonsoir, m'sieur David.

Sa voix était légèrement éraillée, avec un accent parisien prononcé, et sa poignée de main vigoureuse. Il avait de longs doigts de pianiste aux ongles coupés court. Il s'est assis en face de moi pendant que Paul s'installait à mes côtés.

— Comme je le disais à Polo, m'sieur David, c'est du beurre, a repris Riton. Je me suis déjà procuré le code d'entrée de l'immeuble et je sais qu'il n'y a pas de système de sécurité dans le cabinet de la dame Bracca.

— Comment pouvez-vous en être sûr ?

Il a eu un petit sourire rusé.

— Parce que j'ai vérifié, tiens ! J'y suis allé aujourd'hui avec mes habits de travail et j'ai fait semblant de m'être trompé d'adresse. Comme ça, j'ai eu le temps de m'assurer qu'il n'y avait pas de piège. Ça a bien fait rigoler la dame, de trouver un plombier dans sa salle d'attente.

— Vous n'avez pas peur que votre visite lui mette la puce à l'oreille ?

— Comme dit le proverbe « On attrape plus vite un menteur qu'un voleur ». Mais pour qu'elle soupçonne que je n'étais pas là par hasard, il faudrait qu'elle s'aperçoive qu'on s'est introduit chez elle. Et je vous garantis qu'elle ne verra rien.

Il a ouvert une sacoche noire qu'il portait en bandoulière et m'a montré discrètement son contenu.

— J'ai ici un appareil numérique pour photographier les documents, et un programme qui efface toutes les traces quand on veut utiliser un ordinateur sans que ça se sache. On ne lui prendra rien, on fera simplement des copies de ce qui vous intéresse. Ni vu ni connu.

— Et les voisins ?

— J'ai envoyé un copain questionner la concierge. Au même étage, il n'y a que des bureaux qui sont vides à partir de 18 h 30. Et la dame Bracca quitte toujours son cabinet avant 22 heures. Il y a seulement quatre appartements dans l'immeuble, occupés par des couples âgés qui sont toujours couchés tôt. On se pointe vers minuit, on fait le boulot, et on a encore le temps de boire un verre avant d'aller dormir.

Présenté de cette manière, ça ressemblait à une promenade de santé. Lorsque le serveur est venu prendre les commandes, je me sentais presque serein. Polo a fait un signe négatif.

— Merci, je ne bois rien. Je vais partir. Je vous laisse régler ensemble les aspects techniques de l'opération.

— Très bien, a approuvé Riton. Ne t'inquiète pas. Ton ami est en de bonnes mains.

Paul nous a quittés en esquissant un geste d'encouragement. Riton a commandé une bière et j'ai fait de même.

Le plombier cambrioleur m'a scruté quelques instants en silence tout en dégustant sa Kronenbourg. Ses yeux attentifs se promenaient sur mon visage comme s'il y cherchait des indices qui lui confirmeraient mes aptitudes pour le métier. Il a paru satisfait de son examen et a repris la parole.

— Ne vous faites pas de souci, m'sieur David. On va faire ça rapide et efficace. Et après, j'oublierai que je vous ai rencontré. Mon boulot, c'est d'ouvrir les portes et les tiroirs. Le vôtre, c'est de trouver ce qui vous intéresse. On est d'accord ?

— On est d'accord. Comment allez-vous procéder ?

— On va partir d'ici un peu avant minuit et traverser vers la place Bourg-de-Four. En dix minutes on sera à la rue de la Fontaine. Je préfère travailler à pied. En voiture, on augmente les risques. Ensuite, on fait une petite promenade en passant devant l'immeuble pour s'assurer qu'il n'y a pas de lézard. On entre en douceur, vu que j'ai le code. J'ouvre la porte de la dame Bracca, et à vous de jouer.

Riton m'a ensuite expliqué le fonctionnement de son appareil numérique.

— S'il y a des documents à photographier, c'est vous qui le faites, a-t-il ajouté. Je ne veux rien voir. Moins j'en saurai, mieux ça vaudra. Même chose pour l'ordinateur. Je vous installe le programme qui efface les traces, mais c'est vous qui fouillez dans les fichiers et qui copiez ceux qui vous intéressent.

Quand tout a été mis au point, il nous restait environ une demi-heure avant le moment du départ. Nous avons siroté nos bières en silence pendant plusieurs minutes, occupés par nos pensées respectives. Riton se remémorait peut-être ses anciens casses, à l'époque où ses exploits lui avaient valu la considération des experts de la branche. L'opération de ce soir n'était pour lui qu'une formalité. C'était presque déchoir que de s'attaquer à une misérable porte d'appartement. Il le faisait par amitié pour Polo. Quant à moi, j'étais saisi par le même sentiment d'irréalité qu'au moment de composer la lettre anonyme pour la veuve de Baldwinter. Le film continuait et j'observais mon personnage assis en face d'un ancien truand, prêt à s'introduire par effraction dans une propriété privée. Mais où donc était passé le banquier qui respectait scrupuleusement les lois ?

C'est Riton qui m'a tiré de ma rêverie.

— Je ne voudrais pas être indiscret, m'sieur David, a-t-il repris de sa voix éraillée. Mais sans entrer dans les détails, est-ce que vous pouvez me dire si ce qu'on va faire est lié à une femme ?

— Pourquoi est-ce que vous me demandez ça ?

— Simplement pour ma gouverne. J'ai remarqué que lorsque les messieurs font des choses bizarres, c'est souvent à cause d'une dame. Comme dit le proverbe « L'amour donne l'esprit aux femmes et le retire aux hommes ».

J'ai souri.

— Vous avez raison, il y a une femme derrière tout ça. Ce soir, je deviens cambrioleur parce que je dois savoir si elle m'a vraiment aimé ou si elle jouait la comédie.

— Cette question-là, il y a pas mal d'hommes qui se la posent. S'il suffit d'un casse pour trouver la réponse, je suis partant !

— Je ne sais pas si la solution se trouve dans le bureau de Mme Bracca. Ce n'est probablement qu'une étape. Mais le chemin pour découvrir la vérité passe par là.

— La vérité sur les femmes, c'est un truc pas facile à trouver. Moi je la cherche plutôt dans les proverbes. Il y en a qui nous disent des choses fondamentales.

— Par exemple ?

— « Il n'y a rien d'aussi fort que le chêne debout et les femmes couchées ». C'est un de mes préférés !

Il m'a lancé un clin d'œil malicieux, avant de finir sa bière d'un trait. Puis il a consulté sa montre et s'est levé.

— Bon. C'est bien beau tout ça, mais on a un boulot à faire. C'est le moment d'y aller.

Nous avons quitté le bar en prenant la direction de la vieille ville. L'air nocturne était chaud. Le temps tournait à l'orage et des rafales de vent nous ébouriffaient par à-coups, portant avec elles l'odeur des marronniers du parc des Bastions. Quand nous sommes arrivés au pied des anciens remparts, j'ai senti quelques gouttes qui m'ont fait dresser la tête.

— Grouillons-nous, a marmonné Riton en pressant le pas. Si on est mouillés, on va laisser des traces dans l'appartement et il faudra tout essuyer.

Nous avons débouché sur la place Bourg-de-Four un peu essoufflés. Les derniers clients installés sur les terrasses des restaurants glissaient des coups d'œil inquiets vers le ciel sombre, mais la pluie ne se décidait pas à tomber. En passant devant l'immeuble de Fabienne, j'ai aperçu de la lumière à son étage. Je me suis demandé ce qu'elle était en train de faire. Pendant un instant, je me suis vu entrer chez elle et la prendre dans mes bras. C'était possible. Quelques marches à gravir, mon doigt sur la sonnette. Et elle pouvait apparaître, me serrer contre elle et me faire oublier mes projets idiots. Si Riton s'était retourné, s'il m'avait attendu, c'est peut-être ce que j'aurais fait. Je lui aurais dit qu'on arrêtait là. Que tout ça était stupide, dangereux et ne servait à rien. Il aurait cité un proverbe approprié, et j'aurais fini la soirée avec Fab en lui racontant l'énorme bêtise que j'avais failli commettre.

# XXI

Mais Riton ne s'était pas retourné. J'avais couru pour le rattraper et nous nous étions introduits comme prévu dans le bureau d'Irène Bracca. J'avais tout fouillé sans résultat. Pas le moindre indice sur l'Ordre des femmes. Un fiasco total. Pour compléter le désastre, une voiture de police avait surgi. Mon complice s'était éclipsé. Et j'étais là, accroupi contre la fenêtre à attendre la fin. J'avais revu en quelques minutes presque deux ans de ma vie. Les événements qui m'avaient amené dans ce guêpier avaient défilé devant mes yeux. Et pourtant, je ressentais toujours ce sentiment bizarre. Comme si c'était l'histoire de quelqu'un d'autre. Une fiction. Un mauvais rêve. Quand les gendarmes pénétreraient dans l'appartement et qu'il me faudrait sauter dans le vide pour leur échapper, je me réveillerais enfin à côté de Carole.

J'ai consulté ma montre. Il était minuit quarante-cinq. Le mouvement de l'aiguille des secondes sur le cadran m'a fait prendre conscience d'une anomalie. Quelque chose ne collait pas. Ça faisait déjà un quart d'heure que les policiers étaient entrés dans l'immeuble. Si on les avait prévenus qu'un cambriolage était en cours chez Mme Bracca, ils auraient dû se manifester depuis longtemps. Une bouffée d'espoir m'a soulevé. Peut-être qu'ils étaient venus pour autre chose. J'avais encore une chance de m'en sortir. J'ai tiré les rideaux et me suis mis à compter dans la pénombre en tendant l'oreille. J'étais arrivé à six cents lorsqu'un bruit de porte m'a fait sursauter. Il venait des étages inférieurs. J'ai glissé un œil entre les tentures et j'ai vu les deux policiers rejoindre leur véhicule. La voiture a démarré et s'est éloignée vers la place Bourg-de-Four. Je suis resté un long moment à guetter. Allaient-ils revenir avec des renforts ? Je n'arrivais pas encore à croire que j'étais hors de danger. Mais rien ne s'est passé. La nuit était redevenue tranquille. Il n'y avait aucun mouvement dans la rue, ni dans le bâtiment. Seul le bruit de la pluie sur les vitres du cabinet troublait le silence.

Je me suis aperçu que mes mains tremblaient. En même temps, j'ai senti une immense fatigue s'emparer de moi. J'avais envie de m'allonger sur le sol et de laisser le sommeil m'envahir. Les émotions avaient été trop fortes.

Je me suis frictionné les tempes pour me réveiller. Ce n'était pas le moment de me déconcentrer. Il me fallait récupérer le matériel que Riton avait abandonné et contrôler qu'il ne reste aucune trace de notre passage. J'ai rangé l'appareil photo et le logiciel dans le sac, puis j'ai vérifié que les tiroirs étaient fermés et que rien ne traînait. Tout semblait en ordre. Au moment de franchir le seuil, j'ai balayé une dernière fois la pièce du regard. Le rayon de ma torche a éclairé le masque Sandé placé au-dessus du bureau. Ça m'a fait une impression étrange. On aurait dit que la Joconde noire disparue de chez moi en même temps que Marie était revenue pour se matérialiser là. Son sourire m'a semblé plus mystérieux que dans mon souvenir, comme si elle détenait des secrets que je n'avais pas soupçonnés. Pris d'une impulsion subite, j'ai décroché le masque pour l'examiner de plus près.

Je l'ai mis sur le bureau et j'ai posé mes mains sur le bois poli en suivant le contour de la bouche, des pommettes saillantes et des yeux en amande. Puis, je l'ai retourné. J'avais envie de voir la face cachée de l'objet, celle qu'on n'expose jamais. L'envers du décor était rugueux, taillé à la hâte, sans le soin qu'on avait mis pour la partie visible. J'ai promené mes doigts à l'intérieur et j'ai été surpris de sentir une légère anfractuosité du côté du menton. J'ai braqué ma torche sur cet endroit et j'ai vu qu'une petite zone rectangulaire avait été découpée dans le bois. En fouillant dans le sac de Riton, j'ai trouvé un couteau de poche. J'ai glissé la lame dans la fente pour faire sauter le couvercle qui fermait la minuscule cachette. Dans la cavité se trouvait une feuille de bloc-notes qui avait été pliée de nombreuses fois pour pouvoir tenir à l'intérieur. Je l'ai étalée sur le bureau. Mon cœur cognait à toute vitesse dans ma poitrine. Le masque africain allait peut-être m'apporter la réponse que je cherchais.

Mais le contenu de la page était plutôt décevant. Il y avait une série de nombres à deux chiffres avec un mot en face de chacun d'eux. Tout cela écrit de la main d'Irène Bracca. J'avais reconnu sa manière de former les lettres.

34 Industrie
54 Éducation
14 Science
93 Politique
67 Banque

69 Presse
94 Sécurité
11 Télévision
27 Médecine

Aucune autre indication ne figurait sur la feuille. Je n'y comprenais rien. J'ai tout de même décidé de la photographier avec l'appareil de Riton. Puis j'ai replié le papier dans sa cachette et j'ai abandonné la pièce après avoir tout remis en place. Je n'arrivais plus à réfléchir. J'avais juste envie de rentrer chez moi et de me reposer. Je n'ai croisé personne dans la rue de la Fontaine et j'ai récupéré ma voiture sans encombre. Arrivé dans mon appartement, j'ai éteint mon portable et débranché mon téléphone. Ensuite, j'ai avalé une double dose de somnifères pour dormir comme une brute.

Un bruit insistant a fini par me faire émerger. Quelqu'un appuyait sans discontinuer sur la sonnerie de la porte d'entrée. J'ai jeté un coup d'œil à ma montre. Il était juste 8 heures. Je me suis traîné jusqu'au vestibule et j'ai ouvert. Paul se tenait devant moi, l'air plutôt énervé.

— Mais enfin, qu'est-ce qui te prend de disparaître comme ça ? a-t-il lancé en me bousculant presque pour entrer dans l'appartement.

— Moins fort, Polo. Moins fort s'il te plaît. J'ai la tête en carton bouilli. Trop de somnifères.

— Tu te rends compte qu'on s'est fait un sang d'encre ? Riton m'a appelé vers une heure du matin pour me dire qu'il avait dû s'enfuir par les toits à cause des flics. On croyait que tu étais en taule ou à l'hôpital.

— L'hôpital ?

— Blessé en essayant de t'échapper, ou mort même ! Pourquoi tu ne m'as pas contacté ? J'ai téléphoné à tous tes numéros. Je n'ai pas fermé l'œil de la nuit.

— Je suis vraiment désolé. J'étais tellement secoué que je ne voulais plus qu'une chose, dormir.

— Eh bien maintenant, il va falloir te réveiller ! Je ne te laisserai pas tranquille tant que tu ne m'auras pas expliqué ce qui s'est passé.

— Il faut que je commence par un expresso bien fort.

— Excellente idée, tu peux m'en faire un aussi.

— D'accord. Et puis j'appelle Béatrice pour lui dire que je ne viendrai pas à la banque ce matin. Je dois remettre mes idées en ordre avant d'aller travailler.

J'ai passé mon coup de fil à la CMD, puis nous nous sommes installés dans ma cuisine. L'odeur du café fumant a eu un effet bienfaisant sur mon cerveau embrumé. Polo savourait son arabica à petites gorgées en attendant que je me décide à parler. Visiblement, son énervement était surtout lié au souci qu'il s'était fait pour moi. Le soulagement de voir que j'allais bien lui avait rendu son calme habituel.

— Alors, tu me les racontes, les aventures du banquier cambrioleur ? a-t-il lâché en posant sa tasse.

— Il n'y a pas grand-chose à dire. Quand nous avons vu la voiture de police, ça semblait évident qu'ils étaient là pour nous. Riton a détalé et je suis resté tétanisé sur place. Et puis, comme rien ne se passait, j'ai pensé que les gendarmes étaient peut-être venus pour une autre raison. Je les ai vus repartir quelques minutes plus tard.

— Et tu as quitté les lieux sans avoir trouvé d'indice ? Riton m'a dit que tu avais fait chou blanc.

— J'ai trouvé quelque chose après son départ, mais je ne sais pas ce que c'est.

Je lui ai expliqué comment j'avais découvert le billet dissimulé dans la Joconde noire. Ses yeux ont brillé de curiosité.

— Fais-moi voir ces nombres, a-t-il demandé. J'adore les casse-tête. Et sans vouloir faire le faux modeste, je suis plutôt doué pour les résoudre.

Nous avons transféré le contenu de l'appareil sur mon ordinateur et j'ai lancé l'imprimante. Paul a considéré les feuilles qui sortaient de la machine d'un air perplexe.

— Tu as photographié deux documents ? a-t-il demandé.

J'étais aussi surpris que lui. Je ne me rappelais pas avoir trouvé autre chose que la page de bloc-notes pliée dans le masque. Mais quand Polo m'a tendu les papiers, je me suis souvenu qu'au début de mon incursion, j'avais découvert un récapitulatif des revenus mensuels de Mme Bracca dans le tiroir de son bureau. Je l'avais pris en photo à tout hasard.

— Ça n'a pas d'intérêt, ai-je expliqué à mon ami. Il traînait dans un tiroir. Concentre-toi sur celui qui était caché.

Il a posé les feuillets sur la table de la cuisine et s'est assis avec l'air d'un gourmet qui se prépare à déguster sa spécialité favorite.

— Prépare-moi un autre café et va prendre une douche, m'a-t-il proposé. Pendant ce temps, je vais essayer de décortiquer tout ça.

Quand je suis revenu, il était debout et faisait les cent pas dans le salon, les documents à la main. Il les a agités sous mon nez.

— J'ai résolu l'énigme, a-t-il déclaré d'un ton triomphal. Mais tu m'avais lancé sur une fausse piste. Heureusement que je ne t'ai pas écouté !

— Qu'est-ce que tu racontes ?

— Au début, j'ai fait ce que tu m'as demandé. Je me suis concentré sur le billet qui était dans le masque. Je suis arrivé assez vite à la conclusion qu'il n'y avait pas de code secret. Les nombres sont simplement là pour dire quelque chose sur les mots placés à côté. Tu te souviens de ces mots ?

— Pas tous. Il y avait « médecine », « presse », « banque », après je ne sais plus. Peut-être aussi « industrie ».

— Et ça te fait penser à quoi ?

— Des secteurs économiques ?

— Oui, des secteurs très importants dans notre société. À mon avis, ce sont les domaines dans lesquels l'Ordre des femmes a placé ses disciples. Elles ont dû cibler des hommes influents dans chacune de ces branches.

— Et les chiffres indiquent le nombre d'adeptes infiltrées dans chaque spécialité ?

— C'est ce que j'ai cru au début. Quatorze adeptes dans le monde scientifique, onze à la télévision, vingt-sept dans la médecine. Un récapitulatif des scores en quelque sorte. Mais quelque chose me chiffonnait.

— Quoi donc ?

— Si c'était juste pour faire le compte des membres, il était inutile de le cacher. On ne peut rien faire avec ces chiffres. Alors je suis parti sur une autre piste. Je me suis rappelé ce que tu nous avais dit sur la manière dont l'Ordre est organisé. Mme Bracca t'avait expliqué qu'il se compose de petits groupes autonomes sans structure hiérarchique.

— Je m'en souviens. Elle disait que c'était pour éviter les conflits de pouvoir. Elles ne voulaient pas commettre les mêmes erreurs que les hommes avec leurs grades et leurs luttes pour commander. Elles se sont inspirées d'une amibe. J'ai oublié son nom. Un truc bizarre.

— Dictyostelium discoideum.

— Et comment tu sais ça ? Tu prends des cours de biologie ?

— C'est l'idée d'une organisation sans hiérarchie qui m'a intéressé. J'y réfléchis depuis un certain temps. J'ai demandé à Jef de me fournir des articles sur cette bestiole. C'est assez fascinant. Quand tout va bien, chaque amibe vit sa vie sans s'occuper des autres. Mais si la nourriture devient rare, toute la colonie s'agglutine pour former un organisme qui ressemble à un ver. Il est formé d'environ quarante mille individus et se déplace pour trouver de quoi manger. Chacun sait quel rôle il doit jouer. Certains forment la tête et dirigent le ver, les autres le font avancer. Les amibes passent d'un fonctionnement autonome à une organisation collective en fonction des circonstances. C'est un modèle qui pourrait se révéler très performant dans les entreprises. Je travaille sur un concept de business basé là-dessus.

— Mais quel rapport avec les nombres inscrits sur le billet ?

— J'y arrive. Dictyostelium peut se transformer parce que chaque individu sait quand vient le moment de changer de vie et quel rôle jouer dans la structure collective. Ces informations sont indispensables pour que ça marche. S'il arrive un pépin à Mme Bracca, il faut qu'une autre coordinatrice de l'Ordre puisse trouver qui sont les membres de son groupe, quelle est leur mission et comment les contacter. Sinon, impossible de créer une nouvelle cellule, puisque les adeptes ne se connaissent pas entre elles. Ça signifie qu'elles doivent avoir un système de sécurité pour rassembler ces renseignements en cas de problème.

— Et le billet ferait partie de ce système ?

— Exactement.

— Mais tu viens de dire que les données cachées dans le masque ne servent à rien.

— C'est justement la clé de l'énigme !

— Je ne comprends pas.

— Elles ne servent à rien toutes seules. Donc il doit y avoir d'autres indications ailleurs. En les séparant, on diminue les risques qu'une personne non autorisée tombe sur le pot aux roses.

— Mais je n'ai rien trouvé d'autre.

— Bien sûr que si !

Paul m'a mis en main l'autre feuillet et s'est dirigé vers la cuisine.

— J'ai le gosier sec à force de parler. Je vais boire un verre d'eau. Pendant ce temps, j'aimerais que tu regardes attentivement la photo du document que tu as découvert dans le tiroir du bureau.

| | | | |
|---|---|---|---|
| J : 2934.- | A : 4344.- | | O : 6112.- |
| F : 3545.- | M. : 5698.- | | N : 4949.- |
| Mars : 5677.- | | S : 6276.- | D : 7142.- |

J'ai détaillé les colonnes de chiffres et les lettres, mais sans y découvrir quoi que ce soit d'intéressant. À part que les rentrées financières de

Mme Bracca variaient beaucoup d'un mois à l'autre. Polo est revenu dans le salon quelques instants plus tard.

— Alors ?

— Alors quoi ? Elle gagne plus d'argent après l'été qu'avant. À part ça, je ne vois pas comment la liste de ses revenus peut aider quelqu'un à identifier les membres de son groupe.

— Pour cacher les informations essentielles, il n'y a rien de tel que de les exposer au grand jour en les faisant passer pour autre chose. Comme dans *La lettre volée* d'Edgar Poe.

— Tu veux dire qu'elle a laissé traîner la feuille dans un tiroir ouvert pour faire croire qu'elle n'avait pas d'importance ?

— Exactement !

— Mais qu'est-ce que ces lignes peuvent représenter d'autre que des rentrées mensuelles ?

— Si la liste n'avait pas été disposée de cette façon, est-ce que tu aurais pensé tout de suite que les lettres symbolisaient les mois de l'année ?

— Je n'en sais rien. Elles veulent dire autre chose ?

— Compare le nombre en face du mois d'avril avec ceux qui étaient cachés dans le masque.

J'ai observé les deux documents, mais je ne distinguais toujours rien. J'ai senti l'impatience me gagner.

— Je donne ma langue au chat. Tu es sûrement beaucoup plus malin que moi. Alors, dis-moi ce que ton cerveau génial a détecté.

— Concentre-toi sur ce qui figure à côté du mot « industrie ».

J'ai fixé les papiers d'un œil implorant, comme si mon impatience pouvait forcer la solution à se dévoiler. Et soudain j'ai remarqué quelque chose. Les chiffres du milieu étaient identiques. D'un côté 34 et de l'autre 4344. J'ai fait part de ma découverte à Polo qui a esquissé un applaudissement.

— Et maintenant, compare le mois de mars à « banque ».

Il y avait 5677 et 67.

— De nouveau les deux du centre qui sont les mêmes. Qu'est-ce que ça veut dire ?

— Que les documents sont liés. J'ai fait l'exercice avec toute la liste. L'un renvoie à l'autre. Avec celui du masque on sait dans quel secteur opèrent les disciples.

— Ça, on l'avait déjà compris. Mais que dit le deuxième ?

— Est-ce que tu connais une adepte de l'Ordre qui avait jeté son dévolu sur un banquier ?

J'ai repris la feuille en main. Mars : 5677. Mars. Marie-Sophie. Les lettres ne représentaient pas des mois, mais les prénoms des membres !

— C'est la grandeur des nombres qui m'a mis la puce à l'oreille, a repris Polo. Mme Bracca t'avait dit qu'elle coordonnait un petit groupe. Ça ne collait pas avec les chiffres. Quatre-vingt-treize adeptes dans le monde politique, quatre-vingt-quatorze dans la sécurité, soixante-neuf dans la presse. Ça faisait beaucoup trop. Je me suis dit qu'ils signifiaient autre chose. C'est là que j'ai examiné le second document. Tu as vu la lettre qui correspond à « industrie » ?

— C'est un A. Annie Baldwinter, la veuve de l'industriel. Tu as mis dans le mille !

— Donc nous avons sur la feuille du bureau une liste des neuf adeptes appartenant au groupe de Mme Bracca avec l'initiale de leur prénom. Et sur la feuille du masque les domaines dans lesquels elles opèrent. Il est probable qu'un ou plusieurs autres documents existent. Par exemple avec des adresses, des téléphones. Ou alors les chiffres en face des initiales indiquent des numéros de coffres dans une banque où sont enfermés les dossiers de chaque membre. Il y a plein de possibilités. La clé du système, c'est que si l'on n'est pas en possession de tous les éléments, on ne peut pas identifier les adeptes et leur mission.

La joie que j'éprouvais à l'idée d'avoir percé le mystère s'est évaporée d'un coup lorsque Polo a prononcé ces mots. Il avait raison. Les informations que j'avais découvertes ne suffisaient pas. Si l'unique preuve à l'appui de ma théorie était que les lettres « mars » m'avaient fait penser à la femme qui m'avait quitté, tout le monde me rirait au nez. Paul s'est aperçu de ma déconvenue.

— Tu n'es pas au bout de tes peines, m'a-t-il lancé. Mais tu as déjà fait un pas. Maintenant, il faut réfléchir au meilleur moyen de trouver les informations qui te manquent.

Son portable a bourdonné à ce moment-là et il s'est éloigné vers le vestibule pour répondre. Quand il est revenu, il souriait à pleines dents.

— C'était Riton. Il a envoyé un copain se renseigner sur ce qui s'est passé dans la nuit d'hier à la rue de la Fontaine. Le bonhomme a discuté avec la concierge de l'immeuble. Tu veux savoir pourquoi la police est arrivée ?

— Tu sais bien que je cherche toujours les réponses. Alors ?

— C'est un couple de personnes âgées qui habitent au deuxième étage. Ils se sont engueulés au lit parce que Monsieur voulait que sa femme lui fasse des câlins et qu'elle refusait. Comme il insistait lourdement, elle est partie s'enfermer dans la salle de bain. Il a fait venir les gendarmes pour l'obliger à sortir. Ils ont cru qu'il s'agissait d'une urgence. Quand ils ont compris que le vieux comptait sur eux pour inciter sa femme à remplir son devoir conjugal, ils ont dû lui expliquer que ça ne se passait plus comme ça.

— N'empêche qu'à cause de lui, j'ai eu la frousse de ma vie.

— Riton m'a dit que votre aventure lui a rappelé un proverbe.

— Tu m'étonnes.

— Ça t'intéresse ?

— Évidemment.

— « Mesure la profondeur de l'eau avant de t'y plonger. »

Décidément, le plombier cambrioleur était un sage.

# XXII

J'ai passé le vendredi après-midi à régler quelques dossiers en retard à la CMD. J'avais de la peine à me concentrer. Mes pensées revenaient toujours à Irène Bracca et à l'Ordre des femmes. Béatrice n'a pas remarqué mon état absent. Elle rayonnait à l'idée de son futur mariage et semblait vivre sur un nuage rose. Moi, j'avançais dans un brouillard qui s'épaississait à chaque fois que je croyais voir une éclaircie. Je suis rentré chez moi à 19 heures avec la perspective d'un week-end solitaire peuplé de ruminations et de questions sans réponses. Il fallait absolument que j'échappe à ce scénario. J'ai décidé d'appeler Fabienne. J'avais hésité à la contacter pendant toute la semaine, le moment était venu.

Elle a répondu après la première sonnerie. Sa voix m'a paru moins chaleureuse que d'habitude.

— Tu as mis longtemps pour me donner de tes nouvelles, a-t-elle dit.

— Je sais. Il y a beaucoup de choses dans ma tête en ce moment. C'est un peu la pagaille. J'ai passé devant chez toi hier soir et j'ai failli venir te voir.

— Pourquoi tu ne l'as pas fait ?

— J'ai dû aller cambrioler un appartement.

Le long silence au bout du fil m'a montré qu'elle percevait bien l'incongruité de mes paroles. Je lui ai raconté mon expédition avec Riton et les découvertes de Polo. Lorsque j'ai eu fini, je l'ai entendue soupirer.

— David, cette histoire est en train de te pourrir la vie. Tu prends des risques énormes pour trouver des preuves qui n'existent pas.

— J'ai quand même progressé. Mme Bracca cachait bien quelque chose.

— Tu n'as rien en main. Elle a très bien pu monter ce jeu de piste juste pour toi. Il n'y a aucun élément concret. Juste quelques bouts de papier qu'elle a semés pour te faire croire à son histoire.

— Elle aurait caché les codes dans le masque en espérant que j'allais m'introduire chez elle et les trouver ?

— Je n'en sais rien. Les mythomanes sont capables de tout. Ce qui est sûr, c'est que tu dois te sortir de cette manigance qui te prend la tête. Je pars demain pour le Valais. Je vais passer le week-end à Derborence dans le chalet que mes grands-parents m'ont légué. Tu peux m'accompagner si tu veux. On fera des balades en montagne et on cuisinera au feu de bois. Ça t'aidera peut-être à revenir sur terre.

— Si ça peut me faire émerger du brouillard, j'accepte volontiers.

— À une condition : tu laisses ton portable à la maison. Les seules sonneries autorisées dans mon refuge sont les cloches des vaches et le gazouillis des oiseaux.

— Marché conclu.

Fab m'avait souvent parlé de son repaire en pleine nature, mais je n'y étais jamais allé. La découverte m'a secoué. Ça a commencé par la route sinueuse qui grimpait à flanc de montagne depuis Conthey. Elle surplombait des à-pics vertigineux et s'enfonçait dans des tunnels taillés à même le rocher. Certains passages étaient si étroits que deux véhicules ne pouvaient pas s'y croiser. Puis l'entrée dans la vallée de Derborence et son paysage à couper le souffle. Un cirque de verdure entouré par des parois verticales. Des murailles de montagnes aux lignes torturées dont une partie s'était écrasée dans le vallon trois siècles plus tôt en détruisant tout sur son passage. Maisons, hommes et bêtes. Les milliers de blocs de pierre qui émergeaient de la végétation rappelaient la puissance dévastatrice de la montagne. Mais les hommes étaient têtus. Ils étaient revenus, attirés par l'étrange majesté qui se dégageait de ces lieux.

Nous sommes arrivés vers midi et Fabienne ne m'a pas laissé de répit. Elle m'a juste accordé un bref instant pour pique-niquer au bord du lac creusé par l'éboulement. Puis elle m'a entraîné dans une longue excursion qui nous a menés jusqu'au col du Pas de Cheville en faisant le tour de la vallée. La journée était splendide et je me suis laissé envoûter par les senteurs de terre, de cailloux, de pâturages et de pins qui flottaient dans l'air. Fab parlait peu, citant simplement les noms des lieux et des sommets qui s'offraient à nos yeux. Les Penés, le Grenier, la Quille du Diable, la Tête d'Enfer. Tous ces vocables disaient les espoirs et les peurs des hommes qui avaient parcouru cette contrée. Le soir tombait quand nous avons enfin atteint son chalet qui se nichait sur un plateau dominant la digue de pierres. J'étais complètement fourbu mais je me sentais bien, comme lavé par l'air des cimes. Le refuge de

Fabienne était une petite bâtisse trapue avec un toit pointu et des parois en madriers au bois noirci par les années.

— Je te préviens, ce n'est pas un quatre étoiles, m'a-t-elle lancé en riant. Il y a de l'eau chaude dans la douche, c'est la seule concession que j'ai faite à la modernité. Pour le reste, on s'éclaire au pétrole et on fait la tambouille au feu de bois. Les pièces sont minuscules : deux chambres et une cuisine, c'est largement suffisant.

Je me suis écroulé sur la chaise en face du poêle, trop heureux de pouvoir déposer mon sac et allonger mes jambes fatiguées.

— Tu t'es bien comporté pour une première fois, a-t-elle poursuivi. Tu as l'étoffe d'un vrai montagnard. Va prendre une douche pendant que je prépare le repas. Au menu de ce soir : pot-au-feu, viande séchée et fromages des alpages.

Elle a mis du bois dans le fourneau et s'est affairée devant une grande marmite en cuivre.

Quand je suis sorti de la minuscule salle de bain, une odeur succulente flottait dans la cuisine. La soupe frémissait sur le fourneau et Fabienne semblait en pleine forme.

— Je suis assez contente de moi, a-t-elle minaudé. Avec la bouteille de pinot que tu as amenée, ça va être une vraie fête. Surveille la cuisson pendant que je me débarbouille.

J'étais affamé quand elle est enfin réapparue. J'avais mis la table et débouché le vin.

— Assieds-toi, ai-je dit. Je m'occupe de tout.

J'ai servi le repas et nous avons fondu sur nos assiettes comme l'aigle royal sur sa proie. Le pot-au-feu était un vrai régal. J'en ai repris trois fois. J'ai avalé ma dernière bouchée avec un agréable sentiment de plénitude. Fabienne avait l'air satisfait de l'artiste comblée par le public.

— Maintenant, tu peux fermer ton couteau, a-t-elle lancé d'un ton joyeux.

— Qu'est-ce que tu veux dire ?

— Dans les familles de paysans, personne n'avait le droit de commencer à manger tant que le maître de maison n'avait pas ouvert son couteau. Et lorsqu'il le fermait, le repas était terminé pour tout le monde. Inutile de dire que ça ne lambinait pas à table.

— Encore une belle coutume qui s'est perdue. Je vais en parler à Roxane et Léonore.

— Il y en avait d'autres. Les enfants dormaient tous dans le même lit pour se tenir chaud, mais les garçons les plus âgés avaient le droit de coucher seuls dans une pièce au-dessus de l'étable. Elle était très convoitée parce qu'elle bénéficiait de la chaleur dégagée par les animaux.

— Et les filles ?

— Elles étaient condamnées au lit commun jusqu'à ce qu'elles quittent la famille pour se marier. Pas question de les laisser sans surveillance pendant la nuit.

— Tandis que les garçons pouvaient faire la nouba dans leur chambre privée. Que le monde était bien fait chez nos aïeux !

Fab a vidé son verre avec une mimique gourmande. L'alcool et le feu de bois avaient rosi ses joues. Ses yeux brillaient dans la lumière douce de la lampe à pétrole.

— Et toi, où vas-tu dormir ce soir ? a-t-elle repris en me fixant de ses iris aux paillettes dorées. Dans la chambre nuptiale ou dans la pièce des enfants ?

Elle avait posé la question d'une voix qui se voulait détachée, mais je voyais une veine battre rapidement sur le côté de son cou.

— Je ne sais pas, Fab. C'est quelque chose qu'on doit décider ensemble. J'ai envie de dormir avec toi et de te serrer dans mes bras, mais je ne suis pas sûr de pouvoir te donner ce que tu attends.

— En ce moment, j'ai juste besoin d'un moment tendre en ta compagnie. Pour la suite, on verra bien.

Elle s'est levée et je l'ai suivie dans la chambre à coucher. La pièce était exiguë, remplie presque entièrement par un grand lit qui devait dater des années 1900. Il était recouvert d'un édredon vermeil. Un bahut en bois sombre orné de ferronneries et doté d'une imposante serrure trônait près de l'entrée. Fabienne a posé la lampe sur la table de chevet. Elle s'est assise sur le lit et m'a tendu la main. Nous sommes restés côte à côte en silence pendant un moment qui m'a semblé très long. Fab gardait ma main dans la sienne et regardait par la fenêtre en direction du vallon dont les contours se devinaient dans la pénombre. Je l'observais à la dérobée. Un sourire impénétrable se dessinait sur son visage. Elle a fini par se tourner vers moi, et d'un geste très naturel s'est débarrassée de son pull. Elle portait un soutien-gorge bleu pâle qui laissait deviner les rondeurs de sa poitrine. Puis elle s'est mise à déboutonner ma chemise. Nous arrivions au point de non-retour. C'était le dernier moment pour lui dire que mieux valait rester amis. Mais j'ai préféré m'abandonner à la douceur de ses doigts. Lorsque nous nous sommes retrouvés nus, elle a eu un petit frisson et s'est glissée sous le duvet.

— C'est comme dans le vieux temps, a-t-elle murmuré. On va être obligés de se tenir chaud.

Je suis entré dans le lit avec des mouvements empruntés. Nos corps se frôlaient, mais je n'osais pas la toucher. Nous étions encore frère et sœur, comme les enfants qui dormaient dans ce refuge au siècle passé. Je ne me sentais pas le droit d'aller plus loin. C'est elle qui a pris l'initiative. Elle a d'abord effleuré mon torse. Ses gestes étaient tranquilles, presque nonchalants. Elle a embrassé mon cou par petites touches furtives pendant que ses doigts se promenaient sur mon ventre. Ses paumes ont entouré mon sexe. Elle les a gardées longtemps immobiles, comme pour laisser mon membre s'imprégner de leur chaleur. Avec un mélange de gêne et d'excitation, je suis devenu toujours plus dur entre ses mains. Elle a plongé sous les draps et j'ai senti son souffle sur mon pubis. Sa longue chevelure brune glissait sur moi pendant qu'elle parcourait mon intimité avec des caresses lentes et douces. Elle s'est redressée et est venue poser ses lèvres sur les miennes pour un long baiser qui n'avait plus rien de chaste. Après, c'est moi qui me suis enfoui sous la couette. C'était une sensation grisante de découvrir ses formes en tâtonnant, caché dans le noir sous les couvertures. J'ai remarqué combien la peau à l'intérieur de ses cuisses était lisse et soyeuse, j'ai humé l'odeur marine de son sexe et j'ai goûté à sa moiteur. J'ai laissé ma bouche s'imprégner de la tiédeur de ses fesses. Elle s'est tournée pour m'offrir sa poitrine et j'ai senti ses tétons se dresser sous mes lèvres.

Il y avait en moi un sentiment étrange à explorer ainsi le territoire de son intimité. J'avais de la peine à le relier avec l'amie d'enfance que j'avais côtoyée. Je connaissais par cœur les inflexions de sa voix, l'image de son sourire, sa façon de marcher ou de rire. Mais ses gémissements de plaisir, les frémissements de ses seins sous mes mains, la saveur de son sexe, tout ça me semblait appartenir à une femme inconnue. Et en même temps, j'avais l'impression troublante de braver un interdit en contemplant le corps de celle qui avait été pour moi presque une sœur.

Quand j'ai émergé des draps, ses mains ont effleuré ma figure, puis m'ont attiré contre elle. Elle a guidé mon sexe vers le sien et ses grands yeux bruns se sont rivés aux miens lorsque je l'ai pénétrée. Son bassin ondulait en accord avec le rythme de mes mouvements et je percevais l'excitation qui palpitait dans son souffle. Le plaisir dessinait sur ses lèvres ce sourire lumineux que j'avais déjà noté avant qu'elle ne m'enlace. Je lisais sur ses traits un abandon qui était à la fois émouvant et excitant. Son regard pénétrait au plus profond de moi pendant que nos sexes cherchaient ensemble leur jouissance. J'ai eu l'impression curieuse qu'elle était capable de démêler mieux que moi l'enchevêtrement de sentiments qui s'agitaient dans mon esprit. J'ai senti son souffle s'accélérer, son ventre se tendre, et soudain elle a atteint le sommet de son plaisir avec un petit cri étouffé. Ses prunelles se sont embuées et elle a baissé les paupières. J'ai vu qu'elle pleurait. Je n'y comprenais plus rien. Elle souriait, son corps vibrait encore de contentement, mais ses larmes coulaient. Je n'avais jamais vécu une scène pareille. Son visage était inondé et ses hanches continuaient à bouger pour m'amener à l'orgasme. J'ai senti ma verge durcir encore plus en elle. Je me suis penché et j'ai promené ma langue sur ses joues. J'ai avalé ses larmes et j'ai joui avec leur goût salé dans ma bouche.

Je rêvais qu'un rayon de soleil me chatouillait le bout du nez quand l'odeur du café m'a sorti du sommeil. Fabienne était déjà debout et s'affairait dans la cuisine.

— Ton petit-déjeuner t'attend, m'a-t-elle lancé en désignant la table.

— Et toi ?

— J'ai déjà mangé. Je vais préparer les affaires pour le départ. La journée s'annonce superbe. Aujourd'hui je t'emmène aux sources de la Lizerne et tu verras aussi la fameuse forêt vierge de Derborence.

J'ai pris mon repas, puis j'ai fait la vaisselle et donné un coup de balai pendant que Fab rangeait la chambre. Nous avons bouclé nos sacs et elle a fermé la porte du petit chalet après avoir jeté un dernier coup d'œil pour s'assurer que tout était bien en ordre.

— Et voilà, a-t-elle murmuré. À bientôt. Je ne sais pas quand on se reverra.

L'air du matin était vif et le ciel vierge de tout nuage. Nous avons grimpé vers les rochers de Verouet, et Fabienne s'est muée en guide aussi compétent que passionné. Elle m'a expliqué comment les masses d'air humide qui pénètrent à travers la chaîne des Diablerets par le Pas de Cheville assurent la luxuriance de la flore. Elle m'a fait humer l'odeur d'absinthe des feuilles d'armoise et m'a raconté comment les femmes utilisaient les infusions de la plante pour diminuer les douleurs de leurs règles. Elle m'a appris à reconnaître l'uvette et le téléphium et m'a détaillé leurs vertus. Elle m'a signalé les brins de fourrure que les bouquetins laissent accrochés aux rochers quand ils se débarrassent de leur pelage hivernal. Elle m'a montré une famille de marmottes en train de faire la sieste sur une large dalle de granit, deux lièvres qui batifolaient, et une perdrix des neiges qui virevoltait dans le ciel.

— La perdrix des neiges est monogame contrairement à son cousin le coq de bruyère, m'a-t-elle expliqué.

Mais à aucun moment elle n'a évoqué ce qui s'était passé la nuit précédente.

Nous avons mangé notre casse-croûte dans le pâturage d'Anzeindaz, au milieu d'un parterre de fleurs où se mêlaient le rose des épilobes, le bleu des gentianes, le jaune foncé des crépides et le mauve des campanules, sans compter les dizaines d'autres plantes dont Fabienne ne connaissait pas le nom. C'était une mosaïque végétale qui ondulait paisiblement sous la légère brise. Van Gogh en aurait peint un chef-d'œuvre. Je contemplais ce jaillissement de couleurs en mâchant mon sandwich et en jetant de temps en temps un coup d'œil vers Fab. Quelques mèches de ses cheveux auburn flottaient dans le vent. Son visage bronzé aux traits harmonieux cadrait parfaitement avec le décor qui nous entourait. Une fille de la montagne, à la fois lumineuse et secrète. Nous avons échangé des banalités sur la beauté des Alpes en évitant soigneusement de parler de nous.

Il était presque 4 heures quand nous avons rejoint ma voiture. Le soleil commençait à décliner. Je me sentais complètement moulu. Fabienne m'a offert de conduire pour le voyage de retour et j'ai accepté avec reconnaissance. J'ai somnolé pendant tout le trajet et quand j'ai ouvert les yeux, nous arrivions à Genève. J'avais des courbatures partout et je me sentais mal à l'aise. J'appréhendais le moment des adieux. Allions-nous nous embrasser sur les joues ou échanger un baiser d'amants ? Lorsque nous sommes arrivés devant son immeuble, elle a coupé le contact et s'est tournée vers moi.

— Voilà, j'ai fait ma part du chemin. Maintenant, c'est à toi de reprendre le volant.

— Oui, merci beaucoup. C'était un week-end merveilleux. Fab, je voulais te dire…

Elle m'a arrêté d'un geste.

— Tu peux me dire tout ce que tu veux dans toutes les langues du monde, ça ne changera rien. Je me fie à ce que je sens, c'est ce que j'ai toujours fait. Tu connais mes sentiments mais rien ne t'oblige à les partager. Il faut juste que tu saches où tu en es. Rappelle-moi quand les choses seront claires.

Elle m'a effleuré les lèvres du bout des doigts et est sortie de la voiture.

Quand je suis arrivé chez moi, j'avais juste envie de plonger dans un bain chaud et d'aller dormir. En passant dans le salon, j'ai aperçu mon portable que j'avais abandonné sur la table. C'était la première fois depuis longtemps que je passais deux jours sans téléphoner. Je l'ai allumé et j'ai vu clignoter l'écran. J'avais plusieurs messages et une dizaine d'appels en absence. Ils provenaient tous de Roger Daubert. Je me suis demandé pourquoi il avait montré tant d'insistance. C'était certainement lié à sa surveillance d'Annie Baldwinter. Le premier enregistrement était laconique. Il datait de samedi après-midi.

— Monsieur Clerc, pouvez-vous me rappeler dès que vous entendrez ce message ? J'ai des informations à vous transmettre.

J'ai directement passé au dernier de la liste qui était arrivé une heure auparavant. La voix du détective m'a semblé nettement plus tendue.

— Ça fait au moins dix fois que j'essaie de vous joindre. Quand on confie une enquête importante, il faut être atteignable. Un portable ne sert à rien s'il est éteint. Bon. Je suis de retour à Genève. J'attends votre appel.

J'ai senti mon cœur accélérer dans ma poitrine. Si Daubert était à Genève, ça voulait dire que la veuve Baldwinter s'y trouvait aussi. Elle avait sûrement quitté Londres pour chercher secours auprès d'Irène Bracca. Ma lettre anonyme avait produit son effet. C'était la confirmation que j'attendais.

J'ai composé le numéro du détective d'une main nerveuse. Il a répondu immédiatement.

— Roger Daubert.

— Bonjour, c'est David Clerc. Je suis désolé de ne pas avoir pu vous contacter plus tôt. Vous avez du nouveau ?

— Où êtes-vous ?

— Chez moi à Carouge.

— Venez à mon bureau dans un quart d'heure. Il vaut mieux qu'on se parle de vive voix.

Je lui ai confirmé que je serais au rendez-vous. J'étais intrigué et je bouillais d'impatience. J'ai traversé la ville à vive allure et suis arrivé au boulevard Saint-Georges avec cinq minutes d'avance. Daubert s'est effacé pour me laisser entrer et a refermé la porte derrière moi. Il avait l'air fatigué.

— Que se passe-t-il ? ai-je demandé.

— Monsieur Clerc, la mission que vous m'aviez confiée est terminée.

— Ah bon. Et pourquoi ?

— Annie Baldwinter est morte. J'ai pensé que surveiller son cadavre n'entrait plus dans mes attributions.

J'ai senti mes jambes se dérober sous moi. Il m'a tendu une chaise.

— Mais qu'est-ce qui s'est passé ? ai-je repris d'une voix blanche. Un accident ?

— En quelque sorte. Elle s'est tiré une balle dans la tête samedi matin.

# XXIII

— Je vais retrouver l'homme que j'aime. Seulement ça ?

— Oui.

— Rien d'autre ?

— Non. C'est mot pour mot le message qu'elle a laissé. Il était placé bien en évidence sur sa table de nuit.

— Qui a découvert le corps ?

— Sa femme de chambre, Kathleen Burnett. Elle montait l'escalier pour aller chercher le plateau du petit-déjeuner lorsqu'elle a entendu le coup de feu. Elle s'est précipitée, mais il était trop tard. Quand elle est arrivée, il n'y avait plus rien à faire.

— Ça ne pourrait pas être un meurtre déguisé en suicide ?

— Impossible. Il n'y avait personne d'autre dans la maison. M. Burnett, le chauffeur, était parti faire des courses. Et Kathleen est insoupçonnable. Elle adorait sa patronne. Ça fait dix ans qu'elle et son mari étaient au service des Baldwinter. La pauvre femme est en état de choc. Elle se dit que si elle était montée plus tôt, elle aurait pu empêcher le drame.

— Comment connaissez-vous tous ces détails ?

— Je surveillais la maison depuis la rue. J'ai entendu le coup de feu. Madame Burnett s'est précipitée dehors en hurlant comme une folle. Elle m'est presque tombée dans les bras. Une passante est arrivée et a appelé la police avec son portable. Kathleen n'osait plus rentrer dans la maison. Elle est restée avec nous en attendant les gendarmes et nous a raconté ce qui s'était passé.

— C'est elle qui a lu le message ?

— Non. Cette information-là, je l'ai eue plus tard. Je me suis éclipsé avant que les flics n'arrivent. Quelques heures après, j'ai contacté mon copain journaliste pour qu'il me tienne au courant. Une conférence de presse a été organisée tard dans la soirée. Les enquêteurs ont mentionné le contenu du billet en expliquant qu'ils privilégiaient la thèse du suicide. Ça va faire la une des journaux anglais dès demain.

Je suis resté silencieux. Il y avait encore une question qui me tourmentait. Annie Baldwinter avait-elle lu son courrier avant de se donner la mort ? C'était plus que probable, mais je n'osais pas interroger Daubert pour avoir sa confirmation. J'avais peur qu'il ne comprenne mon rôle dans la tragédie. Je savais que la veuve de l'industriel s'était suicidée à cause de moi. Cette histoire tournait au cauchemar. Le cambriolage que j'avais commis avec Riton n'était rien à côté de ce qui m'arrivait. Maintenant, j'avais la mort d'une femme sur la conscience. J'ai pris ma tête dans mes mains et j'ai fermé les yeux. La sensation que j'avais éprouvée quelques jours plus tôt en composant la lettre anonyme m'est revenue. Cette impression que mon destin n'était plus entre mes mains, que les événements allaient se succéder sans que je puisse intervenir. Ma vie était en train de déraper. J'avais perdu le contrôle.

La main du détective s'est posée sur mon épaule. J'ai levé la tête vers lui. Il s'était assis en face de moi et me scrutait d'un regard intrigué.

— Le décès de Madame Baldwinter a l'air de beaucoup vous toucher, a-t-il remarqué. Pourtant vous ne la connaissiez pas.

— C'est exact, ai-je murmuré.

— Alors pourquoi m'avez-vous envoyé la surveiller ? Et pourquoi êtes-vous si affecté par sa mort ?

— Je préfère ne pas répondre à ces questions.

Il m'a fixé longuement avant de poursuivre.

— Est-ce que vous estimez que je suis un bon professionnel, monsieur Clerc ?

— Probablement. Vous avez une excellente réputation. Même si dans mon cas, vous n'avez découvert aucun élément intéressant.

— Aucun, en effet. Mais j'estime malgré tout avoir bien fait mon travail. Il me manquait simplement le témoignage de votre secrétaire, puisque vous n'avez pas voulu que je l'interroge.

J'ai gardé le silence.

— Voulez-vous connaître mes réflexions sur ces événements ? a-t-il repris.

J'ai continué à me taire.

— Je pense que votre assistante a fini par vous divulguer des éléments nouveaux. Des éléments qui établissent un lien entre votre compagne et les Baldwinter. Je pense que vous avez tendu un piège à la veuve et que vous m'avez envoyé la surveiller pour voir comment elle réagissait. Peut-être lui avez-vous écrit ou téléphoné. En tout cas, elle n'a pas eu le comportement escompté.

J'ai failli tout lui raconter, mais je me suis retenu. L'affaire était trop grave.

— Je vous ai dit ce que je pensais, a continué Daubert. Maintenant je vais vous dire ce que je ressens. Je suis déçu. Très déçu. Parce que je vois que vous ne me faites pas confiance. Vous m'avez caché certaines révélations importantes et vous continuez à le faire. Si vous aviez joué franc jeu et si j'avais réussi à vous atteindre ce week-end, j'aurais peut-être pu faire quelque chose pour vous à Londres. Mais vous avez disparu pendant deux jours. Ce n'est pas comme ça que je conçois la collaboration avec mes clients. Dans ces conditions, je ne pourrai plus travailler pour vous.

Je me sentais au bord des larmes. Je voulais lui crier de ne pas me laisser tomber, mais en même temps une voix me disait que le plus sûr était de me taire. Parler devenait trop dangereux. Il me prendrait pour un fou ou pour un assassin. Je devais faire face tout seul.

— Mais je ne suis pas seulement déçu, a-t-il soupiré. Je suis aussi inquiet. Parce que j'ai de la sympathie pour vous. J'ai peur que vous ne vous mettiez dans de sales draps. L'enquête n'est pas terminée. Si vous avez établi un contact avec Annie Baldwinter, les policiers risquent de remonter jusqu'à vous. Ils ne vous laisseront pas en paix, et les journalistes leur emboîteront le pas. Même si vous n'avez rien à vous reprocher, ils peuvent détruire votre réputation avec un ou deux articles.

Il venait de donner corps à mes pires craintes, mais ma décision était prise. Je ne pouvais pas lui demander de l'aide. Ni à lui, ni à personne d'autre.

— Moi aussi je vous trouve sympathique, ai-je dit en me levant pour lui serrer la main. Vous pouvez m'envoyer vos honoraires. Merci pour tout ce que vous avez fait.

— Bonne chance, a-t-il répondu.

Mais le cœur n'y était pas.

Je n'ai pratiquement pas dormi de la nuit. J'ai relu les coupures de presse que Daubert m'avait transmises quelques mois plus tôt sur l'affaire Baldwinter. Il y avait des photographies d'Annie. Certaines dataient de la période faste où son mari dirigeait un empire industriel florissant. On la voyait à son bras, moulée dans des robes de soirée qui mettaient en valeur son corps de mannequin. Elle avait un visage de beauté nordique et des yeux d'un bleu étincelant. D'autres instantanés, probablement volés au téléobjectif, la dévoilaient après la mort de son époux. Ses traits tendus et sa pâleur montraient sa souffrance, mais c'est surtout son regard qui m'a frappé. Un regard vide, creux, tourné vers un abîme intérieur. Je me suis demandé si c'était la culpabilité d'avoir poussé son mari au suicide qui lui donnait cet air-là. D'autres images tournaient dans ma tête. Je voyais son corps étendu sur le lit, l'oreiller couvert de sang et de morceaux de cervelle, et l'enveloppe posée sur la table de nuit. « Je vais retrouver l'homme que j'aime ». Était-ce un cri d'amour ou le mensonge final ? S'était-elle supprimée pour protéger l'Ordre des femmes ? J'aurais donné très cher pour avoir la réponse. Mais je savais qu'il me faudrait la trouver seul. Le dernier proverbe de Riton m'est revenu en mémoire. L'eau était beaucoup plus profonde que je ne l'avais imaginé. Il me faudrait puiser dans toutes mes ressources pour ne pas me noyer.

J'ai eu beaucoup de peine à me concentrer sur mes dossiers durant la journée de lundi. Comme chaque matin, Béatrice avait mis sur mon bureau les principaux quotidiens internationaux. Plusieurs d'entre eux mentionnaient le suicide de la veuve Baldwinter. Heureusement, il n'y avait pas de photos. Elles devaient figurer dans les journaux à scandale anglais. J'ai mis toute mon énergie à dissimuler les pensées qui bouillonnaient dans mon esprit, dont aucune ne concernait mon travail. Heureusement, je n'avais pas de séance importante et Béatrice m'a aidé avec son efficacité habituelle. Mais elle a senti que je n'étais pas dans mon assiette.

— Tu as l'air fatigué, m'a-t-elle dit en fin de matinée. Le week-end s'est mal passé ?

— Pas du tout. Je me suis baladé en montagne pendant deux jours. C'était magnifique. Mais j'ai mal dormi hier soir. Trop de courbatures.

Elle a souri et s'est remise au travail. En fin de journée, Jef m'a appelé pour m'annoncer qu'un poker était organisé le lendemain. J'ai confirmé ma participation. Les copains avaient dû apprendre par la presse la mort d'Annie Baldwinter. Ils voudraient savoir comment je réagissais. Je devrais leur mentir, à la fois pour les protéger et pour avoir les coudées franches dans la suite de mon enquête.

— Alors comme ça tu renonces ? Ça ne te ressemble pas.

Jef me détaillait d'un air perplexe pendant que Maurice distribuait les cartes.

— Ça m'a fait un sacré choc d'apprendre ce suicide. Il faut que je me sorte de cette histoire.

— Même si le geste de cette pauvre femme est lié à ta lettre, ce qui est loin d'être sûr, tu n'as pas à te sentir coupable a remarqué Maurice. C'était sa décision. Tu n'as proféré aucune menace contre elle. Et tu sais que nous resterons muets sur cette affaire.

— Je sais, mais ça me secoue quand même. Il faut que j'oublie tout ça et que je passe à autre chose. Désolé les mecs, mais vous ne saurez pas si l'Ordre des femmes existe ou non. Il faudra vivre avec ça.

— Pour moi ça ne devrait pas poser trop de problèmes, a repris Jef. Ce qui me semblait insupportable, c'était l'idée que ces femmes expertes dans l'art de nous satisfaire s'intéressent seulement aux hommes proches du pouvoir. Et comme je n'en fais pas partie, je trouvais ça très frustrant.

— Encore une marque de ton égocentrisme galopant, a noté Maurice. Et qu'est-ce qui t'a rendu ta sérénité ?

— Ma connaissance des lois de la biologie, comme d'habitude. Les femmes sont programmées par la nature. Ce qu'elles recherchent chez nous, quoi qu'elles en disent, ce sont des ressources pour garantir la survie de leurs enfants.

— On connaît la chanson, a lancé Polo. Va tout de suite à la conclusion, sinon on commencera notre poker à l'aube.

— La conclusion est simple et bien connue : le mâle qui a suffisamment d'argent peut séduire des partenaires jeunes et sexuellement très coopératives. Or il se trouve que mes revenus sont suffisants pour cibler des femmes en dessous de trente ans. Donc pas besoin des adeptes de l'Ordre pour me câliner. J'abandonne la chasse aux TQ2 qui sont souvent source d'ennuis, et je vais satisfaire mes envies de chair fraîche en misant sur mon compte en banque.

— Et comment sais-tu que tu gagnes assez d'argent pour impressionner ces gazelles ? Elles sont souvent très exigeantes.

— J'ai consulté les tabelles, mon cher ! Plusieurs enquêtes ont établi les corrélations entre le revenu de l'homme et l'âge de sa partenaire. Plus le mâle est riche, plus sa compagne est jeune. Avec ce que je gagne, je peux cibler des femmes qui ont vingt ans de moins que moi. Les chiffres sont formels.

— Tu t'enfonces dans la stratégie du chimpanzé. C'est un bon plan tant qu'on n'est pas trop vieux. Mais à un certain âge, la loi de la jungle devient cruelle. Même pour les mâles qui ont de la fortune.

— S'il le faut, je suis prêt à devenir très romantique… à partir de soixante-dix ans !

— De toute façon, même si la secte de David existe on ne risque pas grand-chose, a commenté Lionel. Si ça se trouve, un monde où les femmes tirent les ficelles ne serait pas plus mauvais que le nôtre.

— C'est déjà le nôtre ! a rétorqué Jef.

J'ai mis en scène mon abandon en changeant ma tactique de jeu. Contrairement à mon habitude, je n'ai pas payé une seule fois pour voir les cartes. Je me suis couché à plusieurs reprises devant des bluffs qui semblaient évidents. J'ai surpris quelques mimiques perplexes autour de la table. Ils n'étaient pas habitués à me voir renoncer. Le plus drôle, c'est que ma nouvelle manière de jouer m'a porté chance. J'ai gagné deux fois un gros paquet de jetons avec un full aux as et un carré de huit. À la fin de la soirée, j'ai eu l'impression que mon pari était gagné. Tout le monde semblait convaincu que je mettais un terme à mes investigations. Sauf Paul, peut-être. Il était le seul à connaître les nouveaux indices que j'avais trouvés dans le bureau de Mme Bracca, mais il n'en a pas soufflé mot. Nos regards se sont croisés plusieurs fois au long de la partie. J'ai compris que quoi qu'il pense, je pourrais compter sur son silence.

Mercredi soir, j'ai composé le numéro d'Irène Bracca. J'avais passé la journée à examiner les stratégies possibles. Les conclusions de mes réflexions étaient simples. La soi-disant thérapeute restait mon seul lien avec l'Ordre des femmes. Je devais l'affronter à nouveau. Il me fallait à tout prix obtenir ses aveux. Ça me permettrait de me couvrir si l'Ordre tentait de m'impliquer dans la mort d'Annie Baldwinter. J'avais au bureau un dictaphone miniature. L'idée était de le cacher dans ma poche et d'enregistrer Mme Bracca lors de notre prochaine rencontre. J'allais prétexter que je devais la voir une nouvelle fois pour décider de mon attitude envers son organisation. Le plan n'était pas très élaboré, mais je n'avais pas le temps de faire plus subtil. Il fallait agir vite.

Le téléphone a sonné dans le vide pendant plusieurs minutes. Apparemment, elle n'avait même pas pris la peine d'enclencher le répondeur. J'ai rappelé au moins une dizaine de fois durant la soirée et pendant toute la journée suivante, sans succès. Le vendredi matin, je me sentais sur des charbons ardents. À 9 heures se tenait une importante réunion avec des représentants du directoire au sujet de mes propositions en matière de microcrédit. J'avais tellement la tête ailleurs pendant la séance que j'ai failli provoquer l'échec de ce dossier qui m'avait coûté plusieurs semaines de travail. Heureusement, les documents que j'avais préparés étaient plus convaincants que moi et j'ai finalement obtenu l'autorisation de poursuivre. J'ai à peine touché à mon repas de midi. J'avais de plus en plus peur qu'Irène Bracca se soit enfuie. J'ai encore appelé son cabinet vers 14 heures. Toujours pas de réponse.

Impossible de me concentrer sur mon travail. À 15 heures, j'ai annoncé à Béatrice que je partais plus tôt et j'ai foncé vers la rue de la Fontaine. J'ai grimpé jusqu'au quatrième et j'ai sonné, mon dictaphone enclenché dans ma poche. Rien. J'ai essayé d'ouvrir. La porte était fermée. J'ai à nouveau appuyé sur la sonnette. J'entendais le timbre tintinnabulant résonner dans l'appartement, mais il n'y avait aucun autre bruit. J'ai écrasé encore une fois le bouton de la sonnerie pendant presque une minute. Il fallait que cette porte s'ouvre. Je me suis mis à tambouriner avec mon poing tout en continuant à sonner.

— Qu'est-ce qui se passe là-haut ?

La voix venait de l'étage inférieur. J'ai sursauté comme un gamin pris en faute et j'ai jeté un coup d'œil dans la cage d'escalier. Une femme corpulente, tout habillée de noir comme les veuves du sud de l'Italie, montait péniblement les marches. J'ai eu le temps de reprendre contenance avant qu'elle n'arrive sur le palier. Elle m'a toisé en silence tout en reprenant son souffle.

— C'est vous qui faites tout ce boucan ? m'a-t-elle demandé d'une voix accusatrice.

— Je suis désolé. J'ai absolument besoin de voir Mme Bracca.

Son regard est devenu inquisiteur. Elle m'a détaillé de ses petits yeux sombres.

— D'habitude, c'est des femmes qui venaient la voir, a-t-elle remarqué.

— Je sais. Mais moi je viens pour… euh… affaires. Je suis banquier.

— Ah, bon.

L'énoncé de ma profession a semblé la mettre en confiance.

— Ben, je suis désolée pour vous, mais vous ferez pas affaire avec elle, a-t-elle repris. Là où elle est, elle a plus besoin d'argent.

— Que voulez-vous dire ?

— Elle est morte mardi. Crise cardiaque. On l'a enterrée ce matin.

J'ai eu l'impression que la lumière baissait d'un coup. J'ai agrippé la rambarde pour chercher un appui.

— Ça va ? Vous êtes tout pâle ? Excusez-moi, je voulais pas vous faire un choc.

La grosse femme s'était approchée de moi et m'observait d'un air inquiet. Je respirais son haleine lourde et l'odeur de sa sueur. J'ai senti la nausée me submerger.

— Oh. Vous allez pas me faire un malaise ! Vraiment, je sais pas ce qui se passe ces temps, mais j'ai eu ma dose. La semaine passée, la police qui se pointe au milieu de la nuit. Mardi soir, la Bracca qui s'écroule devant sa porte. Stop. Ça suffit.

Je me suis reculé un peu et j'ai essayé de respirer calmement.

— Non, non, ça va. C'est juste la... surprise. Je ne m'attendais pas du tout à ça.

— Elle non plus, je pense. On choisit pas le moment, mais quand c'est l'heure, c'est l'heure. Vous étiez amis ?

— Non. Nous nous sommes vus quelques fois pour affaires, c'est tout.

— Ben maintenant, c'est avec le Bon Dieu qu'elle va faire commerce.

— Vous êtes la concierge, si j'ai bien compris.

— Rosanna Bertelli. Ça fait vingt ans que je m'occupe de cet immeuble. Mon fils me donne un coup de main pour les gros travaux depuis que mon homme est mort l'année passée. Je me fais vieille et je suis plus très mince. Trop de spaghettis.

Elle avait souri en se passant la main sur son ventre proéminent.

— Est-ce que vous connaissiez bien Mme Bracca ?

— Non, pas vraiment. On était plutôt en froid. Je la trouvais un peu pète-sec. Et puis son histoire de conseils pour femmes, c'était pas catholique. Quand on veut des conseils, on demande à son mari. Ou à sa famille.

— Elle habitait ici depuis longtemps ?

— Elle s'est installée il y a quatre ans. Elle m'a dit qu'elle venait d'Allemagne. J'aurais plutôt imaginé qu'elle était du sud, avec un nom pareil.

J'ai senti tout de suite que le courant passerait pas. Moi, j'aime bien discuter. Vous savez ce qu'on raconte sur les concierges. Mais elle ouvrait à peine la bouche quand je lui posais des questions sur elle. Elle m'a jamais parlé de sa famille. Juste une fois, quand mon cher Alberto était aux portes de la tombe. Elle m'a dit que ses parents étaient morts et qu'elle avait jamais été mariée. Si on s'attache pas, on souffre pas quand les gens partent, elle disait. Moi, je suis pas d'accord. C'est mieux d'aimer et de souffrir que de pas connaître l'amour. Vous trouvez pas ?

Je commençais à mieux apprécier Mme Bertelli. Sa gouaille me faisait du bien, ainsi que le robuste sourire qui éclairait son visage.

— Je crois surtout qu'on n'a pas le choix, ai-je répondu.

— Vous parlez juste, a-t-elle approuvé. Sauf qu'il y a des gens qui s'enfuient quand ils voient arriver l'amour, parce qu'ils ont trop peur d'avoir mal.

— Et Mme Bracca, est-ce qu'elle avait des amis proches ?

— Elle était plutôt secrète, vous savez. Je connais pas grand-chose de sa vie, seulement ce que j'ai pu voir ici. Au début, elle restait toute la journée enfermée. Peut-être qu'elle étudiait ou qu'elle écrivait. Paraît qu'elle donne des conférences. Et puis, j'ai vu passer de plus en plus de femmes qui venaient chez elle. Des femmes plutôt jolies en général, mais qui avaient pas l'air heureuses. À mon avis c'étaient des clientes, pas des amies. Il y en avait qui venaient plus longtemps que d'autres.

— Pas d'hommes ?

— J'en ai pas vu, mais j'étais pas tout le temps en train de la surveiller, hein. Enfin, à mon avis, elle devait plus avoir de famille et pas beaucoup d'amis, parce qu'il y avait pas grand-monde à son enterrement.

— Vous étiez là quand elle a eu son malaise ?

— Un peu ! C'est moi qui l'ai trouvée. C'était mardi soir, vers 8 heures. J'étais en train de faire les escaliers. C'est fou ce que ça salit vite. Je suis obligée de les nettoyer deux fois par semaine. Depuis le temps que je prie pour qu'ils installent un ascenseur. Mais le Bon Dieu doit être occupé avec des choses plus importantes. Enfin, j'étais au deuxième quand tout à coup j'entends un cri et le bruit de quelqu'un qui tombe. Ça venait des étages du dessus. Je monte. À mon rythme, hein, je suis pas une grande sportive. Et quand j'arrive au quatrième, je vois Mme Bracca étendue devant sa porte, raide comme la justice. J'ai tout de suite compris qu'elle était morte. Mon Alberto avait les mêmes yeux grands ouverts qui regardaient plus rien quand il a quitté ce monde. Bon, les voisins débarquent. On appelle les urgences. Et le docteur confirme qu'il y a plus rien à faire. C'est là qu'est arrivée cette femme, celle dont j'ai jamais su le nom.

— De qui parlez-vous ?

— Ben, c'est une dame qui se tenait très souvent avec la Bracca. Elle était soi-disant sa secrétaire. À mon avis, c'était surtout sa petite amie, si vous voyez ce que je veux dire. Elle avait rendez-vous avec elle en ville ce mardi et comme l'autre arrivait pas, elle est venue la chercher au cabinet. En voyant le docteur et tous les gens, elle a compris qu'il y avait eu un drame. Elle a crié quand elle a aperçu le corps, mais elle s'est vite ressaisie. Une femme courageuse, mais pas très polie. Après avoir parlé avec le médecin, elle nous a demandé de nous en aller en disant qu'elle pouvait se débrouiller toute seule. C'est elle qui a appelé les pompes funèbres et qui a tout organisé. Je lui ai proposé de rester un moment, mais elle m'a presque foutue à la porte.

— Vous n'aviez jamais discuté avec elle avant ?

— En quatre ans, j'ai même pas réussi à savoir comment elle s'appelait. Je la voyais souvent parce qu'elle était sans arrêt fourrée chez la Bracca, mais elle m'adressait pas la parole. Une petite brune toujours habillée classe et bien maquillée. Le genre qui a bientôt cinquante ans mais qui en montre trente-cinq. Le lendemain, je l'ai vue débarquer avec une équipe de déménageurs. Ils ont tout chargé dans un grand camion. À 5 heures, l'appartement était vide.

Ce déménagement éclair m'a paru étrange. Il fallait que j'en sache plus.

— Vous savez où ils ont amené les meubles ? ai-je demandé.

— Aucune idée. J'ai essayé de causer avec la dame, mais elle était encore plus silencieuse que d'habitude. Faut dire qu'elle avait pas l'air en forme. J'ai bien vu qu'elle avait pleuré. Elle avait les yeux rouges et elle tombait de fatigue. Elle avait pas dû beaucoup dormir. Ça l'a pas empêchée de travailler toute la journée à trier des papiers et à les mettre dans des cartons. Je lui ai apporté un café. C'est là qu'elle m'a lâché sa phrase la plus longue des quatre dernières années. « Ça devait arriver », elle a dit, « Irène savait qu'il fallait soigner son cœur mais elle refusait de prendre des médicaments. Elle était plus têtue qu'une mule. » Mais après, elle est redevenue aussi peu causante que d'habitude. J'ai dû lui arracher les mots de la bouche pour savoir où ils feraient la cérémonie.

— Vous y avez été ?

— Bien sûr ! C'est pas parce que je la trouvais antipathique que j'allais refuser de dire une prière pour elle au moment du grand voyage. Mais franchement, c'était assez tristounet. Ils ont fait ça ce matin au crématoire de Saint-Georges. Il y avait très peu de monde, même pas de fleurs, ni d'organiste pour jouer une belle musique. Si c'est pas malheureux de partir au son d'un disque électronique. Pas de prêtre non plus. La brunette a juste fait un petit discours, comme quoi Irène allait rejoindre le grand tout et qu'elle vivrait dans nos mémoires. Et puis en route vers le four. Le grand tout. Quel drôle de nom pour parler du Bon Dieu, vous trouvez pas ? Enfin, j'ai dit ma prière pour la pauvre Mme Bracca, et retour au travail. Voilà toute l'histoire.

— Est-ce que vous avez reconnu des gens au crématoire ?

— C'était pas la foule. Une quinzaine de personnes, je dirais. Et pas un seul homme. J'ai vu quelques jeunes dames qui venaient au cabinet les derniers temps. Il y en avait d'autres plus âgées que j'avais jamais rencontrées. Elles avaient même pas l'air de se connaître entre elles. Une ambiance bizarre. J'espère qu'il y aura un peu plus de conversations quand ça sera mon tour de partir.

Malgré l'état de tension dans lequel je me trouvais, je n'ai pas pu m'empêcher de sourire. J'ai tendu la main à la concierge.

— Merci beaucoup, madame Bertelli. Il va falloir que je vous laisse maintenant. Je suis désolé de vous avoir dérangée. Et excusez-moi encore pour le bruit. J'étais un peu… stressé.

— Oh, je sais ce que c'est. Des fois on s'énerve quand les choses vont pas comme on voudrait. Ça améliore rien, mais ça soulage. Peut-être que vous pourrez proposer votre affaire aux nouveaux locataires.

— Peut-être. Si je repasse, je viendrai vous dire bonjour.

— J'espère bien !

J'ai quitté la rue de la Fontaine dans un état second. Le soleil tapait fort. Il faisait chaud. Un nouveau week-end radieux s'annonçait. J'ai marché un peu, puis je me suis installé sur une terrasse de café à l'ombre d'un parasol. Il me fallait absolument faire le tri de toutes les pensées qui tourbillonnaient dans ma tête. J'ai commandé une eau minérale. Pas d'alcool. Je voulais garder les idées claires. Premier point évident : la femme brune faisait partie de l'Ordre. Elle avait fait disparaître toutes les preuves et mis la main sur les codes qui lui permettraient de réactiver le groupe de Mme Bracca. Mais je n'avais aucun moyen de la retrouver. Pas de nom, pas d'adresse, un signalement très vague. Je me suis maudit de n'avoir pas réagi plus vite. Un moment, j'ai songé à appeler Daubert pour lui demander de se renseigner au crématorium. Elle avait peut-être laissé ses coordonnées. Mais elle avait tout aussi bien pu donner une fausse identité. Et le détective ne voulait plus travailler avec moi. Je ne me sentais pas le courage de faire appel à un autre enquêteur. Les risques étaient trop grands, et les chances de trouver des informations bien trop minces. La piste s'arrêtait là. Le fil était rompu. L'Ordre des femmes connaissait mon existence, alors que de mon côté je devrais me battre contre un adversaire insaisissable. Le combat s'annonçait très inégal.

Deuxième point, tout aussi évident : la mort d'Annie Baldwinter et celle d'Irène Bracca étaient liées. À cause de ces décès, je perdais toute chance de prouver l'existence de la secte. On avait fait place nette. Je ne croyais pas une seconde à l'histoire de la crise cardiaque. Tout avait été préparé. Étaient-ce des meurtres ou des suicides ? La réponse n'avait que peu d'importance. Dans les deux cas, cela montrait à quel point l'Ordre des femmes était dangereux. Si elles avaient été tuées, cela voulait dire que l'organisation pouvait aller jusqu'à l'assassinat pour se protéger. Et si elles avaient mis fin à leurs jours de leur propre initiative, ça montrait le degré de fanatisme dont les membres de la secte étaient capables. Je frémissais à l'idée que j'avais vécu avec l'une des leurs pendant une année.

Troisième point : j'étais en danger parce que je connaissais l'existence de l'Ordre. Mme Bracca avait sûrement révélé à son adjointe ce qui s'était passé. Des adeptes que je n'avais pas identifiées étaient peut-être en train de m'épier. La menace pouvait surgir à chaque instant. À la moindre tentative de révéler leur complot, les femmes de l'Ordre allaient essayer de détruire ma réputation, de me faire passer pour fou, ou peut-être même de m'éliminer. La meilleure option pour le moment semblait de faire le mort. Il me fallait attendre sans bouger, faire croire à tout le monde que j'abandonnais. Peut-être qu'elles allaient commettre une erreur qui me fournirait l'occasion de reprendre l'offensive. J'étais prêt à me montrer patient, mais je savais que je ne renoncerais pas. Ce n'était pas seulement pour moi. Je devais me battre pour tous les hommes.

J'en étais là dans mes réflexions lorsque mon portable s'est mis à bourdonner. C'était Roxane. Tout à coup, je me suis rappelé que mes filles passeraient le week-end avec moi et que j'avais promis d'aller les chercher à 17 h 30 à la gare de Cornavin. Il était 17 h 45.

— T'es encore dans la lune papinou ! a lancé Roxane. Ça fait vingt minutes qu'on poirote. On a trop de bagages pour prendre le bus. T'avais dit que tu viendrais nous prendre.

— C'est vrai. Je suis désolé. J'arrive tout de suite.

— Tant mieux. J'ai une nouvelle super importante à t'annoncer. Fais vite.

# XXIV

La quantité d'habits et d'accessoires que mes filles apportaient pour le week-end augmentait à mesure qu'elles avançaient dans l'adolescence. Mais leur sens du rangement restait désespérément voisin de zéro. Je contemplais d'un air maussade le fatras qu'elles avaient déposé dans l'entrée de mon appartement avant de se précipiter à la cuisine pour boire des sodas.

— Je vous ai dit mille fois que la première chose à faire en arrivant ici, c'est de ranger vos affaires dans vos chambres, ai-je grommelé quand elles sont réapparues une bouteille de coca à la main.

— Cool papinou, a répondu Roxane. Détends-toi, c'est le week-end. Il y a des choses plus importantes que l'ordre dans la vie.

— Elle est de super bonne humeur parce qu'elle a embrassé Christophe, a lancé Léonore. C'est ça la grande nouvelle qu'elle voulait t'annoncer.

Sa sœur aînée l'a toisée d'un œil noir.

— De quoi je me mêle. C'était à moi d'en parler à papa. C'est ma vie. Retourne jouer avec tes poupées.

— Tu crois que t'es amoureuse parce que t'as touché la langue d'un garçon avec la tienne, mais ça suffit pas pour s'aimer.

— Fous-moi la paix, sale peste. Qu'est-ce que tu peux savoir de ce que je sens ? T'es pas à ma place.

Leur débat a été interrompu par la sonnerie de la porte d'entrée. Je suis allé ouvrir. C'était Arnaud.

— Ah, toute la famille est là, a-t-il remarqué. Alors, comment ça va chez les Clerc ?

— Roxane est amoureuse, a répété Léonore.

— Tu vas te taire !

Roxane s'est avancée vers sa sœur d'un air menaçant et ma cadette s'est enfuie en courant. Elles ont disparu en direction de leurs chambres dans un concert de piaillements.

— Il y a de l'ambiance chez toi, a commenté mon ami. C'est beau les enfants. Ça sent la vie. Et le papa, il va comment ?

— Ça va. Beaucoup de stress. Je suis content d'arriver au week-end.

— Je vais nager aux Pervenches, ça te dit de boire un verre avant ?

— En vitesse, alors. Je dois m'occuper de ma progéniture.

J'ai annoncé à mes filles que je sortais un moment avec Arnaud.

— À mon retour, je vous amènerai au restaurant, ai-je promis. D'ici là, essayez de ne pas vous étriper.

Elles ont éclaté de rire. L'ambiance semblait s'améliorer.

Le café des Pervenches était bondé. Nous avons réussi à trouver une place sur la terrasse, à côté du grand bassin. Il était presque 19 heures, mais le soleil brillait toujours d'un bel éclat. Nous vivions les journées les plus longues de l'année. Plein de gens bronzaient encore sur la pelouse au bord de la piscine. L'air sentait le chlore et la crème solaire. J'ai détaillé quelques instants ces corps exposés. Peu de poils chez les hommes, peu de tissu chez les femmes. Les bikinis semblaient encore plus minimalistes cette année. Une brune à la plastique avantageuse se prélassait près de nous. Son string rose pâle était si mince que ses fesses semblaient nues. Elle m'a jeté un coup d'œil réprobateur en sentant mon regard sur elle.

— Pourquoi est-ce que les femmes qui exhibent leur anatomie prennent l'air exaspéré quand on les mate, alors que c'est exactement ce qu'elles veulent ? ai-je demandé à Arnaud.

— Ça dépend peut-être de qui les mate.

— Changeons de sujet, tu vas me déprimer.

Il a souri sans faire d'autre commentaire.

— Alors, quoi de neuf ? a-t-il repris. Tu as débarqué chez moi il y a deux semaines pour m'annoncer qu'un complot menaçait le monde. Et puis silence radio. Est-ce que David Vincent a débusqué les extraterrestres ?

J'ai hésité avant de répondre. Sa question montrait qu'il s'intéressait à mon histoire, même s'il ne croyait pas à mes explications. Mais pouvais-je lui révéler ce que j'avais découvert ?

— Allez, crache le morceau. Je vois bien qu'il y a quelque chose. On se connaît comme un vieux couple. Je sens que tu es préoccupé.

J'ai craqué. C'était trop dur de porter le secret tout seul. Je lui ai tout raconté. Depuis le cambriolage jusqu'à la mort de Mme Bracca, en passant par les codes secrets, la lettre anonyme et le suicide d'Annie Baldwinter. Quand j'ai terminé, un long silence s'est installé. J'attendais un commentaire qui ne venait pas. Nous avons siroté nos boissons sans dire un mot. Le regard d'Arnaud restait perdu dans le vague, comme s'il méditait la portée de mes révélations.

— Eh bien mon vieux, ta vie se transforme en roman à suspense, a-t-il fini par lâcher. Tu ne dois pas avoir le temps de t'ennuyer.

— Là n'est pas la question.

— Alors c'est quoi la question ?

— Tu le sais très bien. J'ai besoin d'un conseil. Je dois décider quoi faire avec tout ça. Trouver la meilleure stratégie pour m'en sortir.

— Tu penses que tu es en danger ?

— Pas toi ?

Il a détourné les yeux un instant et a poussé un bref soupir.

— Je crois effectivement que tu cours des risques, mais ça n'a rien à voir avec l'Ordre des femmes.

J'ai senti la colère m'envahir.

— Tu veux dire que je suis en train de délirer, c'est ça ? J'aurais dû m'y attendre. Tu n'es jamais d'accord avec moi de toute façon. Mais qu'est-ce qui m'a pris de tout déballer ? J'aurais mieux fait de fermer ma gueule et de me débrouiller seul.

Il a soupiré de nouveau.

— Calme-toi, vieux puceau. Je ne dis pas que tu délires. Je dis simplement que tu cours des risques. Tu es obligé d'admettre que ton comportement a été plutôt inhabituel ces deux dernières semaines. Tu as envoyé une lettre anonyme à une inconnue. Tu t'es introduit illégalement dans un appartement. Tout ça pour prouver l'existence d'une secte dont personne n'a jamais entendu parler.

— Mais j'ai trouvé des preuves, justement !

— Bon, alors parlons des preuves. À t'entendre elles sont irréfutables. Mais c'est juste ton opinion. Tous ces événements peuvent avoir une autre explication que la tienne.

— J'attends que tu me le démontres.

— La clé de toute l'histoire, c'est Irène Bracca. Elle est la seule personne à avoir mentionné l'Ordre des femmes. Tout le reste, c'est toi qui l'as construit à partir de quelques indices. L'interprétation de ces indices dépend donc de la valeur qu'on accorde aux propos de cette dame, d'accord ?

— Si on veut.

— Pour toi, feu Mme Bracca était la coordinatrice d'une organisation secrète. Elle t'a révélé l'existence de l'Ordre parce qu'elle avait peur que ton enquête sur la disparition de Marie Sophie ne mette en danger sa secte. Et elle t'a demandé de garder le secret, ce que tu as refusé. Juste ?

— Tout à fait.

— Eh bien moi, je dis que notre Irène était juste une mythomane qui adorait exercer du pouvoir sur ses semblables. Ce qui est malheureusement le cas de nombreux pseudo-thérapeutes. Je prétends qu'elle t'a mené en bateau, probablement pour se venger du fait que Marie l'avait délaissée.

— Et qu'est-ce qui te permet d'affirmer que ta théorie est la bonne ?

— Deux éléments. D'abord le principe de simplicité. En science, on part toujours de l'idée que l'explication la plus simple est celle qui a les plus grandes chances d'être correcte. Ta version est basée sur plein d'hypothèses fumeuses et compliquées. La mienne se fonde sur des éléments basiques de la psychologie humaine : jalousie et envie de pouvoir.

— Il en faudra plus pour me convaincre.

— Je n'ai pas fini. Le deuxième élément concerne la conversation où elle t'a révélé l'Ordre des femmes. Je n'y ai pas fait attention quand tu me l'as raconté, mais en y repensant quelques jours plus tard c'est devenu évident.

— De quoi tu parles ?

— Tu te souviens comment elle a commencé le dialogue ?

J'ai réfléchi un instant. Je me suis revu dans le cabinet aux murs vert pâle tapissés de portraits de femmes, avec Irène Bracca en face de moi. C'était quinze jours auparavant et maintenant elle était morte.

— Oui, ça me revient. Elle est d'abord partie sur cette blague idiote du sous-marin russe.

— Pas si idiote que ça. En fait elle a utilisé une technique d'hypnose. Cette histoire saugrenue avait pour but de mettre ton cerveau dans un état plus réceptif.

— Si elle m'avait hypnotisé, je m'en serais aperçu. Tu racontes n'importe quoi.

— Ce n'est pas de l'hypnose comme on en voit au cabaret. La méthode a été mise au point par un psychiatre américain, le docteur Milton Erickson. Il appelait ça les techniques de confusion. D'après lui, lorsqu'un patient est surpris par le comportement bizarre du thérapeute, il perd ses repères. Ceux que lui propose le médecin ont donc plus de chances de s'imposer. Mme Bracca connaissait le truc. Elle t'a désorienté avec le chou marin pour que tu avales plus facilement les foutaises qu'elle t'a débitées ensuite.

— Et tu en conclus que c'est une mythomane manipulatrice.

— Exactement.

— Tu vas un peu vite en besogne. Même si elle a employé cette technique, ça ne veut pas forcément dire qu'elle mentait en parlant de l'Ordre des femmes. Elle a peut-être utilisé ce moyen pour augmenter ses chances de me convaincre. Elle espérait que je soutiendrais sa secte. Que j'accepterais d'arrêter mon enquête et de garder le silence. Pour ça, il fallait d'abord que je croie à ce qu'elle me disait. Et tu oublies un élément essentiel : la veuve Baldwinter.

— C'est là que ça devient cocasse. À mon avis, c'est toi qui as donné l'idée à la Bracca.

— Quelle idée ?

— Celle d'inventer que Mme Baldwinter était membre de l'Ordre. Tu lui as parlé de l'article que Marie a gribouillé dans le journal. Elle s'est documentée sur l'affaire et s'est rendu compte que ça pouvait coller avec l'histoire qu'elle avait imaginée. Ça la rendait même plus vraisemblable. Entre vos deux rendez-vous, elle a eu le temps de peaufiner son scénario avec les informations qu'elle a récoltées dans la presse spécialisée. Et quand vous vous êtes revus, elle t'a présenté la veuve comme une adepte de sa confrérie en misant sur le fait que jamais tu ne pourrais la rencontrer. Et même si tu avais réussi à lui parler, ses dénégations n'auraient pas calmé tes soupçons. C'était très bien joué.

— Parfait, monsieur je sais tout. Et maintenant il te reste juste à expliquer pourquoi Annie Baldwinter s'est tuée juste après avoir lu ma lettre.

— Je ne suis pas du tout sûr qu'elle l'ait lue. À mon avis, ce n'est qu'une coïncidence. La pauvre femme s'est suicidée parce qu'elle pensait avoir provoqué le décès de son mari. Elle n'a pas supporté de vivre avec cette culpabilité.

— Et deux jours plus tard c'est Irène Bracca qui meurt. Ça fait beaucoup de coïncidences, tu ne trouves pas ?

— Tout dépend de la manière d'observer les choses. Toi, tu relies les deux événements et tu te dis qu'il y a anguille sous roche. Mais en fait ce sont deux chaînes causales indépendantes qui se déroulent en parallèle. D'un côté une femme désespérée qui se donne la mort, et de l'autre une cardiaque qui succombe à une attaque. Rien d'exceptionnel à ça. Ça ne devient bizarre que si tu pars du principe qu'il y a une relation entre les deux. Est-ce que tu connais l'expérience du bandit manchot ?

— Tu vas encore me bourrer le mou avec tes histoires de psy.

— Accorde-moi cinq minutes, tu verras que ça te concerne de près.

— Vas-y, mais résume. Tu es toujours trop long quand tu racontes.

Le serveur est passé près de notre table et j'en ai profité pour lui commander un deuxième Martini.

— Les bandits manchots, ce sont ces machines à sous qu'on trouve dans les casinos, a repris Arnaud. Les premiers modèles avaient un levier, maintenant il y a des boutons. Quand on appuie dessus, trois ou quatre signes se mettent à tourner sur l'écran. S'ils sont identiques quand ils ont fini de défiler, la machine crache la monnaie.

— Je connais. Va à l'essentiel s'il te plaît.

— Un psychologue du nom de John Wright a construit un dispositif inspiré de ce modèle. Dans sa version, il y a seize boutons disposés en cercle et un dix-septième au centre. Le but du jeu est de découvrir dans quel ordre il faut appuyer sur les touches. Le joueur dispose de trois cent vingt-cinq essais. À chaque fois, il presse sur l'un des seize boutons, puis sur celui du milieu qui lui dit si sa réponse est bonne. Quand c'est le cas, un signal sonore se fait entendre et son score affiché sur l'écran augmente d'un point. Sinon, rien ne se passe. Au début, le joueur essaie bien sûr par tâtonnements. Mais à mesure qu'il avance, il est censé déchiffrer la règle cachée. Ce qui lui permet de trouver sur quelles touches appuyer et dans quel ordre pour avoir un score maximal.

— Vraiment passionnant. Maintenant, tu vas me dire pourquoi tu me racontes tout ça.

— Un peu de patience. Comme les psys sont des gens tordus, il y a bien sûr un truc. L'astuce, c'est qu'en réalité la solution n'existe pas. Durant les deux cent cinquante premiers essais, le signal sonore retentit au hasard, mais en moyenne une fois sur deux. Et dans les vingt-cinq derniers, ça sonne à chaque fois. Dans leurs tentatives du début, les joueurs élaborent des théories très compliquées pour expliquer pourquoi leurs réponses sont bonnes ou mauvaises. Et comme à la fin la machine leur dit qu'ils ont tout juste, ils sont convaincus d'avoir trouvé l'explication. On a même dû leur faire voir qu'il n'y avait pas de fil reliant le bouton du centre aux autres. Ils étaient tellement persuadés d'avoir découvert la solution qu'ils ne pouvaient pas admettre que la sonnerie retentissait sans aucun lien avec leurs actions. Wright a montré que l'esprit humain a tendance à injecter du sens là où il n'y en a pas, surtout quand on doit fournir des efforts importants pour trouver une cohérence dans les événements.

— Maintenant, je vois où tu veux en venir.

— Oui, mon ami. Tu es simplement victime d'une manipulation très bien montée. Avec les faux indices planqués chez elle, la mère Bracca t'a fait croire que tu avais touché le jackpot. Et puisqu'on ne peut plus lui faire avouer son mensonge, tu auras encore plus de peine à abandonner l'explication que tu as construite. C'est ça qui me fait souci.

— Donc, tu es persuadé qu'elle a caché ces codes en espérant que j'allais les trouver.

— Oui. Ils t'attendaient. Elle a misé sur ton envie de connaître à tout prix la vérité. Tu n'as pas trouvé bizarre que sur la feuille censée contenir les prénoms de ses adeptes, le seul qui ne soit pas juste désigné par une initiale soit celui de ton ex-compagne ? Pourquoi mars et pas M. ? Elle voulait attirer ton attention. La liste a été construite pour toi, c'est évident.

— Pas si sûr. Cette liste était camouflée en inventaire de revenus mensuels. Elle a probablement écrit mars en entier pour le distinguer de mai. Et si elle a créé ces indices rien que pour moi, comment pouvait-elle être sûre que je les trouverais ?

— Elle savait que tu es tenace quand tu cherches des réponses. Elle a compris que tu serais capable de t'introduire chez elle pour fouiller son appartement. Elle devait aussi se douter que le masque attirerait ton attention. Choisir cette cachette était logique. Et puis, elle ne risquait pas grand-chose. Si tu n'avais pas découvert le billet, elle aurait trouvé un autre moyen pour te convaincre.

— Et d'après toi, elle a monté cette machination compliquée pour le simple plaisir de me mener en bateau. C'est beaucoup de travail pour peu de résultats, non ?

— Tu ne sais pas de quoi sont capables les manipulateurs. D'abord, elle a essayé de pousser Béatrice dans tes bras pour te contrôler. Quand elle a vu que ça ne marchait pas, elle a inventé cette mystification pour t'attraper quand même dans ses filets. Et ça a fonctionné. Tu étais prêt à reprendre contact avec elle. Dieu sait ce qu'elle aurait pu te pousser à faire si elle n'avait pas disparu.

— Mais après l'avoir vue, tu avais une opinion plutôt favorable.

— J'ai reconnu qu'elle en savait beaucoup sur la psychologie et qu'elle avait de l'intuition. Mais je t'ai aussi fait remarquer qu'elle pouvait utiliser ses talents pour manœuvrer les gens. Avec tout ce que tu m'as raconté, mon opinion est faite.

— Alors comment expliques-tu que sa mystérieuse assistante n'ait ouvert la bouche que pour signaler ses problèmes cardiaques ?

— Elle se sentait sûrement coupable de ne pas lui avoir fait prendre ses médicaments.

— Et pourquoi a-t-elle vidé le cabinet en quatrième vitesse en passant la journée à trier des papiers ? Tu ne vois pas que tous les éléments concordent ! C'est une disciple de l'Ordre. Mme Bracca n'est pas décédée de mort naturelle. La secrétaire a raconté son laïus à la concierge pour que tout le monde croie à l'infarctus.

— Alors tu prétends que la Bracca a été assassinée ? Pourtant elle t'avait dit que l'Ordre des femmes ne transgresse jamais la loi.

— Je penche plutôt pour le suicide. Elle s'est supprimée comme Annie Baldwinter pour protéger les activités de l'Ordre.

— Tu es en train d'interpréter tous les événements pour confirmer ta vision. C'est justement ça qui m'inquiète.

— Tu insinues que je deviens paranoïaque ?

— Je ne dis pas ça, mais cette manière de traduire les faits ne t'apportera rien de bon. Écoute, vieux puceau. Tu connais un peu la psychologie. On a souvent parlé ensemble de la persona, des masques qu'il faut savoir mettre et enlever. Mais la persona, ça reste la couche extérieure. Au centre, il y a des choses plus fondamentales. Je n'arrive pas encore à l'expliquer clairement, mais je sens que cette affaire touche une part essentielle de ton psychisme. Et c'est ça qui m'inquiète. Quand le noyau central est concerné, ça peut provoquer des effets dévastateurs.

— Tu cherches de nouveau à me foutre la trouille. C'est ta spécialité. En résumé, si je n'accepte pas de voir les choses comme toi, je risque de devenir fêlé. C'est ça ?

Il m'a adressé un sourire un peu forcé.

— Je m'inquiète pour toi, c'est tout. Promets-moi juste de réfléchir à ce que je t'ai dit.

Je ne savais pas quoi lui répondre. Un fossé se creusait entre nous. Je lui avais révélé toute l'histoire. À lui et à lui seul. Parce qu'il était mon meilleur ami et que j'avais besoin de son soutien. Et tout ce qu'il trouvait à faire pour m'aider, c'était d'insinuer que j'étais victime de mon imagination. Encore un peu et il m'enverrait dans un asile. Nous nous étions disputés souvent, mais là c'était nettement plus grave. Je me sentais trahi et abandonné. Mais je ne voulais pas lui montrer à quel point il m'avait déçu.

— D'accord, ai-je dit d'une voix froide. Je vais reprendre tout ça. Va nager, maintenant. La piscine ferme bientôt.

— Je n'ose pas te dire de faire du vélo, a-t-il repris. Mais franchement, si tu pouvais te changer les idées, ça te ferait beaucoup de bien.

— Je vais commencer par emmener mes filles au resto. Elles doivent être affamées.

— Bon. Je t'appellerai. À bientôt.

Il m'a donné une tape sur l'épaule et s'est éloigné vers les vestiaires. Je l'ai regardé partir en me demandant si notre amitié pourrait continuer après cette histoire. J'ai commandé un autre Martini. Quelques minutes plus tard, la femme brune qui se dorait sur la pelouse est passée à côté de ma table. Ses fesses bronzées qui ondulaient au rythme de sa démarche étaient une véritable incitation au viol. Pendant un bref instant, je me suis vu en train de la pénétrer brutalement après l'avoir giflée pour effacer de son visage la mimique dédaigneuse qu'elle m'avait adressée. J'ai serré les poings pour calmer ma colère et j'ai vidé mon verre d'un trait.

Pendant le week-end, j'ai passé en revue des dizaines de fois les événements des deux dernières semaines. Je restais convaincu que mon interprétation était la bonne. Tout ça ne pouvait pas s'expliquer par de simples coïncidences. Aussi incroyable que ça ait pu paraître, il y avait bien une organisation secrète de femmes qui cherchait à manipuler les hommes les plus puissants de la planète. Deux de ses membres avaient donné leur vie pour m'empêcher de révéler le secret. En me remémorant tout ce qui s'était passé, j'ai ressenti plusieurs fois un sentiment étrange. Quelque chose me disait que j'étais passé à côté d'un élément important. Une pièce du puzzle qui aurait définitivement prouvé que j'avais raison et m'aurait même permis de convaincre Arnaud. J'avais vu cette pièce sans en comprendre l'importance, et je l'avais laissée disparaître dans les replis de ma mémoire. J'ai eu beau me triturer les méninges, pas moyen de faire resurgir le détail qui avait suscité cette impression.

Je ne me suis pas montré très disponible envers mes filles pendant ces deux jours. J'avais l'esprit trop occupé par mes interrogations. Mais j'ai essayé de compenser en leur proposant plein d'activités. Je les ai emmenées deux fois au restaurant. Samedi, je leur ai payé des billets de cinéma et dimanche des entrées à une représentation de danse. Au moment de les quitter sur le quai de la gare, je leur ai posé la question rituelle.

— Alors, ça vous a plu ce week-end avec papa ?

— C'était super, a lancé Léonore. Merci de nous avoir laissé aller au cinéma et à la danse.

Elle m'a fait un gros bisou et est montée dans le wagon. Mais Roxane n'a pas répondu.

— Tu boudes ? lui ai-je demandé. Tu n'as pas aimé les spectacles et le restaurant ?

— Si, si, a-t-elle dit d'une voix sombre.

— Alors, qu'est-ce qui te met de mauvaise humeur ?

— Je suis pas de mauvaise humeur, juste triste.

— Et pourquoi ?

— Il m'arrive des trucs importants dans ma vie, papa. J'aurais bien aimé en parler avec toi. J'ai essayé, mais j'ai vu que t'écoutais pas. T'avais tout le temps la tête ailleurs. On aurait dit que t'étais pas là. C'est ça qui me fout le blues.

J'ai voulu la serrer contre moi, mais elle s'est dégagée et s'est dirigée vers le train sans se retourner.

Les dimanches soirs ont toujours été difficiles pour moi depuis mon divorce. Parce que c'est le moment où Roxane et Léonore me quittent. Mais surtout parce qu'elles partent rejoindre un autre homme qui partagera leur vie pendant deux semaines. Un homme que ma femme a fait entrer dans notre lit conjugal pendant que nos enfants dormaient dans la chambre d'à côté. La rancoeur et le sentiment d'injustice sont les compagnons avec lesquels j'ai rendez-vous le dernier jour de la semaine. Parfois ils se montrent très discrets, presque absents. Ils ont failli disparaître quand Marie était à mes côtés. D'autres fois ils hurlent à perdre haleine de mes tripes à ma tête.

Mais ce soir-là a été le pire de tous. À la vieille colère contre Carole pour avoir détruit notre famille s'ajoutait une fureur nouvelle. Une haine brûlante envers les femmes qui me surveillaient et cherchaient à contrôler mes actes. Je sentais qu'à cause d'elles je risquais de perdre la relation privilégiée que j'avais construite avec mes filles.

En pénétrant dans mon appartement, j'ai ressenti à la fois de la souffrance et du soulagement. Toutes ces pièces vides me rappelaient ma solitude, mais j'étais aussi apaisé par l'idée de me retrouver à l'abri chez moi. Je savais que je pourrais réfléchir à la situation, reprendre des forces et préparer ma riposte. J'étais en train de me verser un verre de Laphroaig lorsque le téléphone a sonné. J'ai pensé que Roxane m'appelait pour qu'on se réconcilie. J'ai décroché en préparant déjà des mots d'excuse. C'était Fabienne.

— Est-ce que je te dérange ? a-t-elle demandé d'une voix tendue.

— Non, non. Ça va.

— Écoute, j'avais promis d'attendre que tu me rappelles. Mais je suis moins patiente que je ne le croyais.

— Ce n'est pas grave.

— Peut-être que si.

— Qu'est-ce que tu veux dire ?

— David, j'ai besoin de savoir où tu en es. Tu connais mes sentiments. Cette nuit avec toi à Derborence a été l'un des plus beaux moments de ma vie. Mais je ne veux pas passer mon temps à espérer un amour qui ne viendra pas. Il faut que tu me dises ce que tu ressens pour moi.

— On en a déjà parlé, Fab. Pour l'instant, je suis dans le brouillard. Les deux jours que nous avons passés ensemble ont été merveilleux pour moi aussi. C'était un moment hors du temps. Mais quand je suis revenu à Genève, j'ai été rattrapé par les événements.

— Quels événements ?

— Tu m'avais demandé de ne pas prendre mon portable. À mon retour il y avait des messages urgents. Des choses capitales se sont produites pendant notre week-end.

— Rien qu'à ta façon de dire ça, je devine que ça concerne tes divagations sur cette secte de femmes.

Je n'ai pas aimé le ton tranchant avec lequel elle m'a coupé, ni les termes qu'elle a employés.

— Écoute-moi David, a-t-elle repris d'une voix légèrement radoucie. Pour nous aussi, il s'est passé des choses essentielles. Si tu ne le comprends pas, ça veut dire que je n'ai rien à espérer. Je suis là. Je t'offre mon amour. Toi, tu cours après des chimères. Maintenant il faut que tu choisisses. Tu ne peux pas continuer à jouer sur les deux tableaux.

— Tu ne m'as laissé qu'une semaine. Tu sais que je vis des moments difficiles. Si tu m'aimes, tu devrais être capable de me donner un peu de temps.

— Mais si tu emploies ce temps à chercher les preuves d'un complot qui n'existe que dans ta tête, ça ne servira à rien.

— Laisse-moi encore quelques jours pour faire le point.

— Bon. Fais le point. Excuse-moi de t'avoir dérangé.

Après avoir raccroché, je me suis souvenu d'un film que j'avais vu bien des années plus tôt. Il se situait à l'époque de la guerre froide, quand les États-Unis et l'Union Soviétique se menaçaient mutuellement avec des fusées chargées de têtes nucléaires. Une ligne téléphonique directe avait été installée entre le président américain et son homologue russe. On l'appelait le téléphone rouge. Ça devait servir à négocier en cas de crise grave. Dans la séquence qui m'est revenue en mémoire, les deux dirigeants étaient en ligne et s'accusaient mutuellement d'avoir mis en danger le pays adverse.

— Nos satellites montrent que vous avez mis vos missiles terrestres en position, disait l'américain.

— C'est parce que les nôtres ont révélé que vous aviez ouvert vos silos, rétorquait le russe.

— C'était un simple exercice, mais maintenant nous pointons aussi nos missiles sur vous puisque vous nous menacez.

— Nous ne vous voulons aucun mal, mais devant cette agression nous sommes contraints de faire décoller nos bombardiers stratégiques.

— Tout ceci est un malentendu. Je dois cependant vous prévenir que suite à votre décision, nous ordonnons également à nos escadrilles de prendre l'air.

— Écoutez, nous voulons la paix. Donnez-nous un signe de bonne volonté et nous demanderons à nos avions de faire demi-tour.

— Nous sommes d'accord pour rapatrier les nôtres si vous montrez que vous faites machine arrière.

— Très bien. En signe de bonne volonté, nous promettons de ne pas utiliser nos sous-marins nucléaires et nos avions rebrousseront chemin dès que les vôtres auront viré de bord.

— Parfait. Nous n'emploierons pas non plus nos sous-marins et nos escadrilles sont prêtes à regagner leurs bases.

— Je suis très heureux, monsieur le président. Nous venons d'éviter une guerre qui aurait pu détruire la planète.

— Moi aussi, je suis très heureux, monsieur le premier secrétaire.

En raccrochant le téléphone rouge, le dirigeant américain se tournait vers ses généraux.

— Ils vont attaquer, disait-il d'une voix grave. Ordonnez aux sous-marins de tirer et déclenchez tous les missiles.

Et le russe employait exactement les mêmes mots pour s'adresser à ses adjoints.

Je ne me souvenais pas de la suite du film. Peut-être s'agissait-il de la séquence finale. Mais je savais pourquoi ces images m'étaient revenues à l'esprit.

# XXV

La flèche a traversé l'air en sifflant et s'est plantée presque au centre de la cible avec un bruit sec. Doriane nous a lancé un coup d'œil triomphant en agitant son arc. Elle trépignait de joie. Jef a levé le pouce en signe de félicitations et lui a soufflé un baiser.

— Regarde-moi ça, m'a-t-il murmuré. Est-ce qu'elle n'est pas superbe ? Vingt-cinq ans, des seins qui ont l'arrogance de la jeunesse, des jambes de danseuse et un minois adorable. En plus, elle est loin d'être conne. Elle prépare une maîtrise en sciences économiques. Que demander de mieux ?

— Présenté sous cet angle c'est effectivement intéressant, ai-je concédé. Tu l'as connue où ?

— À la librairie universitaire. C'est mon nouveau terrain de drague. Tu ne peux pas imaginer le nombre d'étudiantes qui sont prêtes à vivre une aventure avec un quadragénaire fortuné. Doriane est déjà ma troisième conquête, et ça fait moins de deux mois que j'ai adopté ma nouvelle stratégie de chasse.

— Ce sont des relations plutôt éphémères, non ?

— Avant Doriane, aucune n'a survécu au premier week-end. Mais avec elle ça pourrait aller plus loin. Le courant passe très bien entre nous. Dans deux jours, on part ensemble à Cuba. Après, on verra.

— Et ça ne te gêne pas de sortir avec une femme qui a l'âge de ta fille aînée ?

— Pas du tout. Ce sont les psys qui nous ont fait flipper sur la différence d'âge avec leur histoire d'Œdipe. Pour la biologie, c'est tout à fait naturel. Nous sommes programmés pour rechercher des femelles qui puissent perpétuer nos gènes. Plus la femme est jeune, plus les chances sont grandes que son corps soit un terrain fertile pour nos spermatozoïdes. On croit que les hommes sont attirés par les belles femmes. En fait, c'est leur fertilité que nous recherchons. Les signes de beauté comme une peau lisse, des cheveux brillants, des dents saines, une poitrine pleine sont aussi des indices de bonne capacité reproductive.

— Et les femmes se foutent que leurs partenaires soient vieux et moches, pourvu qu'ils aient du fric ?

— C'est un peu plus compliqué, mais il y a de ça. La clé de l'histoire, c'est qu'un homme peut remplir sa fonction de reproducteur quel que soit son âge. S'il n'est plus tout jeune, ça ne représente pas un obstacle. C'est le corps de la femme qui doit être en pleine santé pour assurer le développement du fœtus. Par contre, la femelle sera beaucoup plus sélective sur les ressources que son partenaire peut apporter. Si elle se fait faire un enfant par un mâle qui ne peut pas nourrir sa progéniture, elle aura perdu plusieurs mois ou plusieurs années de sa vie sans réussir à perpétuer ses gènes. Pour les programmes primitifs de la femme, un vieux riche vaut mieux qu'un jeune sans le sou.

— Et voilà pourquoi Doriane est dans ton lit, ai-je lancé d'un ton légèrement ironique. Vive la biologie.

Jef m'a dévisagé d'un air perplexe.

— J'ai de la peine à te suivre David, a-t-il repris. Je sais que tu me désapprouves, mais en même temps j'ai parfois l'impression que tu voudrais bien être à ma place. On doit tous faire des choix et j'ai fait les miens, mais ils sont moins simplistes que ce que tu imagines.

— Ce qui signifie ?

— Est-ce que tu pourrais supporter ça ?

Il m'a désigné d'un mouvement de tête le champ de tir à l'arc. Le professeur, un éphèbe bronzé dont les muscles saillaient sous le T-shirt, était en train de corriger la posture de Doriane. Il a enserré sa taille pour modifier sa position, puis il a fait pivoter la jambe gauche de la jeune femme afin qu'elle soit face à la cible. Ses gestes étaient précis, mais ses doigts s'attardaient un peu trop longtemps sur la cuisse de son élève. La compagne de Jef faisait mine de ne s'apercevoir de rien et souriait au jeune homme tout en bandant son arc.

— Tu vois ce que je veux dire ? a repris Jean-François. Il y a un revers à chaque médaille. J'ai choisi de séduire des femmes bien plus jeunes que moi, mais j'en accepte aussi les inconvénients. Je ne demande pas à mes conquêtes d'être fidèles, puisque je ne le suis pas non plus. J'essaie juste de leur donner des moments de plaisir, et je prends ce qu'elles m'apportent sans vouloir obtenir plus. C'est aussi une façon d'aimer. J'aime ces femmes et j'aime la vie. Je me soumets à sa beauté autant qu'à sa cruauté.

Il avait parlé d'une voix plus véhémente que d'habitude. J'ai compris que mon attitude l'avait heurté.

— Excuse-moi, ai-je marmonné. Je ne suis pas dans mon assiette ces temps. J'ai l'impression de perdre le contact avec mes filles. Elles sont parties pour un mois de vacances avec leur mère et elles me manquent. En plus, je suis pris dans une histoire bizarre avec Fabienne. On a fait l'amour dans son chalet au début juillet. Elle dit qu'elle m'aime et elle veut savoir où j'en suis. Ça fait trois semaines que j'ai promis de la rappeler et je n'y arrive pas. Je ne sais pas quoi lui dire.

— C'est probablement parce que tu ne te sens pas vraiment attiré par elle. Tu as peur de lui faire de la peine.

— C'est possible. Et pourtant on s'entend très bien. On est amis depuis l'enfance. J'adore son humour. Elle a les mêmes goûts que moi. Elle est belle, intelligente et sensuelle. On aurait pu former un couple idéal. Je n'arrive pas à voir ce qui manque, mais quelque chose n'est pas là. Est-ce que la biologie peut expliquer ça ?

— Peut-être.

— Vas-y, tu m'intéresses.

— Il y a des recherches sur le complexe d'histocompatibilité HLA qui fournissent des résultats prometteurs.

— Tu peux traduire, s'il te plaît ?

— C'est ce qui permet à notre système immunitaire de reconnaître les éléments étrangers et de les détruire. Il existe différents gènes qui gouvernent ce mécanisme. Plus on mélange ces gènes, plus le nouveau-né sera résistant aux infections et aux maladies. Nous sommes programmés pour être attirés par des partenaires qui ont des systèmes HLA très différents du nôtre. Ça provoque un brassage optimal des gènes.

— Et comment sait-on que le HLA de l'autre est différent ? Ça n'est pas inscrit sur son visage.

— Sur son visage non, mais probablement dans son odeur. Dans une expérience, on a donné à un groupe de femmes des T-shirts qui avaient été portés par des mecs et on leur a demandé de les renifler.

— Pouah ! C'est dégoûtant.

— Pas forcément. On a remarqué que l'odeur des mêmes T-shirts plaisait énormément à certaines femmes et pas du tout à d'autres. Quand ils ont analysé les données génétiques, les chercheurs ont constaté que ces dames préféraient toujours les effluves des mâles qui avaient un HLA très différent du leur.

— Donc, Fab est tombée amoureuse de mon odeur. Très romantique. Mais alors pourquoi est-ce que je ne suis pas attiré par elle. Si nos HLA sont compatibles, ça devrait fonctionner dans les deux sens ?

— Le sujet est complexe. Certaines données montrent que les femmes sont nettement plus sensibles que nous à ces aspects révélés par les émanations corporelles. Ce qui est logique. Puisqu'elles sont sûres d'être les mères de leurs enfants, elles doivent à tout prix choisir un mâle génétiquement compatible si elles veulent augmenter les chances de survie de leurs petits. Pour les hommes, c'est moins important puisque nous ne sommes...

— Jamais certains d'être le père. On sait.

— Exactement. Donc un bon test pour savoir si une relation est solide, c'est de voir si la femme aime vraiment l'odeur de son mec. L'inverse est moins essentiel.

— Génial, il ne me reste plus qu'à transpirer un maximum avant d'aller draguer, comme ça je serai fixé tout de suite.

— Bon, trêve de plaisanterie. Le gentil organisateur m'appelle. C'est à mon tour de jouer à l'archer. J'espère qu'il ne va pas me peloter autant que Doriane.

Jef s'est dirigé vers le champ de tir en me laissant seul avec les élèves qui attendaient leur tour. Nous étions assis par terre au bord de la clairière où se trouvaient les cibles. J'aurais voulu rentrer chez moi et aller faire une bonne sieste. Mais je me trouvais à 300 kilomètres de Genève, dans un coin perdu des Vosges. Je m'en suis voulu d'avoir accepté lorsque mon ami m'avait proposé ce stage de tir à l'arc. Je m'étais dit que ça me changerait les idées. J'avais passé la moitié du mois de juillet à réfléchir jusqu'à la migraine aux événements qui s'étaient produits depuis le départ de Marie. Mais j'avais beau me triturer les méninges, je retombais toujours sur les mêmes conclusions. Les arguments d'Arnaud paraissaient convaincants vus de l'extérieur, mais je sentais que son interprétation était fausse. Il avait oublié un élément fondamental. Si l'histoire de Mme Bracca n'était qu'une invention, alors Marie m'avait quitté sans aucune raison. Et ça, je savais au fond de moi que c'était impossible.

Je venais de commencer mes vacances et la perspective de les passer en solitaire avant que mes filles ne reviennent ne me plaisait pas du tout. Le mariage de Béatrice, auquel j'avais assisté quelques jours plus tôt, n'avait pas arrangé les choses. Ça avait fait remonter plein de souvenirs sur mes années de bonheur avec Carole, mais aussi sur notre divorce. En plus, les congés avaient tendance à me déprimer. Je détestais me retrouver seul quand le travail ne réglait plus mes journées. Et la chaleur de ce milieu d'été me rappelait les moments de rêve que j'avais passé une année plus tôt avec Marie Sophie. J'ai repensé à la passion qui nous avait unis. N'avait-elle existé que parce que nos odeurs révélaient des systèmes immunitaires différents ? Ça pouvait être vrai, après tout. Et si par miracle elle revenait, il me suffirait peut-être de renifler sa chemise pour l'aimer à nouveau. Quelle dérision.

Doriane m'a tiré de mes cogitations en venant s'asseoir près de moi. Sa peau luisait de sueur et elle dégageait une odeur citronnée qui me plaisait bien. Peut-être nos HLA étaient-ils compatibles.

— Alors, tu es prêt pour le premier exercice ? m'a-t-elle demandé d'une voix un peu essoufflée.

— Je ne suis pas sûr d'être totalement motivé. Mais je suis là pour ça, non ?

— Tu verras, Mike est très sympa. Il connaît plein de choses sur le tir à l'arc. Tu savais qu'en 1769, un sultan arabe a établi un record de tir à 889 mètres ? Presque un kilomètre. C'est incroyable pour l'époque.

— En effet. Tu n'as pas tiré aussi loin, mais Mike t'a quand même fait transpirer on dirait.

— Oh, c'est surtout parce qu'il fait très chaud. Les cibles sont en plein soleil et il est bientôt midi.

Le terrain était légèrement en pente et elle s'était installée en contrebas. J'avais une vue plongeante sur son décolleté.

— Ça fait longtemps que tu connais Jean-François ? a-t-elle repris sans paraître remarquer que je lorgnais ses seins.

— Plus de vingt ans. On s'est connus à l'université.

— Ah, alors vous avez le même âge.

— Tu plaisantes, je suis beaucoup plus jeune que lui. Il a deux ans de plus que moi.

Elle a éclaté d'un rire clair.

— Ah, je me disais aussi que vous n'étiez pas de la même génération.

— Je suis heureux que tu t'en rendes compte.

— Dommage pour toi, tu n'es pas assez mûr pour que je te drague.

— Tu ne t'intéresses qu'aux vieux croûtons ?

— Pas toujours, mais ceux qui ont le style de Jean-François me plaisent beaucoup.

— Et qu'est-ce qui t'attire chez lui ?

— À part le fait qu'il paie tout, tu veux dire ?

— Évidemment. Ça, c'est standard chez les vieux.

— Eh bien, j'aime beaucoup sa façon d'être avec moi. Il ne me juge pas et ne cherche pas à m'enfermer. En plus, il est super intelligent et cultivé. J'apprends énormément avec lui.

— Et c'est tout ?

Elle a fait une moue un peu mutine.

— Non. Il me fait très bien l'amour. Les hommes expérimentés connaissent beaucoup mieux le corps des femmes. C'est un des avantages de l'âge.

— Ah bon. Vu sous cet angle, j'ai moins peur de vieillir.

Elle a ri et a posé sa main sur mon bras.

— Mais ce n'est pas le plus important. L'essentiel pour moi, c'est qu'il ne cherche pas à tout comprendre. Il accepte mes humeurs et mes envies, même s'il ne saisit pas leurs raisons. Il ne me questionne jamais et je sens qu'il n'essaie pas de m'analyser. C'est très reposant.

Ses doigts ont effleuré mon poignet et elle a ébauché un sourire.

— Tu sais David, j'ai pensé plusieurs fois à toi depuis que Jean-François m'a raconté ton histoire. Ça ne doit pas être drôle de passer les vacances tout seul. J'ai une amie qui a les mêmes goûts que moi. Elle est libre et je suis sûre que tu lui plairais. Si tu veux, je peux te donner son numéro ou te la présenter demain quand nous retournerons à Genève.

Je me suis aperçu que le jeune professeur me hélait pour que je le rejoigne. Ça m'a évité de répondre.

— Excuse-moi, ai-je dit, mais Mike m'appelle pour me transformer en Robin des Bois. On en reparle, d'accord ?

Elle a acquiescé et m'a suivi des yeux pendant que je me dirigeais vers les cibles.

J'avais la tête pleine de questions en arrivant au milieu de la clairière. Pourquoi Doriane voulait-elle m'installer avec sa copine avant de partir à Cuba ? Qu'est-ce que Jef avait bien pu lui raconter sur moi ? Je me suis promis de faire subir un interrogatoire en règle à mon ami pour savoir ce qu'il lui avait révélé.

Mike m'a accueilli en me mettant un arc dans les mains.

— Bonjour David. C'est bien David ? Tu te souviens de ce que j'ai dit ce matin en salle de théorie ?

— Plus ou moins.

— Bon. L'essentiel, c'est de te rappeler qu'ici on pratique le tir instinctif. On travaille avec un arc droit. Pas de viseur, pas de poulie. Tout se joue dans la position du corps. Au début, tu ne dois pas essayer de viser. Si ta posture est correcte, les flèches iront au bon endroit. Compris ?

— En théorie, ça paraît simple.

— En pratique aussi. Regarde et fais comme moi.

Il a adopté la position du parfait archer. Le bras gauche tenant l'arc et le bras droit replié avec le coude à hauteur de l'épaule pour tendre la corde. Je l'ai imité du mieux possible. Il a légèrement corrigé ma posture et m'a dit que je pouvais tirer. Ma flèche est partie en vibrant et s'est fichée dans le coin supérieur droit de la cible.

— Attention à la légèreté de la décroche, a-t-il précisé. Tu dois lâcher naturellement et pas d'un geste forcé.

Mon deuxième essai a abouti dans une zone tout aussi improbable. Les autres n'ont pas eu plus de succès.

— Tu n'as pas trouvé ton axe intérieur, c'est ça qui ne va pas, a affirmé Mike. Tu n'es pas encore centré. Ça ira mieux la prochaine fois. Allons manger, c'est l'heure du repas.

J'ai recherché en vain un moment pour être seul avec Jef durant la pause de midi. Doriane ne le quittait pas d'un pouce. C'est seulement en fin de journée que j'ai réussi à l'accrocher. Sa jeune compagne avait commencé son parcours de tir instinctif dans la forêt et nous attendions notre tour assis sous un arbre.

— Doriane s'intéresse un peu trop à moi. Qu'est-ce que tu lui as raconté ? ai-je demandé à brûle-pourpoint.

— Quoi ? Je ne comprends rien à ton histoire.

— Elle veut me faire rencontrer une de ses amies. Qu'est-ce que tu lui as dit pour qu'elle joue à la maquerelle ?

— Eh là, calme-toi ! Je lui ai juste parlé de ton divorce et de ton histoire avec Marie Sophie. J'ai peut-être ajouté que tu n'étais pas très en forme ces temps-ci. Ça a dû toucher son côté maternel. Les femmes adorent consoler les hommes qui souffrent. Sauf s'ils se plaignent sans arrêt.

— Et tu trouves normal qu'elle me pousse dans les bras de sa copine ?

— Ça prouve qu'elle a bon cœur. Qu'est-ce que tu risques ? Tu as peur qu'elle en veuille à ta fortune ? Ou bien tu crois qu'elle fait partie de la fameuse société secrète que tu cherchais à démasquer ? Comment ça s'appelait déjà ? Ah oui. L'Ordre des femmes.

J'ai senti les battements de mon cœur accélérer brutalement. C'était exactement ce que je pensais, mais je ne voulais à aucun prix qu'il le sache.

— Ne dis pas de conneries, ai-je répliqué d'une voix qui se voulait détachée. C'est de l'histoire ancienne. Mme Bracca m'avait monté un canular. Ça ne lui a pas porté chance, elle est morte d'une crise cardiaque à la fin juin.

— Ah bon. Tu ne m'en as pas parlé.

— Je ne l'ai su que récemment. C'est Béatrice qui me l'a dit juste avant les vacances. J'espère que tu n'as pas raconté cette affaire à Doriane.

— Rassure-toi. J'ai été muet sur le sujet. Mais tu devrais te laisser un peu aller. Je te sens tendu. Profite de ce stage en pleine nature. Le tir à l'arc, c'est comme la drague. Tout se joue dans l'attitude. Et si l'amie de Doriane est un canon, n'hésite pas !

J'ai été soulagé de le voir se lever pour débuter son parcours.

Je me suis couché tôt ce soir-là. Je n'avais pas sommeil, mais je voulais échapper à Doriane. Elle m'avait observé d'un regard inquisiteur pendant toute la soirée et je n'en pouvais plus de feindre l'insouciance. J'ai tenté de calmer les pensées désordonnées qui s'agitaient dans mon cerveau. Il fallait réfléchir posément. Au fond, il n'y avait que deux possibilités. Ou je devenais paranoïaque, ou c'était bien une adepte de l'Ordre qu'on avait envoyée vers Jef pour tenter à nouveau de me contrôler. Dans les deux cas, j'avais de quoi me faire du souci. J'ai senti la crainte s'insinuer en moi et je n'ai réussi à m'endormir qu'aux premières lueurs de l'aube.

Lors de la deuxième journée du stage, nous avons été répartis par paires et je me suis retrouvé avec un quinquagénaire belge qui n'arrêtait pas de raconter sa vie. Il vendait des moules à Ostende. Après trois heures en sa compagnie, je connaissais toutes les subtilités de la mytiliculture.

Mais au moins, sa présence me permettait d'éviter Doriane. J'ai passé toute la matinée à me demander ce que je devais lui répondre. J'étais certain qu'elle reviendrait à la charge. Si j'acceptais de rencontrer sa copine, j'aurais une chance de confondre l'Ordre des femmes. Mais il faudrait jouer serré, simuler chaque jour, courir le risque d'un coup fatal. Je me sentais trop vulnérable. J'avais besoin de reprendre des forces. J'ai décidé de refuser. Je pourrais toujours me remettre sur la piste en surveillant la compagne de Jef.

Comme je l'avais prévu, elle est venue vers moi après le repas.

— Alors, tu as fait des progrès en tir instinctif ? m'a-t-elle demandé.

— Étant donné mon niveau de départ, c'était plutôt facile.

— Ma proposition tient toujours, a-t-elle repris. J'ai parlé de toi à ma copine. Elle attend ton coup de fil. Est-ce que tu veux son numéro ?

— C'est très sympa de ta part, mais je n'aime pas les rencontres arrangées. Je préfère quand les choses se passent naturellement.

Elle a haussé les épaules sans faire de commentaire.

— Bon, c'est toi qui vois. Bonne chance pour tout à l'heure.

Pendant le concours de tir qui clôturait le stage en fin d'après-midi, j'ai mis huit flèches sur dix dans le rond central de la cible. Ça m'a confirmé que la peur peut aider à trouver l'axe intérieur.

Nous sommes rentrés à Genève séparément, mais j'ai revu Jef l'après-midi suivant. Il souhaitait s'acheter quelques habits avant son départ pour Cuba. Il me considérait comme le spécialiste du style sport chic et voulait mes conseils d'expert. Alors que nous quittions la rue de la Confédération les bras chargés de paquets pour rejoindre le parking du Mont-Blanc, je l'ai questionné sur Doriane.

— Elle ne t'a pas parlé de moi pendant votre voyage de retour ? lui ai-je demandé d'un ton détaché.

— Pas du tout. Pourquoi l'aurait-elle fait ? Tu n'es pas le centre du monde quand même.

— C'est que j'ai refusé de rencontrer sa copine. J'avais peur que ça l'ait vexée.

— Elle ne m'en a pas dit un mot. Ne te fais pas de souci. Elle a très bon caractère.

— Tant mieux.

— Mais si tu n'aimes pas les jeunes femmes, essaie quand même de ne pas rester seul pendant tes vacances. Tu devrais rappeler Fabienne puisqu'elle est folle de toi. Des bons moments passés ensemble, ça fait toujours du bien. Tiens, quand on parle du loup...

Il s'est interrompu et m'a désigné l'autre côté de la rue. J'ai reconnu Fab qui marchait une vingtaine de mètres devant nous de son pas alerte.

— Ses jambes sont vraiment superbes, a commenté Jef. Sa démarche est peut-être un peu trop volontaire, mais elle a un cul de princesse. Franchement, tu serais stupide de ne pas reprendre contact.

— Épargne-nous tes commentaires morphologiques, s'il te plaît.

Je m'apprêtais à héler Fabienne lorsqu'elle s'est arrêtée à une terrasse de café. Un homme assis à une table lui a fait signe. J'ai reconnu son collègue que j'avais aperçu sortant de chez elle le soir où elle m'avait avoué son amour. Tout ça me semblait déjà si loin. Il s'est levé pour l'accueillir et l'a enlacée. Ça a duré longtemps. Trop longtemps. J'ai ressenti un drôle de pincement dans mon estomac. Sa façon de la tenir ne ressemblait pas à la manière dont on étreint une amie. Ils se sont assis côte à côte et l'homme lui a pris la main. Elle s'est penchée vers lui et l'a embrassé longuement sur la bouche. Un vrai baiser d'adolescents amoureux. Ça n'en finissait pas.

— Eh bien mon vieux, a fait Jef. Je crois que tu peux renoncer à ton coup de fil. Apparemment, la situation a beaucoup évolué depuis votre dernière conversation.

Il a posé ses colis et m'a regardé attentivement.

— Tu vas bien ? Tu es tout pâle. Ne me dis pas que ça te fait mal. Tu n'as pas arrêté de me répéter que tu ne l'aimais pas.

— Non, non. C'est juste la... surprise. C'est quand même un choc. Il y a trois semaines, j'étais l'homme de sa vie.

— Allons boire un verre, ça te fera du bien.

Quand nous sommes partis, Fabienne et son amant s'embrassaient encore.

— Tu viens d'avoir la confirmation de mes théories sur l'imprévisibilité des femmes, a lancé Jef après avoir bu une gorgée de chardonnay. Quoique, dans le cas qui nous occupe, ce n'est pas si inattendu que ça.

— Qu'est-ce que tu veux dire ?

— La procréation, mon cher. Perpétuer les gènes. La puissance des vieux programmes.

— Je ne comprends pas.

— C'est simple. Notre brave Fabienne a dépassé les quarante ans. À cet âge-là, les mois filent comme des journées pour les femmes. Si elle veut trouver un mâle pour lui faire des enfants, elle doit aller très vite. Elle avait jeté son dévolu sur toi, mais elle a senti que tu hésitais trop. Donc tu n'es pas fiable comme géniteur. Un autre prétendant rôdait dans le coin. Elle lui a vite ouvert les bras. Et pas seulement les bras, si je peux me permettre.

— Tu es en train de me dire que tout son amour pour moi a disparu en trois semaines parce qu'elle était pressée de se faire engrosser ?

— Je sais, ce n'est pas très romantique. Mais c'est la dure loi de la nature. D'ailleurs, elle a très bien choisi son partenaire. Il se trouve que je le connais un peu.

— Ah bon.

— Oui. C'est Richard de Sarzens. Vieille noblesse genevoise. Famille honorablement connue. Il vient d'être nommé recteur du lycée de Candolle à trente-six ans. Certains lui prédisent une brillante carrière internationale dans le domaine de l'éducation. On le voit déjà parmi les cadres supérieurs de l'Unesco. Un jeune homme plein d'avenir. Ressources assurées.

— Plein d'avenir, hein. Bon. Allons-y, il faut que je rentre chez moi. Je t'aide à porter tes achats jusqu'à ta voiture et tu me déposes. Profite bien de tes vacances et ne te fais pas de soucis pour moi. Ça va aller.

— Bien. Je suis content que tu acceptes sereinement les conséquences des lois naturelles.

— Sereinement, c'est le mot qui convient.

Les théories de Jean-François avaient souvent le don de m'exaspérer. Elles avaient un côté implacable qui me mettait mal à l'aise. Mais je devais reconnaître que ses raisonnements étaient plausibles. Une fois encore, il avait trouvé une interprétation biologique convaincante d'un comportement féminin. Sauf que ce coup-ci, je savais qu'il se trompait. Il y avait une autre explication, et je venais de la découvrir.

J'étais seul chez moi, affalé sur le sofa du salon. Le tourbillon d'idées qui s'agitait dans ma tête s'était un peu calmé. Le brouillard se levait enfin, mais le paysage que je découvrais n'était pas vraiment agréable. La seule question que je n'avais pas résolue, c'était de savoir si Fabienne faisait déjà partie de l'Ordre des femmes quand je l'avais emmenée à la conférence de

Mme Bracca. Ça me paraissait quand même peu probable, ou alors c'était une actrice hors pair. Elle aurait mérité l'Oscar si elle connaissait déjà Irène Bracca avant que je lui en parle. Non, les choses avaient dû se passer après cette soirée dans la salle de l'université. J'avais remarqué que Fab était très intéressée par les théories de la conférencière. Elle avait dû la contacter suite à son exposé, peut-être pour lui demander des précisions. Et la Bracca en avait profité pour l'attirer dans ses filets.

Maintenant tout devenait clair. Mme Bracca avait réussi avec Fabienne le coup de poker qu'elle avait loupé avec Béatrice. Le dos au mur, elle avait tenté le tout pour le tout. Sans même passer par la phase préparatoire du cycle annuel de conférences, elle avait dû proposer à Fabienne des séances à son cabinet. Elle l'avait convertie en quelques jours et lui avait demandé son aide pour me neutraliser. Ça expliquait la disparition de mon amie d'enfance pendant les trois semaines qui avaient suivi. En même temps que le prétendu voyage à l'étranger de la Bracca. En réalité, ce temps avait servi à l'initiation accélérée de Fab aux méthodes de la secte. Et voilà pourquoi elle m'avait joué une scène d'amour le soir même où j'avais appris l'existence de l'Ordre. Elle était chargée d'allumer un contre-feu pour me garder sous contrôle en cas de problème.

Dès le début, elle avait cherché à me persuader que l'Ordre des femmes n'était qu'une affabulation. Elle m'avait convaincu d'abandonner mon portable pendant le week-end à Derborence, ce qui m'avait fait manquer les appels pressants de Daubert. Et elle avait prétendu être amoureuse juste pour m'arracher à mon enquête. Son dernier coup de fil n'avait été qu'une tentative supplémentaire pour me faire renoncer à mes investigations. Quand la secte avait vu que le plan ne fonctionnait pas, elle lui avait désigné une nouvelle cible. Richard de Sarzens. L'homme du deuxième cercle. Un jeune directeur de lycée promis à un brillant avenir dans les milieux internationaux de l'éducation. Je ne délirais pas. La preuve se trouvait sous mes yeux. Je tenais entre mes mains les documents que j'avais photographiés dans le bureau d'Irène Bracca. D'un côté la liste des nombres et des domaines : 54 Éducation. Et de l'autre celle des codes et des initiales : F 3545. Les deux chiffres du milieu identiques qui formaient le lien. F avait sa cible dans le domaine de l'éducation. F comme Fabienne. Le doute n'était plus possible.

Mes découvertes m'avaient complètement abattu. Quelque part, j'aurais dû être rassuré que mes soupçons se confirment. Ça prouvait au moins que je n'étais pas fou. Mais je ne ressentais que de la souffrance et de la peur. Après Marie Sophie, c'était Fab qui m'avait trompé sur ses sentiments pour obéir à l'Ordre des femmes. Et je l'avais crue. Même si je ne partageais pas son amour, j'étais persuadé qu'il était sincère. Elle m'avait juré qu'elle m'aimait. Et trois semaines plus tard, je la voyais embrasser un autre homme. J'étais écœuré par la capacité de mensonge que je découvrais chez les femmes. Carole, Marie, Fabienne, toutes m'avaient trompé. Même Béatrice l'avait fait avant de craquer. Les femmes pouvaient mentir sur leur jouissance, sur leur période de fécondité, sur le père de leurs enfants et sur leurs sentiments. Comment leur résister ? Leur pouvoir m'écrasait. Je savais que l'Ordre ne me lâcherait pas. Il y aurait toujours une adepte pour me surveiller et contrôler mes actes. Je me sentais épuisé. J'avais envie d'arrêter le combat, d'agiter le drapeau blanc. Je n'étais pas de taille. Pourquoi ne pas rendre les armes et profiter au moins de ma défaite ? J'ai pensé à appeler Doriane pour qu'elle me donne le numéro de sa copine. Me blottir contre un corps chaud et ferme. Respirer l'odeur sucrée d'une femelle. Téter des seins à pleine bouche et me laisser cajoler comme un nouveau-né. Me laisser aller enfin. Succomber à la puissance féminine. Abdiquer. Devenir une marionnette entre les mains des femmes. Un polichinelle, un pantin. Mais apaisé, tranquille, soulagé enfin. En me couchant ce soir-là, j'étais prêt à me soumettre. Je l'aurais sans doute fait sans ce qui est arrivé le lendemain.

# XXVI

Je n'avais jamais vraiment apprécié Sylvie. Peut-être parce que c'était la seule femme qui était parvenue à passer la corde au cou de mon meilleur ami. Arnaud s'était marié tard et avait divorcé tôt. Sa première union n'avait duré que trois ans, et la seconde à peine quelques mois de plus. Après une période plutôt débridée durant laquelle il avait aligné les conquêtes éphémères, il avait rencontré Sylvie au milieu de la quarantaine. Elle avait su l'apprivoiser et ils avaient fini par se marier. Cela faisait maintenant douze ans qu'ils vivaient ensemble. Elle n'avait pas d'enfants et n'en voulait pas, mais elle avait aidé mon ami à élever les siens.

— Sylvie est un mystère de la nature, me disait-il souvent. Elle n'est jamais jalouse, elle me laisse faire du vélo sans râler, mes jeux de mots graveleux la font rire. En plus, elle sait changer les pneus et adore bricoler dans la maison. Et je ne te parle pas de ses talents érotiques. Pour un peu, elle me ferait croire à la paix entre les sexes.

Dès le moment où Sylvie était entrée dans la vie d'Arnaud, nos relations avaient changé. Avant, nous partions souvent en vacances ensemble avec nos familles, et nous nous invitions régulièrement pour des repas en couple. Mais depuis le dernier mariage de mon camarade, ces moments s'étaient progressivement espacés pour disparaître tout à fait. Mon divorce n'avait pas arrangé les choses. Mais déjà avant le départ de Carole, je voyais presque toujours Arnaud seul. Apparemment, son épouse n'appréciait pas trop ma compagnie. Nous n'avions jamais eu de conflit, mais le courant ne passait pas très bien entre nous. Je m'étais souvent demandé pourquoi, sans parvenir à trouver la réponse. Il y avait quelque chose qui me bloquait chez Sylvie. J'avais l'impression qu'elle mettait entre elle et moi une barrière faite de politesse convenue. J'aurais voulu voir ce qui se cachait derrière, mais elle m'interdisait l'entrée de son intimité. Peut-être qu'elle ressentait la même chose envers moi. Ou alors, chacun était jaloux de la relation profonde que l'autre entretenait avec Arnaud. Quand j'en parlais avec mon ami, il répondait invariablement par une boutade.

— Arrête de te prendre la tête avec ça, vieux puceau. Je me fous complètement que Sylvie t'aime ou que tu l'apprécies. Ce qui compte, c'est l'amitié virile. Il n'y a rien de pire que ces mâles qui imposent leurs gonzesses à tous leurs amis. On dirait des maquereaux en rupture de stock. On est bien tous les deux, pas besoin de minauderies avec nos femmes.

Dans ce contexte, le téléphone de Sylvie en début de matinée m'a beaucoup surpris. Et sa demande de venir me rencontrer chez moi m'a paru encore plus étrange. J'ai accepté, plus par curiosité que par envie de la voir. Elle a sonné à ma porte peu après 10 heures. Nous nous sommes assis au salon et elle a dégusté le café que je lui ai préparé. Sa beauté un peu hautaine ne m'avait jamais touché, mais je pouvais comprendre que son visage volontaire et son corps vierge de toute grossesse puissent attirer les hommes. Elle portait la cinquantaine avec élégance. Ses manières assurées séduisaient probablement certains mâles. Je ne faisais pas partie du lot, et elle le savait. Elle a posé sa tasse et a croisé les jambes d'un air décontracté.

— Merci d'avoir accepté cette rencontre David, a-t-elle dit de sa voix mesurée. Je pense que tu as dû être un peu étonné par ma proposition.

— En effet.

— Bon. Je n'irai pas par quatre chemins. Si je suis là, c'est surtout à cause d'Arnaud. Il se fait beaucoup de soucis pour toi.

— Qu'est-ce qu'il t'a raconté ?

— Il n'est pas entré dans les détails. D'après lui, tu vas mal et tu risques de tomber dans une espèce de paranoïa au sujet des femmes. Il a très peur que ça te cause de gros problèmes, mais il ne sait pas quoi faire pour t'aider.

— Et en quoi est-ce que ça te concerne ?

Elle m'a jeté un regard appuyé.

— Écoute David, a-t-elle continué. Il est clair que ça n'a jamais vraiment accroché entre nous. Mais il y a une chose que j'aime bien chez toi, c'est ta franchise. Je sais que tu ne m'apprécies pas beaucoup et que tu te demandes ce que je fais là. Laisse-moi juste le temps de m'expliquer et après tu pourras me virer si tu veux. D'accord ?

— Je t'écoute.

— Je suis venue parce que tu es le meilleur ami de mon mari et que tu comptes beaucoup pour lui. Je le sens inquiet à ton sujet, et malheureux de ne pas pouvoir te donner un coup de main. Et je n'aime pas voir mon mari malheureux.

— Alors tu as décidé de me guérir pour qu'il retrouve le sourire ?

— Ça a l'air farfelu, mais c'est un peu ça.

— Comment est-ce que tu pourrais m'aider ? À supposer que j'en aie besoin. Tu ne me connais pas.

— Ce n'est pas tout à fait vrai. Je te connais un peu à travers ce qu'Arnaud me dit de toi. Il me parle rarement de vos relations, mais en douze ans j'ai quand même réussi à me faire une idée de ta personnalité.

— Franchement, je n'ai pas très envie d'entendre ton opinion sur moi. Je ne suis pas sûr que ça améliorera nos relations. Et tu ne fais pas partie des gens que je contacterais en cas de difficulté.

— Ça ne m'étonne pas. Mais j'aimerais juste t'expliquer pourquoi je peux te donner un coup de main.

— Alors pourquoi ?

— Parce que j'ai eu le même genre de problème que toi.

Elle a croisé les mains sur ses genoux et est restée un moment silencieuse avant de poursuivre.

— Je n'aime pas parler de moi, a-t-elle repris d'une voix un peu hésitante. Mais là je sais que je n'ai pas le choix si je veux te convaincre. Alors voilà. Avant de rencontrer Arnaud, j'ai vécu plusieurs années très difficiles. À vingt-cinq ans, je suis tombée folle amoureuse de mon directeur de thèse à l'université. C'était un spécialiste de la mythologie et j'étais fascinée par son intelligence. Il était marié et m'a promis pendant cinq ans qu'il allait divorcer pour vivre avec moi. Mais quand je suis tombée enceinte, il m'a demandé d'avorter en me disant qu'il n'était pas encore prêt à briser son couple. L'opération s'est mal passée et on m'a annoncé que je ne pourrais plus jamais avoir d'enfants. Après quelques mois, il m'a quittée pour une femme plus jeune. Je suis tombée dans une grave dépression, mais j'en suis sortie au bout d'une année grâce à la rencontre d'un nouveau compagnon. Il était très amoureux et m'a demandée en mariage. Il venait de Francfort et j'ai déménagé en Allemagne pour vivre avec lui. Ses goûts en matière de sexualité étaient assez spéciaux. Il m'a convaincue de participer à des soirées échangistes où plusieurs couples se retrouvaient pour faire l'amour ensemble. Et puis au bout de trois ans de mariage, il m'a annoncé qu'il demandait le divorce parce qu'il ne supportait pas l'idée que sa femme soit stérile. Ça a été comme un coup d'assommoir. Je me suis mise à fuir les hommes. Je les détestais et je les craignais. J'étais convaincue que ceux qui m'approchaient me voulaient du mal. C'étaient des menteurs, des cochons et des manipulateurs. Je suis devenue agressive et solitaire. Je ne me maquillais plus et je mettais des habits qui m'enlaidissaient pour échapper aux regards. Je me sentais très mal. J'avais l'impression que tous les hommes complotaient contre moi. J'ai eu des idées de suicide. C'est une psychologue qui m'a tirée de cet état. Elle m'a soutenue et m'a redonné confiance en moi. Grâce à elle, j'ai appris à ne plus fuir. Et j'ai pu croire de nouveau à l'amour. Ça ne s'est pas fait en un jour, mais j'y suis arrivée. Je suis sûre qu'elle pourrait t'aider. Son cabinet se trouve en France, pas très loin de Genève. Voilà. C'est tout ce que je voulais te dire. La balle est dans ton camp. Réfléchis tranquillement et envoie-moi un message si tu veux ses coordonnées.

Elle a fini sa tasse de café. Je ne savais pas trop quoi penser. J'étais surpris qu'elle me livre des aspects aussi intimes de sa vie, alors qu'elle ne m'avait rien dit d'elle pendant douze ans. En plus, j'avais beaucoup de peine à faire le lien entre la fragile héroïne de son histoire et la Sylvie pleine d'assurance que j'avais toujours connue. Ou alors la psychologue avait vraiment fait des miracles. J'ai observé l'épouse de mon ami qui s'apprêtait à prendre congé. Elle était vêtue d'une robe rouge sombre de très bonne coupe et j'ai remarqué un bracelet en platine à sa main droite. Sylvie adorait les bijoux. Arnaud se plaignait souvent de ses goûts dispendieux, surtout en matière de colliers précieux. Ce jour-là, elle portait un pendentif en rubis qui ressemblait à une demi-lune. Je l'ai examiné un instant, et soudain une scène oubliée est remontée du fond de ma mémoire. J'allais me lever pour raccompagner Sylvie, mais j'ai dû suspendre mon mouvement, terrassé par le choc.

Je me suis revu le 21 décembre de l'année précédente, assis dans ma cuisine. Je venais de découvrir la disparition de Marie, et Arnaud m'avait proposé la technique de l'attention flottante pour creuser dans mes souvenirs à la recherche d'une explication. L'effigie du masque africain m'était apparue, et j'avais eu pendant un instant le sentiment étrange d'avoir déjà vu la parure Sandé avant de connaître Marie Sophie. Je venais de me rappeler où. L'image avait surgi avec une netteté extraordinaire. Elle datait d'une douzaine d'années. Je vivais encore avec Carole. Arnaud nous avait invités pour nous présenter sa nouvelle compagne. En sonnant à sa porte, je me demandais avec curiosité à quoi ressemblerait cette perle dont il me parlait avec tant d'exaltation depuis plusieurs semaines. Mon ami nous avait conduits au salon où Sylvie nous attendait dans une longue robe noire qui découvrait ses épaules. Ma première impression avait été plutôt négative. Je l'avais trouvée trop maquillée, vêtue avec trop de recherche. Elle m'avait parue distante et artificielle. Mais un détail insignifiant était sorti de ma mémoire pour ressurgir douze ans plus tard. Au moment où elle s'était avancée pour nous accueillir, j'avais remarqué la parure qu'elle portait autour du cou. Un collier en or auquel pendait une étrange figurine. C'était la reproduction miniature de la Joconde noire.

La femme d'Arnaud était debout et me dévisageait d'un air interrogateur.

— Qu'est-ce qui se passe, David ? Tu as un air bizarre.

Je me suis levé précipitamment. Je devais à tout prix lui cacher que je l'avais percée à jour.

— C'est juste que je suis touché par ton histoire. Je n'aurais jamais cru que tu avais vécu des choses pareilles.

— Je n'ai pas l'habitude d'en parler, crois-moi. Très peu de gens sont au courant. Je n'aime pas évoquer cette période. Mais j'ai dû le faire pour que tu comprennes le sens de ma démarche.

— Je te remercie. Si ça peut rassurer Arnaud, dis-lui que je ne vais pas si mal que ça et que je profite de mes vacances. Je reviens d'un camp de tir à l'arc qui m'a fait beaucoup de bien. Quant à ta psy, je te promets d'y réfléchir et de t'appeler si je me décide.

Après le départ de Sylvie, j'ai ressenti l'envie pressante de prendre une douche. Je me suis savonné vigoureusement et j'ai laissé l'eau couler longtemps sur mon corps. J'avais besoin de me laver de sa présence et des miasmes de conspiration qu'elle transportait. Quand je me suis senti mieux, je me suis installé à la table de la cuisine devant un thé noir brûlant pour mettre de l'ordre dans mes idées. Une chose semblait certaine. Le groupe coordonné par Mme Bracca était en train de se restructurer. Une nouvelle cellule se mettait en place avec son pôle de recrutement en France. Les adeptes ne me lâchaient pas. Devant l'échec de Doriane, elles m'avaient envoyé une émissaire chargée de m'aiguiller sur leur nouvelle patronne. La psychologue française espérait sûrement réussir là où Irène Bracca avait échoué. En prétendant m'aider, elle essayerait de me faire tomber dans ses filets.

La seule chose que l'Ordre n'avait pas prévue, c'était que je démasquerais Sylvie. Sans le souvenir du pendentif, je serais peut-être tombé dans le piège. Mais leur manœuvre avait échoué. Au lieu de me neutraliser, elles allaient m'offrir la possibilité de les confondre. Quelques heures plus tôt, je me sentais prêt à baisser les bras. La visite de Sylvie et la découverte de sa traîtrise m'avaient redonné envie de me battre. Je devais le faire pour mon ami. L'idée qu'il avait uni son destin à une membre de la secte me mettait en rage. À mes yeux, il avait toujours représenté le grand frère protecteur. Celui sur qui on peut compter en cas de coup dur. Pour la première fois, j'avais le sentiment que c'était à moi de lui venir en aide. J'avais honte de voir qu'il s'était fait berner pendant douze ans par l'être le plus proche de lui. Mon devoir était de lui révéler la vérité pour que nous puissions mettre un terme au complot.

Je savais que ça ne serait pas simple. Il me croyait au bord de la paranoïa et nous nous étions quittés fâchés trois semaines auparavant. Je n'avais pas repris contact avec lui depuis notre conversation au restaurant de la piscine. Il m'avait laissé plusieurs messages, mais je ne lui avais pas répondu. Maintenant, c'était à moi de faire le pas. Heureusement, l'Ordre des femmes venait de me fournir des arguments imparables. Arnaud allait sûrement tenter de me contrer. Il affirmerait que Sylvie portait la figurine du masque africain par pure coïncidence et que ça ne prouvait pas son appartenance à la secte. Mais j'avais un as dans ma manche. La liste des codes trouvée dans le bureau d'Irène Bracca. Je les connaissais par cœur à force de les relire. L'initiale de Sylvie correspondait au nombre 6276. En extrayant les deux chiffres du centre on obtenait 27 qui désignait dans l'autre papier une cible dans le secteur de la médecine. Le docteur Arnaud Marel devrait admettre que cette fois on ne pouvait plus se contenter du hasard pour expliquer les choses.

# XXVII

Le bateau se balançait légèrement, bercé par les vaguelettes qui faisaient onduler par moments la surface tranquille du lac. Il était animé d'un mouvement presque imperceptible, comme un danseur qui n'a pas encore trouvé sa partenaire mais dont le corps bouge déjà au rythme de la musique.

— Est-ce qu'il n'est pas superbe ? s'est exclamé Arnaud.

— On peut le trouver joli, à condition d'aimer les coques de noix.

— Cette expression est une insulte à l'art de la construction navale. Tu as devant toi ce qu'on fait de mieux en matière de vedette habitable. Les Anglais appellent ça un cabin-cruiser. On peut non seulement l'employer pour faire une balade, mais aussi y manger et y dormir. Viens voir.

Il a pris pied sur l'arrière de l'embarcation et m'a tendu la main. J'ai hésité un instant, puis je l'ai suivi.

— Tu sais bien que je n'ai aucune attirance pour les bateaux, ai-je protesté.

— Tu es à bord d'un pur-sang, d'un dauphin des mers, d'un prodige de la technologie moderne. Un peu de respect pour le chef-d'œuvre !

— Pour moi c'est juste un truc qui bouge sur l'eau. Et tu sais que je n'aime pas ça.

— Justement. Il est temps de dépasser ton aversion. Nous avons ici l'outil idéal pour ton initiation.

— Si tu espères m'embarquer pour une traversée, tu perds ton temps. Je t'ai appelé parce que j'ai quelque chose de très important à te dire. Pas pour naviguer sur le Léman.

— Prends le temps d'admirer la merveille, a-t-il poursuivi sans m'écouter. Regarde la pureté des lignes, la finesse de l'étrave, le confort de la timonerie. Sans parler de la puissance. Moteur de trois cents chevaux à injection. Ce petit bijou pèse plus de deux tonnes. Mais quand tu mets les gaz, il glisse sur l'eau avec la légèreté d'une ballerine.

— Ravi de l'apprendre. Maintenant on retourne sur la terre ferme et on va boire un verre au restaurant de la Nautique. Il faut qu'on parle. C'est sérieux.

— D'accord pour discuter et boire un coup. Mais pas au restaurant. Je t'ai préparé une surprise.

Il a ouvert l'écoutille et est descendu à l'intérieur de la vedette. Je l'ai suivi avec réticence. L'étage inférieur était tout sauf spacieux. Une kitchenette grande comme un confetti, des couchettes superposées qui semblaient calibrées pour des nains et des WC minuscules. Ça ne donnait pas vraiment envie de partir pour trois semaines de croisière.

— Ne t'inquiète pas, je ne vais pas te proposer de passer la nuit à bord, a lancé Arnaud comme s'il avait lu dans mes pensées. Mais jette un coup d'œil à ça.

Il a sorti du minuscule frigo une bouteille de sauternes et un bloc de foie gras.

— J'ai aussi du pain et un toaster a-t-il ajouté d'un ton engageant. Et après le petit sauternes, un grand Vosne-Romanée accompagné d'un pâté en croûte de chez Fauchon et d'une salade de rampon. Qu'est-ce que tu en dis ?

— Tu veux qu'on mange ça au milieu du lac ?

— On va juste faire un tour en direction de Lausanne et on revient. C'est l'affaire de quelques heures. On pourra déguster ces victuailles en se dorant au soleil et tu me raconteras ton affaire. D'accord ?

— Maintenant je comprends pourquoi tu m'as donné rendez-vous sur la rade. Tu avais tout manigancé.

— J'avoue. Mais c'était pour partager un beau moment avec toi. Ça fait une semaine que j'ai obtenu mon permis de naviguer. C'est ma première sortie. Ça me réjouit de la faire avec mon meilleur ami.

— Ta première sortie ? Là, tu n'es pas en train de me rassurer.

Il a éclaté d'un grand rire.

— Tu ne risques vraiment rien. Le lac est calme comme un vendeur de somnifères et la journée s'annonce splendide. Allez, on y va ! J'ai même pris un slip de bain pour que tu puisses bronzer sur l'eau.

Il est remonté sur le pont et s'est installé au poste de pilotage. Le moteur a démarré avec un ronflement puissant. Je l'ai aidé à larguer les amarres en me disant que je m'étais fait piéger. Il a abaissé la manette des gaz et la vedette s'est mise en mouvement à petite vitesse. Je me suis installé à côté de mon ami. Il tenait le volant en souriant.

— Tu vois, c'est simple comme bonjour. Il faut juste faire attention quand on est près de la côte, à cause des bateaux qui manœuvrent et des petites embarcations. Mais dès qu'on est au large, c'est le paradis.

— Tu ne m'avais pas dit que tu t'étais offert un cabin-cruiser.

— Il n'est pas à moi. Ça vaut très cher, ce genre d'engin. C'est un ancien patient qui me le prête. Un riche diplomate américain passionné de navigation. C'est lui qui m'a appris à piloter. Il vient d'être muté en Arabie Saoudite, mais il a gardé un appartement à Genève. On a conclu un accord. Je m'occupe de son bateau et je peux l'employer quand il n'est pas là.

— Encore un triomphe de la psychanalyse.

— Tu ne crois pas si bien dire. Il était venu me voir parce qu'il avait des problèmes d'érection. Je l'ai guéri en cinq séances. Depuis, il ne tarit pas d'éloges sur moi. J'ai bientôt la moitié des diplomates de l'ONU dans mon cabinet.

— Et comment l'as-tu soigné ?

— Oh, c'était le cas banal du prince trop charmant. Il adorait son épouse, mais comme beaucoup de maris il refoulait ses pulsions agressives. Avant, c'était normal d'avoir envie de gifler sa femme de temps en temps. Maintenant, grâce aux féministes et aux psys roses, les mâles occidentaux n'osent même plus admettre qu'il y a de la violence en eux. Résultat : ils bandent mou. L'excitation sexuelle chez l'homme comporte toujours une part d'agressivité. Une fois qu'on a accepté ça, tout fonctionne de nouveau.

— Et toi, ça va mieux ?

Il a souri.

— Ça va, mon ami. Sylvie est une experte. Mais moi, c'est autre chose. Je crois qu'au fond j'ai une mentalité de mystique. Le désir m'ennuie. Je suis attiré par l'abstinence. C'est plus compliqué à résoudre.

Nous sommes restés silencieux pendant quelques minutes. Le bateau avait pris de la vitesse et fendait l'eau avec une puissance élégante. Le vent de la course ébouriffait mes cheveux et rafraîchissait un peu cette étouffante journée de juillet. Les embruns giclaient sur mon visage. Je ne me sentais pas trop mal. L'embarcation semblait solide et les côtes étaient toujours en vue. Ce que je ne supportais pas, c'était de me retrouver au milieu de l'eau sans voir la terre. Sur le Léman, ça ne risquait pas d'arriver. J'ai consulté ma montre. Il était plus de 13 heures.

— Je vais préparer les toasts, ai-je annoncé.

Affairé dans la kitchenette, j'ai senti mon estomac se nouer. Au lieu de partager ce moment de détente avec Arnaud, j'allais devoir lui révéler que sa femme faisait partie de la secte. J'ai décidé de ne parler qu'après le repas, pour qu'il puisse au moins apprécier ses victuailles. J'ai enfilé le slip de bain qu'il m'avait réservé et suis remonté sur le pont avec la nourriture.

Le moteur était stoppé et la vedette dérivait lentement au milieu du lac. Quelques voiliers passaient dans le lointain. On entendait le clapotis de l'eau contre la coque, et de temps à autre le cri aigu d'une mouette. La bouteille de sauternes était vide et celle de Vosne-Romanée plus très pleine. Arnaud s'est étiré avec un sourire de plaisir.

— Alors, mon ami. On est bien, non ?

Je n'ai pas répondu. J'appréhendais ce qui allait suivre.

— Tu vois, quand on flotte sur le lac on se familiarise avec l'univers du féminin, a-t-il repris d'un ton méditatif sans se soucier de mon silence. Dans le monde des symboles, le principe femelle est associé au mouvant, à l'imprévisible, à ce qui se joue dans les profondeurs. C'est le même champ symbolique que celui de l'eau. D'ailleurs, je suis convaincu que ta peur de l'eau n'est que la pointe de l'iceberg. Tout au fond, ce sont les femmes qui t'effraient.

— Si j'avais vraiment peur de l'eau, je ne me baladerais pas avec toi au milieu du Léman. Et si je craignais les femmes, je ne me serais jamais marié.

— Ce n'est pas si simple.

— De toute façon, je sais très bien pourquoi tu dis ça. Tu es persuadé que je suis parano depuis que je t'ai parlé de la secte d'Irène Bracca.

Il a poussé un soupir et s'est resservi un verre de vin. Nous avions compris tous les deux que l'heure des explications avait sonné.

— Bon, dis-moi ce que tu voulais m'annoncer, a-t-il repris. Je pense que ça ne concerne pas le cours du dollar.

— Non, ça concerne l'Ordre des femmes. J'ai la preuve que ton épouse en fait partie.

Comme à son habitude, il est resté silencieux sans changer d'expression pendant un long moment. Je détestais ses attitudes de psy. J'aurais préféré qu'il m'insulte ou se mette à hurler de rire.

— Est-ce que tu es prêt à écouter mes explications, au lieu de réfléchir à la meilleure façon de me dire que je suis cinglé ? ai-je repris d'un ton coupant.

— Vas-y.

Je lui ai raconté les derniers événements. Le camp de tir à l'arc, le revirement de Fabienne et surtout l'entrevue avec Sylvie. Bizarrement, il n'a pas contesté immédiatement mes conclusions.

— Je suis étonné qu'elle t'ait parlé de son passé, a-t-il commenté d'une voix songeuse. Elle ne le fait presque jamais. En plus, elle ne m'a pas dit qu'elle t'avait vu hier.

— Donc tu admets que son comportement est étrange.

— Étrange, c'est beaucoup dire. Mais c'est vrai que ça ne lui ressemble pas. Elle doit être préoccupée pour agir de cette façon.

— Évidemment puisque son organisation est en danger ! Est-ce que tu te souviens de ce pendentif avec la figurine du masque africain ?

— Mon ami, elle me reproche à chaque fois de ne pas remarquer ses nouveaux habits. Comment veux-tu que je me rappelle d'un bijou qui date de douze ans ?

— Tant mieux. Si tu m'avais dit que tu lui en avais fait cadeau, ça aurait ébranlé ma théorie.

— Oh, il n'y a pas besoin de ça pour l'ébranler.

— Qu'est-ce que tu veux dire ?

— Ce que tu m'as raconté montre que ma femme est tracassée par quelque chose. Mais ça ne prouve pas du tout que ta secte existe, et encore moins qu'elle en fasse partie. Je t'ai déjà dit qu'il faut chercher l'explication la plus simple. Sylvie se fait probablement du souci pour toi, malgré ce que tu crois. Elle ne m'a pas parlé de sa visite chez toi par peur que je l'engueule, voilà tout. Elle savait que je n'aurais pas approuvé.

— Et le collier avec le symbole de la secte ? Et l'initiale de son prénom qui correspond à une cible dans la médecine sur les papiers de la Bracca ? Tu ne peux pas balayer tout ça d'un revers de main quand même !

Il a vidé son verre avec un claquement de langue satisfait, puis s'est tourné vers moi en me lançant un regard perçant.

— Je vais non seulement balayer tout ça, mais procéder à un nettoyage en profondeur. Alors écoute-moi bien et accroche-toi, parce que je ne prendrai pas de gants. Tu es un grand garçon, tu peux affronter la réalité.

— Évidemment. À condition que toi aussi tu sois prêt à accepter les faits, même s'ils te font mal.

— Bien. Parlons des faits. D'abord, l'histoire du pendentif. Je ne me rappelle absolument pas de ce bijou, mais c'est tout à fait possible que Sylvie l'ait porté lors de votre première rencontre. Tu as trouvé le masque sur internet, et la mère Bracca t'a avoué qu'elle avait offert des copies de l'objet à ses patientes. Des copies. Tu vois ce que je veux dire ? Cette parure africaine est certainement très connue. Il doit en exister des milliers de versions à travers le monde. Le fait que ma femme ait acheté un collier avec cette figurine représente juste une coïncidence.

— Je m'attendais à cet argument. Je suis d'accord pour dire que le pendentif tout seul ne signifie rien. C'est juste le détail qui m'a permis de démasquer ta chère épouse. Mais comment expliques-tu les liens entre les initiales des membres et le domaine de leur cible dans les documents de Mme Bracca ? Mars pour la banque, A comme Annie Baldwinter pour l'industrie, F comme Fabienne pour l'éducation et S comme Sylvie Marel pour la médecine. Essaie de calculer les chances que toutes ces correspondances soient dues au hasard !

— Il est évident que le hasard n'a rien à voir là-dedans.

— Ah. Tu commences à comprendre. Donc tu admets que ces femmes font partie de la secte.

— Pas du tout.

— Mais alors pourquoi sont-elles sur la liste ? Ça ne tient pas debout.

— Au contraire, c'est très logique. Elles y figurent parce que la mère Bracca les y a mises.

— C'est bien ce que je dis !

— Non. Toi tu dis que ce sont les adeptes d'une organisation secrète. Ce n'est pas la même chose.

— Je ne te suis plus.

— C'est très clair. Comme d'habitude, tu cherches la solution la plus compliquée alors que la réalité est simple. Irène Bracca était une manipulatrice qui voulait t'attirer dans son jeu. Elle s'attendait à ce que tu fouilles son bureau. Alors elle t'a servi sur un plateau les éléments qui pourraient te convaincre. Tu es venu chez elle en espérant comprendre pourquoi Marie Sophie t'avait quitté. Elle a inventé l'histoire de l'Ordre des femmes et t'a parlé d'Annie Baldwinter. C'était normal qu'elle inscrive leurs noms sur ses documents. Voilà pour Mars et A.

— Peut-être, mais ton raisonnement ne fonctionne pas pour Fabienne et encore moins pour ta femme. Comment aurait-elle pu les connaître si elles ne faisaient pas partie de l'Ordre ?

— Facile. Elle a soutiré ces renseignements à ton ex-compagne pendant ses séances avec elle. Marie Sophie lui a sûrement parlé de moi et de Sylvie. Même chose pour Fabienne. Marie connaissait son existence. Elle était peut-être même jalouse de ton amitié pour la jolie Fab. Elle déverse tout ça sur le divan de la Bracca, l'autre en prend note et le tour est joué. Marie Sophie lui a probablement dit que ton amie enseignait dans un lycée. Lui désigner une cible dans le domaine de l'éducation était parfaitement logique. C'est comme l'expérience du bandit manchot, tu te rappelles ? Elle s'est arrangée pour qu'à la fin tu gagnes à chaque coup. Toutes les femmes autour de toi devenaient suspectes. Ça lui permettait de bétonner tes convictions. Quand on a trouvé un sens aux événements, on a beaucoup de peine à le lâcher.

Arnaud défendait sa thèse avec des arguments crédibles. Il avait tout intérêt à démolir ma version. Si j'avais raison, ses douze ans de mariage étaient basés sur une imposture. Je savais qu'il allait souffrir et ça me faisait de la peine. Mais comme il l'avait dit lui-même, nous devions affronter la réalité.

— Bien essayé, ai-je repris, mais il y a un élément que tu oublies.

— Ah oui. Lequel ?

— L'objectif de l'Ordre des femmes est de changer le monde en manipulant les hommes de pouvoir. L'organisation désigne à ses membres des cibles dans le deuxième cercle, celui des mâles qui ont potentiellement une grande influence dans leur domaine. Mme Bracca ne pouvait pas se contenter d'écrire sur sa liste les initiales des femmes dont lui avait parlé Marie. Il fallait encore que leurs compagnons correspondent à des cibles crédibles. Et c'est justement le cas.

— Ah bon ? Alors prenons mon exemple. Tu penses que j'ai un grand avenir dans le domaine de la médecine ? Les trois quarts de mes collègues me considèrent comme un hurluberlu. L'Ordre aurait fait une grosse erreur en envoyant une adepte me séduire.

— Pas du tout. Et le fait que tu ne t'en rendes pas compte montre ton aveuglement. Sylvie est apparue dans ta vie au moment où ton cabinet devenait connu à Genève. Tu t'es fait une réputation de médecin un peu spécial, mais plutôt efficace. Surtout pour les questions masculines. Tu es un des seuls psys de la ville qui compte nettement plus d'hommes que de femmes dans sa clientèle. Tu m'as dit toi-même que tu reçois deux PDG de multinationales et plusieurs politiciens de haut niveau. Et pas plus tard que ce matin, tu m'as affirmé que de nombreux diplomates de l'ONU viennent te voir. Tu n'es plus dans le deuxième cercle, tu touches directement les hommes de pouvoir. La secte a fait un très bon investissement en t'envoyant Sylvie il y a douze ans.

— Mais ce n'est pas elle qui soigne mes patients. Comment pourrait-elle les manipuler ?

— Tu connais déjà la réponse, mais tu ne veux pas l'admettre. C'est toi qu'elle influence. Je suis sûr que tu lui parles de tes clients.

— C'est vrai. Mais je ne cite jamais leur nom. Je lui décris surtout leurs rêves. Sylvie est une spécialiste de la mythologie. Elle me donne parfois des idées sur certains songes que j'ai de la peine à interpréter. Mais je ne vois pas en quoi ça pourrait influencer mes patients.

— Est-ce que tu en es vraiment sûr ? Les adeptes de l'Ordre reçoivent une formation très poussée dans l'art de manœuvrer les hommes. Tu sais très bien qu'un psy peut exercer un énorme ascendant sur ceux qui le consultent. Ce que tu dis à tes clients est très important pour eux. Et depuis douze ans, tes opinions sont influencées par les commentaires de ta femme. À travers toi, elle manipule les hommes de pouvoir. Elle remplit parfaitement la mission que l'Ordre lui a assignée.

Il est resté muet pendant un long moment. Mais son silence n'avait pas la même sérénité qu'au début de notre conversation. J'ai senti qu'il était troublé par mes arguments. Sa voix était plus tendue lorsqu'il a repris la parole.

— Alors là, vieux puceau, je dois admettre que les choses sont plus graves que je ne le pensais.

— Je suis content que tu t'en rendes compte.

— Ce n'est pas ce que tu imagines. Ce qui m'inquiète, c'est de voir à quel point les élucubrations de la mère Bracca obscurcissent ton jugement. On se connaît depuis vingt ans. Tu es mon meilleur ami. Tu sais que j'adore mon métier et que je le pratique avec une grande rigueur, même si mes méthodes paraissent bizarres à certains de mes collègues. Et tu es prêt à croire que j'aurais pu me laisser manipuler au point de faire du tort à mes patients ? Ça me sidère.

— Je ne dis pas que tu leur as fait du tort. Ta femme s'est juste arrangée pour que tu leur transmettes les idées de son organisation.

— Mais ça revient à dire que je me suis fait berner !

— Tu n'es pas le seul, si ça peut te rassurer. Moi non plus je n'ai rien vu avec Marie Sophie. Elle aurait pu me manœuvrer tout au long de ma carrière.

— Mais elle t'a quitté. Tu sais pourquoi maintenant ?

— Oui. Elle est partie parce qu'elle m'aimait. Quand elle a lu l'article sur le suicide de Baldwinter, elle a eu peur qu'un jour je finisse comme lui à cause d'elle. Elle ne voulait pas me faire de mal, alors elle s'est enfuie.

Il a baissé les paupières un instant, puis s'est massé le front. Ensuite, il s'est rapproché de moi et a planté ses yeux dans les miens en me mettant les mains sur les épaules.

— Bon, a-t-il repris. J'ai peut-être encore une chance de te faire revenir à la raison, mais ça va être serré. Promets-moi de m'écouter sans t'énerver, d'accord ?

Je n'ai pas apprécié ses paroles, ni son ton paternel.

— C'est plutôt toi qui as l'air tendu, ai-je répondu en me reculant.

— Tu as raison. C'est parce que je m'aperçois à quel point la Bracca t'a pourri le cerveau. La salope ! Qu'elle rôtisse en enfer à petit feu ! Tu te rends compte qu'elle a tout fait pour foutre en l'air notre amitié ?

— Elle y aura réussi si tu continues à prétendre que je délire, au lieu de regarder la trahison de Sylvie en face.

— D'accord, reprenons le débat sur les faits. Il n'y a pas quelque chose qui t'a frappé dans la liste des adeptes ?

— Tu ferais mieux de m'annoncer directement ce que tu as derrière la tête. On ira plus vite.

— Neuf adeptes dont les initiales des prénoms correspondent à neuf mois de l'année. Ça ne te paraît pas bizarre ? Ce simple fait aurait dû te montrer que toute l'histoire a été fabriquée pour toi. C'est gros comme une maison. On se croirait dans un roman d'espionnage à quatre sous.

— Il n'y a rien d'étrange. Ça peut parfaitement être une coïncidence. C'est justement en remarquant ce hasard que Mme Bracca a choisi de camoufler sa liste en récapitulatif mensuel. Si les prénoms avaient été différents, elle aurait trouvé une autre couverture.

— Admettons. Mais explique-moi pourquoi le groupe de la Bracca ne s'occupe que de gens proches de toi. Tu n'es pas le centre de l'univers. Il y a des centaines d'hommes du deuxième cercle à Genève. Des gens de tous les pays qui seront bientôt aux commandes dans plein de secteurs. Et l'Ordre ne s'intéresserait qu'à David Clerc et à ses copains ? C'est risible ! Tu ne vois pas qu'elle t'a monté le bourrichon avec ce conte pour enfants ?

— Je ne suis pas mégalo, contrairement à ce que tu insinues. Il doit y avoir bien d'autres cellules de l'Ordre qui sont en activité, à Genève et partout dans le monde. Elles ont certainement leurs propres cibles, mais comment veux-tu que je les connaisse ? Je ne peux repérer que les adeptes qui gravitent autour de moi. C'est logique.

— Et les copines de la Bracca auraient toutes pour mission d'influencer des hommes que tu fréquentes ? Ça ne te paraît pas bizarre qu'un groupe entier ne s'occupe que de ta personne ?

— Pas toutes. Je n'en ai identifié que cinq sur neuf. Un : Marie Sophie. J'étais sa cible désignée, normal que je la connaisse. Deux : Annie Baldwinter. Elle a fait partie du groupe, mais sans aucun lien avec moi. Trois et quatre : Fabienne et Doriane. Elles ont certainement reçu leur mission à cause des derniers événements. Si elles ont tenté de me contrôler, c'est parce que je mets l'organisation en danger. Pour quatre adeptes sur les cinq que j'ai démasquées, il y a donc une explication logique. Quant à Sylvie, on peut admettre que c'est un coup de chance pour l'Ordre. Lorsqu'elle t'a pris pour cible il y a douze ans, ça n'avait effectivement rien à voir avec moi. Mais la secte utilise aujourd'hui le fait que nous soyons amis pour tenter de me manipuler.

— Tu ne lâches pas facilement.

— Pas quand j'ai raison. Et maintenant, c'est toi qui vas te retrouver sur la sellette. Dans ta théorie, Irène Bracca aurait fabriqué sa fausse liste à partir des renseignements de Marie. Juste ?

— Tout à fait.

— Mais il fallait quand même que les cibles fassent partie du deuxième cercle, sinon la liste n'était pas plausible. Juste ?

— Si tu veux.

— Alors explique-moi comment Marie Sophie aurait pu deviner il y a plus d'une année que mon amie Fabienne allait séduire cet été Richard de Sarzens, nouveau directeur du lycée de Candolle et futur cadre supérieur de l'Unesco. Elle ne connaissait même pas son existence ! Et voilà que Fab qui était soi-disant folle amoureuse de moi se jette dans ses bras. Tu vas me dire que tout ça est arrivé par hasard ?

Arnaud n'a pas répondu.

— Tu es coincé, ai-je continué. Parce que les choses sont claires. La seule explication du comportement de Fabienne, c'est qu'elle a été enrôlée dans l'Ordre des femmes. Je ne délire pas. La secte existe !

— La seule explication, hein. Et l'Ordre des femmes est aussi la seule explication du départ de Marie. Elle est quand même très utile cette secte, quand il faut comprendre pourquoi une femme t'abandonne. Tu ne trouves pas ?

— Qu'est-ce que tu insinues ?

— Je n'insinue rien. Je fais mon boulot de psy. Même si avec toi ça ne devrait pas être mon rôle. Mais là, il y a péril en la demeure. Je n'ai pas le choix. Alors je vais te livrer mes réflexions et tu en feras ce que tu veux.

— Vas-y.

— Il y a trois semaines au café de la piscine, je t'ai dit que cette histoire devait toucher un point central de ton psychisme pour que tu lui accordes autant d'importance. Maintenant je sais lequel.

— Bravo docteur. Tu te prends pour une sommité dans l'art du diagnostic ?

— Au contraire, pendant longtemps je me suis trompé sur toi. Je pensais que ton problème était de type narcissique. Le refus de la frustration, du manque, et de tout ce qui va avec. Mais c'est autre chose. Tu souffres d'une peur panique d'être quitté. Ton cas relève de ce que les psychanalystes appellent l'angoisse de perte d'objet. C'est probablement lié aux fréquents départs de ta mère quand tu étais petit. En fait tu n'as pas seulement peur des femmes, tu as surtout peur d'être abandonné par elles. C'est leur imprévisibilité qui t'effraie. Quand Carole est partie, ça a réactivé cette angoisse. C'est pour ça que tu n'as plus eu de relation sérieuse pendant cinq ans. Tu préférais vivre seul plutôt que de risquer d'être rejeté. Et lorsque tu es tombé amoureux de Marie et qu'elle a disparu, tu as été confronté de façon massive à ta peur fondamentale.

— Tu ne recules devant rien. Maintenant tu me décris comme un cas psychiatrique. Si j'ai une immense envie de te casser la gueule en ce moment, ça fait sûrement partie de mes symptômes.

— Attends. Ce n'est pas fini. Pour échapper à l'angoisse, le psychisme met en place ce qu'on appelle des mécanismes de défense. Le plus connu est la projection. On projette vers l'extérieur les éléments internes qu'on ne veut pas affronter. Et là, les divagations de la mère Bracca ont été du pain bénit pour toi. Tu crains l'imprévisibilité des femmes. Grâce à la secte de la chère Irène, elles deviennent vraiment menaçantes. Donc tu as raison de t'en protéger. Les femmes qui t'aiment te quittent. Ce n'est pas parce qu'elles ont pris elles-mêmes cette décision, ce qui serait insupportable pour toi et réveillerait ton angoisse. Non ! Si elles partent, c'est la faute de l'Ordre. Le fait que Fabienne soit tombée amoureuse d'un autre t'a perturbé bien plus que tu ne veux l'admettre. Mais au lieu de te demander pourquoi, tu te réfugies derrière la théorie du complot. Bon sang, mais c'est bien sûr ! Fab fait partie de la secte. Comme Marie Sophie. Tout s'explique. Tout est sous contrôle. La confrérie de la Bracca, c'est le remède contre ta panique. L'Ordre des femmes met ta vie en ordre. Tu échappes au questionnement angoissant de l'altérité. Tout se tient, tout devient cohérent. Parce que tu vois chaque événement à travers le prisme déformant que tu as construit pour te protéger de ta peur.

— Tu as terminé ta démonstration ? C'est maintenant qu'il faut applaudir le roi des psys ? Et si moi aussi je me mettais à jouer au spécialiste, ça te plairait ? Bien sûr, je ne possède pas ta science et ton vocabulaire. Mais je sais une chose. Ce n'est pas agréable d'admettre qu'on s'est fait berner pendant douze ans par la femme qu'on aime. C'est très douloureux et très dévalorisant. Pour échapper à ça, mieux vaut prétendre qu'on a un ami complètement cinglé. David est fou et Sylvie est une femme merveilleuse. Le grand psychanalyste Arnaud Marel n'a pas pu se laisser manipuler par une séductrice. Il est trop intelligent pour ça. Sylvie porte le symbole de la secte ? Pur hasard ! Elle est sur la liste de Mme Bracca ? Intox ! Elle a passé plusieurs années en Allemagne alors que la Bracca y vivait ? Coïncidence ! Elle vient me proposer de me faire laver le cerveau par une psy alors qu'elle ne s'était jamais intéressée à moi avant ? Altruisme !

— Une somme d'indices flous ne fait pas une certitude, tu devrais le savoir.

— Tais-toi ! C'est à mon tour de dire ce que j'ai sur le cœur. Tu es le seul à qui j'ai raconté mes découvertes. Parce que j'avais confiance en toi. Parce que je pensais que tu serais capable d'examiner les faits sans a priori. Mais tu ne m'as pas soutenu. Je n'en pouvais plus. Il y a quelques jours, j'étais prêt à baisser les bras. Ça aurait été plutôt agréable. Les membres de l'Ordre s'occupent très bien de leurs proies. Tu dois en savoir quelque chose. Il me suffisait d'en trouver une moins scrupuleuse que Marie et mon avenir était tout tracé. Les adeptes n'abandonnent pas leurs cibles. Elles cajolent leurs mecs et leur font la vie belle, du moins tant qu'ils peuvent leur être utiles. Ça aurait été le remède parfait contre ma peur d'être quitté. Mais j'ai choisi de me battre quand j'ai compris que l'Ordre t'avait pris dans ses filets. Je savais que ça serait dur. Que mes révélations allaient te faire mal. Mais mieux vaut souffrir qu'être une larve. J'espérais qu'on ferait face ensemble comme deux potes. Comme des hommes. Pour retrouver notre dignité. Mais je vois que tu préfères me faire passer pour un malade mental plutôt que de chercher la vérité.

Il n'a pas répondu. Nous sommes restés face à face sans rien dire, pareils à deux boxeurs épuisés au bout du dernier round. Le combat n'avait pas de vainqueur. Mais il n'y aurait pas de poignée de main après le match. Notre amitié ne survivrait peut-être pas à cet affrontement et nous le savions tous les deux. Il m'a semblé que l'atmosphère s'était refroidie. J'ai frissonné. La vedette se balançait sur l'eau avec des mouvements saccadés, comme si elle traduisait par ses à-coups la nervosité ambiante. En regardant la surface du lac, j'ai eu l'impression qu'il avait soudain vieilli. L'eau était devenue grise et ridée. J'ai senti un puissant courant d'air parcourir le pont du bateau. Arnaud a levé la tête vers le ciel où de gros nuages s'amoncelaient. Il a poussé un juron.

— Merde. On va se ramasser le Bornan. Ça va secouer.

— C'est quoi le Bornan ?

— Un vent qui descend des montagnes depuis la côte française. Il arrive d'un coup et il peut devenir très violent, surtout quand la journée a été chaude. J'aurais dû laisser la radio allumée pour vérifier la météo.

Il s'est dirigé vers le tableau de bord et a enclenché un interrupteur. Les rafales avaient tellement forci que je n'ai pas distingué les paroles qui sortaient du haut-parleur. Les rides du lac s'étaient transformées en vagues et le bateau était de plus en plus chahuté. Arnaud a mis un casque et a écouté avec une grimace crispée. Il m'a fait signe de le rejoindre.

— Il y a un avis de tempête. Vents de force neuf et gros orages. Il faut qu'on parte tout de suite et qu'on se mette à l'abri dans le port le plus proche. Tu devrais descendre dans le carré.

— Pas question ! Je reste avec toi. Si je descends, je vais repeindre la cabine avec mon vomi. Ici, je peux te donner un coup de main.

Il n'a pas insisté et s'est installé au volant. Il a appuyé sur le bouton du démarreur d'un geste sec. Rien ne s'est passé. Nouvel essai. Toujours rien.

— Tu me fais le coup de la panne ? ai-je lancé en m'efforçant de sourire.

Il s'est acharné à plusieurs reprises. Le moteur ne donnait toujours aucun signe de vie.

Le visage d'Arnaud est devenu très pâle.

— Si on n'arrive pas à démarrer, on est foutus, a-t-il dit d'une voix blanche. La première grosse vague qui nous prend de travers va retourner la vedette comme une crêpe et on va se retrouver au jus. Je vais lancer un appel à l'aide.

Sa peur a déclenché la mienne. Jusque-là, je pensais encore que nous faisions face à une péripétie de navigation. Mais en voyant son air paniqué, j'ai compris que la situation était grave. Je me trouvais au milieu du Léman avec un pilote inexpérimenté sur un bateau sans moteur qui plongeait dans la tempête. J'ai senti l'angoisse s'emparer de moi. Tout ce que j'arrivais à faire, c'était serrer convulsivement la ceinture de mon gilet de sauvetage. Le vent soufflait maintenant avec un sifflement aigu et le lac s'était transformé en bélier qui frappait la vedette avec des secousses toujours plus puissantes. J'ai failli perdre l'équilibre à plusieurs reprises. Un coup de tonnerre fracassant a déchiré le ciel et la pluie s'est mise à tomber avec une incroyable violence. Une cataracte s'abattait sur nous. Je distinguais à peine Arnaud qui criait dans son micro. J'ai avancé vers lui, mais au même moment une vague gigantesque a déferlé sur le pont et m'a frappé en pleine poitrine. La respiration coupée, je me suis senti projeté en l'air et j'ai passé par-dessus bord.

J'avais bu une énorme tasse et je hoquetais à la recherche de mon souffle. Il y avait de l'eau partout. Autour de moi, au-dessus, au-dessous, et au fond de ma gorge. J'étais prisonnier d'un maelström liquide. Encore étourdi par ma chute, je voyais à peine le bateau à travers le rideau de pluie drue qui criblait la surface du lac. J'ai essayé de crier, mais n'ai réussi qu'à m'étrangler dans une quinte de toux. Les vagues qui me ballottaient violemment m'éloignaient rapidement de la vedette. Arnaud était toujours à bord. Je devinais sa silhouette agrippée au poste de pilotage. Il s'était sûrement aperçu de ma disparition mais ne pouvait rien faire pour moi. J'étais déjà hors de portée de la bouée. Il essayerait de tenir jusqu'à l'arrivée des secours, mais moi j'allais disparaître dans la tempête et on ne me retrouverait que trop tard, assommé par une vague ou mort d'épuisement.

Puis j'ai entendu un ronflement puissant à travers le bruit de l'orage. Mon ami avait réussi à faire démarrer le moteur ! J'ai agité les mains et crié de toutes mes forces pour qu'il me repère. Il a tourné la tête et j'ai senti qu'il m'avait vu. J'ai continué à faire de grands signes pour qu'il ne me perde pas. Le bateau s'est mis en mouvement dans ma direction. Mais au lieu de s'orienter vers moi, il a décrit un arc de cercle et s'est éloigné rapidement sur ma droite. Il est arrivé à ma hauteur, m'a dépassé et a très vite disparu. Quelques instants plus tard je n'entendais déjà plus le bruit du moteur. Je ne comprenais plus rien. Arnaud m'avait abandonné. Ça ne pouvait pas être une erreur. Il avait repéré ma position, j'en étais certain. Ça voulait dire qu'il m'avait volontairement condamné à mort. Un désespoir glacé m'a submergé. Les visages de Roxane et Léonore ont passé devant mes yeux et j'ai senti des larmes se mêler à la pluie qui coulait sur mes joues. Cette fois, c'était fini. Je ne les reverrais plus jamais.

# XXVIII

Les flots démontés me soulevaient, me frappaient, m'écrasaient. Le bruit de l'orage remplissait ma tête et un brouillard aqueux s'infiltrait en moi par le nez, la bouche, les oreilles. Mon esprit n'était plus qu'un amas de peur. J'ai perdu la notion du temps. Les gifles des vagues rythmaient une attente qui conduisait au néant. J'étais un pantin impuissant condamné à être étouffé ou brisé sur un rocher. À un moment, j'ai uriné de terreur, mêlant mon liquide au lac devenu fou. Je voyais ma mort. La noyade, mes poumons remplis d'eau, les tentatives désespérées pour avaler encore une gorgée d'air, la brûlure atroce de l'asphyxie avant de sombrer dans le noir. Un accès de rage m'a saisi brutalement. L'envie d'en finir tout de suite. D'échapper à l'épouvante de cette éternité mouillée. Défaire la ceinture de mon gilet et me laisser engloutir d'un coup. Mais je n'ai rien fait. Ma volonté était annihilée. C'était la tempête qui décidait de mon destin. J'étais à la merci de ses tourbillons.

Soudain, mon dos a heurté violemment un obstacle massif. En me retournant, j'ai reconnu la coque blanche de la vedette. La bouée de sauvetage flottait à deux mètres de moi. J'ai réussi à la saisir et, en tirant sur sa corde, à m'approcher de l'échelle installée sur le flanc du bateau. J'ai agrippé les barreaux inférieurs. J'ai pu profiter d'une vague qui m'a soulevé pour m'arracher à l'emprise du lac et grimper à bord. Je me suis écroulé sur le pont. Arnaud était au poste de pilotage et manœuvrait pour donner à la vedette un minimum de stabilité. Il m'a fait signe de descendre dans la cabine. Allongé sur l'une des minuscules couchettes, j'ai senti les parois vibrer lorsque les moteurs ont rugi à pleine puissance. Le bateau était violemment secoué, mais j'étais prêt à vomir avec joie tout le contenu de mon estomac si c'était le prix à payer pour arriver sain et sauf sur la terre ferme. Bizarrement, je n'ai même pas eu le mal de mer. J'ai profité du trajet pour me sécher et m'habiller. Il m'a semblé que la tempête diminuait d'intensité. Au bout d'une vingtaine de minutes, mon camarade est apparu pour m'annoncer que nous avions atteint le port de Morges.

— Tout va bien, vieux puceau, on retourne sur le plancher des vaches. On l'a échappé belle. Il paraît que plusieurs embarcations ont chaviré. Les sauveteurs ne savent plus où donner de la tête.

— Je me souviendrai longtemps de ta balade sur le lac. J'ai vraiment cru que j'allais y passer. Qu'est-ce qui t'a pris de foutre le camp ?

Il a lissé ses cheveux dégoulinants et a pris un linge.

— Méthode américaine, a-t-il répondu en se frottant énergiquement la tête. Tu peux dire merci à Mike.

— Qui ça ?

— C'est le diplomate dont je t'ai parlé. Le propriétaire de la vedette. Quand on a préparé l'examen du permis, il m'a dit que la méthode enseignée pour récupérer un naufragé ne valait rien en cas de tempête. Si on te questionne là-dessus, tu réponds ce qu'on t'a appris, il m'a dit. Mais si ça t'arrive dans la réalité, tu fais le contraire.

— Ce qui signifie ?

— Le manuel dit qu'on doit protéger le naufragé du vent avec l'embarcation. Mais par gros temps c'est galère, parce que ça souffle tellement fort que le bateau risque d'écraser le gars qui est tombé. Mike m'a conseillé de me mettre plutôt derrière la personne qui est à l'eau et d'attendre que les vagues la poussent vers moi.

— Alors c'est pour ça que tu m'as dépassé.

— Exact. Et comme je ne pouvais pas quitter les commandes, j'ai lancé la bouée en espérant que tu t'en servirais pour atteindre l'échelle et que le courant t'aiderait à grimper.

— Ta technique est un peu violente. Je me suis cogné contre la coque. Je vais avoir un gros bleu sur l'omoplate. En plus, quand la vedette s'est éloignée j'ai vraiment cru que tu m'avais abandonné. Tu imagines dans quel état ça m'a mis.

— À peu près le même que moi quand le moteur m'a lâché. Là aussi j'ai cru qu'on ne s'en sortirait pas. Heureusement qu'il a redémarré. Je suis désolé si je t'ai fait flipper. Il y a toujours des dégâts collatéraux avec les méthodes américaines. Mais l'essentiel, c'est qu'on s'en soient sortis.

Il avait fini de se sécher et avait enfilé ses habits. Je me suis approché de lui.

— Tu m'as sauvé la vie. Merci.

Il m'a serré contre lui dans une accolade bourrue.

— Tu vois, mon ami. Sur ce coup-là, on a fait face comme des hommes.

Un quart d'heure plus tard, nous étions attablés devant deux thés verts au restaurant du port. L'établissement était bondé. De nombreuses personnes s'y étaient réunies en attendant la fin de l'orage. La plupart des conversations tournaient autour des sautes d'humeur du Léman et des dégâts occasionnés. Mais nous avions notre tempête personnelle à braver. Arnaud ne m'a pas laissé de répit.

— David, on doit crever l'abcès. Je ne t'ai pas sorti du lac pour que tu me fasses la gueule pendant le reste de ta vie à cause des élucubrations de la Bracca.

J'ai bu une gorgée brûlante avant de répondre. C'était bon de se sentir au sec.

— Le seul moyen d'avancer, c'est que tu admettes que mon interprétation a des chances d'être vraie, ai-je répliqué. Tant que tu me traites comme un malade mental, on ne s'en sortira pas.

— D'accord. L'Ordre des femmes existe peut-être. Une chance sur mille, ça te va ?

— C'est mieux que rien. Disons que ça ouvre un petit espace au dialogue.

— Mais de ton côté, tu dois arrêter de prendre la mouche quand je te parle des fondements psychologiques de ton attitude.

— Au prix où sont tes tarifs, je devrais être flatté que tu me psychanalyses gratuitement.

Il a mis un morceau de sucre dans son thé. Il n'en finissait pas de tourner sa cuillère dans la tasse. J'ai compris qu'il réfléchissait à la meilleure façon d'aborder le sujet.

— Combien de temps as-tu passé dans l'eau ? a-t-il fini par me demander.

— Difficile à dire. Entre vingt minutes et une demi-heure. Ça a été le pire moment de ma vie. Je crevais de peur. J'ai vraiment cru que j'allais mourir.

— En réalité, tu es resté moins de cinq minutes à la flotte et tu n'as jamais été en grave danger.

— Comment ça ?

— Si un naufragé porte son gilet de sauvetage, les deux menaces les plus sérieuses pour lui sont la température de l'eau et le risque de ne pas être vu. Il faisait doux et j'ai repéré tout de suite ta position. Quand les moteurs ont redémarré, j'ai compris qu'on s'en sortirait tous les deux.

— Mais moi je ne savais rien de tout ça. J'aurais voulu t'y voir, ballotté comme un bouchon au milieu des vagues.

— C'est justement ça que je voulais te montrer. Ta peur a faussé tes perceptions. Tu as eu l'impression de rester très longtemps dans l'eau. Tu as cru que je t'abandonnais. Tu étais convaincu que tu allais mourir. Toutes ces pensées venaient de ta frayeur.

— Je n'étais quand même pas en train de me prélasser sous un parasol.

— Bien sûr que non. Il y avait des risques réels. Mais ta peur t'a fait surestimer le danger. Beaucoup de gens se noient juste parce qu'ils paniquent.

— Merci pour la leçon de sauvetage, mais tu veux en venir où exactement ?

— Je veux te montrer à quel point la crainte peut fausser le jugement. Et franchement, dans l'histoire de la Bracca, j'ai l'impression que c'est exactement ce qui se passe.

— Je crois à l'existence de cette secte uniquement parce que les femmes me foutent la trouille, c'est ça ?

— C'est un peu plus compliqué.

Il a bu une gorgée de thé, s'est éclairci la gorge et a poursuivi.

— La peur, c'est quelque chose qu'on doit tous affronter depuis qu'on a quitté l'abri du ventre de maman. Parce que le monde est chaotique et dangereux. Parce que la mort et la souffrance peuvent survenir à tout moment. Alors on cherche à se rassurer. Le couple, la famille, la tribu sont des moyens de se sentir moins seul face à l'existence. Des garanties qu'on sera aidé en cas de pépin. Dans le mariage, on a longtemps considéré que c'était avant tout l'homme qui protégeait son épouse. C'est une vision machiste, parce que l'inverse est tout aussi vrai. Les unions de l'ancien temps apportaient aux hommes un sentiment de sécurité dont ils ne se rendaient pas toujours compte, mais qui était très important. Une fois qu'ils avaient trouvé chaussure à leur pied, ils détenaient la quasi-certitude que leur femme serait toujours là pour s'occuper d'eux. Le système était conçu pour que les mâles aient leur maman de remplacement une fois qu'ils quittaient la maison. Leur femme devait les aider, les soigner, leur donner du plaisir et les servir. Ça calme l'angoisse quand on a quelqu'un comme ça près de soi.

— Tu caricatures un peu, non ?

— À peine. Grâce à la pression sociale, religieuse et économique, la plupart des femmes étaient condamnées à rester toute leur vie les nounous de leurs maris. C'est encore le cas dans pas mal de pays. Mais chez nous, ça ne marche plus. Les mâles occidentaux redécouvrent la peur. Ils s'aperçoivent que le mariage est un contrat qui peut être dénoncé par les deux parties. Et les femmes ne s'en privent pas. Elles veulent travailler, s'épanouir, avoir du plaisir. Avant, on pouvait rentrer du boulot en gueulant sur le patron. Bobonne nous attendait pour nous consoler, nous mettre nos pantoufles et nous servir le repas. On avait même droit à une petite gâterie au lit si on insistait un peu. Maintenant, tu as intérêt à torcher les mômes et à ranger la cuisine sans te plaindre, sinon tu es viré.

— Bravo pour l'analyse sociologique. Mais je ne vois pas bien le rapport avec notre discussion.

— Le rapport est évident. Aujourd'hui, les choses sont devenues beaucoup plus compliquées pour les hommes. Nous avons perdu le pouvoir et nous subissons une énorme pression. La sécurité affective que nous garantissaient les anciennes coutumes a disparu. Certains sont moins armés que d'autres pour affronter cette situation de stress. Tu fais partie du groupe qui en bave le plus, parce que ta personnalité est construite sur la crainte de perdre l'être aimé. En psychanalyse on appelle ça le pôle anaclitique. Ton inquiétude est exacerbée par les abandons que tu as vécus. Ça fausse tes perceptions.

— Et c'est pour ça que j'ai cru ce que m'a raconté Mme Bracca.

— À mon avis, oui. Comme je te l'ai dit sur le lac, l'Ordre des femmes te permet de mettre ton angoisse à distance en la matérialisant. Comme s'il suffisait de combattre la secte pour que l'autre sexe devienne moins inquiétant. Mais même si cette organisation secrète existe et que tu la détruis, tu devras affronter ta crainte des femmes. Elles ont conquis leur autonomie et peuvent laisser libre cours à leurs désirs, y compris ceux qui nous font peur. Nous sommes en train de redécouvrir leur ombre. Tant qu'elles restaient enfermées à la maison, on pouvait les parer de toutes les vertus. Mais c'était oublier pourquoi on les avait mises en cage. Si les hommes ont inventé le tchador, la ceinture de chasteté et le devoir conjugal, c'est parce qu'ils avaient senti la menace. Ils ont toujours été effrayés par la nature profonde des femmes.

— Et c'est quoi leur nature profonde ?

— Oh, elles ne sont ni pires ni meilleures que nous. Mais la différence essentielle, à mon avis, c'est qu'elles sont nettement plus chthoniennes que les hommes.

— À tes souhaits.

Arnaud a souri. Il a bu une gorgée de thé avant de poursuivre.

— Ça vient de Chthonos. C'est le nom qui était donné à la terre et aux profondeurs. Le qualificatif chthonien s'applique à ce qui est souterrain, qui germe en dessous et apparaît de façon imprévisible. Les femmes sont reliées de façon plus directe à cette dimension brute des forces naturelles. C'est ça qui nous fait peur. Parce que ces forces sont incontrôlables. On ne peut pas les maîtriser. Ni par les actes, ni par la pensée. Les hommes aiment comprendre et démontrer. Tu peux presque toujours négocier avec un homme. Mais on ne négocie pas avec un tremblement de terre, ni avec une femme prise par ses sentiments.

— Alors quelle est la solution ?

— Je n'en sais rien. Peut-être que nous devons simplement accepter la différence des femmes, mais sans se laisser marcher sur les couilles non plus.

— C'est une belle conclusion. Maintenant, revenons à mon cas particulier.

— Je t'écoute.

— Je voudrais te proposer un marché.

— Dis toujours.

— Ton analyse de psy, c'est ton affaire. Il y a peut-être une part de vrai là-dedans. Il est clair que j'aurais préféré l'époque où les épouses restaient auprès de leurs maris. Mais je ne suis sûrement pas le seul. Et ça ne veut pas dire que je délire en croyant ce que m'a révélé Irène Bracca. Il est quand même possible que la secte existe.

— Je veux bien te suivre jusque-là. Même si à mon avis les chances sont infimes.

— Mais pas nulles. Et j'ai le moyen de prouver ma théorie. Pour ça, il faut que tu acceptes de m'aider.

— Je sens que tu as une idée derrière la tête. Continue.

— Si j'ai raison et que Sylvie appartient bien à l'organisation, elle va sûrement se renseigner sur mes réactions après sa visite. J'aimerais que tu lui racontes mes soupçons. Je veux que tu lui parles de l'Ordre des femmes. Elle doit apprendre que je la crois membre de la secte.

— Elle va se faire du souci pour ton équilibre mental.

— Tu verras bien comment elle réagit. À mon avis, elle sera très inquiète quand elle saura que j'ai découvert son secret. Et elle va alerter ses consœurs. C'est là-dessus que je mise.

— Explique-toi.

— Si ta femme n'a rien à voir avec tout ça, elle me prendra juste pour un cinglé. Mais si elle fait partie de la conspiration, je suis sûr que l'Ordre va intervenir d'une manière ou d'une autre pour me contrôler. Il suffira de patienter. Si rien de spécial ne se passe, j'admettrai que je me suis trompé.

Arnaud s'est réfugié dans un silence prudent. Il pianotait avec ses doigts sur le bord de la table en réfléchissant d'un air concentré. J'ai senti qu'il examinait toutes les implications de mon offre.

— D'accord, a-t-il fini par répondre. Après tout, je ne risque pas grand-chose. Et ta proposition montre que tu te soumets au verdict des faits. C'est plutôt bon signe. Mais je veux qu'on précise le contrat.

— Comment ?

— Il faut indiquer un délai. Combien de temps vas-tu attendre avant de jeter l'éponge ? Si on a le même genre de discussion pendant les cinq ans qui viennent, nos rencontres vont devenir plutôt monotones.

— Rassure-toi. On va régler ça bien plus vite. Roxane et Léonore reviennent dans dix jours pour passer la fin de leurs vacances avec moi. Si rien n'est arrivé d'ici leur retour, je te promets de faire une croix sur mes hypothèses.

— Dix jours, ça me paraît correct. Affaire conclue. Je raconterai ton histoire à Sylvie dès ce soir.

Nous nous sommes serré la main pour sceller notre accord, mais chacun restait persuadé d'avoir raison. J'étais certain que la secte réagirait très rapidement, probablement bien avant l'expiration du délai. J'ai jeté un coup d'œil autour de nous. Il y avait pas mal de tables vides à présent. Les clients qui étaient entrés pour se protéger de l'orage avaient repris leur chemin. La pluie ne tombait plus et on distinguait même quelques coins de ciel bleu.

— La météo s'est bien améliorée, a repris Arnaud. Je vais ramener le bateau à Genève. Tu viens ?

— Non merci ! Je vais rentrer en taxi. J'ai eu ma dose d'émotions pour aujourd'hui.

Je l'ai accompagné jusqu'au port et j'ai regardé la vedette s'éloigner sur l'eau grise du lac. Durant le trajet qui me ramenait à Genève, je me suis demandé comment l'Ordre allait reprendre l'initiative lorsque Sylvie Marel aurait annoncé l'échec de sa tentative.

Les jours qui ont suivi se sont révélés très différents de ce que j'avais imaginé. Rien de particulier ne s'est passé. J'ai fait du vélo dans la campagne genevoise, bronzé aux bains des Pâquis, gagné une partie de golf contre Maurice et mangé dans un nouveau restaurant pakistanais avec Polo. Il s'est montré intarissable sur ses projets commerciaux, mais ne m'a posé aucune question au sujet de mon enquête. À part une carte postale de Cuba signée Jef et Doriane, je n'ai reçu aucune nouvelle qui aurait pu me rappeler de près ou de loin l'Ordre des femmes. Cette absence d'événements ne me déplaisait pas, même si elle contredisait mes hypothèses. Je restais convaincu que mes déductions étaient justes, mais plus les jours passaient, plus j'espérais qu'Arnaud ait eu raison. Si je m'étais trompé, si la secte n'existait pas, je pourrais enfin retrouver un peu de calme. Reconstruire ma vie, me consacrer à mon travail et à mes filles. Je me réjouissais de leur retour. Elles m'avaient beaucoup manqué et je voulais leur faire cadeau de belles vacances. J'avais réservé des chambres d'hôtel à Sirmione sur la presqu'île du lac de Garde. La veille de leur arrivée, je m'apprêtais à faire quelques courses en prévision du voyage lorsque la sonnerie de l'entrée a résonné. J'ai consulté machinalement l'horloge de la cuisine avant de me diriger vers la porte. Il était 11 h 05. J'ai ouvert. Marie Sophie se tenait devant moi.

# XXIX

Le premier mouvement, le tout premier, ça a été de la joie. Je m'en souviens avec certitude maintenant. La suspicion et la colère sont venues juste après et ont tout dévasté. Mais au début il y a eu cet éclair de joie. Comme quand on retrouve les paysages de son enfance après une très longue absence. Ça n'a duré qu'un infime moment. L'image s'est très vite transformée en champ de ruines lorsque j'ai compris pourquoi Mars était revenue.

— Qu'est-ce que tu veux ?

J'ai eu l'impression que quelqu'un d'autre avait parlé. Ma voix était sèche, presque méchante. Elle a posé devant elle le sac de voyage qu'elle tenait à la main et a levé son visage vers moi. Ses yeux se sont agrippés aux miens et ne m'ont pas lâché pendant toute la durée de notre conversation. Deux lacs verts à l'eau profonde. Je me suis juré qu'elle ne réussirait plus jamais à m'y noyer.

Comme d'habitude, elle a mis longtemps pour répondre. J'ai retrouvé ce léger froncement de sourcil et cet air concentré qu'elle prenait quand elle cherchait la meilleure façon d'exprimer ses pensées.

— Je veux vivre avec toi, a-t-elle fini par lâcher.

— Ça, tu l'as déjà fait. Et tu as disparu sans la moindre explication.

— Je voulais dire vivre avec toi pour toujours. Devenir ta femme.

— Tu ne manques pas de culot. Tu t'évapores dans la nature. Tu ne me donnes pas la moindre nouvelle pendant six mois. Et maintenant tu sonnes à ma porte et tu me demandes en mariage. Tu me prends pour qui exactement ?

Elle a poussé un soupir étrange, rempli de tristesse. Mais il y avait autre chose dans ce gémissement furtif. Ça ressemblait à l'énergie d'un enfant buté qui s'est juré d'obtenir ce qu'il désire.

— Je sais que je t'ai fait beaucoup souffrir, a-t-elle repris. On pourra en parler si tu veux, et j'essaierai de t'expliquer ce qui s'est passé. Tu verras si tu peux me pardonner ou pas. Mais ce n'est pas le sujet pour l'instant. Tu m'as demandé ce que je voulais. J'ai répondu à ta question. Je veux être ta femme.

— Pourquoi maintenant ?

— Parce que j'ai compris que tu es l'homme de ma vie.

— L'homme de ta vie. Rien que ça !

Décidément, elle n'hésitait pas à employer les grosses ficelles. Elle a dû sentir toute l'ironie contenue dans ma voix. Elle a eu un sursaut et m'a jeté un regard de défi.

— Tu peux penser ce que tu veux, a-t-elle repris. C'est ce que je ressens. J'ai beaucoup douté et souffert avant de l'accepter. Maintenant je sais que je ne pourrai pas échapper à cet amour.

— Et pourquoi es-tu partie sans un mot trois jours avant Noël ?

— J'ai eu peur.

— Que je finisse comme Baldwinter ?

Elle n'a pas pu cacher sa surprise. L'Ordre avait dû la prévenir que j'étais au courant, mais elle ne s'attendait sûrement pas à ce que je me montre aussi direct.

— Qui ? De quoi est-ce que tu parles ?

Ça a été à mon tour de soupirer. J'ai senti que nous allions jouer longtemps au chat et à la souris. Ce n'était que le commencement. Je me suis effacé et lui ai désigné l'entrée de l'appartement.

— Fais comme chez toi. Tu connais les lieux, je crois. Moi, j'ai des courses à faire. Je serai de retour dans une heure ou deux.

— Mais…

Je l'ai plantée là et j'ai descendu les escaliers quatre à quatre.

Tout en faisant mes achats, j'ai réfléchi à la stratégie que je devais adopter. Je pouvais mettre Marie à la porte, bien sûr. Mais ce ne serait que partie remise. L'Ordre des femmes allait prendre d'autres mesures pour me contrôler. L'organisation ne me lâcherait pas. En accueillant Marie Sophie, j'avais une chance de la confondre. Et peut-être même de la faire avouer. Si elle acceptait de dénoncer la secte aux autorités, je pourrais enfin vivre en paix. Je savais que des jours difficiles m'attendaient, mais mieux valait affronter un danger connu qu'une menace imprévisible. Je suis revenu vers mon appartement, décidé à mener bravement la bataille.

Quand j'ai ouvert la porte, une odeur d'épices orientales flottait dans l'air. Marie m'attendait dans la cuisine. Un bouquet de roses rouges trônait au centre de la table. Des crevettes grésillaient dans la poêle et une bouteille de Pouilly-Fuissé attendait qu'on la déguste.

— Menu du jour : crevettes au gingembre, riz cantonais et salade de soja, a-t-elle annoncé tout en remplissant les assiettes.

— Où est-ce que tu as trouvé tout ça ?

— J'ai fait les courses, comme toi. Je me suis dit que tu aurais sûrement faim en arrivant. Installons-nous, ça va refroidir.

Nous nous sommes assis face à face. La scène avait un côté surréaliste. Marie jouait à la parfaite épouse, anxieuse de savoir si le repas allait plaire à son homme. La seule ombre au tableau, c'était que la cuisinière avait disparu du foyer pendant plus de six mois. Je l'ai observée tout en mangeant. Toujours aussi belle. Elle avait su garder ce style simple et naturel qui m'avait séduit. Un jeans noir et une chemise bleu pâle juste assez ouverte pour laisser deviner sa poitrine sans avoir l'air aguicheuse. Mars dans toute sa splendeur. En l'examinant, j'ai quand même remarqué quelques changements. Les rides entre ses sourcils m'ont semblé plus profondes, et ses joues s'étaient légèrement creusées.

Nous avons mangé dans un silence quasi total, échangeant juste quelques banalités sur l'assaisonnement des plats et les arômes du vin lorsque notre mutisme devenait trop pesant. Je sentais qu'elle me détaillait avec attention, et je me suis demandé ce qu'elle voyait sur mes traits. Les traces de la souffrance, sûrement. Mais percevait-elle aussi le mélange de colère et de crainte qu'elle suscitait en moi ? J'ai terminé mon assiette et vidé mon verre.

— Eh bien, merci pour le repas. Maintenant, si tu veux bien m'excuser…

J'allais me lever, mais elle m'a saisi le poignet.

— David, s'il te plaît. Ne t'en vas pas. Nous devons parler. Laisse-moi une chance de m'expliquer.

Il y avait de l'urgence dans sa voix. Je suis resté à table, mais j'ai dégagé ma main.

— D'accord. Dis ce que tu as à dire, ai-je répondu en me servant un autre verre de vin.

Elle a croisé les doigts sous son menton et m'a regardé longuement avant de se décider à parler.

— Ce n'est pas facile, tu sais. Tout n'est pas encore complètement clair pour moi, mais il y a une chose que tu dois savoir. Mon départ n'avait rien à voir avec quelque chose que tu aurais fait. Ce sont mes propres démons qui m'ont poussée à m'enfuir. Je sentais que je devais les affronter seule.

— Sacrés démons. Apparemment, ils n'apprécient pas les moyens de communication. Pas un coup de téléphone, pas un message, même pas une simple lettre pendant plus de six mois. Tu as contacté ta tante pour la rassurer, mais moi je n'existais plus.

— Ce n'est pas vrai. J'avais ton image à l'esprit chaque jour. Dans les moments de désespoir, c'est ça qui m'a aidée à tenir. Mais je ne me sentais pas le droit de t'appeler. Je voulais arrêter de peser sur ta vie.

— Ne plus peser sur ma vie. Non, mais je rêve ! Ton silence a été le pire de tout. J'ai passé des mois à me torturer pour comprendre les raisons de ton départ. Tu n'as pensé qu'à toi.

— C'est faux ! Cent fois, j'ai failli t'appeler. Mais je n'ai pas osé. Ou pas voulu peut-être. C'était une épreuve que je m'imposais. Je me disais que je devais te laisser libre.

— L'épreuve, tu me l'as imposée à moi aussi. Sans me demander mon avis. Et maintenant tu viens vérifier si le brave David est toujours disponible. S'il a été capable de t'attendre en faisant de la broderie. Désolé, je ne suis pas doué pour les travaux d'aiguille.

— Ça veut dire que tu ne m'aimes plus ?

Elle s'est passé la main dans les cheveux d'un geste nerveux en attendant ma réponse. Sa respiration s'était accélérée et je voyais ses narines palpiter. J'ai scruté son visage. Ses grands yeux verts dans lesquels brillaient à la fois de la crainte et un espoir têtu. Ses pommettes rosies par l'émotion. Le petit grain de beauté au bas de son nez. Ses lèvres ourlées qui tremblaient légèrement. Une vague de chaleur m'a parcouru. Ça ne pouvait pas être de la comédie. Cette femme faisait partie de l'Ordre, mais elle éprouvait vraiment des sentiments pour moi. Nous avions peut-être encore une chance.

— Il y a une chose que je peux te dire, ai-je rétorqué. Je suis prêt à croire que tu m'as quitté par amour. Tu avais peur pour moi, ça je l'ai compris. Mais tu aurais dû tout me raconter. Si tu m'avais fait confiance au lieu de t'enfuir, nous n'en serions pas là.

— Je sais que j'ai commis une erreur. Mais dans l'état où j'étais, je ne pouvais pas faire autrement. Je ne voulais pas t'accabler avec mes problèmes.

— J'ai dû les porter quand même. Par la force des choses. Maintenant si on veut s'en sortir, il faut arrêter de jouer à cache-cache. Tu dois m'expliquer tout ce qui s'est passé et nous chercherons les solutions ensemble.

— C'est pour ça que je suis revenue.

— Alors raconte-moi d'abord comment tu es tombée entre les mains d'Irène Bracca.

Elle m'a lancé un regard surpris.

— Irène ? Mais...

— C'est Béatrice qui m'a mise sur la piste.

— Ah, je comprends. Bon, on peut en parler si tu veux. Mais il faut commencer par le début. C'est une longue histoire.

— J'ai tout mon temps.

— En fait, je crois que beaucoup de choses sont liées à la disparition de mon père. Tu sais qu'il a été tué dans un accident quand j'avais cinq ans.

— Oui, tu me l'as raconté.

— Eh bien, tout au fond, j'ai toujours été convaincue qu'il était mort à cause de moi.

— Comment ça ?

— La veille de son décès, il m'avait interdit d'aller jouer avec ma meilleure copine parce que j'avais fait je ne sais plus quelle bêtise. Maman a essayé de le faire changer d'avis, mais il est resté inflexible. Ça m'a rendue folle de rage. En me couchant ce soir-là, je n'ai pas arrêté de me répéter que c'était un méchant papa et que je voulais qu'il meure pour en avoir un mieux.

— Tu étais simplement une petite fille en colère.

— Justement. J'étais trop jeune pour faire la part des choses. Je n'ai avoué à personne que j'avais eu ces pensées. Parce que j'étais convaincue d'avoir provoqué l'accident. J'ai enfoui tout ça au fond de moi, au point de l'oublier complètement. Je m'en suis souvenue seulement il y a quelques semaines. Mais pendant toute ma vie, j'ai été poursuivie par un sentiment de culpabilité. Et ça devenait très fort dès que je m'approchais d'un homme. J'avais la sensation que je serais punie.

— Et c'est pour ça qu'avec moi tu t'éloignais parfois tout d'un coup ?

— Peut-être. En tout cas, ça a beaucoup perturbé mes relations sentimentales. Quand je voyais poindre l'amour, je m'arrangeais pour le détruire.

— Comment ?

— Oh, il y a plein de manières. Tu te souviens d'Alain ? Celui avec qui j'ai fugué quand j'avais quinze ans.

— Je me rappelle de l'histoire. Vous vouliez partir en Amérique, mais ses parents ont découvert votre cachette.

— Eh bien, c'est moi qui les ai appelés pour leur dire où nous étions. Je voulais échapper à cette passion. Pour moi, l'amour était une menace. Après ce qui est arrivé à mon père, j'ai toujours eu peur de provoquer le malheur de l'homme que j'aimais. Je l'adorais, mon brave papa. Il est parti beaucoup trop tôt.

Des larmes brillaient dans ses yeux. J'ai eu envie de la serrer très fort dans mes bras. De lui dire que le temps des malheurs était terminé. Nous avions droit tous les deux à une vie plus belle. Mais pour ça, il faudrait mener le combat ensemble. Je me sentais prêt à le faire si elle m'aidait.

— Je comprends, ai-je repris. Mais je ne vois pas bien le rapport avec Mme Bracca.

— Oh, c'est assez simple. Depuis mon adolescence, je n'ai jamais réussi à vivre une relation profonde avec un homme. Je rompais dès que ça commençait à devenir sérieux. C'était comme un réflexe. Ça me faisait souffrir mais je ne parvenais pas à y échapper. Quand je suis arrivée à Genève, j'ai décidé que les choses devaient changer. J'en avais marre des aventures sans lendemain. À l'université, je suis tombée sur une affiche qui annonçait la prochaine conférence d'Irène. Je me souviens encore du titre. Ça s'appelait « L'amour et la peur ». On aurait dit qu'elle l'avait préparée pour moi. J'ai été fascinée par son érudition. J'ai suivi tout son cycle d'exposés, et puis j'ai pris des consultations privées à son cabinet. Au début, ça s'est très bien passé. J'avais l'impression qu'elle me comprenait et qu'elle pourrait m'aider. Mais je me suis finalement rendu compte que le remède était pire que le mal.

— Ça, tu peux le dire. Tu n'as pas essayé de résister ?

— Bien sûr. Mais ce n'était pas si simple. J'étais très dépendante d'elle. Elle me manipulait. J'ai mis du temps à voir qu'elle ne me voulait pas vraiment du bien. Quand je suis tombée amoureuse de toi, je me suis dit que ses conseils m'aideraient. Ça a marché dans un premier temps. J'ai réussi à vivre notre amour sans prendre la fuite. Mais plus notre relation devenait solide, moins Irène semblait satisfaite. Lorsque j'ai déménagé pour habiter avec toi, elle a très mal réagi.

— Attends. Ça ne tient pas debout. Pourquoi est-ce que ça l'aurait gênée, puisque c'était exactement ce qu'elle voulait ?

— Quoi donc ?

— Mais que nous formions un couple.

Marie m'a dévisagé d'un air complètement éberlué. Un avertissement a clignoté dans mon cerveau.

— Qu'est-ce que tu veux dire ? a-t-elle demandé d'un air surpris. Je ne comprends pas.

— Tu devais devenir ma femme, non ? C'était la mission qu'Irène Bracca t'avait confiée.

— La mission ? Mais qu'est-ce que tu racontes ?

J'ai senti un frisson glacé me parcourir. J'ai pris ses deux mains dans les miennes.

— Marie. Il nous reste une chance. Une seule. Ça se joue maintenant. Si tu m'aimes vraiment, il faut me dire toute la vérité.

— Bien sûr. Je suis revenue pour m'expliquer. Je ferai l'impossible pour que nous soyons de nouveau unis.

— Alors dis-moi quand Mme Bracca t'a demandé de me séduire.

J'ai baissé la tête juste après avoir posé ma question. Je ne voulais pas lui imposer mon regard. Elle devait décider en toute liberté. Mais je n'ai pas pu m'empêcher de lui adresser une prière muette. *Ne mens pas, Marie. Je t'en supplie, ne mens pas. Reviens vers moi. Je suis prêt à te pardonner. Ne mens plus.* Elle est restée silencieuse encore plus longtemps que d'habitude. J'ai attendu le verdict. La suite dépendait d'elle. Guerre ou paix. Joie ou désespoir. Tout était entre ses mains. Je croyais encore à son amour. Ce que j'avais ressenti pendant que nous étions ensemble ne pouvait pas être faux. Elle allait parler et nous pourrions enfin nous retrouver. Mais quand elle a répondu, ça a été comme si elle m'abandonnait une seconde fois.

— Je ne sais pas ce qui se passe David, a-t-elle dit. Tu veux la vérité, mais j'ai l'impression que tu attends des réponses qui n'existent pas. Irène ne m'a jamais demandé de te séduire. Comment aurait-elle pu le faire ? Elle ne te connaissait pas.

J'ai senti un gouffre s'ouvrir en moi. Toute la chaleur, la tendresse, l'affection, toutes les choses bonnes et belles qui m'habitaient ont été aspirées dans un abîme sans fond. Pendant un bref instant, je me suis retrouvé complètement vide. Je n'étais plus qu'une enveloppe creuse. C'était une sensation terrifiante. Et puis l'énergie est revenue. Une force âpre, faite de révolte et de colère. Je me suis juré de me battre jusqu'au bout. J'ai vidé mon verre pour me donner une contenance.

— Donc, Mme Bracca ne t'avait jamais parlé de moi avant notre rencontre ? ai-je repris en essayant de ne pas laisser trembler ma voix.

— Bien sûr que non. Après notre première soirée, j'ai failli fuir comme d'habitude. Mais j'ai décidé de m'accrocher. À la consultation suivante, je lui ai raconté notre week-end en lui demandant de m'aider. Je voulais vivre cette relation qui commençait. C'était trop fort, trop exceptionnel pour que je jette tout aux orties. Au début, elle m'a soutenue. Mais elle est devenue toujours plus bizarre à mesure que mon amour pour toi s'affirmait. Elle me posait plein de questions sur toi, sur tes amis, ton travail. Et sur nous aussi. Elle réclamait des détails intimes sur notre sexualité. Je me suis demandé si elle ne devenait pas jalouse de toi. Avec le recul, je pense que je l'attirais et qu'elle aurait aimé me séduire. Elle avait sûrement des aventures avec certaines de ses patientes. À la fin, j'ai compris qu'elle cherchait à briser notre union.

— Comment ?

— J'étais de nouveau dans une phase de doute. Ça a commencé quand je suis venue vivre chez toi. C'est horrible à dire, mais c'est parce que tout allait si bien que j'ai pris peur. Roxane, Léonore et toi, ça me semblait juste trop beau. Une voix me disait que je ne méritais pas ce bonheur, qu'une punition affreuse surgirait bientôt. Quand tu étais là, ta présence m'apaisait. Mais dès que tu avais quitté la maison, mes démons revenaient me torturer. J'en ai parlé à Irène. Elle m'a affirmé que la solution était de mettre plus de distance émotionnelle entre nous.

— Qu'est-ce que ça signifiait ?

— Oh, des choses vraiment tordues. Elle voulait que je considère mon couple comme un terrain d'influence. « Tu dois apporter du bien-être à ton compagnon, mais en échange tu as le droit de faire en sorte qu'il réponde à tes besoins. » C'est le genre de théories qu'elle me tenait. « Et comme David est un homme important, tu dois peser sur ses décisions afin qu'elles soient favorables pas seulement pour toi mais aussi pour toutes les femmes. » Ses discours devenaient toujours plus étranges. Mais en gros, elle prétendait que si je te manipulais au lieu de t'aimer, j'irais beaucoup mieux.

— Et tu n'y as pas réussi ?

Marie a fait comme si elle n'avait pas remarqué les sous-entendus de ma question.

— J'aurais tellement voulu que ça s'améliore. Mais je me suis sentie toujours plus mal. Je m'étais mis dans la tête que si nous passions Noël tous ensemble, une catastrophe arriverait. C'est devenu une idée fixe. La seule façon d'éviter le drame était de fuir. Je ne pouvais pas t'en parler. J'avais peur que tu me prennes pour une folle.

— Alors le 21 décembre tu as craqué. Tu as pris toutes tes affaires et tu es partie.

— Oui. J'étais comme possédée. Il me semblait que c'était la seule solution pour vous protéger, toi et tes filles.

Je me suis levé et j'ai été chercher dans mon bureau l'exemplaire de la Tribune qu'elle avait oublié sur la table de la cuisine ce jour-là.

— Est-ce que tu te souviens de ça? ai-je demandé en l'ouvrant à la page qui parlait de Baldwinter.

Elle a pris le journal et m'a lancé un coup d'œil intrigué.

— Non, ça ne me dit rien.

— C'est la seule chose que tu aies laissée derrière toi, à part le petit mot que tu m'as écrit. Regarde mieux, il y a un article que tu as souligné.

Marie a parcouru le texte que je lui indiquais.

— Franchement, je ne m'en souviens pas. J'étais dans tous mes états. J'ai dû gribouiller pour préparer mon stylo avant de t'écrire.

— Tu n'as jamais entendu parler de cet industriel anglais ?

— Ça me dit vaguement quelque chose. C'était aussi un financier, non ? Je suis peut-être tombée sur son nom en préparant ma thèse.

— Mme Bracca ne l'a jamais mentionné ?

— Pas à ma connaissance. Mais pourquoi me demandes-tu ça ? Tu me poses des questions étranges.

— Ce que tu me racontes est étrange aussi. Dis-moi ce que tu as fait après ton départ.

— J'ai pris une chambre d'hôtel à Thonon. J'y ai passé les fêtes toute seule. J'ai failli t'appeler plusieurs fois, mais j'avais trop honte. Ça a été une période très dure. Et puis j'ai décidé de me reprendre en main. J'ai loué un appartement dans un petit village près d'Évian et je me suis consacrée à la rédaction de ma thèse. Et surtout, j'ai enfin commencé à me soigner. J'ai été voir un psy et je lui ai expliqué ce qui s'était passé. C'est lui qui m'a aidée à découvrir les causes de mes angoisses. Cette scène de mon enfance la veille de l'accident, que j'avais complètement oubliée. Il m'a fait beaucoup de bien.

— Et maintenant tu es guérie et tu viens me proposer de recommencer la vie commune.

— Oh, je n'ai fait qu'un bout de chemin. Il y a encore du travail. L'amour que j'éprouve pour toi m'effraie toujours. Parfois, j'ai l'impression que je vais me perdre. C'est tellement fort que j'ai peur d'être engloutie. Mais en même temps, c'est la plus belle chose qui me soit arrivée. S'il reste une chance pour nous deux, je veux la tenter.

Malgré ma colère, j'ai dû admettre qu'elle jouait son rôle à la perfection. Elle n'avait pas cillé lorsque j'avais mentionné Baldwinter. Et elle avait des accents de sincérité parfaits quand elle parlait de ses sentiments pour moi. C'était vraiment une actrice hors pair.

— Et le masque africain ?

— Comment ?

— Mais oui, celui que tu m'avais demandé d'accrocher à l'entrée. Ça avait l'air très important pour toi. Tu ne l'as pas pris dans tes affaires ?

— Je n'ai pas apporté tout mon barda. Le reste est en consigne à la gare. Si tu acceptes ma présence, j'irai chercher mes valises. Mais le masque n'y est pas.

— Qu'est-ce qu'il est devenu ?

— Je l'ai vendu.

— Pourquoi ?

— Eh bien, disons que ça a été un acte symbolique. Cet objet faisait partie des symptômes qui m'emprisonnaient. Je l'ai reçu quand je faisais du bénévolat en Sierra Leone. C'est la reproduction d'une parure utilisée dans des cérémonies initiatiques féminines. La femme qui me l'a offert m'a garanti que si je le mettais à l'entrée de ma maison, il protégerait tous ceux qui vivaient là. Je l'employais pour combattre mes angoisses.

— Apparemment, son effet n'a pas suffi à te rassurer.

— Non. Et maintenant je dois apprendre à vaincre mes peurs toute seule. C'est pour ça que je m'en suis débarrassée. Mais le plus drôle, c'est qu'il a probablement joué un rôle dans les divagations qu'Irène m'a servies à la fin de notre relation.

— Comment ça ?

— Je lui ai parlé du masque et de la peuplade qui l'utilise. Elle s'est renseignée sur les rituels en question et ça l'a fascinée. Elle disait que toutes les femmes auraient dû s'inspirer de ces enseignements. Elle a même fini par acheter un exemplaire du masque pour le mettre au-dessus de son bureau.

— Alors là, chapeau !

Marie m'a de nouveau regardé d'un air déconcerté. Mais elle n'a certainement pas compris le sens de l'exclamation qui m'avait échappé. Ce qui m'avait fasciné, c'était la qualité du scénario qu'elle était en train de me jouer. Elle se révélait vraiment très douée. Les répliques se succédaient avec naturel, comme si elles étaient improvisées. Mais derrière ces dialogues, je reconnaissais la mécanique de précision qui avait été mise en place par l'Ordre. C'était monté comme une horloge suisse. Un petit bijou dans le registre de la manipulation. Je me suis souvenu de ce que m'avait raconté Mme Bracca sur les services secrets. Les adeptes avaient étudié attentivement les méthodes du KGB, de la CIA et de leurs homologues. Et les espions de tous bords savent que le mensonge le plus efficace est celui qui utilise une bonne partie de la vérité. L'organisation connaissait parfaitement les informations que j'avais pu obtenir. Tout le discours de Marie Sophie avait pour but d'intégrer ces éléments dans un récit cohérent qui devait m'amener à une seule conclusion possible : Irène Bracca avait inventé l'histoire de la secte à mon unique intention. C'était une lesbienne perverse et jalouse qui avait voulu se venger de moi parce qu'elle n'avait pas pu séduire Marie. Elle avait fantasmé sur les rituels Sandé et sur quelques autres théories pour construire la fiction qu'elle m'avait présentée. Donc, l'Ordre des femmes n'avait aucune réalité. Ce n'était que la production d'un esprit malade. Et Marie ne revenait pas pour me contrôler, mais pour me donner tout son amour. Oui, vraiment, chapeau !

Je savais ce qui me restait à faire. Mieux valait une manipulatrice connue qu'une menace nouvelle. J'ai annoncé à Marie qu'elle pouvait rester chez moi. Je voyais bien que mon attitude l'intriguait, mais j'ai coupé court à ses questions. Nous avons été chercher ses valises à la gare. Je lui ai proposé de dormir dans la chambre d'amis. Elle a eu l'air un peu déçue. Elle espérait probablement me jouer la grande scène des retrouvailles dans le lit nuptial dès la première nuit. Mais elle a dû sentir qu'il ne fallait pas me brusquer. J'ai fait mes derniers préparatifs pour le voyage du lendemain pendant qu'elle installait ses affaires. Je lui ai annoncé que je partais pour deux semaines en Italie avec mes filles. Elle a compris que je ne souhaitais pas sa présence. Le soir, j'ai prétexté un rendez-vous pour ne pas manger avec elle. Je ne me sentais pas en état d'affronter une nouvelle salve de mensonges. Quand je suis rentré, l'appartement était silencieux. Marie avait laissé la porte de sa chambre entrouverte, mais il n'y avait pas de lumière. Elle devait dormir. J'ai bu un cognac au salon et je me suis couché.

Il était une heure du matin. Ça faisait un long moment que je me tournais dans mon lit sans parvenir à trouver le sommeil. Les événements de la journée n'arrêtaient pas de défiler en boucle dans ma tête. Marie Sophie devant ma porte. Le moment où elle aurait pu m'avouer la vérité. Le désespoir et la hargne devant sa comédie. La femme qui avait bouleversé ma vie dormait dans la pièce d'à côté, mais elle n'avait jamais été aussi loin de moi. J'aurais préféré qu'elle ne soit jamais revenue. Si elle n'était pas réapparue, j'aurais pu continuer à croire qu'elle m'avait quitté par amour, pour me libérer de l'Ordre. Mais son retour prouvait qu'elle était à la botte de la secte. Une colère froide m'a saisi devant son arrogance. Elle avait joué à la fugueuse repentie, mais elle était là en conquérante. Certaine que je céderais à son charme et qu'elle pourrait me mettre de nouveau sous sa coupe.

Il fallait que je dorme. Je me suis levé pour prendre un verre d'eau à la cuisine. En revenant, j'ai fait halte devant la chambre de Marie. Cette porte entrebâillée était une provocation de plus. J'étais certain qu'elle avait fait exprès de ne pas la fermer. Je suis entré et j'ai distingué Marie Sophie dans la pénombre. Elle avait repoussé les couvertures et dormait entièrement nue. Elle continuait son œuvre de séduction même dans son sommeil. J'ai contemplé ce corps superbe que j'avais si souvent serré dans mes bras. L'image de notre première nuit m'est revenue en mémoire. Elle avait probablement tout mis en scène dès le début. Je me suis souvenu de l'émotion qui s'était emparée de moi en la découvrant allongée dans mon lit. C'était ce soir-là que j'étais tombé amoureux. Elle avait magnifiquement réussi son coup. Et maintenant, elle s'offrait une nouvelle fois à mes regards en espérant que je succomberais. Je me suis assis près du lit comme la première fois. Mais l'amour n'était plus là. Il ne restait que la rage d'avoir été trompé. La rage et le désir brut.

Elle était tournée vers moi et les pointes brunes de ses seins se trouvaient à quelques centimètres de mon visage. J'avais toujours adoré les caresser. J'ai senti mon sexe durcir. Je me suis penché vers sa poitrine et l'ai effleurée dans un attouchement furtif. J'avais envie d'elle. Une envie sauvage et violente. Elle a ouvert les yeux et m'a aperçu. Un sourire a éclairé ses traits ensommeillés.

— Oh, chéri, a-t-elle murmuré en m'ouvrant les bras.

— Non. Pas comme ça. Tourne-toi.

Je l'ai guidée vers le bord du lit pour qu'elle me présente sa croupe. J'ai approché mon sexe pour lui faire comprendre ce que je voulais. Elle s'est collée contre moi. Je sentais qu'elle se soumettait d'avance à mes désirs. J'avais déjà pénétré dans son intimité la plus secrète durant notre vie commune, mais toujours avec douceur et respect. Comme on visite un sanctuaire. Là, je l'ai envahie sans aucun ménagement, avec une force barbare. Je voulais qu'elle ait mal, qu'elle éprouve la douleur que j'avais ressentie. Qu'elle se sente possédée, utilisée, malmenée comme je l'avais été. Elle a poussé un gémissement plaintif quand je suis entré brutalement en elle, mais n'a pas cherché à se dérober. J'ai saisi ses hanches à pleines mains et j'ai imprimé à son corps des mouvements saccadés toujours plus rapides. Elle s'est mise à pleurer, presque sans bruit. Je voyais ses épaules se soulever par moments quand un sanglot plus fort lui échappait. J'ai voulu m'arrêter, mais ce n'était plus possible. Mon sexe réclamait son plaisir. J'ai joui dans un grognement rauque. Elle s'est effondrée sur le côté et a pris sa tête dans ses mains en continuant à sangloter doucement. J'ai quitté la chambre comme un voleur et me suis jeté sur mon lit. J'entendais Marie geindre de l'autre côté de la paroi. J'ai senti à nouveau cette horrible impression de vide qui m'avait saisi quelques heures auparavant. J'aurais aimé pouvoir pleurer à mon tour. Crier ma souffrance et ma bassesse. Mais seule une quinte de toux gutturale est montée de ma poitrine. Et mes yeux sont restés secs.

# XXX

Les quinze jours au lac de Garde ne m'ont pas apporté l'apaisement que j'espérais. Pourtant, tous les ingrédients des vacances réussies semblaient à disposition. Il a fait beau pendant tout notre séjour. L'hôtel était confortable et accueillant. Les distractions ne manquaient pas. Et mes filles se sont nettement moins chamaillées que d'habitude. Mais tout ça ressemblait à un décor de carton-pâte. Quand on y regardait de plus près, on s'apercevait que c'était du toc. La réalité, c'était que Roxane et Léonore s'éloignaient de moi. La complicité qui nous avait toujours reliés s'effilochait et j'en souffrais beaucoup.

Ça avait commencé au moment de leur retour. J'avais eu l'impression qu'elles étaient plus heureuses de retrouver Marie Sophie que de me revoir. Roxane avait crié de joie en la découvrant et s'était précipitée vers elle. Elles avaient semblé déçues lorsque j'avais expliqué que Marie ne viendrait pas avec nous. Et Mars s'était évidemment comportée de manière parfaite. Elle m'avait pris à part pour me dire de bien profiter de mes vacances, de ne pas me faire de souci pour elle, et surtout de croire à notre amour.

— Je sais qu'on va y arriver David. Il y a plein de choses que je ne comprends pas, mais tu m'en parleras quand tu voudras. J'ai confiance en toi.

Pas un mot sur la façon dont je l'avais traitée. Pas un reproche sur mon départ sans elle. Juste ses yeux verts qui plongeaient dans les miens. Ça donnait tellement envie d'y croire. J'avais hésité entre la gifler et la prendre dans mes bras.

Pendant notre séjour à Sirmione, mes filles m'ont questionné à plusieurs reprises sur le retour de Marie. Je leur répondais de façon évasive, mais elles revenaient sans cesse à la charge.

— La seule chose importante, c'est de savoir si tu l'aimes encore, m'a lancé Roxane alors que nous mangions des glaces près du château fort. Oui ou non ? C'est simple comme question.

— Des fois, ça peut devenir très embrouillé. Elle m'a fait souffrir. Je ne sais plus vraiment où j'en suis. Mais ce qui compte, c'est qu'on soit bien tous les trois, non ?

— On n'est pas bien. T'es devenu bizarre. Tu fais plus attention à nous. T'es tout le temps perdu dans les nuages. Je croyais que t'étais triste parce que Marie était plus là. Mais elle est revenue et c'est encore pire.

— Il me faut un peu de temps pour faire le point. L'amour, c'est plus compliqué que ce que tu imagines. Et ce garçon qui t'attirait. Comment ça se passe ?

— J'ai pas envie d'en parler, papa. C'est mes affaires. Et je crois pas que tu pourrais m'aider.

Léonore a vu que cette réplique m'avait fait mal.

— Elle voulait pas te faire de la peine, papinou. Elle veut juste dire que…

— Qu'est-ce que tu sais de ce que je veux dire, madame la voyante ? Je t'interdis de parler de Christophe, compris ?

— Oh, ça va. De toute façon on s'en fout de ton mec. Il est plein de boutons. Écoute, papa. Moi, j'ai encore jamais été amoureuse, mais je suis sûre d'un truc. Si on pardonne pas, on n'a aucune chance. Quand Marie est partie, j'étais très fâchée contre elle. Mais elle m'a expliqué pourquoi elle avait fait ça. Et maintenant c'est bon. Si tu peux arrêter de lui en vouloir, ça veut dire que tu l'aimes encore. C'est pas plus compliqué que ça.

J'ai senti à quel point mes filles espéraient que Marie Sophie vive de nouveau avec nous. Je me suis demandé ce qui se passerait si ça n'arrivait pas. Allaient-elles s'éloigner définitivement de moi ? J'ai compris que l'Ordre avait mis au point une stratégie diabolique. Roxane et Léonore devenaient la monnaie d'échange. Si je me tenais tranquille et que j'acceptais le contrôle de Marie, tout irait bien. Sinon, la secte ferait tout pour monter mes enfants contre moi. J'étais complètement coincé. Un éclair de rage m'a transpercé. Je me suis juré de faire payer à Mars tout le mal qu'elle me faisait.

Elle m'a régulièrement envoyé des messages pour prendre de mes nouvelles. J'y répondais par quelques phrases banales sur la météo. « Mon amour, je sais que l'été prochain nous serons tous réunis. Sans toi, ma vie n'aurait plus de sens. » Voilà ce qu'elle m'a écrit deux jours avant la fin des vacances. Si seulement j'avais pu oublier qu'elle mentait. Une discussion que j'avais eue plusieurs mois auparavant avec Arnaud m'est revenue en mémoire.

— Tu corresponds parfaitement à la définition de la névrose qu'a donnée Jacques Lacan, m'avait affirmé mon ami.

— Je sens que tu vas te faire un plaisir de la déclamer.

— Je dois avouer qu'elle me plaît beaucoup. Il disait ça, le grand Jacques : « Le névrosé est quelqu'un qui voudrait qu'on l'aime, et qu'en plus ça soit vrai... »

J'avais appelé Arnaud juste avant de partir pour l'Italie. Je voulais le tenir au courant des derniers événements. Je ne me faisais pas beaucoup d'illusions. J'étais à peu près sûr qu'il mettrait le retour de Marie sur le compte du hasard. Une chaîne causale indépendante, comme il disait. Mais il fallait qu'il sache.

— Évidemment, ça complique les choses, avait-il commenté d'une voix préoccupée.

— Qu'est-ce que tu en penses ?

— Je ne pense plus rien, mon ami. Quand j'ai raconté ton histoire à Sylvie, son seul commentaire a été « décidément, il ne m'aime pas beaucoup ». Et voilà que ton grand amour réapparaît quelques jours plus tard. J'avoue que c'est troublant.

— Merci de le reconnaître.

— Donc, il faut dissiper le trouble. Mais on ne pourra pas le faire tout de suite. Prends du bon temps, occupe-toi bien de tes filles. On discutera à ton retour.

Son attitude plus ouverte m'avait fait du bien. Mais ça ne m'aidait pas à y voir plus clair. Encore une fois, et malgré le soleil de carte postale qui brillait sur le lac de Garde, j'avais l'impression de patauger dans le brouillard.

Les deux semaines ont passé dans cette ambiance tendue. Nous avons quitté Sirmione dimanche en début d'après-midi. À 19 heures, j'étais devant la maison de Carole et Gérard sur les hauts de Lausanne. J'ai sorti le fatras de bagages du coffre. Mon ex-femme est apparue à la porte au bras de son nouveau mari. Léonore s'est précipitée vers elle. Je me tenais à distance respectueuse. À chaque fois, la scène me faisait penser à une remise d'otages. J'ai senti le goût acide de la rancœur remonter dans ma gorge.

— J'espère que ça va aller papa, a murmuré Roxane quand je l'ai serrée dans mes bras avant qu'elle ne rejoigne sa mère.

Je n'ai pas compris si elle parlait de moi, de nous deux, ou de ma relation avec Marie. Mais j'ai senti qu'elle était inquiète, et je m'en suis voulu de ne pas avoir su la rassurer.

Lorsque je suis arrivé à Carouge, je marinais dans mon vieux blues du dimanche soir. Le cocktail habituel. Rancœur, sentiment de solitude et d'injustice. Tristesse. Avec en plus la vision amère du fossé qui se creusait entre mes filles et moi. J'étais un incapable. J'avais laissé un autre homme me voler l'amour de ma femme et prendre ma place auprès de mes enfants. Quand j'ai ouvert la porte de mon appartement, j'ai aperçu la silhouette de Marie Sophie qui s'avançait vers moi. J'ai eu envie de fuir. Je ne me sentais pas de taille à l'affronter. Elle est venue poser un baiser sur ma joue.

— Tes vacances se sont bien passées ?

— Oui, oui, c'était parfait.

— Tu as l'air fatigué.

— C'est la route. Ça fait quand même 450 kilomètres.

— Tu veux que je te prépare quelque chose ?

— Non merci. J'ai mangé en chemin. Je vais prendre une douche et me coucher. Je suis épuisé. Et demain, c'est le boulot qui recommence.

J'ai passé directement de la salle de bain à ma chambre et j'ai fermé à clé. J'espérais qu'elle me laisserait tranquille. Mais alors que je m'apprêtais à me coucher, j'ai entendu un grattement timide à la porte. Je n'ai pas répondu. La poignée a tourné. J'ai continué à faire le mort. Marie a frappé plus fort.

— David, s'il te plaît ouvre-moi.

Il était trop tard pour éteindre. Elle savait que je ne dormais pas.

— David, je t'en prie. Il faut que je te parle, juste quelques minutes. Après, je te laisserai.

C'est la fin de sa phrase qui m'a décidé. J'ai déverrouillé la porte et je me suis assis sur le lit sans un mot. Elle est entrée d'un pas hésitant, a jeté un coup d'œil circulaire à la chambre et s'est arrêtée devant moi.

— Je ne suis jamais venue dans cette pièce pendant que tu étais en Italie, a-t-elle murmuré. Ça me fait drôle d'être là avec toi. Il y a tellement de souvenirs…

— Marie, je suis crevé. Je dois me lever tôt demain. Dis-moi ce que tu veux et finissons-en.

Elle s'est assise à côté de moi. J'ai eu un mouvement de recul. Elle a parlé d'une voix tendue.

— Je ne te reconnais pas, David. Quand je suis revenue, je m'attendais à ce que ça soit difficile. J'étais prête à affronter ta colère, tes reproches, ton rejet même. Mais là, je ne sais plus quoi faire. Tu n'es plus le même. J'ai l'impression de me retrouver devant un étranger.

— Alors tu comprends ce que j'ai ressenti quand tu m'as quittée sans un mot d'explication.

— Je sais que j'ai commis une erreur. J'ai voulu résoudre mes problèmes toute seule. J'avais peur de t'avouer mes obsessions. Je suis venue pour réparer. Je t'ai tout expliqué. Mais tu refuses le dialogue. Tu me fuis. Je sens que tu me caches des choses. Ne fais pas la même bêtise que moi. Si tu as des ennuis, il faut m'en parler pour qu'on les affronte ensemble.

— Mon principal problème, c'est toi. Et tu le sais très bien.

Elle a sursauté et a touché sa joue comme si je l'avais giflée.

— David, tu m'as déjà fait mal il y a deux semaines. Pas physiquement, ça ce n'était rien. Mais tu sais comment tu m'as traitée. Si tu continues, je n'y arriverai pas. Je t'aime, mais je ne peux pas tout supporter.

— Bien sûr. Alors tu vas partir et vous enverrez quelqu'un d'autre pour continuer ton boulot. Au fond, je crois que je préfère ça.

— Mais qu'est-ce que tu racontes ? C'est quoi ce cauchemar ? Dis-moi ce qui se passe ! Donne-moi au moins une chance de comprendre ce qui t'arrive.

— Ça ne sert à rien. Tout ça fait partie de ta comédie. Tout est programmé. Tu m'as menti depuis le début et tu continues.

Elle m'a saisi le visage entre ses mains et m'a forcée à la regarder dans les yeux.

— Maintenant ça suffit ! Il faut que tu parles David. Tu n'as pas le droit de salir notre histoire comme ça. Tu sais très bien que j'ai été sincère pendant chaque minute de notre relation. Et je sais que tu l'as été aussi. Nous avons éprouvé les mêmes choses tous les deux. Alors dis-moi pourquoi tu me lances ces horreurs à la figure.

Sa tête était toute proche de la mienne. Je sentais la chaleur de son haleine et la pression de ses doigts sur mes tempes. J'ai repensé à tous les baisers que nous avions échangés dans cette chambre, à toutes nos étreintes dans ce lit.

— Je n'en peux plus, Marie. Laisse-moi tranquille, s'il te plaît.

— Non, je ne te laisserai pas ! Je veux que tu m'expliques pourquoi tu me traites comme une pestiférée. J'ai le droit de savoir. Après, si tu veux, je partirai.

J'ai craqué. Je lui ai raconté ce qu'elle connaissait certainement déjà. Comment Béatrice m'avait mise sur la piste d'Irène Bracca. Comment celle-ci m'avait révélé l'existence de l'Ordre. Comment j'avais trouvé les codes en cambriolant son bureau. Et la lettre anonyme. Le suicide d'Annie Baldwinter. Marie m'a écouté en silence. À mesure que je parlais, ses traits ont passé de la stupéfaction à la fureur. Elle s'est levée d'un bond.

— Quelle salope ! Quelle vipère ! Dire que je lui ai fait confiance. Je lui ai révélé ma vie intime. Et c'était juste une voyeuse, une perverse qui s'excitait devant mes confidences. Je comprends maintenant.

— Tu comprends quoi ?

— Toutes ces questions qu'elle me posait. Elle voulait connaître plein de détails sur tes activités à la banque, sur les gens que tu fréquentais. Quand je lui demandais quel rapport ça avait avec mes problèmes, elle disait qu'il lui fallait une vue d'ensemble pour pouvoir m'aider. Tu parles ! Elle voulait juste faufiler ses tentacules répugnants dans notre vie. À la fin, j'ai compris qu'elle cherchait à m'éloigner de toi par jalousie. Mais je n'aurais jamais imaginé qu'elle monterait un scénario aussi délirant. Ça ne se passera pas comme ça. Je ne la laisserai pas faire. Je vais chez elle maintenant. Je la traînerai jusqu'ici par les cheveux s'il le faut. Et je l'obligerai à t'avouer ses mensonges. Je ne lui permettrai pas de briser notre amour. Ça jamais !

Elle s'est interrompue en remarquant mon expression.

— Quoi ? Qu'est-ce qu'il y a ?

— Je crois que tu le sais très bien. Irène Bracca est décédée il y a deux mois. Officiellement d'une crise cardiaque. Voilà pourquoi l'Ordre t'a renvoyée vers moi. Il suffit de faire croire qu'elle était folle et tu peux continuer tranquillement ta mission.

Elle s'est rassise et m'a contemplé d'un air horrifié.

— Elle est morte. Oh, mon Dieu. Ça veut dire…

— Eh oui. Toutes les preuves ont disparu avec elle. Je suis presque sûr qu'elle s'est suicidée. Elle s'est sacrifiée pour sauver son organisation.

— Mais enfin, tu ne vas pas croire ces inepties. Ça ne tient pas debout.

Elle a dû voir mon visage se fermer.

— Non, non, attends, a-t-elle repris d'une voix précipitée. D'accord, imaginons que ça puisse être vrai. Tu te rends compte de ce que ça implique. Ça voudrait dire que je t'ai trompé depuis le début.

— C'est ça le plus douloureux.

— Enfin, David. Tu as senti tout ce qu'il y avait entre nous. Tu penses que j'aurais pu jouer la comédie ?

— Je n'en sais rien. Avec Carole aussi, j'avais cru à l'amour. Et elle m'a quitté du jour au lendemain pour partir avec son amant. Apparemment, je ne suis pas très doué pour percevoir les sentiments des femmes. Tu m'as peut-être aimé. Ça ne t'a pas empêchée de partir sans un mot.

— Mais je suis revenue !

— Oui. Tu es là. Mais pour servir l'Ordre. Pas pour moi.

Elle s'est éloignée et a enfoui sa figure dans ses mains. Au bout d'un moment, je me suis aperçu qu'elle pleurait. Des sanglots silencieux soulevaient sa poitrine. Elle a relevé la tête et m'a fixé de ses yeux ruisselants. J'ai de nouveau éprouvé cette inquiétante sensation d'anesthésie. Je ne sentais plus rien. Il n'y avait pas de compassion en moi, pas de tendresse pour elle. Juste du vide.

— Qu'est-ce que je peux faire ? a-t-elle repris. Dis-moi ce que je dois faire pour que tu croies à mon amour et je le ferai.

J'ai haussé les épaules.

— La seule chose, ce serait que tu acceptes d'avouer ton appartenance à l'Ordre. Mais comme tu veux justement me faire croire que ta secte n'existe pas…

Une lueur a brillé dans l'eau verte de son regard.

— C'est ça que tu veux ? Si je reconnais que j'ai fait partie de l'organisation, tu pourras te rapprocher de moi ? Tu arrêteras de me tenir à distance et de me traiter comme une étrangère ?

— En tout cas, ce serait la preuve que tu tiens plus à moi qu'à l'Ordre des femmes. Je dois savoir pourquoi tu es de retour. Si c'est vraiment par amour et que tu renonces à protéger ta secte, nous avons peut-être encore une chance.

Marie Sophie s'est levée à nouveau. Elle s'est mise à faire les cent pas de la porte à la fenêtre avec une expression d'intense réflexion. Elle semblait perdue dans ses pensées. Des émotions contradictoires se lisaient sur son visage. Elle a fini par s'arrêter devant moi.

— Je vais peut-être le regretter, a-t-elle lancé dans un soupir. Mais tant pis. Je sais ce qui est le plus important.

— Qu'est-ce que tu veux dire ?

— Je t'aime David. S'il te plaît, ne l'oublie pas. Je t'ai fait souffrir, mais je t'aime. Je t'ai aimé dès le premier instant. C'était comme une évidence. Ça venait de tout au fond. Je n'avais jamais ressenti ça. C'est ce soir-là au Bertigo que je suis tombée amoureuse.

— Et pourquoi étais-tu là ?

— J'avais demandé à Béatrice de m'aider à faire ta connaissance. Je voulais te séduire. Tu étais ma cible. L'Ordre des femmes existe. J'en faisais partie.

# XXXI

J'AURAIS DÛ ÉPROUVER QUELQUE CHOSE en écoutant les aveux tardifs de Marie. Au moins un soulagement. L'impression d'un poids qui disparaît. La satisfaction d'avoir eu raison. Peut-être un frémissement d'espoir. Ou l'inverse. Un accès de colère devant la preuve finale de sa trahison. De la tristesse face à l'étendue de ses mensonges. Mais rien n'a bougé en moi. Rien. Je me sentais lisse comme du marbre. Lisse et froid en même temps.

— C'est bien de dire enfin la vérité, ai-je repris. Mais ce n'est pas tellement à moi qu'il faut parler. C'est à la police. Tu devras leur expliquer comment tu as été enrôlée et quelles consignes tu as reçues. Et surtout, il faudra leur donner la liste des contacts que tu as eus avec les autres membres de l'Ordre. Ces personnes doivent être mises hors d'état de nuire.

Elle m'a lancé un regard perdu.

— Mais… Je n'ai vu qu'Irène. Je n'ai rencontré personne d'autre. C'est elle qui m'a donné les… instructions.

— Et qui est-ce qui t'a demandé de revenir ?

— Personne. Je n'ai plus de contacts avec… l'Ordre. Je suis revenue pour toi.

J'ai poussé un soupir fatigué.

— Ça ne marchera jamais Marie. Même si c'est vrai. On te prendra pour une mythomane. Il faut des éléments supplémentaires pour démarrer une enquête. Tu dois au moins fournir les coordonnées d'autres femmes qui fréquentaient le cabinet de Mme Bracca.

— Je n'ai pas leurs noms. On se croisait de temps en temps, c'est tout. La seule avec laquelle j'ai établi une relation, c'est Béatrice.

— Béatrice n'a jamais fait partie de l'Ordre. Elle n'a pas réussi son examen de passage.

— Qu'est-ce que ça signifie ?

— Tu devrais le savoir.

Elle a eu une moue perplexe, mais ne m'a pas interrogé plus loin. J'ai changé de sujet.

— Il y a une femme qui est venue prendre les meubles et les dossiers d'Irène, et qui s'est occupée de la cérémonie funèbre. Une petite brune, entre quarante et cinquante ans, toujours très bien habillée. Ça te dit quelque chose ?

— Non. Je ne l'ai jamais vue.

— Alors on ne peut rien faire. Il n'y a aucune piste. Personne ne nous croira.

— Mais tu as repéré d'autres adeptes.

— Il n'y a aucune chance qu'elles avouent. Et tu ne pourras pas témoigner contre elles puisque tu ne les connais pas.

Marie s'est approchée de moi et a pris ma main.

— Explique-moi ce que tu veux que je dise. Je raconterai ce qu'il faudra à la police.

— Mais qu'est-ce qui te prend ? Tu crois que je te pousserais à faire de fausses déclarations ?

— Pourquoi pas ? Si ça permet de découvrir la vérité.

— À quoi tu joues, Marie ?

En posant la question, j'ai découvert la réponse. Le scénario était vraiment subtil. De la manipulation haut de gamme.

Elle m'a observé d'un air interrogateur.

— Qu'est-ce qu'il y a ? m'a-t-elle demandé.

— Il y a que j'ai compris ta manœuvre. Tu veux me montrer que tu es prête à tout pour sauver notre amour. Même à raconter des mensonges aux gendarmes, à t'accuser d'actes que tu n'as pas commis. Pour que petit à petit l'idée que tu n'as jamais fait partie de l'Ordre germe dans mon esprit. Le moment venu, tu me diras avec des trémolos dans la voix que tu as avoué des choses qui n'existent pas, juste pour ne pas me perdre. C'est très bien monté, bravo.

Elle a pâli et a pris sa tête dans ses mains.

— David, tu es malade. Il faut que tu voies un médecin.

— Tu as sûrement une bonne adresse à me proposer. Une psychologue en France voisine, peut-être ?

— Non, non. Excuse-moi. Je ne voulais pas dire que… C'est juste que tu es devenu tellement… Oh, je n'en peux plus. Je ne sais plus quoi dire. J'ai l'impression que tu interprètes chaque mot comme une preuve contre moi. Tu ne me laisses aucune chance.

— Toi non plus, nous sommes à égalité.

— Alors tant pis. Puisque mentir ne sert à rien, je continuerai à dire la vérité. Je n'ai jamais entendu parler de l'Ordre des femmes. C'est une invention d'Irène. Cette folle malfaisante a réussi à t'embarquer dans ses délires. Et ta fixation sur cette histoire va finir par détruire notre amour.

— Bien sûr. Tu suis parfaitement le scénario prévu.

Elle s'est approchée et a posé sa main sur ma poitrine.

— Je ne sais pas ce qui se passe dans ta tête. Je n'y comprends plus rien. Mais là. Dans ton cœur. Dans ton ventre. Qu'est-ce que tu sens ? Il n'y a plus que ça qui peut nous sauver.

— Je ne sens rien, Marie. C'est comme si tout était gelé.

— Tu as envie que je parte ?

— Je ne sais pas. Reste si tu veux.

— Est-ce qu'on a encore une chance, David ? Qu'est-ce que je peux faire ?

Je me suis revu une année auparavant, lorsque je lui avais posé la même question après l'une de ses crises qui l'éloignaient brutalement de moi. J'ai repris le mot qu'elle avait employé.

— Attendre, ai-je répondu.

Durant les semaines qui ont suivi, notre vie a ressemblé à celle de ces couples qui donnent le change devant leurs proches pendant qu'ils apprivoisent l'idée de la séparation. Quand mes filles étaient là, nous passions nos week-ends tous ensemble. Mais le reste du temps, chacun vaquait à ses occupations. Marie consacrait ses journées à la rédaction de sa thèse. Elle allait tous les quinze jours voir son psy à Évian. J'avais demandé l'avis d'Arnaud sur ses explications.

— Du point de vue psychologique c'est tout à fait plausible, m'avait-il répondu. Les petits enfants voient le monde de façon très égocentrique. Ils pensent que désirer quelque chose revient à l'obtenir. L'accident de son père a pu lui faire imaginer qu'elle avait ce pouvoir-là. Provoquer le malheur des hommes qu'elle aime. D'où culpabilité et fuite soudaine pour échapper à l'angoisse. Ça tient la route.

— Ou alors ce sont les adeptes de l'Ordre qui lui ont soufflé cette théorie, justement parce qu'elle est plausible.

— Évidemment, l'hypothèse du complot est difficile à éliminer. Surtout quand on préfère s'y accrocher. Mais tu devrais essayer une autre tactique par rapport à cette histoire. La meilleure solution pour l'instant, c'est de faire comme les antivirus.

— Tu m'énerves avec tes conseils incompréhensibles.

— Quand un virus est détecté sur un ordinateur et qu'il ne peut pas être détruit, l'antivirus le met en quarantaine. Il le coupe du reste du système.

— Et concrètement, ça veut dire quoi ?

— C'est très simple. Ne cherche pas à trouver de réponses pour l'instant. Mets tes questions en quarantaine. Concentre-toi sur ta vie avec Marie, sur ton boulot, sur tes filles. Laisse venir. Utilise ton énergie pour fonctionner correctement au quotidien. Essaie d'être un bon père, un bon directeur, un compagnon correct. Tu verras bien ce qui arrive.

Ça ne se passait pas trop mal. Roxane et Léonore se sont rapprochées de moi. J'ai obtenu plusieurs succès dans mon travail, notamment l'acceptation finale par le directoire de mon plan sur le microcrédit. À la banque, tout allait pour le mieux. Béatrice avait été ravie d'apprendre que son amie était revenue. Elle resplendissait depuis son mariage.

— Tu verras, cette crise va renforcer votre couple, m'avait-elle affirmé d'un ton convaincu. Vous allez finir par vous marier. Prends exemple sur Marco et moi.

Je ne faisais rien pour être en compagnie de Marie Sophie, et rien non plus pour l'éviter. Elle dormait toujours dans la chambre d'amis, mais nous avions passé plusieurs soirées ensemble. Nous avions même eu des rapports sexuels quelques fois. Nos corps avaient retrouvé leurs automatismes, mais la flamme qui avait soudé nos âmes ne s'allumait plus. Nous étions comme deux mutilés qui essaient tant bien que mal de récupérer leurs sensations. Nous faisions l'amour comme on réapprend à marcher. Je voyais que Marie vivait mal cette situation. Elle s'accommodait de mon attitude, mais je devinais sa déception. Je me disais que tôt ou tard elle me quitterait. Je ne savais plus si je souhaitais son départ ou si j'espérais qu'elle reste.

À la fin septembre, Jean-François m'a appelé pour me proposer un concours de pétanque au café des Marronniers. Je ne l'avais pratiquement pas revu depuis son retour de vacances. Je savais juste que son histoire avec Doriane était terminée.

— Allez viens, a-t-il lancé. J'ai réservé une piste pour samedi après-midi. Ça nous changera les idées. Je jouerai avec Polo. Arnaud sera là aussi, tu pourras faire équipe avec lui.

— Merci pour le cadeau ! Tout ce qu'il sait faire, c'est lancer le cochonnet.

— Tu es injuste. Il s'est beaucoup entraîné cette saison. Tu seras surpris.

J'avais accepté sans me faire trop prier. La pétanque m'éviterait de passer le week-end à ressasser mes éternelles questions.

Nous étions installés en bras de chemise à la table la plus proche de la piste.

— Ce bistrot est le dernier lieu de sagesse dans cette ville perdue, s'est exclamé Arnaud en levant son verre.

— J'approuve, a lancé Paul. Construire un terrain de pétanque au lieu d'un parking, c'est la preuve d'un sens aigu des priorités. Le patron sait vivre.

— La preuve : il sert le pastis comme l'a recommandé l'abbé, a rajouté Jef.

— L'abbé ?

— L'abbé Jean Boyer. Le créateur de la marque qui porte son nom. Il disait de verser d'abord l'eau froide, et le pastis ensuite. Ça favorise le développement des arômes. Mais presque tout le monde a oublié ses conseils. On fait tout à l'envers. Pire, il y en a qui mettent des glaçons dans l'alcool. C'est le sacrilège absolu.

— Pourquoi ?

— Parce que le contact de la glace fait geler l'anéthol, l'essence d'anis si tu préfères. Ça forme des paillettes et c'est dégueulasse. Si on veut à tout prix mettre des glaçons, il faut les ajouter à l'eau. Pas au pastis.

— Bon. Merci pour le cours de chimie, Jef. Mais on n'a pas que ça à faire. On va voir si tu es aussi bon pour la pétanque que pour la dégustation.

Paul a gagné le tirage au sort. Sa première boule est arrivée à une quinzaine de centimètres du but. Je suis entré dans le cercle et j'ai pointé à la roulette, ma technique préférée. La sphère métallique a cheminé tranquillement pour s'arrêter à moins de cinq centimètres de la petite bille en bois.

— Imbattable ! a crié Arnaud. On va vous massacrer.

Jef m'a succédé. Nous savions qu'il jouait très lentement. Pour chaque lancer, il utilisait la totalité de la minute réglementaire dont il disposait. Arnaud m'a pris à part.

— On en a pour un moment, m'a-t-il soufflé. Alors, ça marche la quarantaine ?

— Couci-couça. Franchement, je ne sais pas où je vais. J'essaie de ne pas trop réfléchir, mais il faudra bien crever l'abcès un jour ou l'autre.

— Eh bien moi, j'ai pas mal cogité sur ton affaire. Et je suis arrivé à une nouvelle conclusion. Je crois que tu t'es trompé d'enquête.

La première boule de Jean-François avait largement dépassé le cochonnet.

— Qu'est-ce que tu veux dire ? ai-je repris en me tournant vers Arnaud.

— La réponse à trouver, ce n'est pas si l'Ordre des femmes est une illusion ou une réalité. Ce que tu dois découvrir, c'est pourquoi ça te met dans un tel état d'imaginer que cette organisation pourrait exister.

— Ça me semble évident. Ça voudrait dire que j'ai été trompé et manipulé. Et pas seulement moi. Si l'Ordre existe, des milliers d'hommes dans le monde sont victimes des manigances de cette secte.

— Et alors ?

— Comment et alors ? Ça signifierait que nous ne sommes que des marionnettes entre les mains de ces femmes. C'est insupportable.

— Insupportable pour toi. Moi, ça ne me dérange pas.

— Quoi ?

— Si tu as raison, Sylvie fait partie de l'Ordre. Mais franchement, ça ne me gênerait pas outre mesure. Au contraire, je trouve l'idée plutôt flatteuse. Ça me plaît assez d'imaginer que je suis assez important pour qu'elle consacre sa vie à me plaire, même si c'est dans le but de m'influencer.

— Tu te fous de moi ?

— Mais non. Je suis sincère. Alors pourquoi est-ce que tu n'arrives pas à voir les choses sous cet angle ?

— Parce que je ne suis pas aussi tordu que toi.

— Peut-être, mais la réponse n'est pas suffisante. Il va falloir creuser plus profond.

Jef nous a interrompus. Il avait lancé ses deux dernières boules pas très loin de la mienne, mais sans parvenir à s'approcher suffisamment du but.

— Fini de rigoler. C'est Polo qui prend la relève, il va vous rabattre le caquet.

Paul s'est installé dans le cercle, les jambes légèrement pliées, en faisant tinter ses deux boules l'une contre l'autre.

— Il va tirer, m'a glissé Arnaud. Il adore ça.

Polo s'est concentré un long moment. Il a levé son bras très haut et a lâché la sphère au sommet de son mouvement. Elle est venue frapper la mienne de plein fouet dans un claquement sonore en l'éjectant de la piste.

— On mène quatre à zéro les gars, s'est exclamé Jef.

— Rien n'est dit. C'est maintenant que j'entre en scène, a rétorqué Arnaud.

Il a joué de façon plutôt brouillonne. Un coup en pointant mal et deux fois en tirant sans rien toucher. Tout reposait sur mes épaules. À mon premier lancer, un rebond imprévu a dévié la trajectoire très loin de l'objectif. Mais je me suis racheté sur mon dernier coup. En revenant à ma technique favorite, j'ai réussi à infiltrer ma boule dans un trou de souris entre celles de Jean-François et de Paul. Elle s'est arrêtée juste à côté du cochonnet.

— On reprend la main. Un à zéro pour nous, a crié Arnaud.

La tâche de Polo était délicate. Il devait dégager ma boule au risque de toucher aussi la bille de bois et de perdre tous les points accumulés. Il s'est à nouveau longuement concentré. Je fixais intensément la sphère métallique quadrillée qui représentait ma victoire. Il fallait absolument qu'elle reste en place.

Il y a eu un bruit sec et définitif. La boule de Paul est tombée sur la mienne comme un météore. Elle ne l'a pas seulement éjectée. Elle l'a carrément remplacée. Au millimètre près. Le carreau parfait. Avant, c'était ma boule qui caressait le cochonnet et une seconde plus tard elle avait disparu, évincée par cette sphère étrangère. Polo s'est tourné vers moi d'un air triomphal.

— Cinq à zéro. Vous êtes des minus !

J'ai senti une pointe de colère monter en moi.

— À la pétanque, on gagne avec treize points, pas cinq.

— On va vite y arriver, si vous continuez à jouer aussi mal !

Nous avons perdu la première manche treize à sept. Je déployais des trésors de finesse pour placer mes boules tout près du but, mais à chaque fois Polo les délogeait avec ces tirs meurtriers. C'était très énervant.

— Pause pastis, a annoncé Jean-François.

Nous nous sommes retrouvés autour de la table et Jef a servi le pastis selon les règles.

— La pétanque, c'est un plaisir à partager entre hommes, a décrété Arnaud.

— Il y a aussi des femmes qui jouent, a rétorqué Paul.

— Bien sûr. Comme il y a des hommes qui donnent le biberon aux marmousets. Mais les femmes n'ont pas encore de couilles, jusqu'à preuve du contraire. Les boules, c'est notre domaine !

— Tu ferais mieux d'améliorer ton jeu, au lieu de disserter sur la virilité de la pétanque.

— De toute façon, on ne sait plus ce qui est masculin, a repris Jef. La semaine passée, je suis tombé sur les résultats d'une recherche très intéressante. L'idée était de voir comment les hommes et les femmes réagissent devant des photos de nus.

— S'il y a une nouvelle enquête, je suis volontaire !

— Les chercheurs ont utilisé des caméras qui mesurent de manière très précise le mouvement des yeux. Ils pensaient que les hommes regarderaient avant tout la poitrine et les fesses des femmes.

— Tous des cochons, c'est bien connu.

— Et ils s'attendaient à ce que les femmes soient peu intéressées par les zizis des messieurs.

— Évidemment. Ce qui compte pour elles c'est le prince charmant, pas sa bite.

— Eh bien, vous avez tout faux. Ces dames lorgnent nos attributs virils aussi souvent que nous matons leurs seins. Elles sont autant obsédées que nous.

— Encore un mythe qui s'effondre.

— Mais le plus surprenant, c'est que les mâles s'attardent nettement plus longtemps sur les visages des femmes. Ils leur accordent beaucoup d'importance, alors que les filles passent en vitesse sur les figures des mecs.

— Le visage, c'est le miroir de l'âme. La preuve est faite. Nous sommes des êtres fins et sensibles. En fait c'est leur âme qui nous attire le plus, pas leur cul.

— Tu n'as pas tort. Une autre recherche qui mesurait les zones du cerveau stimulées par une scène érotique a montré que les hommes sont beaucoup plus touchés émotionnellement que les femmes par ce type de spectacle.

— Bien sûr. Pour elles, le sexe n'est qu'un moyen d'obtenir ce qu'elles veulent. Des ressources, de la protection, du plaisir. Ça ne concerne pas leurs émotions. Elles ne regardent même pas nos têtes. Nous sommes devenus des hommes objets !

— Le public doit connaître ces vérités. Qu'elles arrêtent de nous traiter de cochons. En réalité nous sommes des romantiques. Des romantiques du sexe.

— Il faut diffuser ces résultats dans les médias. Tout le monde doit savoir.

— N'oublie pas les revues féministes !

Il y a eu un éclat de rire général. Jef a resservi une tournée de pastis.

— Alors, qu'est-ce qui s'est passé avec Doriane ? lui ai-je demandé.

— Plus ou moins ce qui était prévu. On a passé des vacances formidables, mais au retour ce n'était plus ça. Ses coups de fils sont devenus toujours plus espacés. J'ai compris ce que ça voulait dire. Je déteste m'incruster.

— C'est toi qui l'as quittée ? Tu aurais peut-être dû attendre un peu, non ?

— J'ai attendu. Jusqu'au jour où je l'ai croisée au bras de mon remplaçant. Elle a plutôt bon goût, note. C'est le responsable du développement dans la plus grande boîte de biotechnologie de la ville.

— Tu le connais ?

— J'en ai entendu parler. C'est un jeune chercheur plein d'avenir. Il a fait une carrière fulgurante.

— C'est arrivé quand ?

— Il y a un peu plus d'un mois.

Ça correspondait à la période où j'avais finalement accepté le retour de Marie chez moi. Se pouvait-il que l'Ordre des femmes ait assigné une nouvelle cible à Doriane parce que sa mission à mon sujet devenait inutile ? J'ai décidé de mettre la question en quarantaine avec toutes les autres. Ça commençait à faire un sacré stock.

— Et tu as trouvé quelqu'un d'autre ? ai-je demandé.

— Non. Franchement, je commence à en avoir marre de ces relations passagères. C'est peut-être le moment d'abandonner la stratégie du chimpanzé pour passer à autre chose. L'ennui, c'est que je ne sais pas encore quoi.

Il a bu une gorgée de pastis et a poussé un soupir pensif.

— Et toi ça va ? a-t-il repris. Il paraît que Marie Sophie est revenue.

— Oui. Mais c'est loin d'être facile. Je ne sais pas si nous allons réussir à continuer ensemble.

— Essaie, ça vaut la peine. Une femme qui revient, c'est extrêmement rare. Moi, je n'en ai connu aucune. On reste bons amis, mais elles ne retombent jamais amoureuses de moi. D'un côté, tu as de la chance.

Polo s'est levé et nous a pris par les épaules d'un air paternel.

— Alors, vous êtes encore en train de parler des femmes. D'après un de mes copains, toutes les vérités à leur sujet se trouvent dans les proverbes.

Il m'a lancé un clin d'œil.

— Donne-nous un exemple, a marmonné Jean-François. J'ai pas mal de questions en ce moment.

— Voilà le dernier qu'il m'a cité : « Ce qui fait la force des femmes, c'est qu'on ne peut pas tomber dans leurs bras sans tomber entre leurs mains. »

— Pas mal, a approuvé Jef. La constatation est juste, mais ça ne donne pas la solution.

— Pour les réponses, adressez-vous à moi. Après tout, je suis le seul ici à ne pas avoir divorcé.

— Ne fais pas le malin, ta femme est dans la catégorie des TQ2. Le danger qu'elle te transforme en cocu est maximal.

— Je ne risque rien. Elle est folle de moi. C'est comme à la pétanque, je ne rate jamais mon but.

— Bon, allons jouer au lieu de discuter. On va te faire regretter tes fanfaronnades.

La deuxième manche s'est déroulée comme la première. Arnaud n'arrivait pas à ajuster ses lancers et Paul se montrait toujours aussi précis dans ses tirs. Le résultat a été sans appel. Nous avons perdu treize à cinq. Les petites manies de Polo commençaient à me porter sur les nerfs. Il faisait tinter ses boules l'une contre l'autre au moins une dizaine de fois avant chaque coup, et me jetait un coup d'œil conquérant quand il éjectait une de mes sphères hors de la piste. Ce qui arrivait régulièrement.

Au début de la troisième manche, j'ai sermonné Arnaud.

— On joue au meilleur des cinq. C'est notre dernière chance. On ne va quand même pas les laisser gagner trois à zéro. Concentre-toi un peu !

Il a réussi quelques jolis coups, et pour la première fois nous avons mené au score. Il y avait douze à huit en notre faveur au moment où Paul allait effectuer son dernier lancer. La situation était presque identique à la toute première partie. J'avais une boule contre le cochonnet, mais les quatre autres appartenaient à l'équipe adverse. S'il réussissait à m'écarter sans toucher la bille de bois, ils marqueraient cinq points et nous écraseraient. Mais si ma boule restait en place, nous remportions la manche. Polo s'est avancé dans le cercle avec son assurance habituelle. Heureusement, il n'avait plus qu'une boule en main. J'ai échappé au tintement agaçant qui précédait la plupart de ses tirs.

Au moment où il a lâché sa sphère, j'ai su que c'était foutu. J'ai suivi la trajectoire d'un regard exaspéré jusqu'à son inévitable aboutissement. Le claquement sec comme une gifle et sa boule qui chassait la mienne et prenait sa place. Un vrai tour de passe-passe. Je n'ai pas pu m'empêcher de serrer les poings. C'était vraiment rageant d'échouer si près du but.

— Treize à douze et trois manches à zéro, s'est exclamé Paul d'un ton triomphant. Vous n'avez vraiment pas le niveau. Retournez vous entraîner dans la cour de récré et laissez les grands jouer entre eux !

Après une dernière tournée de pastis, Jef et Polo nous ont quittés. Jean-François avait rendez-vous avec sa fille aînée et Paul était invité chez sa belle-famille. Je l'ai vu partir avec un certain soulagement. Il m'avait rarement autant énervé que cet après-midi.

— Ça fait mal, hein ? a murmuré Arnaud en posant son verre.

— De quoi tu parles ?

— Je t'ai observé pendant qu'on jouait. Tu aurais dû voir ta tête à chaque fois que Polo éjectait une de tes boules.

— Tu t'attendais à ce que je hurle de joie ? C'est normal d'être déçu quand on perd le point.

— C'était plus que de la déception. On voyait que ça te blessait. Et je me suis demandé pourquoi.

— Oh, non. Pitié ! Tu ne vas pas te mettre à psychanalyser les parties de pétanque.

Il a souri et a rempli mon verre.

— Pas toutes les parties. Seulement celle-ci. Est-ce que tu sais pourquoi Paul t'a mis la rage au ventre ?

— Parce que mon partenaire a pointé comme un pied et que je n'aime pas perdre. C'est grave, docteur ?

— Il y a autre chose. En te regardant cet après-midi, j'ai enfin compris pourquoi l'Ordre des femmes te préoccupe tellement.

— C'est le cochonnet qui t'a donné la réponse ?

— En quelque sorte.

Il a appelé le patron et lui a commandé une assiette de hors-d'œuvre.

— Mangeons un peu, vieux puceau. Les nourritures intellectuelles ne suffisent pas toujours.

— Raconte-moi ton illumination au lieu de tourner autour du pot.

— D'abord, je veux que tu comprennes une chose. Tu es mon meilleur ami. Depuis que tu m'as raconté ton histoire à la David Vincent, je me triture les méninges pour trouver comment t'aider. Jusqu'ici, j'ai été plutôt mauvais. Je n'ai jamais cru aux élucubrations de la mère Bracca et j'ai voulu te persuader que c'était du vent. J'ai eu tort.

— Content que tu l'admettes.

— Je n'aurais pas dû chercher à te convaincre. Parce que tu t'es senti abandonné. Tu as eu l'impression que je te prenais pour un cinglé. Alors pour que tout soit clair entre nous, tu dois savoir que je suis avec toi. Si tu as besoin de trouver des explications pour te sentir mieux, je t'aiderai. Je suis prêt à espionner ma femme, à engager un détective pour retrouver la secrétaire de la Bracca, à faire le guet devant l'appartement de Fabienne jusqu'à 5 heures du matin. Tu es mon pote et je serai avec toi.

— Merci. Ça fait du bien. Je te prendrai peut-être au mot. Maintenant, dis-moi ce que tu as derrière la tête.

— C'est lié avec ce que je t'ai raconté au début de la partie. À mon avis, la seule question intéressante, c'est de savoir pourquoi l'existence de l'Ordre serait tellement insupportable pour toi.

— Et tu as trouvé la réponse.

— Disons que j'ai une piste.

— Je t'écoute.

— Je crois que tout au fond, ça concerne ta virilité. Freud appelait ça l'angoisse de castration.

— Je croyais que c'était Carl Gustav Jung ton gourou.

— Le vieux Sigmund n'a pas dit que des conneries. Sur ce sujet-là, il a fait des découvertes fondamentales.

— Il jouait à la pétanque ?

Arnaud a souri tout en piochant dans les hors-d'œuvre que le serveur venait d'apporter. Un morceau de saucisson à la main, il a repris son discours.

— C'est grâce à Polo que j'ai eu le déclic. Jusque-là, je pensais que tes réactions étaient liées à ta peur de l'imprévisibilité des femmes, à tes craintes d'être abandonné. Le pôle anaclitique. Tu te souviens ?

— Avec toi, j'aurai bientôt eu droit à tous les diagnostics possibles. J'espère qu'il ne t'en reste pas trop en stock.

— Ce coup-ci, je crois qu'on touche au but. J'aurais dû comprendre bien plus tôt, mais on passe souvent à côté des évidences.

— Et c'est quoi, l'évidence ?

— Tu n'as pas peur des femmes. Ton angoisse fondamentale, c'est de ne pas être un homme.

— Alors là, il va falloir que tu t'expliques.

— Tous les petits garçons ont la trouille de perdre leur zizi. Ils ont peur que leur papa le coupe s'ils font des choses qu'il n'apprécie pas. Comme vouloir lui voler maman, par exemple. Ça, c'est la base de la théorie freudienne. Au départ, il y a un combat entre mâles, et c'est le père qui doit gagner. Le gamin accepte sa défaite et renonce à séduire maman. Il grandit et va draguer d'autres femmes, puis il devient un homme à son tour. Tout le monde est content.

— Et où est le problème ?

— Le problème, c'est que cette peur de perdre notre bite est toujours enfouie au fond de nous. On a tout le temps besoin de se rassurer sur notre virilité. De se dire que notre phallus a gardé sa puissance, qu'on est respecté dans la tribu.

— De ce côté-là, je n'ai pas à me plaindre. J'ai deux mille employés sous mes ordres.

— C'est ce qui m'a induit en erreur. Parce que je t'ai vu gagner toutes tes batailles pour arriver au sommet. Mais le combat fondamental, celui qui touche nos tripes, ne se joue pas qu'au travail. Une des pierres angulaires de la virilité, c'est de savoir garder sa femme. Et toi, tu l'as perdue. Un autre mâle te l'a volée. Il t'a éjecté et a pris ta place, comme les boules de Paul cet après-midi. C'est en voyant combien ça te touchait que j'ai compris. Le départ de Carole a ouvert une brèche dans ton sentiment d'être un homme. Et maintenant, tu doutes.

— Quel rapport avec l'Ordre des femmes ?

— C'est évident. Si Marie Sophie t'a vraiment aimé. Si elle est revenue parce qu'elle ne peut pas se passer de toi. Alors, tu es un vrai mâle. Tu en as une toute grosse. Mais si elle n'est venue vers toi que sur ordre de la secte, ça veut dire que tu ne l'as jamais séduite. Ta puissance phallique est inexistante.

— C'est ce que tu penses ?

— Mais non, vieux puceau. C'est le cinéma que toi tu te projettes. Et c'est pour ça que tu fais une fixation sur cette histoire. Découvrir si l'Ordre des femmes existe, c'est comme regarder dans ton slip pour voir si ta bite est toujours là.

Il a conclu sa démonstration en croquant un cornichon. Ses yeux pétillants me scrutaient d'un air attentif.

— Pour moi, ce n'est qu'une interprétation de plus sur la longue liste que tu m'as servie, ai-je repris. Ce qui m'intéresse, c'est de savoir en quoi elle pourrait m'aider à sortir de ce bourbier.

— Ça nous donne un point d'ancrage. Au lieu de chercher des indices sur l'Ordre des femmes, on va s'occuper du fond du problème : ta peur de ne pas être un homme.

— Ça ne va pas si mal. J'ai l'impression que d'autres sont nettement moins bien lotis que moi.

— Bravo ! La première étape, c'est de se rendre compte qu'on est tous confrontés à cette angoisse. La libération des femmes nous a mis devant une situation très menaçante pour notre virilité. Les historiens des temps futurs démontreront que les mâles occidentaux ont subi un choc psychologique énorme au tournant du XXIe siècle.

— C'est devenu plus difficile d'être un mec. Je suis au courant.

— Ce n'est pas tellement une question de difficulté. C'est une affaire de définition. On ne sait plus ce qu'est la virilité. Voilà le drame. On a la trouille que nos gonzesses nous préfèrent un autre mâle si on ne les fait pas assez jouir. Imagine à quel point nos ancêtres s'en foutaient ! Leurs femmes ne savaient même pas ce qu'était un clitoris. Et en même temps, si on les baise comme des dieux ça ne suffit pas non plus. Elles nous reprochent de ne pas être assez sensibles. Tu entends les anciens rigoler ? Et si on se montre trop fragiles, ça les débecte. Elles courent se jeter dans les bras d'un macho qui les rassure. Supposons qu'on ait quelques réticences à vivre en couple devant ces perspectives peu alléchantes, elles nous traitent de séducteurs immatures. Pas étonnant qu'on ne sache plus où on en est. Et toi, tu es pris dans ce tourbillon. Une des conséquences de tous ces bouleversements, c'est que mon meilleur ami a peur d'être castré.

— N'exagérons rien.

— J'exagère pour te montrer à quel point c'est débile. S'il y a un gars viril dans le coin, c'est bien toi ! Tu as réussi à jouer ton rôle de père malgré le divorce. Ça, c'est viril. La majorité des hommes négligent leurs enfants après une séparation. Ils les abandonnent au nouveau mâle qui a pris leur place. Toi, tu as compris l'importance de la paternité. Tes filles t'aiment et te respectent.

— Il y a des hauts et des bas, mais c'est vrai que ça va plutôt bien.

— Et tu es un homme d'honneur. Tu as grimpé les échelons, tu fais partie des puissants. Mais tu essaies d'apporter plus de justice dans ton domaine. Ça c'est viril. Le sens du devoir, la capacité de montrer le chemin. C'est d'ailleurs une facette de ta personnalité qui a visiblement séduit Marie.

— À moins que l'Ordre des femmes ne lui ait demandé de m'approcher.

— Nous y revoilà ! Mon ami, il est temps que tu te livres à un exercice tout simple. Faisons comme si ta secte existait, d'accord ? Disons que Marie Sophie fait partie de l'Ordre et qu'elle est là pour influencer tes décisions. Est-ce que ça t'empêcherait d'être un bon père ?

— Probablement pas. Depuis qu'elle est revenue, ça va plutôt mieux avec Roxane et Léonore.

— Bon. Et est-ce que ça ferait de toi un mauvais chef à la CMD ?

— Jusqu'ici, je ne pense pas que Marie ait pu m'amener à faire quelque chose que je n'aurais pas souhaité, ou qui aurait mis en danger la banque.

— Ça paraît clair. D'autant plus que l'Ordre veut bâtir un monde meilleur. C'est la Bracca qui te l'a dit. Et toi aussi tu veux apporter ta pierre pour construire une société plus juste. Les objectifs convergent. Et maintenant, passons à la question clé. Si ta compagne est membre de l'organisation, est-ce que ça l'empêche de t'aimer ?

— En principe non. Mais ça voudrait dire qu'elle est venue vers moi sur commande.

— Et alors ? Si tu ne lui avais pas plu, elle aurait pu partir en courant. La Bracca t'a dit que la secte n'obligeait jamais ses membres à rester avec un homme qui ne leur convenait pas. Et Marie a fait bien plus que le service minimum. Vu de l'extérieur, on a plutôt l'impression qu'elle est folle de toi. Je peux te dire qu'il y a pas mal de mecs qui t'envient. C'est pas viril, ça ?

— Peut-être. Mais j'ai quand même besoin de savoir si elle a menti ou pas.

Arnaud grignotait des tranches de viande séchée. Il en a agité une sous mon nez.

— Et c'est là que tu touches à la quintessence de la masculinité, mon ami. C'est ce que je n'ai pas su voir. Mea maxima culpa. J'implore ton pardon.

— Qu'est-ce que tu racontes ?

— Je ne me suis pas rendu compte que ta quête de réponses est aussi un moyen de démontrer ta virilité. C'est la preuve définitive que tu as des couilles. Tu cours après la vérité et tu es prêt à l'affronter. Ta bite a une tête chercheuse. Tu veux saisir. Tu veux trouver. C'est comme ça que tu te sens un homme. Et tu as raison. Nous avons besoin de comprendre. Beaucoup plus que les femmes. Pour elles, le plus important c'est de sentir. Les deux sexes sont très complémentaires.

— Merci pour tous ces compliments, mais ça ne répond pas à mes questions.

— Ne t'inquiète pas. On y vient. J'ai quelque chose à te proposer.

— Vas-y.

— Admettons que la secte soit réelle. Qu'est-ce que les adeptes craignent le plus ?

— Qu'on découvre leur existence. C'est pour ça qu'elles veulent me contrôler.

— Parfait. Donc, elles feront tout pour t'empêcher de révéler le pot aux roses.

— Probablement. Ou bien elles tenteront de me faire passer pour fou si je parle.

— La conclusion est limpide. Annonce à Marie que tu vas cracher le morceau. Si rien ne se passe, ça voudra dire que tout ça n'était que du vent. Et si tu disparais dans un accident mystérieux, je te promets de reprendre le flambeau.

— Mais la police ne me croira jamais. Ils vont me prendre pour un fou.

— Qui te parle de la police ? Il faut propager l'information le plus largement possible pour que les cibles de l'Ordre soient prévenues.

— Comment ?

— Tu as le choix. Blog, livre, article, peu importe. Explique à Marie Sophie que tu vas écrire ton histoire et la diffuser dans le public. Si tu arrives à la dernière page sans problème, tu es libre.

## 4 décembre

Ça y est. Les temps se sont rejoints. Je suis éreinté, mais content. Ça fait deux mois que j'ai expliqué mon projet de livre à Marie Sophie. Elle n'a pas eu de réaction particulière et rien d'étrange ne s'est produit pour l'instant. Pendant ces huit semaines, je me suis enfermé chaque soir dans mon bureau pour écrire. J'ai changé les noms, les lieux et tous les éléments qui auraient permis de m'identifier. Mais l'histoire est rigoureusement exacte. J'ai raconté les événements comme je les ai vécus.

Au début, ça m'a fait une impression étrange. Pour décrire tout ça, j'ai dû revenir en arrière et revivre presque deux ans de mon existence. Sans parler de la période qui a précédé ma rencontre avec Marie. Ça n'a pas été agréable. J'ai failli renoncer plusieurs fois. Je me sentais ridicule en relatant certains épisodes, odieux dans d'autres, et complètement névrosé la plupart du temps. C'est l'idée qu'on ne pourra pas me reconnaître qui m'a aidé à continuer. Peut-être aussi le sentiment que mettre mon vécu en mots me permettait de prendre de la distance, de me libérer. Et tout au fond, la satisfaction de remplir mon devoir d'homme. Je me dis que si la secte existe, mon témoignage pourra alerter certains de ceux qui en sont victimes. Et après on fondera un club ou une association. Non, je plaisante. C'est la fatigue. J'ai beaucoup de travail en ce moment. Les fins d'année sont chargées.

En fait, je ne sais toujours pas où j'en suis. Rien ne s'est passé, mais ça ne veut pas dire grand-chose. L'Ordre mise peut-être sur le fait que presque personne ne me lira, ou que les gens prendront tout ça pour une fiction. Le plus probable, c'est que j'ai été victime d'une mythomane. Enfin voilà. Les temps se sont rejoints. À partir d'aujourd'hui, j'écris ce qui m'arrive au quotidien. Ça devient un journal. Je ne sais pas jusqu'à quand je vais le continuer. Je suis en train de chercher un éditeur. Si j'arrive à publier mon histoire, ça mettra un terme à l'aventure. Bon. Fini pour aujourd'hui. Je vais rejoindre Marie. Nous partageons de nouveau la même chambre depuis trois semaines. En général, elle dort déjà quand je sors de ma tanière. Mais c'est bon de retrouver sa chaleur.

## 7 décembre

Maelström. C'est le mot qui convient. Ou tempête. Ou tourbillon. Il y a tellement de choses qui s'agitent en moi que je n'arrive pas à rester assis devant mon écran. J'écris une ligne et je me lève pour tourner en rond dans le bureau. Je suis en rage. Comment est-ce qu'elle a pu me faire ça ? Et en même temps j'ai honte. Et la honte rallume ma colère. En plus, elle réussit à me faire sentir coupable ! Alors que tout est sa faute. Elle m'a mené par le bout du nez et elle refuse de me dire la vérité. Elle utilise son pouvoir de femelle pour se venger. Elle oublie tous les beaux moments qu'on a vécus ensemble, tout ce qui nous a réunis. Elle ne pense qu'à me punir. Et ça n'a rien à voir avec l'Ordre. Même si elle en fait partie, ça ne justifie pas son comportement. C'est uniquement personnel. Elle veut me faire payer. Mais je l'obligerai à parler. Je trouverai le moyen d'effacer son sourire condescendant. C'est ça qui me met le plus en rage. Son discours plein de détachement et de fausse sérénité. Alors qu'en fait, c'est juste une femme blessée qui veut me faire mal. Bon. Il faut que je me calme. Je suis dans tous mes états. Heureusement que Marie Sophie n'est pas là ce soir. Je vais en profiter pour aller me chercher un whisky. Ça va me faire du bien.

Décidément, le Laphroaig a des vertus magiques. Vive l'Écosse ! Je me sens capable d'écrire ce qui vient d'arriver sans démolir le clavier. Il était à peu près 22 h 30. Je venais de quitter Jef. On avait mangé ensemble au Brunetto. Il voulait me raccompagner avec sa voiture, mais j'ai préféré marcher. J'ai toujours aimé me balader la nuit dans les rues de Carouge. Et tout à coup, un peu après le Lion d'Or, je me suis retrouvé nez à nez avec Fabienne. Elle était seule. Nous sommes restés tous les deux muets de surprise. Et puis elle a eu un demi-sourire.

— Salut David. Ça fait longtemps. J'attends toujours que tu m'appelles pour me dire où tu en es.

Je n'ai pas aimé le ton de sa voix.

— Il y a des spectacles qui ne donnent pas envie d'appeler.

— De quoi tu parles ?

— De toi en train d'embrasser Richard de Sarzens trois semaines après m'avoir dit que j'étais l'homme de ta vie. Je vous ai vus à la terrasse d'un bistrot. Deux vrais tourtereaux.

Elle a accusé le coup, mais s'est reprise très vite.

— Bon. Je comprends mieux ton silence. Il fallait peut-être que ça se passe comme ça.

— Peut-être. Mais ça m'a quand même fait un sacré choc. Difficile de croire aux déclarations d'amour après ça.

— Les femmes sont instables, c'est ce que tu dis tout le temps. Mais ça ne t'a pas empêché de renouer avec Marie Sophie.

— Tu es bien renseignée.

— Eh oui. Il paraît que vous habitez de nouveau ensemble. Elle t'a abandonné sans un mot du jour au lendemain, mais il a suffi qu'elle réapparaisse pour que tu replonges.

— C'est un peu plus compliqué.

— Sûrement. Alors, tu n'as plus peur qu'elle fasse partie de la mystérieuse secte que tu devais démasquer ?

— Ça, ce sont mes affaires.

— C'est juste. Eh bien moi, je vais m'occuper des miennes. Ravie de t'avoir rencontré.

C'est à ce moment-là que j'ai remarqué son ventre. Fabienne a toujours été une grande sportive. Elle ne pouvait pas avoir grossi autant en quelques mois. Je lui ai saisi le bras.

— Tu es enceinte ?

— Oui mon grand. C'est un garçon. J'en suis bientôt à six mois. Je préfère largement le deuxième trimestre. Au début, on m'appelait Vomito.

— Six mois, mais…

Elle m'a lancé un regard ironique.

— Ah, le cerveau du mâle est en train de carburer. Tu révises tes soustractions ? Tu te rappelles de quelque chose au début juillet ?

— Ne joue pas avec ça, Fab.

— Je ne joue pas. C'est normal que tu cogites. Et là c'est un sujet bien concret, pas comme les questions fumeuses que tu avais à l'époque.

— Alors ?

— Alors quoi ? Tu veux des réponses ? Je vais te donner celles que j'ai. Numéro un : non je ne prenais pas de contraception quand on a fait l'amour.

— Mais…

— Mais quoi ? Est-ce que tu me l'as demandé avant de passer à l'action ? Tu sais pourtant comment on fait les bébés.

— Mais c'était évident que...

— Qu'est-ce qui était évident ? Que tu voulais juste tirer un coup et puis salut on reste amis ? Désolée, pour moi c'était très différent. Ce soir-là, j'ai fait l'amour avec l'homme que j'aimais. Je trouvais très belle l'idée que tu puisses me faire un enfant.

— Mais enfin Fab, je t'avais dit que je ne savais pas...

— Tu m'avais dit. Tu m'avais dit. Pour moi, les mots ça ne compte pas. Ce qu'on a vécu était tellement fort, tellement beau. J'étais sûre que tu l'avais senti, que tu m'appellerais tout de suite. Mais rien.

— Tu n'as pas patienté très longtemps.

Elle a poussé un soupir.

— Je sais. C'est comme ça. J'ai croisé Richard au travail. Il a vu que j'allais mal. Il m'a invitée à manger chez lui lundi soir. Il s'est montré adorable. Je lui ai tout raconté. J'ai pleuré, j'ai crié sur toi, j'ai bu. Et je me suis retrouvée dans ses bras.

— Tu as couché avec lui ?

— C'est ça la question la plus importante pour toi, hein ? Alors réponse numéro deux : oui, j'ai fait l'amour avec Richard. Par désespoir, je crois. C'était contre toi que je voulais me serrer. Mais tu n'étais pas là. Tu n'avais rien vu, rien compris. Trop occupé à te battre contre des moulins à vent.

— Ça, c'est ta version.

— Il n'y en a pas d'autre.

— F 3545, ça te dit quelque chose ?

— Qu'est-ce que tu racontes ?

— Laisse tomber. Alors quand tu m'as appelé le dimanche suivant, tu avais déjà passé une nuit avec lui ?

— Oui. Mais j'étais toujours amoureuse de toi. J'espérais encore. C'est en te parlant que j'ai réalisé l'étendue de mon erreur. Le ton glacé de ta voix. Tes faux-fuyants. Laisse-moi encore du temps, blablabla. On aurait dit que tu négociais un contrat avec un client. J'ai compris que tu ne m'aimerais jamais. J'ai vécu des jours affreux. Mais Richard était là. Il m'a ramassée en morceaux et il m'a aidée à me reconstruire. Toujours tendre, attentif, prévenant. C'est son amour qui m'a ouvert les yeux. J'ai vu que c'était lui mon prince charmant. On s'est mariés il y a deux mois.

— Félicitations. Est-ce que l'heureux papa connaît la situation ?

— Quelle situation ? Ah, le bébé. Décidément, il n'y a que ça qui t'intéresse. Alors numéro trois : je ne sais pas lequel d'entre vous est le père et je ne veux pas le savoir. Jamais. C'est un enfant de l'amour. Le reste n'a pas d'importance.

— Pour toi évidemment. Mais tu ne crois pas que le géniteur devrait avoir son mot à dire ?

— Richard ne m'a jamais posé la question. Pour lui, c'est notre enfant. Un point c'est tout. Quant à toi, tu devras apprendre à vivre sans avoir toutes les réponses. Ça te fera peut-être du bien.

— Ce que tu fais est dégueulasse. J'ai le droit de savoir si c'est mon fils. Et quand il grandira, il voudra connaître son père.

— Il n'aura jamais de doute là-dessus. Son père, c'est celui qui sera aux côtés de sa maman et qui va s'occuper de lui chaque jour. Qui va m'aider à changer ses couches. Qui lui apprendra à faire du vélo et l'aidera pour ses devoirs. Toi, le mieux que tu puisses faire, c'est le laisser tranquille.

— Ne compte pas là-dessus. Je veux connaître la vérité et je la trouverai. Par tous les moyens.

Elle s'est approchée de moi. Ses iris pailletés d'or m'ont jeté un regard indéfinissable.

— La vérité, c'est que je t'ai aimé comme une folle et que tu n'as rien vu. C'est une sensation affreuse, tu sais. Aimer seule. Ou alors il faut être une sainte. Je n'en suis pas une.

— Ça m'a l'air évident.

— J'aurais tellement voulu que ça se passe autrement. Ce qui est terrible quand les rêves deviennent réalité, c'est qu'il manque toujours une pièce du puzzle. L'amour que Richard me donne, c'est exactement celui que j'avais imaginé. Mais avec toi.

— Ça ne t'a pas empêchée de l'épouser.

— Et je ne peux pas le regretter. J'ai pris la bonne décision. Si je t'avais attendu, ça aurait été pour te voir tomber de nouveau dans les filets de Marie Sophie.

— Moi aussi, j'ai pris la bonne décision. Marie n'est pas venue m'annoncer qu'elle était enceinte sans savoir de qui.

Fabienne s'est approchée et a levé sa main vers mon visage. J'ai cru qu'elle voulait me gifler. Mais il n'y avait pas de colère dans ses yeux. Elle a arrêté son geste à mi-chemin et s'est reculée.

— Je vais te laisser, a-t-elle repris. Tu as fait tes choix, David. Maintenant il faut assumer. Bonne nuit.

Elle m'a planté là et s'est dirigée d'un pas rapide vers la station de taxis. J'ai failli lui courir après. Mais pour quoi faire ? Elle a toutes les cartes en main. Je suis coincé. Et dire que c'était mon amie d'enfance. Une chose est sûre. Même si c'est l'Ordre qui lui a demandé de me séduire, elle a vraiment éprouvé des sentiments pour moi. C'est clair. Et elle se venge parce qu'elle n'a pas supporté que je préfère Marie. Ah, les femmes blessées ! Qu'est-ce que je vais faire de tout ça ? Je suis peut-être de nouveau papa et je ne le saurai jamais. C'est insupportable. Je ne veux pas passer les quinze prochaines années à guetter le petit de loin pour voir s'il me ressemble. Bon. La solution ne viendra pas ce soir. Il est plus de minuit. Il faut que je laisse reposer tout ça et que j'aille dormir. J'entends Marie qui rentre. La semaine passée aussi, elle est sortie tard. Elle ne me dit pas où elle va et je ne lui demande rien. À quoi ça servirait de toute façon ? C'est tellement facile de mentir.

## 8 décembre

Évidemment, j'ai demandé l'avis d'Arnaud. On a été boire une bière au Bertigo et je lui ai raconté la scène d'hier. Évidemment, ses réponses m'ont complètement désarçonné. Il a commencé par éclater de rire.

— Alors là, c'est la guerre du sperme dans toute sa splendeur ! Jef serait aux anges.

— Merci pour ton soutien.

— Excuse-moi. Mais avoue que c'est un joli clin d'œil du destin. Fabienne t'a ramené à la question fondamentale que se posent tous les mâles. Dans cette quête-là, les femmes auront toujours l'avantage. C'est pour ça qu'on les enfermait à la maison. C'est pour ça qu'on a inventé le mariage et la lapidation des épouses adultères. Pour que les hommes soient à peu près sûrs de nourrir leurs propres rejetons et pas ceux d'un autre.

— Je connais la théorie. Mais concrètement, qu'est-ce que je fais maintenant ?

— Tu regardes et tu t'inclines.

— Pardon ?

— Jean-François nous a beaucoup parlé de biologie. Il maîtrise le sujet et je fais confiance à ses conclusions. Mais il y a une autre dimension dans les rapports humains.

— De quoi tu parles ?

— Disons que je parle d'amour. Et de virilité aussi.

— Je ne comprends rien.

— La loi du sang, on connaît. On veut tous se perpétuer. C'est inscrit en nous. Donc on n'a généralement pas trop de peine à aimer nos enfants. La chair de notre chair. Mais la biologie ne nous aide pas à aimer nos femmes. Ce sont des corps étrangers. On est juste programmés pour les désirer. Et la nature ne nous soutient pas non plus pour aimer les enfants d'un autre. C'est là que ça devient intéressant. Parce que ça transcende les lois biologiques. On dit souvent que la nature est cruelle. Elle est juste indifférente. Notre travail d'hommes consiste à dépasser cette indifférence.

— Qu'est-ce que tu veux dire exactement ?

— Regarde et incline-toi. Le mari de Fabienne te montre ce qu'est la vraie paternité. Devenir mère, c'est donné dès que le marmot est sorti du ventre. Il faut faire exprès pour y échapper. Mais devenir papa, ça se mérite. Ça se construit. J'ai envie de dire ça se conquiert. Tu y as réussi avec tes filles. Le brave Richard est prêt à le faire avec un fils qui n'est peut-être pas de lui. J'appelle ça avoir des couilles. Chapeau.

— Qui te dit que ça ira bien ? Et si le gamin me ressemble toujours plus en grandissant ? Richard se mettra peut-être à le maltraiter, ou il abandonnera Fab.

— Quand le sage montre la lune, l'imbécile regarde le doigt. Ce n'est pas ce qu'il fera qui compte, c'est ce qu'il essaye de faire. C'est ça le chemin que tu dois voir.

— Quel chemin ?

— Il fait passer ses sentiments avant ses interrogations. Ça, tu n'y arrives pas encore. C'est bien de vouloir comprendre, mais c'est parfois destructeur. Parce qu'on risque de donner plus d'importance aux questions qu'aux personnes.

— Alors, qu'est-ce que tu me conseilles ?

— Fabienne sera une excellente mère. Que l'enfant soit de toi ou pas. Et le père officiel m'a l'air pas mal non plus. Laisse-les vivre cette belle aventure tranquilles. Si c'est ton môme, il se trouve en de bonnes mains. Tu devrais écrire une lettre à Fab pour lui dire tout ça.

— Et accepter d'avoir peut-être un fils qui ne me connaîtra jamais ?

— Il y a une chance sur deux. C'est surtout l'incertitude que tu dois accepter. Être un homme, c'est aussi admettre qu'on ne peut pas tout savoir.

De toute façon, je n'ai aucune possibilité pour l'instant. Plus tard, je pourrai toujours piquer un cheveu du gamin pour faire analyser son ADN. Avec le nombre de cocus qui augmente sans arrêt, on trouvera bientôt le matériel en kit. Et Jef pourra m'aider. Il m'a dit un jour qu'il pensait se spécialiser dans les analyses de paternité. Il paraît que c'est un marché en pleine expansion.

## 9 décembre

Je n'ai pas rédigé la lettre. Je n'y arrive pas. J'en veux trop à Fab de m'avoir plongé dans ce doute. Comment ai-je pu être aussi naïf ? Elle m'a manipulé. Et comme d'habitude, je n'ai rien vu. Pourtant, on se connaissait depuis tout petits. Et cette immense passion qui disparaît en trois semaines. C'est n'importe quoi.

Je m'interroge de nouveau sur Marie. Les vieilles questions reviennent. Je ne sais plus ce que je ressens. Par moments, j'ai envie de la serrer très fort dans mes bras. Et juste après, je me dis que je partage ma vie avec une étrangère. Qu'est-ce que je sais d'elle ? Rien. Elle dit qu'elle m'aime, et je dois prendre ça comme argent comptant. D'ailleurs, elle ne le dit plus très souvent. Nous parlons de moins en moins. Et où va-t-elle une fois par semaine depuis deux mois ? Elle rentre toujours plus tard. Est-ce qu'il y a quelqu'un d'autre ? Je préférerais encore qu'elle s'absente pour des réunions de l'Ordre. J'en ai marre de tout ça. Faire passer l'amour avant les questions. Facile à dire.

## 13 décembre

Ça fait trois soirs que je n'ai plus rien écrit. Je n'en ai plus eu le courage. D'ailleurs, il n'y a rien à raconter. Ou alors toujours la même chose. Des questions sans réponses. Depuis ma rencontre avec Fab, c'est comme si la digue derrière laquelle j'avais mis toutes mes interrogations en quarantaine était en train de céder. Ça déborde. Je ne saurai peut-être jamais si j'ai un fils. Ce doute a réactivé tous les autres. Peut-être que l'anniversaire du départ de Marie joue aussi un rôle. Ça fera bientôt une année qu'elle m'a quitté sans prévenir. C'est terrifiant de se rendre compte que l'autre reste une énigme insondable. Malgré l'amour. Malgré les promesses. Bien sûr, elle est revenue. Mais je n'arrive plus à lui faire confiance. Et surtout, je me rends compte que je ne l'ai jamais vraiment comprise. Je me demande ce qu'elle me réserve. Depuis qu'elle sort chaque semaine sans me dire où elle va, je me sens de nouveau mal à l'aise. Au début, j'avais l'impression que ça ne me touchait pas. Mais le fait qu'elle se taise me perturbe de plus en plus. Je remarque de nouveau des éléments troublants. Ses sorties ont commencé juste après que je lui ai parlé de mon projet de livre. C'est peut-être une coïncidence, mais je ne peux pas m'empêcher d'établir un lien. Je sens de nouveau le besoin de découvrir ses secrets. C'est toujours plus fort. J'ai envie de l'espionner, de m'introduire de force dans cette intimité qu'elle me cache. Je pense à la suivre lorsqu'elle partira demain soir. Me transformer en détective pour trouver enfin la vérité. Je me sens comme un drogué en manque. Je suis à deux doigts de replonger.

## 14 décembre

Je le savais ! Je sentais qu'il y avait quelque chose de louche. J'ai eu raison de suivre mon intuition. Je n'ai pas découvert ce que fait exactement Marie quand elle sort, mais je suis presque sûr d'avoir trouvé avec qui elle est. Tout correspond.

J'avais hésité pendant la journée entière. D'un côté, je me disais qu'espionner ma compagne était un acte dégradant. Que j'allais briser définitivement notre couple si je me mettais à épier ses sorties. Mais une petite voix au fond de moi me murmurait qu'il n'y avait rien de mal à chercher la vérité. Et que si je voulais éviter de disjoncter, j'avais intérêt à découvrir ce qui se passait. J'ai choisi de voir.

Quand Marie Sophie a quitté l'appartement vers 20 h 30, j'ai attendu qu'elle sorte de l'immeuble, puis je me suis lancé à sa poursuite. Heureusement, elle n'a pas pris le tram, ni la voiture. Ça aurait été beaucoup plus difficile. Mais une filature à pied, ce n'est pas si compliqué. Elle s'est dirigée vers la rue du Pont-Neuf et a traversé l'Arve. Puis elle s'est engagée dans la rue de l'Aubépine. Je l'ai vue entrer au Mamacita. Mon cœur a fait un bond. Ça sentait le rendez-vous galant. Et dans le restaurant où nous avions passé notre première soirée en plus ! J'ai oublié toute prudence et je me suis approché pour jeter un œil à l'intérieur. Je voulais voir quel était le salaud avec qui elle me trompait. Mais les lumières tamisées de la salle ne permettaient pas de distinguer les tables. Je me suis planqué dans une encoignure de porte en me jurant d'attendre jusqu'à la fermeture s'il le fallait.

Ça a été bien plus rapide que prévu. Marie est ressortie dix minutes plus tard. Je me suis jeté en arrière pour ne pas qu'elle m'aperçoive. Elle n'était pas avec un homme. Une femme l'accompagnait. Une brune plutôt petite et assez jolie qui devait avoir la quarantaine. Elle était habillée d'un élégant manteau noir. Elles sont parties d'un pas rapide vers la rue de la Ferme. Je n'ai pas eu à les suivre longtemps. Après une centaine de mètres, elles se sont engouffrées dans un immeuble d'aspect cossu qui devait dater des années 60. J'ai examiné la façade, et au bout de quelques secondes j'ai vu une lumière s'allumer au troisième étage. C'est là que j'ai eu mon idée géniale. De l'autre côté de la rue, il y avait un petit hôtel. J'ai foncé à la réception et j'ai demandé s'ils avaient des chambres libres au troisième avec vue sur la rue. L'employé n'a pas manifesté de surprise particulière devant cette exigence. Il a consulté son ordinateur et m'a annoncé qu'ils en avaient deux de disponibles. Il m'a même proposé de les visiter. La première était trop décalée, mais les fenêtres de la seconde se trouvaient pratiquement en face de l'appartement que j'avais repéré.

Après avoir rempli les formalités avec le réceptionniste, j'ai foncé dans la chambre. Je me suis mis le nez contre la vitre pour guetter ce qui se passait dans l'immeuble d'en face. Le logement dans lequel était entrée Marie possédait un salon avec une large baie vitrée. Les rideaux étaient partiellement tirés, mais je pouvais apercevoir une partie de la pièce. Plusieurs femmes s'y trouvaient rassemblées. Cinq ou six peut-être. Je ne les voyais pas toutes. Elles étaient assises en demi-cercle et la petite brune leur faisait face. Elle paraissait mener la réunion. On aurait dit l'une de ces séances de vente à domicile, ou alors une espèce de causerie. Les participantes semblaient poser des questions auxquelles la brune répondait par des discours assez brefs en agitant les mains de façon démonstrative. Puis elle passait la parole à une autre personne. J'aurais donné cher pour entendre ce qui se disait. C'était très frustrant de les observer sans comprendre ce qu'elles tramaient.

Je suis resté presque trois quarts d'heure devant cette scène muette, caché dans la pénombre. Et pendant ce temps, j'ai élaboré étape par étape le plan qui me fera enfin découvrir la vérité. Je suis retourné à la réception.

— Je vais sortir. Je préfère vous régler tout de suite. Est-ce qu'il y a un veilleur de nuit ?

— Non, mais je vais vous donner le code pour ouvrir la porte d'entrée si vous revenez après minuit.

— J'ai besoin de la même chambre dans une semaine. Je peux vous la réserver ?

— Pas de problème. J'ai juste besoin de votre numéro de carte bancaire.

J'ai quitté l'hôtel et je suis rentré chez moi. Je viens de commencer les recherches sur internet. Avec un peu de chance, j'aurai tout le matériel dans quatre ou cinq jours. C'est fou ce qu'on peut trouver comme articles intéressants dans les sites spécialisés. Livraison à domicile dans des colis banalisés. J'ai découvert des téléphones portables qui se transforment en micros espions quand on les active depuis un numéro codé, et une caméra qui se dissimule dans une cravate. Mais je n'aurai pas besoin de tout ça. J'ai déjà fait l'acquisition d'un micro ultraminiaturisé plus petit qu'un morceau de sucre qui peut émettre pendant six heures à une distance de 100 mètres. Ce sera largement suffisant. Et puis un récepteur UHF couplé à un enregistreur numérique. Il me reste à dégoter un appareil photo infrarouge avec téléobjectif, et des jumelles. Ça devrait être un jeu d'enfant. En fait, la phase la plus délicate sera de convaincre Arnaud, mais j'ai suffisamment d'éléments pour y réussir.

J'entends Marie qui rentre ; 23 h 30. La réunion a été un peu plus courte cette fois-ci. Je vais lui laisser le temps de s'endormir. J'ai peur qu'elle se doute de quelque chose si elle me voit maintenant. C'est bizarre. Je me sens coupable de ce que je vais faire, mais en même temps je n'y renoncerais pour rien au monde. Ça me rappelle la sensation que j'éprouvais juste avant de me masturber quand j'étais gamin. Il y a une dimension érotique dans l'espionnage. L'idée de pénétrer dans la partie réservée de la vie d'autrui, de mettre à nu des éléments jusque-là dissimulés aux regards. Je vais connaître des facettes de Marie qu'elle ne m'a jamais montrées, même quand elle se déshabillait devant moi ou quand elle se confiait après l'amour. Je vais enfin savoir qui elle est. Je suis prêt à affronter la vérité. Si je découvre qu'elle m'a menti, je ne lui en voudrai pas. Je me sens fort. Je me sens vivant. Cette impression de vide et d'indifférence que j'ai éprouvée quand elle est revenue a disparu. Je veux savoir. Quelle que soit l'issue. Le plus important, c'est d'être libéré de cette tension que provoque l'incertitude.

## 15 décembre

Arnaud a cédé. Il viendra. J'ai passé une heure dans son bureau pour réussir à le convaincre. Ça n'a pas été simple, mais il a fini par accepter. Au début il a contesté mes arguments, comme prévu.

— Ça ne tient pas la route, vieux puceau. Tu te contredis. Si c'était une réunion de l'Ordre, ma femme aurait dû y participer, puisque tu prétends qu'elle en fait partie. Et je te signale qu'hier j'ai passé toute la soirée avec elle.

— J'y ai déjà réfléchi. C'est la même chose pour Fabienne. Je l'ai rencontrée la semaine passée le soir où Marie était sortie.

— Tu vois bien !

— Mais ça n'empêche rien. La cellule de Mme Bracca s'est probablement dispersée. Peut-être que Marie ne fait plus partie du même groupe que les autres.

— Et comment tu expliques que tout à coup elles se réunissent ? La Bracca t'avait dit que les disciples ne se connaissaient pas entre elles. Cloisonnement pour garantir la sécurité. Là, elles risquent de se faire piéger toutes ensemble. Ce n'est pas très malin.

— J'y ai pensé aussi. Je crois que ces séances sont destinées à celles qui rencontrent des problèmes dans leur mission. Une sorte de groupe d'entraide. Avec les suicides d'Annie Baldwinter et d'Irène Bracca, l'organisation a dû s'apercevoir que ses membres souffraient de leur isolement. Les réunions augmentent les risques, mais ça permet de soutenir celles qui sont en difficulté. Ça expliquerait aussi pourquoi Fab et Sylvie n'y assistent pas, ni Doriane. Elles n'ont pas de soucis avec leurs cibles.

Arnaud a secoué la tête.

— Décidément, tu as réponse à tout. Et la solution simple ? Genre réunion Tupperware ou soirée entre copines. Ça ne t'est pas venu à l'esprit ?

— Il y a trop de coïncidences. Marie se rend à ces rencontres depuis que je lui ai annoncé mon projet de livre. Avoue que c'est troublant. Mais c'est quand j'ai vu l'animatrice du groupe que j'ai tout compris. Petite, brune, élégante, la quarantaine, ça ne te dit rien ?

— Ça correspond au signalement d'à peu près dix mille personnes dans la région.

— C'est la secrétaire d'Irène Bracca. J'en suis sûr. Elle a récupéré les codes et a fait disparaître toutes les preuves. Et maintenant, elle a formé un ou plusieurs nouveaux groupes. Je ne sais pas si c'est la nouvelle coordinatrice, mais elle participe aux activités de l'Ordre.

— Et quel est ton plan ?

— C'est simple. Il me faut l'image et le son. Je vais me planquer dans la chambre d'hôtel en face de l'appartement et je vais photographier toutes les femmes qui entrent dans l'immeuble. J'ai commandé un appareil qui fonctionne même dans la nuit. Quand tout sera en boîte, j'irai montrer les photos à Mme Bertelli, la concierge. Si elle reconnaît ces dames, et surtout la secrétaire, la preuve est faite.

— Quelle preuve ?

— Marie m'a affirmé qu'elle ne l'avait jamais vue. Ça voudra dire qu'elle m'a menti.

— Pas forcément. Peut-être qu'Irène lui a caché son existence et qu'elle n'a fait surface que plus tard.

— Mais ça montrera quand même que l'Ordre des femmes existe.

— Toujours pas. La secrétaire est peut-être simplement une allumée du même genre que la Bracca qui essaie de manipuler des femmes en difficulté.

Elle a mis le grappin sur Marie parce qu'elle a trouvé ses coordonnées dans les documents de sa patronne. Pas besoin de secte pour expliquer ça.

— Alors si l'image ne me donne pas la réponse, c'est le son qui parlera. J'ai acheté un micro-émetteur miniaturisé. Je vais le glisser dans la poche du manteau de Marie. Il émet pendant six heures. Depuis la chambre d'hôtel, je pourrai entendre et enregistrer tout ce qui se dira dans l'appartement d'en face. Il n'y aura plus de doute.

— Tu sais que c'est illégal. Tu es de nouveau en train de te mettre en danger pour trouver des réponses.

— Tu m'as dit que c'était viril de chercher la vérité.

— La virilité n'empêche pas la connerie.

— C'est le dernier acte, Arnaud. Je touche au but. Après, je pourrai oublier toute cette histoire.

— C'est toi qui le dis. Et si ça n'amène aucune conclusion ? Si la concierge ne reconnaît pas les photos et que les enregistrements ne révèlent rien ?

— Ça me paraît impossible. Mais dans ce cas, l'affaire sera close.

— Je n'en suis pas si sûr.

— Pourquoi ?

Il a poussé un soupir et m'a dévisagé en buvant une gorgée de son thé préféré.

— Parce que tu ne fais pas la différence entre le secret et le mystère.

— Explique-toi.

— Le secret est horizontal. Le mystère est vertical.

— J'adore ta façon de clarifier le sujet.

— Le secret, c'est quelque chose qui est caché, codé, ou que d'autres dissimulent. C'est secret parce que nous n'avons pas la réponse, mais il y a des gens qui la possèdent. Nous n'avons simplement pas assez de renseignements pour découvrir la solution. Si on parvient à augmenter les données à disposition, on finit par trouver. Comme la combinaison du coffre, le mot de passe d'un ordinateur, ou le lieu où a été caché le trésor. Résoudre l'énigme est juste une question de temps et d'informations.

— Et le mystère ?

— La différence fondamentale, c'est qu'il ne se résout pas. Parce qu'il nous relie à une autre dimension. Personne n'a l'explication, ou elle varie d'un individu à l'autre. On a beau découvrir des centaines de nouvelles informations, ça ne nous rapproche pas de la solution. Souvent même, le mystère s'épaissit à mesure que des indices supplémentaires apparaissent. Il n'y a pas de réponse, il n'y a que des interprétations. L'amour, la foi, le sens de la vie. Face au mystère, on apprend des choses sur soi-même. Pas sur l'énigme.

— Belle philosophie, mais je ne vois pas bien quoi en faire dans le cas qui nous occupe.

— Ça ne m'étonne pas. Tu confonds les termes. Tu traites tout ça comme un secret, alors que c'est un mystère.

— Je suis désolé, mais il n'y a pas dix mille possibilités. Ou bien l'Ordre des femmes existe, ou bien pas. Moi, je dis que c'est un secret bien gardé que je compte lever dans quelques jours.

— Et moi j'affirme que la secte n'existe pas. Mais cette réponse-là, pour peu qu'on la trouve, n'enlèvera rien au mystère.

— Qu'est-ce que tu veux dire ?

— Ce que tu cherches en fait, c'est à comprendre Marie. Tu veux savoir si elle t'a vraiment aimé, si elle t'aime encore. Et ça c'est un mystère. L'altérité est toujours mystérieuse. Nous ne pouvons jamais prétendre que l'énigme est résolue. La seule attitude juste, c'est d'apprendre à mieux se connaître en se confrontant au mystère de l'autre. Pour moi, c'est la meilleure définition du couple.

— Ça n'empêche pas de chercher les réponses qui sont accessibles. Pour celles qui se trouvent hors de ma portée, je verrai plus tard.

— Tu es aussi têtu que persévérant.

— Je prends ça comme un compliment. Bon. Il me faut un témoin pour la semaine prochaine. J'aimerais que tu m'accompagnes.

— Quoi ?

— Ne fais pas le sourd. Je te demande de venir avec moi.

— Tu n'as pas besoin d'un acolyte. Tu auras des photos et des enregistrements, c'est largement suffisant.

— Non. Je veux que quelqu'un puisse confirmer les événements.

— Prends un autre complice. Ce que tu t'apprêtes à faire est illégal. Je ne vais pas me mouiller dans cette histoire.

— Tu m'as fait une promesse il y a deux mois, après notre partie de pétanque. Tu te souviens ? Tu m'as dit que tu serais là si j'avais besoin de toi pour élucider cette affaire. C'est le moment de tenir ta parole.

— Je n'ai pas parlé d'enfreindre la loi.

— Ne te fais pas de souci. Tu n'auras pas à m'aider dans mes actes répréhensibles. Il faut juste que tu sois présent. Je ne te demanderai plus rien d'autre après. Promis.

Il a soupiré de nouveau. À sa manière de pencher la tête, j'ai vu qu'il allait céder.

— Bon. Tu m'as piégé. Je viendrai, mais à une condition.

— Je t'écoute.

— Tu te prépares à violer la vie privée de ta compagne. Tu vas t'approprier des informations qu'elle n'a pas choisi de te dévoiler. C'est un acte grave. Je te demande juste d'y réfléchir en pensant à ce que je t'ai dit.

— Je le ferai. Rendez-vous ici à 19 heures. Je dirai à Marie que nous mangeons ensemble.

— Pour un assoiffé de vérité, tu me sembles assez à l'aise dans le mensonge.

## 16 décembre

C'est étrange. Je ne me suis jamais senti aussi bien avec Marie depuis qu'elle est revenue. L'idée que dans quelques jours je vais enfin découvrir la clé de l'énigme m'a libéré. Ce soir, je l'ai invitée au Mamacita.

— Je sais que les dates ne correspondent pas tout à fait, mais tant pis. Ça fait bientôt deux ans qu'on a passé notre première soirée. Allons voir si le poulet caraïbes est encore au menu.

Elle a eu l'air surprise, mais elle a accepté. La table que nous avions occupée était prise. Nous nous sommes installés de l'autre côté de la salle.

— Tu es déjà revenue ici ?

Elle ne s'est pas troublée.

— Oui, quelques fois. Mais jamais pour manger.

Je l'ai observée pendant qu'elle dégustait son poulet. C'était la Marie que j'avais connue ce beau soir de janvier, et c'était aussi quelqu'un d'autre. Le même visage fin aux yeux d'émeraude, les mêmes mimiques gourmandes, le même regard pénétrant. Mais elle était enveloppée d'une aura de gravité qui n'existait pas auparavant. La légèreté s'était envolée. Lorsque nous avons terminé nos assiettes, elle m'a tendu l'os de poulet en souriant.

— Tu as déjà fait ton vœu ?

— Bien sûr. Allons-y.

Cette fois, le suspense n'a duré que quelques secondes. L'os s'est cassé très vite. Nous avons comparé nos morceaux. Le mien était nettement plus long. Marie Sophie a souri de nouveau.

— Je t'ai laissé gagner. Je connais le truc.

— Impossible.

— C'est ce que tu crois. J'avais envie que ton souhait se réalise.

— Sans le connaître ?

— J'ai confiance.

— Mais on ne peut pas décider de gagner ou de perdre à ce jeu.

— Je te dis qu'il y a un truc.

— Je ne vois pas comment ça se pourrait.

Elle m'a jeté un coup d'œil amusé.

— Ça se peut.

Je l'ai dévisagée pour voir si elle plaisantait. Ses traits étaient impénétrables. Un mystère de plus.

Quand nous sommes arrivés à la maison, je lui ai proposé de prendre le dessert au salon.

— Un peu de glace chocolat au poivre de chez Bertier ?

Son sourire s'est fait mutin.

— Je préfère qu'on passe directement à l'étape suivante.

Nous avons fait l'amour en savourant chaque seconde de notre longue étreinte. J'ai retrouvé ce mélange d'érotisme et de tendresse que je n'avais plus éprouvé depuis si longtemps. Je me suis senti proche d'elle, véritablement proche, pour la première fois depuis son retour. Juste au moment où je suis pratiquement convaincu qu'elle m'a trompé. Alors que je m'apprête à lui mentir et à l'espionner. Comment est-ce possible ? J'ai repensé à ce que m'a dit Arnaud. Il y a encore des choses au fond de moi que je ne comprends pas.

Nous sommes restés enlacés sans dire un mot après avoir pris notre plaisir. Je sentais son souffle dans mon cou, sa chaleur contre moi. J'étais bien. Mais ça ne pouvait pas durer éternellement. Je me suis levé.

— Tu ne restes pas ?

— Je vais juste écrire quelques lignes.

— Tu as besoin de décrire nos ébats. Ça devient un livre érotique alors !

Puis elle a eu un sourire plus grave.

— J'espère que tu auras bientôt terminé. J'aime beaucoup m'endormir près de toi.

## 18 décembre

Décidément, c'est une période faste. J'ai trouvé un éditeur ! Il reste pas mal de détails à régler au niveau du contrat, mais le projet l'intéresse. Les pages que je lui ai envoyées lui plaisent. On s'est parlé au téléphone et il s'est montré enthousiaste.

— Votre texte a un excellent potentiel. Le désarroi des hommes est un sujet d'actualité, et il y a juste la note de mystère qu'il faut pour attirer le grand public. Je signe quand vous voulez.

Ce que je dois encore régler, c'est le nom sous lequel je vais publier. Il faut un pseudonyme. Pas question de me dévoiler. Mais l'éditeur ne veut pas de David Clerc.

— Si le nom de l'auteur est le même que celui du personnage principal, on pourra croire que c'est un récit vécu. Il faut être clair avec le public. Vous devez montrer que c'est un roman.

Ça ne me dérange pas que ça paraisse dans le rayon des fictions. Les lecteurs concernés comprendront. Je dois juste trouver un nom d'emprunt qui accroche. J'ai eu une idée en passant devant le bottier de la rue Maunoir, là où Carole avait acheté les chaussures qu'elle portait à notre mariage.

Si tout se passe bien, le livre devrait être en librairie dans le courant de l'année prochaine. En tout cas, une chose est sûre. L'Ordre des femmes n'a pas encore infiltré toutes les maisons d'édition. Quand j'ai annoncé la nouvelle à Marie Sophie, elle n'a pas bronché.

— J'espère que ça sera un best-seller. Les divagations d'Irène ont failli nous coûter très cher. Ce sera un juste retour des choses si elles te rapportent quelques sous.

## 19 décembre

Tout le monde court les boutiques pour acheter les derniers cadeaux. Cette année, le père Noël m'a livré par poste. Je viens de déballer les colis. Tout y est et tout a l'air de fonctionner. Même enfoui au fond d'une poche, le micro retransmet très bien les sons environnants. Je l'ai rangé dans une mallette fermée à clé. Avec les jumelles, l'appareil photo infrarouge et le récepteur. J'effectuerai les derniers essais demain. Je ressens toujours ce mélange de honte et d'excitation à l'idée de ce que je vais faire. De toute façon, je ne peux plus reculer. Il faut que j'aille jusqu'au bout.

## 20 décembre

Roxane et Léonore viennent dans la matinée du 24. Nous serons ensemble pour le réveillon. Marie et moi avons passé la soirée à décorer l'arbre de Noël. Elle y a mis tout son talent et sa créativité. Il est magnifique, encore plus beau que celui de l'année passée. Une véritable œuvre baroque. Je me suis senti tout retourné pendant que je l'aidais à disposer les boules colorées, les étoiles et les petits anges. D'abord, je me suis trouvé indigne à l'idée que quelques minutes plus tôt, dans mon bureau, ce n'étaient pas des guirlandes que je manipulais mais des instruments d'espionnage. Comment puis-je être si proche d'elle et en même temps si loin ? Et puis j'ai repensé aux événements de l'an dernier. Cet arbre solitaire qui m'attendait dans l'appartement vide. Pourquoi a-t-il fallu qu'elle me quitte comme ça ?

Elle a dû se rendre compte de ce qui se passait en moi. Elle m'a pris la main sans rien dire et l'a gardée longtemps dans la sienne. J'ai senti à quel point elle voulait me rassurer. Je sais que demain elle ne va pas disparaître. Mais elle va quand même passer sa soirée avec des femmes qui l'éloignent de moi. Et si mes soupçons se confirment, ça signifiera probablement la fin de notre couple.

## 21 décembre

Il est presque minuit. Marie Sophie dort tranquillement dans notre lit. J'ai regagné l'appartement bien après elle. J'ai ouvert doucement la porte de notre chambre et je l'ai vue allongée dans l'abandon du sommeil. Elle ne s'est pas inquiétée de mon absence, elle n'a pas guetté mon retour. Je lui ai dit que j'allais manger avec Arnaud et elle m'a cru. Elle a confiance en moi. Elle m'aime. Mais cette nuit, j'ai découvert la preuve qu'elle appartient à l'Ordre des femmes. Qu'allons-nous devenir ? C'est la pagaille dans ma tête. Il faut absolument que je clarifie mes idées. Écrire, mettre des mots sur ce qui s'est passé. C'est encore le meilleur moyen.

Comme convenu, j'ai été chercher Arnaud à 19 heures. Il n'a pas arrêté de maugréer sur le chemin de l'hôtel. Il m'en voulait de l'avoir contraint à me suivre, et il me l'a fait lourdement sentir.

— Je ne sais pas ce qui me retient de tourner les talons, vieux puceau. Je suis beaucoup trop complaisant avec tes névroses. Tout ça ne servira à rien. Tu fais complètement fausse route. Et moi, comme un con, je t'accompagne.

— Parce que tu es mon ami, pas mon psy. Tu m'as fait une promesse et tu la tiens.

— C'est surtout parce que tu m'as garanti qu'après tu me foutras définitivement la paix avec toute cette histoire.

J'ai annoncé au réceptionniste que je partirais durant la nuit et j'ai payé d'avance. Quand nous sommes arrivés dans la chambre, j'ai tout de suite installé le matériel. À 20 heures, tout était prêt. J'ai effectué quelques essais avec l'appareil photo. Les portraits des passants que j'ai mitraillés en cachette se sont révélés d'une netteté impressionnante, malgré la luminosité minimale de la rue. J'avais aussi acquis un logiciel qui permettait de transformer les vues infrarouges en photos normales. Le résultat était excellent. Arnaud me regardait m'affairer et pianoter sur mon ordinateur.

— Un vrai petit James Bond, a-t-il soupiré. J'espère que tu t'amuses bien, parce que c'est ton dernier film avec moi.

À 20 h 15, j'ai enclenché le récepteur UHF. Deux heures plus tôt, j'avais placé le micro miniaturisé dans la poche gauche du manteau de Marie Sophie. Un grésillement continu a envahi la chambre. J'ai manipulé les réglages, sans aucun résultat à part la variation du volume sonore. Une idée inquiétante m'a traversé l'esprit. Et si Marie avait pris un autre manteau ? Le micro était resté chez moi et toute l'opération tombait à l'eau. Mais c'était impossible. Elle adorait le Burberry que je lui avais offert. Elle n'en portait presque jamais d'autre. Ou alors elle avait trouvé le micro. Mais non. Elle ne mettait rien dans ses poches. Toutes ses affaires se trouvaient dans son sac. Qu'est-ce qui avait bien pu se passer ? Arnaud m'observait d'un œil goguenard.

— Un problème technique, James ?

Je lui ai jeté un regard assassin. Et puis tout à coup, j'ai compris. C'était simplement une question de distance. Le micro n'émettait que jusqu'à 100 mètres. Nous ne pourrions rien entendre tant que Marie ne serait pas arrivée dans la rue de la Ferme. Je me suis mis en position à la fenêtre. Il fallait que je photographie toutes les personnes qui participaient à la réunion.

Il était 20 h 27 lorsque le grésillement du haut-parleur a été remplacé par une conversation parfaitement audible.

— Quel froid de canard !

— Marche plus vite Jacqueline, je suis congelée.

— Ne vous en faites pas, il fait bon chaud dans le salon.

Je les ai vues apparaître presque au même moment. Elles n'étaient que quatre et avançaient d'un pas pressé. J'ai pu photographier les deux femmes qui accompagnaient Marie Sophie, mais les traits de la petite brune se dérobaient sans cesse à l'objectif. Elles ont pénétré dans l'immeuble sans que j'aie réussi à cadrer sa figure dans mon viseur. J'étais dans tous mes états. Il me fallait absolument son portrait. Quand la lumière s'est allumée dans l'appartement d'en face, j'ai poussé un soupir de soulagement. Comme la semaine précédente, les rideaux du salon n'étaient pas complètement tirés. À travers l'espace qui restait entre eux, je distinguais les va-et-vient dans la pièce. Les quatre femmes se sont installées autour d'une table basse. La brunette me faisait face. J'ai utilisé mon deuxième appareil. Avec le téléobjectif, j'ai pu saisir son visage en gros plan. J'ai déclenché une rafale de prises comme si j'avais été à la tête d'une meute de paparazzi. Première étape réussie.

Je me suis concentré sur le son. La qualité avait nettement diminué. On n'entendait plus que des bouts de dialogue lointains et hachés. Marie avait dû laisser son manteau dans l'entrée. J'ai manipulé les filtres et l'amplificateur et j'ai réussi à obtenir quelque chose d'audible. Le résultat était loin de la perfection, mais on arrivait au moins à comprendre ce qui se disait. Je me suis installé sur le lit, les jumelles à portée de main. Seules la petite brune et Marie étaient visibles, les deux autres restaient dissimulées par les rideaux.

— Alors, le spectacle te plaît ? a marmonné Arnaud. Tu te sens bien dans ta peau de voyeur ?

— S'il te plaît, laisse-moi chercher mes réponses ce soir. Je ne recommencerai pas. Tu as ma parole.

Il s'est enfermé dans un silence réprobateur.

Au début, la conversation était sans intérêt. Ces dames dissertaient sur le choix des tisanes et l'évolution de la météo. Mais lorsque la maîtresse de maison a terminé de servir les thés, l'échange a pris une autre tournure.

— Quelqu'un veut commencer ? a déclaré la femme aux cheveux bruns qui visiblement menait les débats. Jacqueline, tu voulais nous dire quelque chose la semaine passée. Mais au dernier moment, tu as préféré attendre. Est-ce que tu te sens prête aujourd'hui ?

— Je ne sais pas. C'est très difficile pour moi d'en parler.

Je ne pouvais pas distinguer celle qui s'exprimait. Elle avait une voix douce, au timbre presque enfantin.

— Il n'y a pas de jugement ici, tu le sais bien. Nous sommes ensemble pour nous aider à remplir le mieux possible notre rôle de femmes.

J'ai fait un signe à Arnaud. Ça correspondait bien à ce que j'avais supposé. Une réunion d'entraide pour les membres de l'Ordre. Il s'est contenté de hausser les épaules. Jacqueline a tergiversé encore pendant quelques secondes, puis elle a fini par se lancer.

— Je sais que ça a l'air débile, mais ça me prend toujours plus la tête. Je ne pense plus qu'à ça. Je me suis mise à le guetter et dès qu'il apparaît, ça me révulse.

— Explique-nous de quoi il s'agit.

— La première fois que je m'en suis aperçue, c'était le jour de notre mariage. Ça fait bientôt deux ans. Lorsque le prêtre a demandé à Stéphane s'il voulait être mon mari, le coin droit de sa lèvre supérieure s'est soulevé un instant. C'est une espèce de tic. Ça lui arrive quand il est ému. Je ne l'avais jamais remarqué avant. Depuis que nous vivons ensemble, je me suis rendu compte que cette mimique est fréquente chez lui. Quand il me dit des mots tendres, quand il a envie de me faire l'amour, quand il lit un livre qui le touche ou qu'il regarde un film romantique, à chaque fois sa lèvre bouge.

— Et ça t'a énervée dès le début ?

— Non. Au commencement, je trouvais ce tic plutôt charmant. Mais depuis quelques mois, c'est devenu insupportable. Je ne vois plus que ça. Lorsque tout le monde applaudit ses brillants discours, moi je reste bloquée sur le rictus qui les précède. Et dès qu'il me prend dans ses bras, j'ai envie d'immobiliser le coin de sa bouche. J'imagine que nos enfants seront affligés de la même tare et je fais des cauchemars où toute la famille me dévisage en retroussant les babines. Je ne sais plus quoi faire. J'éprouve de la répugnance envers mon mari. J'en ai honte, et en même temps je me dis que je n'arriverai pas à passer toute ma vie avec cette grimace devant mes yeux.

— Mais tu l'aimes pourtant.

— Oui, je l'aime. Mais je ne peux plus continuer comme ça.

— Essaie de te concentrer sur ce qui te plaît chez lui.

— Marie a raison. Il y a sûrement plein de choses que tu adores chez Stéphane.

— Bien sûr. Mais il y a ce maudit tic. Ça gâche tout le reste. Et je ne peux pas lui en parler. Il serait horriblement déçu de moi. Et de toute façon il ne peut rien y faire.

— C'est certain. Et tout lui avouer ne serait pas la bonne solution. Tu as droit à ton jardin secret.

— Il y a une chose que je trouve intéressante.

La femme brune avait repris la parole. J'ai saisi les jumelles et je l'ai observée. Elle a parcouru l'assemblée du regard pour capter l'attention de toutes les participantes.

— Tu as découvert ce rictus le jour de ton mariage, a-t-elle repris. Il est lié à l'instant où Stéphane t'a dit oui. Ce n'est pas un moment banal.

— D'accord, mais qu'est-ce que j'en fais ?

— Sa mimique est aussi une façon d'exprimer son amour. Et je me demande si ce n'est pas ça qui te pèse. Il t'a prise pour femme. Et quelque part, c'est un poids qu'il met sur tes épaules. Ce n'est pas facile d'être l'épouse d'un politicien brillant. Il faut se montrer irréprochable. Il t'a dit oui et ça implique certaines contraintes pour toi.

— Moi aussi je lui ai dit oui.

— Exact. Et je me demande si ta répugnance devant son tic n'est pas une façon de te prouver que tu n'es pas obligée de dire oui à tout.

— Comment ça ?

— Son amour ne doit pas t'étouffer, t'empêcher d'être toi-même. Tu as droit à tes opinions, à tes préférences. À tes défauts aussi. C'est peut-être simplement ça que tu cherches à dire.

— Mais pourquoi est-ce que son rictus m'énerve tellement ?

— Parce que tu te sens obligée de tout aimer chez lui. C'est un homme tellement merveilleux. Tu lui en veux parce qu'il te confronte à ta propre imperfection. Quelle vilaine fille tu dois être pour ne pas apprécier ses grimaces.

Il y a eu une vague de rires dans le salon.

— Je te propose quelque chose, a repris la femme brune. Pendant les prochaines semaines, à chaque fois que tu surprendras son tic, dis-toi que tu as le droit de le trouver laid. Il y a plein de choses que tu adores chez lui, mais cette grimace ne te plaît pas. C'est ton droit. C'est comme ça. Il doit t'accepter comme tu es. Ça ne vous empêche pas de vous aimer. Et la prochaine fois que nous nous verrons, tu nous diras si ça va mieux. D'accord ?

— D'accord. Merci Véronique.

Il y avait du soulagement dans la voix de Jacqueline.

— Pas conne la brunette, a marmonné Arnaud en me prenant les jumelles des mains.

— Je suis désolée de remettre mon histoire sur le tapis, mais je ne m'en sors toujours pas, a lancé une voix au timbre plus rauque.

C'était l'autre femme qui accompagnait Marie. Elle me tournait le dos et je distinguais juste une partie de sa longue chevelure noire.

— Nous t'écoutons, Olivia.

— Je n'arrive pas à me débarrasser de l'idée que Marc me trompe. Il est de nouveau en reportage à l'étranger. Il part de plus en plus souvent. Et même quand il reste à Genève, j'ai tout le temps des doutes. Son travail est plein de tentations. À la télévision, il y a beaucoup de belles femmes pas très farouches. Dans sa position, il pourrait facilement avoir une ou plusieurs maîtresses.

— Nous en avons parlé la semaine passée. Et nous avions décidé d'examiner la question couche par couche. La stratégie de l'oignon. Tu te souviens?

— Oui. La première étape, c'était de voir s'il y avait des indices qui pouvaient confirmer mes soupçons.

— Et alors?

— Je n'en ai trouvé aucun. Il n'y a rien de suspect dans son comportement. Mais ça ne me calme pas. Je me dis qu'il pourrait très bien me mentir sans que je m'en aperçoive.

— S'il n'y a pas de faits concrets, ça veut dire qu'une bonne partie de la solution est entre tes mains. Tu te rappelles de la deuxième couche que nous avions évoquée?

— Oui. Tu m'avais dit que c'était peut-être lié à un manque de confiance en moi. Ton idée, c'était que j'avais peur de son infidélité parce que je ne me sentais plus assez attirante. Franchement je n'y crois pas. J'ai trente-cinq ans, mais je me trouve toujours belle même après mes deux grossesses. Et je sais comment le charmer. Je le fais encore craquer.

J'ai donné un coup de coude à Arnaud. Elle évoquait les techniques de séduction que l'Ordre enseignait à ses disciples. Il a mis un doigt sur ses lèvres. Il semblait très intéressé par la conversation.

— Je sens qu'il est toujours amoureux de moi, a continué Olivia. Alors pourquoi est-ce que j'imagine qu'il me trompe?

— Il y a une autre couche, mais ça ne te fera peut-être pas plaisir d'entendre mon hypothèse.

— Tu répètes sans arrêt qu'on peut tout se dire ici, alors vas-y!

— Eh bien, les psychologues pensent que la jalousie est souvent une forme de projection.

— Désolée, je ne comprends pas.

— La projection, c'est quand on attribue à l'autre des désirs ou des sentiments qu'on ressent soi-même, mais qu'on ne veut pas s'avouer.

— Attends. Tu veux dire que je soupçonne Marc parce qu'en réalité c'est moi qui ai envie de le tromper?

— C'est à peu près ça. Marc t'a fait deux enfants. Tu remplis très bien ton rôle de mère et d'épouse. Mais tu te questionnes sur ton rôle de femme. La mission qui t'est confiée, c'est d'aimer cet homme et d'élever vos petits. Mais est-ce que ça comblera ta vie ? C'est une question légitime. Il y a une part de toi qui a encore envie d'exercer son pouvoir d'attraction, de plaire, de séduire. C'est peut-être elle qui se manifeste dans tes craintes d'adultère.

J'ai agrippé le bras d'Arnaud.

— Tu as entendu « la mission qui t'est confiée ». C'est clair, non ?

— Ce qui est clair, c'est que cette brunette est une bonne psychologue, même si elle a des méthodes un peu directes. Laisse-moi écouter la suite.

— Alors, celle-là, je ne m'y attendais vraiment pas, a repris Olivia après un instant de silence. Chapeau Véro, tu réussis toujours à me surprendre.

— Je ne dis pas que j'ai raison. C'est simplement une supposition. On pèle l'oignon ensemble, mais il n'y a que toi qui puisses dire quand on a atteint le centre.

— Ton explication n'est pas très valorisante pour moi. Il va falloir que j'y réfléchisse. Mais à tout prendre, je préférerais ça.

— Il y a peut-être encore une dimension à explorer.

— À quoi tu penses ?

— Je me demande si derrière tout ça, ce n'est pas la question du triangle qui te tracasse.

— Le triangle ?

— Le mari, la femme, et une autre personne qui arrive. C'est le triangle classique dans beaucoup de romans et aussi d'histoires vraies. Mais on peut l'envisager différemment.

— Comment ?

— En réfléchissant autrement au troisième terme. Dans un couple, on est toujours trois, mais la plupart des gens ne s'en rendent pas compte.

— Qu'est-ce que tu veux dire ?

— Il y a toi, il y a ton mari. Et puis il y a ce qui vous rassemble. C'est seulement quand cette alliance disparaît qu'un autre troisième, un amant ou une maîtresse, risque de prendre sa place.

— Je ne comprends pas.

— Le lien qui vous unit est en même temps quelque chose qui vous dépasse. Un troisième terme qui n'est pas simplement l'addition de toi et lui. Il représente un élément supplémentaire que vous créez ensemble et qui a sa réalité propre. Bien sûr, chacun de vous peut le détruire. Mais tant qu'il existe, vous n'êtes pas seuls en jeu. Votre alliance vous transforme.

— Excuse-moi, mais c'est un peu nébuleux.

— Je sais. Ce n'est pas facile à expliquer. Certains y mettent une dimension mystique. Le désir de connaître Dieu passe par la relation entre l'homme et la femme. Dans l'évangile apocryphe de Philippe, il est écrit que la chambre nuptiale est le seul endroit où l'on prie. Bref. Ce que j'essaie de te dire, c'est que ça vaut la peine de réfléchir à ce pacte qui existe entre Marc et toi. Comment cette relation te transforme, ce que tu en attends, ce que tu peux lui apporter. Ça me paraît plus utile que de te demander s'il y a quelqu'un d'autre dans la vie de ton mari. Ce n'est jamais l'adultère qui brise un couple, c'est la perte de l'alliance.

— Je crois que je comprends mieux.

La voix de Marie Sophie a retenti dans le haut-parleur, un peu brouillée par la mauvaise qualité de la transmission.

— Ça me rappelle une citation que j'ai lue je ne sais plus où.

— Nous t'écoutons.

— Le plus court chemin entre deux cœurs passe par le ciel.

— C'est très beau.

Il y a eu un silence méditatif. Arnaud en a profité pour m'apostropher.

— Tu devrais raconter ce proverbe à ton copain Riton. Ça enrichirait son catalogue.

— Et toi Marie, est-ce que tu as envie de partager quelque chose avec nous ? a repris Véronique.

— Je ne sais plus vraiment où j'en suis, a-t-elle répondu d'une voix hésitante. Ça va un peu mieux avec David. J'ai l'impression qu'il se rapproche de moi. Mais en même temps, il reste tellement de silences et de doutes entre nous. Ça ne ressemble pas à ce que j'espérais vivre avec lui.

— Qu'est-ce que tu lui reproches exactement ?

— Au fond, je crois que je lui en veux parce qu'il laisse ses soupçons passer avant son amour pour moi.

— Mais tu réalises qu'il a de quoi se sentir perturbé ?

— Bien sûr. Irène a fait quelque chose de terrible. Je ne comprends vraiment pas ce qui lui a pris.

— Elle avait certainement ses raisons. Ça ne sert à rien d'épiloguer là-dessus.

— Facile à dire. C'est moi qui en subis les conséquences.

— Est-ce que tu aimes encore David ?

— Oui. Mais je ne sais pas si je supporterai longtemps cette situation. Il devient d'une froideur monstrueuse quand il est perdu dans ses questions. C'est ça qui me fait le plus mal. Cette sensation qu'il ne me voit pas, qu'il ne sent plus la profondeur de mes sentiments. Ce que j'éprouve ne représente rien pour lui tant qu'il n'aura pas une certitude sur l'Ordre des femmes. J'ai tout essayé. J'ai menti, j'ai dit la vérité. Rien ne le satisfait.

— Tu es en colère. Mais cette colère ne sert à rien. Elle ne vous aide ni l'un ni l'autre.

— Je sais. Mais je ne peux pas m'en empêcher. Il devrait se foutre que je fasse partie de l'Ordre ou pas. Notre rencontre est un cadeau merveilleux. Je crois qu'il ne s'en rend plus compte. C'est ça qui me déçoit le plus.

— Est-ce que tu peux le soutenir ?

— Il faudrait d'abord que j'arrive à écarter les questions qui lui bouchent la vue.

— Ça me paraît une bonne piste.

— Il y a le livre qu'il est en train d'écrire. Au début, ça m'a fait très peur quand il m'en a parlé. Mais tu m'as rassurée. Maintenant, je me dis que ça va peut-être le libérer. Il a trouvé un éditeur.

— Ne te fais plus de soucis pour ce livre. Une fois que David sera au bout de son projet, il pourra ouvrir les yeux sur votre amour. Tu dois lui laisser du temps. Il faut être patiente et croire en ta mission.

— Tu as raison. Il m'a attendue quand je suis partie. C'est à mon tour d'attendre qu'il revienne.

— La patience est une des qualités de la femme accomplie. C'est avec notre patience et notre cœur que nous pouvons changer le monde. Bien. Nous allons en rester là pour ce soir. Comme les Fêtes arrivent, nous ne nous reverrons pas avant l'année prochaine. Je vous souhaite à toutes un très beau Noël, plein de lumière et de joie.

La réunion s'est terminée rapidement. Les quatre femmes ont quitté l'appartement. Le haut-parleur a transmis encore quelques bribes de dialogues mêlées au bruit de la rue, puis un grésillement monotone s'est installé lorsque le micro n'a plus été à portée du récepteur. J'ai éteint les appareils et Arnaud a rallumé la lumière de la chambre.

— Alors, double zéro sept, tu as toutes les réponses que tu étais venu chercher ?

— Je crois bien que oui. Marie est toujours amoureuse de moi. Mais elle fait partie de l'Ordre des femmes. Les choses sont claires.

— Ah bon ? Dans ce cas, on n'a pas dû suivre la même conversation.

— Qu'est-ce que tu racontes ? C'était évident ! La façon dont elle a parlé d'Irène Bracca, la mission, changer le monde avec son cœur, les techniques pour faire craquer les hommes. Tout y était.

— Vraiment ? Est-ce que tu as entendu une seule phrase qui prouve l'existence de cette prétendue société secrète ?

— Pas directement. Elles ne sont pas si bêtes. Mais tous les indices convergent. Marie a expliqué qu'elle avait eu très peur quand je lui ai parlé de mon projet de livre.

— Apparemment, ce n'est plus le cas. Tes talents littéraires n'ont pas l'air de faire trembler ces dames.

— Elles misent probablement sur le fait que tout le monde prendra ça pour une fiction.

— Il ne t'est pas venu à l'idée que les craintes de ta compagne étaient liées à autre chose ?

— Qu'est-ce qui aurait pu lui faire peur ?

— Elle imaginait peut-être qu'en écrivant ton histoire, tu allais mariner encore plus dans ton monde de doutes et de questions. Et que ça ne ferait pas du bien à votre relation.

— Attends. Tu es en train de me dire que nous n'avons pas assisté à une réunion de l'Ordre. C'est ça ?

— Exactement.

— Alors c'était quoi à ton avis ?

— Quelque chose que nous n'aurions pas dû espionner, mais que j'ai trouvé très beau. Des femmes qui s'entraident pour mieux aimer leur compagnon.

— Aimer ou manipuler ?

Arnaud m'a dévisagé un moment en plissant légèrement les yeux, puis il a eu une mimique amusée.

— Ça, vieux puceau, c'est une des questions les plus intelligentes que tu aies posées ces six derniers mois.

— Est-ce que tu es sûr d'avoir la réponse ?

— On n'est certain de rien en ce bas monde, sauf de notre mort. C'est la condition humaine. Mais ce que j'ai entendu ce soir m'a vraiment fait penser à une recherche d'amour.

— Pourquoi ?

— Parce que ces femmes ne visent pas à obtenir quelque chose. Elles essaient de donner de meilleures chances au lien qui les unit à leur homme.

— Rester avec sa cible. C'est aussi l'objectif de chaque adepte, d'après ce que disait Mme Bracca.

— Oui. Mais dans son délire, le lien était un moyen de manipulation. Les femmes que nous avons entendues ce soir se comportent très différemment. Elles ne cherchent pas à utiliser la relation, elles se mettent à son service. À mon avis, c'est une des définitions de l'amour. Très peu de gens en sont vraiment capables.

— Donc, nous venons de contempler des femmes exceptionnelles. Ça ne m'avait pas frappé.

— Ce sont en tout cas des personnes qui ont compris une vérité fondamentale.

— Laquelle ?

— Aimer est quelque chose qui s'apprend. Ça n'est pas donné. Ce que nous recevons au départ, c'est le bagage biologique standard. Le désir, l'envie de perpétuer nos gènes, la recherche du partenaire. Et toute la chimie qui va avec. Les molécules de la passion, du plaisir et du manque.

— La spécialité de Jef.

— Exact. Mais la biologie ne suffit pas à créer une relation. Nos programmes produisent de l'attirance, de l'excitation, du besoin. Rien d'autre. Pour bâtir une union durable, il faut bien plus. Le vrai amour demande des efforts et des remises en question quotidiennes. On ne fonde pas un couple parce qu'on aime, mais pour s'initier à l'amour. C'est ce que beaucoup de gens ne voient pas. Les dames qui étaient dans l'appartement d'en face s'en sont aperçues.

Arnaud s'est approché de la fenêtre. Je l'ai rejoint. Il a observé la rue pendant quelques instants avant de reprendre.

— Tu vois, vieux puceau. Plus je pratique mon métier, plus je suis persuadé que les humains doivent naître deux fois.

— Qu'est-ce que tu veux dire ?

— La première naissance, tout le monde y passe. On est tous obligés de quitter la douceur du ventre de maman pour venir au monde. Mais la deuxième est nettement plus difficile. La plupart des gens font tout pour y échapper.

— De quoi est-ce que tu parles ?

— D'assumer pleinement notre condition. C'est ça la deuxième naissance. Le moment où on prend conscience de la difficulté de vivre et où on l'accepte. Nous sommes des créatures vouées à disparaître. Nous ne comprenons et nous ne maîtrisons que très peu de chose dans notre existence. C'est une vérité terrible et effrayante. Beaucoup de gens cherchent à l'éviter. La quête amoureuse est une des manières de se rassurer. On donne à l'autre la responsabilité de nous rendre heureux et de calmer nos peurs. Mais ce n'est pas comme ça que ça marche.

— Ça, je m'en étais aperçu.

— Je n'en suis pas si sûr. Tu veux encore obtenir des réponses. Tu cherches des certitudes. Tu fais passer tes questions avant ta relation avec Marie. C'est pourtant là qu'est la clé. Ce qui t'est arrivé représente pour toi une occasion de naître. Tu te souviens du rêve que tu avais fait, dans lequel tout le monde portait des masques ?

— Oui, je me rappelle.

— Eh bien, même si Marie fait partie de la secte, ce n'est qu'une facette de son être. Qu'est-ce qui reste si on enlève la prétendue adepte de l'Ordre et le banquier qu'elle est censée manipuler ? Vous deux sans votre masque. Marie Sophie et David. Tu n'as pas envie de vivre cette union-là ?

— Je n'en sais rien. Je ne sais plus.

Il m'a posé la main sur l'épaule en me regardant d'un air grave.

— Mon ami, c'est la seule question que tu dois te poser.

Je suis rentré en rasant les murs, ma mallette d'espion à la main. Il est presque 3 heures du matin. Il faut que je me couche. Je n'ai plus la force d'écrire, ni de réfléchir. Demain, j'irai voir Mme Bertelli avec les photos que j'ai prises tout à l'heure. La question de l'Ordre sera réglée. Mais Arnaud a raison. Ça ne me dira pas ce que va devenir ma relation avec Marie.

## 22 décembre

Quand je suis arrivé à la rue de la Fontaine, un camion de déménagement stationnait devant l'immeuble de Mme Bertelli. Pendant quelques secondes, je me suis dit qu'elle était morte. Les déménageurs emportaient ses affaires et la vérité allait encore m'échapper. Mais en m'approchant, j'ai aperçu la concierge en grande discussion avec le chauffeur.

— Il y a toute ma vie là-dedans, disait-elle de sa voix chantante, alors vous allez faire comme si c'étaient vos propres enfants à l'intérieur, d'accord ?

Quand je suis arrivé à sa hauteur, elle m'a dévisagé d'un air intrigué.

— Bonjour madame, est-ce que vous vous souvenez de moi ?

— Ben, je me disais justement que votre tête me rappelait quelqu'un. Mais franchement je sais plus. J'ai tellement de choses dans mon pauvre crâne ces temps-ci. Ça déborde.

— J'étais venu en juin dernier pour rencontrer Mme Bracca. C'est vous qui m'avez annoncé son décès.

— Ah, oui. Ça me revient. Vous êtes le monsieur de la banque. Vous voulez parler aux nouveaux locataires ?

— Non, c'est vous que je voulais voir.

— Moi ? Si c'est pour me proposer une affaire, vous arrivez trop tard. Dans deux heures, je prends l'avion avec mon fils pour rentrer chez moi. J'ai une peur bleue de ces engins, mais j'ai pas le courage de faire deux jours de route jusqu'à Brindisi. Alors voilà, je vais m'envoler en espérant que le Bon Dieu veillera sur moi.

— Non, non. Ce n'est pas pour une affaire. J'aimerais juste vous montrer des photos.

— Des photos. Pour quoi faire ?

— Pour voir si vous reconnaissez les personnes qui sont dessus.

Elle m'a considéré d'un œil méfiant.

— Dites donc, vous êtes banquier ou détective ?

— Je suis vraiment banquier. Mais j'ai besoin de savoir si ces personnes fréquentaient le cabinet de Mme Bracca. Ça ne vous prendra que quelques minutes, après je vous laisserai tranquille.

— Oh, si vous voulez faire 1500 kilomètres pour me dire bonjour, je vous fermerai pas la porte au nez. Je vais finir mes jours dans mon pays pour retrouver la chaleur et les oliviers. Bon. Faites voir ces photos qu'on en finisse. Je veux pas rater mon avion.

Je lui ai d'abord tendu les deux clichés que j'avais pris dans la rue. Olivia et Jacqueline. Elle a chaussé d'énormes lunettes à monture d'écaille et a examiné attentivement les deux portraits. Elle me les a rendus en secouant négativement la tête.

— Non. Jamais vues. Mais ça veut pas dire grand-chose. J'étais pas censée croiser toutes les dames qui montaient au quatrième. En tout cas, elles étaient pas à l'enterrement. Je les aurais reconnues.

— Et celle-ci ?

J'ai senti mon rythme cardiaque accélérer pendant que la concierge fixait la photo de la femme brune.

— Ah oui. Elle ressemble à la secrétaire qui est venue vider le cabinet. Celle qui m'a jamais dit son nom.

Mon cœur a fait un bond dans ma poitrine. Enfin !

— Vous en êtes certaine ?

— Pourquoi ? Elle est recherchée ?

— Non, non, mais j'ai besoin de savoir s'il s'agit bien de cette personne.

Elle s'est replongée dans l'examen du cliché avec une moue dubitative.

— Ben, plus je la regarde, moins je suis sûre. Il y a une ressemblance, ça c'est clair. Mais je peux pas garantir que c'est elle. C'est pas facile. Elle a pas la même coupe de cheveux, et puis ils sont pas de la même couleur. Et j'ai plus ma mémoire de quand j'étais jeune. Ça se brouille un peu dans ma tête. De toute façon, j'ai jamais été physionomiste.

— Mais enfin, vous devez pouvoir dire si vous la reconnaissez ou pas.

— Je voudrais vous y voir. C'est pas si simple.

— Je vous en prie, madame Bertelli, faites un effort.

— Je fais que ça. Mais ça change rien. Je suis pas sûre. Voilà. Je veux pas vous mentir pour vous faire plaisir. Elle lui ressemble, mais je pourrais pas jurer que c'est elle. C'est comme ça. Bon, maintenant il faut que je m'occupe de mes affaires. Désolée de pas pouvoir vous aider.

J'ai tourné les talons, la rage au ventre. Au bout de quelques secondes, elle m'a hélé.

— Attendez.

— Oui ?

— Pour me faire pardonner, je vais aussi vous en montrer une de photo.

Elle a sorti de sa poche l'image d'une vieille église en pierre blanche juchée sur une colline sous un ciel bleu comme la mer.

— C'est la chapelle de mon village. C'est près d'elle qu'on va m'enterrer quand le temps sera venu. Vous savez ce qui est écrit sur la porte ?

— Non.

— Entre pour prier. Sors pour aimer. C'est un beau message, vous trouvez pas ?

Je me sentais d'une humeur massacrante en rentrant chez moi. Heureusement, Marie était sortie. Je me suis assis devant l'ordinateur et j'ai écrit pour me calmer. Ça va mieux. En relisant ce que je viens de raconter, je me prends même à sourire. Il y a quelque chose de drôle dans cet acharnement du destin à me cacher les réponses. À chaque fois que je pense toucher du doigt l'existence de l'Ordre, tout se dérobe. Ça veut peut-être dire que je fais fausse route.

## 23 décembre

Nous avons passé l'après-midi à faire les magasins à la recherche de cadeaux pour mes filles. Cette année, je voulais simplement leur donner des bons d'achat. Mais Marie a été catégorique.

— Pas question. Bien sûr que l'argent leur ferait plaisir, mais c'est une solution de facilité. Il faut que tu choisisses quelque chose de particulier pour chacune.

— Mais je risque de me tromper. De leur offrir des trucs qui ne leur plairont pas.

— C'est pour ça que c'est beau. Si c'est gagné d'avance, ça n'a pas de valeur.

J'observais Marie pendant qu'elle me guidait dans la cohue des rayons. Ses sourires à fossettes. Ses mimiques quand elle découvrait un article intéressant. Ce qui m'a le plus touché, c'est son envie de faire plaisir à mes filles. Elle menait la chasse au trésor pour deux adolescentes dont elle n'était pas la mère. Jef et sa biologie ne pouvaient pas expliquer ça. Nous sommes revenus les bras chargés de paquets avec en tête de liste des baskets rose fluo pour Léonore et une paire d'énormes créoles pour Roxane.

— Merci Marie. Sans toi, je leur aurais juste offert des enveloppes avec quelques billets.

— Tu aurais eu tort. Il n'y a rien de meilleur que le petit pincement au cœur quand la personne que tu aimes ouvre ton cadeau.

Je me suis revu le soir de Noël une année plus tôt, seul dans mon appartement vide en train d'espérer un appel qui n'était pas venu. C'était si loin et en même temps si proche. Tant d'événements s'étaient succédé durant ces douze mois.

J'ai cherché refuge dans mon bureau pour essayer de faire le point. Est-ce que j'ai appris quelque chose de tout ça ? Ou suis-je juste devenu plus méfiant ? Est-ce que j'arriverai de nouveau à aimer, à faire confiance ? Je n'en sais rien. En tout cas, j'en ai marre. Bien sûr, je pourrais demander à un détective d'enquêter sur cette femme brune et sur les autres participantes à la réunion. Je pourrais faire surveiller Fabienne, Sylvie et Doriane. Mais si elles sont suffisamment prudentes, il n'y aura pas moyen de les coincer. Daubert n'a rien trouvé, et c'est un bon professionnel. Ou peut-être qu'Arnaud a raison. J'ai pris les élucubrations d'Irène Bracca pour une réalité alors que ce n'était que du délire. Quoi qu'il en soit, je sens que le moment est venu d'arrêter. Si je m'obstine, je risque de passer ma vie à combattre des moulins à vent. J'aurai fait ma part du travail en publiant ce livre. Si d'autres hommes sont prêts à continuer l'enquête, je leur passe le témoin. Moi, je dois m'occuper de l'essentiel. L'éducation de mes filles, mon boulot, et Marie Sophie s'il reste encore une chance pour nous deux.

Il y a un mot qui me vient quand je revois les débuts de notre relation. Ravissement. Cette femme m'a ravi, dans tous les sens du terme. Elle est venue me prendre et elle m'a émerveillé. Il s'est passé quelque chose de très fort entre nous. Jef expliquerait ça par les molécules de la passion, mais c'est un peu court. Ça ne dit pas pourquoi nous sommes toujours ensemble malgré tout ce qui est arrivé. Maintenant, nous nous retrouvons à la croisée des chemins. Et nous nous connaissons si peu. J'ai peur de ce que je vais trouver derrière le masque. Jamais je n'aurais imaginé qu'elle m'abandonnerait d'un jour à l'autre sans la moindre explication. Mais elle a dû vivre la même chose. Elle a sûrement découvert des parts de moi qu'elle n'avait pas soupçonnées. Et pas les plus reluisantes. J'ai été odieux quand elle est revenue. Pourtant, le lien qui existe entre nous n'est pas encore brisé. Peut-être qu'au fond nous nous ressemblons. Cette tendance à nous perdre dans nos questions en oubliant l'autre. Deux âmes torturées qui essaient d'apprendre à s'aimer.

C'est fascinant le fonctionnement de la mémoire. Pendant que j'écrivais, l'image de la petite église que m'a montrée Mme Bertelli n'arrêtait pas de me trotter dans la tête. Ça me faisait penser à quelque chose, mais pas moyen de me rappeler quoi. Et tout à coup, la scène m'est revenue. C'était pendant nos vacances aux Açores. Nous visitions une chapelle nichée sur le flanc d'un ancien volcan.

— Tu sais d'où vient le mot « communier » ? m'avait chuchoté Marie alors que nous avancions dans l'allée centrale.

— Aucune idée.

— Au départ, ça voulait dire partager la même croyance.

— Ah bon.

L'église était fraîche et baignait dans une pénombre accueillante. Nous nous étions assis en silence sur le banc le plus proche de l'autel. Les statues du Christ et de la Vierge nous faisaient face. Au bout d'un moment, la main de Marie Sophie était venue chercher la mienne.

— C'est essentiel dans un couple, avait-elle repris en se lovant contre moi.

— Quoi donc ?

— Communier. Croire très fort à un avenir commun.

Ça fait une année que je n'ai plus communié avec Marie Sophie. J'espère que j'en serai de nouveau capable.

## 24 décembre

Je viens de terminer ma lettre à Fabienne. Aujourd'hui, je me suis enfin senti prêt à lui écrire. En cherchant les mots justes pour lui dire ce que je ressentais, j'ai revu nos rires d'enfants, nos parties de tennis, nos soirées à refaire le monde. Et cette nuit à Derborence où elle s'est offerte. J'ai retrouvé le moment précis où ça a basculé. Sa main en train de déboutonner ma chemise sur ce lit centenaire. Si j'avais arrêté son geste, nous serions peut-être toujours amis. Pourquoi ai-je laissé faire ? Il y avait le désir, bien sûr. Mais pas seulement. Je me sentais proche d'elle. Je voulais qu'elle soit bien. Pourquoi est-ce ça devient si différent quand les corps se touchent ? Où est la frontière entre l'amitié et l'amour ? Je ne savais plus où j'en étais. Le résultat, c'est que Fab est peut-être enceinte de moi. Encore une question sans réponse.

Il y a quelques jours, j'étais prêt à la harceler pour découvrir la vérité. Mais je vois maintenant à quel point c'est vain. L'Ordre des femmes m'aura au moins servi à ça. Je commence à comprendre le danger qui guette derrière cette obsession de trouver toujours l'explication. Ça rend égoïste. La seule chose qui compte, c'est de découvrir la solution. On s'enferme dans sa quête et on ne voit plus le monde alentour. Au fond, c'est lié au besoin de contrôler. D'après Arnaud, c'est une réaction plutôt masculine. Les femmes savent mieux accepter ce qui vient. Elles vivent les événements, elles s'y adaptent. Alors que nous cherchons toujours à les maîtriser.

J'ai souhaité bonne chance à Fabienne pour l'enfant et je lui ai promis de ne pas chercher à savoir. C'est peut-être ça la vraie leçon de toute cette histoire. Cesser de courir tête baissée après les réponses. Il faut que je m'arrête et que je regarde autour de moi. J'ai vécu trop longtemps enfermé. Ma porte était close. Pas moyen de donner, ni de recevoir.

La porte de mon bureau est entrouverte et j'entends Marie qui s'active à la cuisine avec Roxane et Léonore. Elles préparent des crêpes. Le soir du réveillon. Je vous demande un peu. Tout le monde mange de la bûche au dessert, mais ces dames veulent des crêpes. Je n'ai rien eu à dire. D'ailleurs, elles m'ont interdit de pénétrer dans leur royaume pendant l'opération. Je n'ai droit qu'aux effluves sucrés et à leurs éclats de rire.

Incroyable. Ça tourne au réflexe conditionné. J'ai senti les larmes venir tout d'un coup. Comme la dernière fois. Il y a quelque chose qui se passe avec les crêpes. Il faudra que j'en parle à Arnaud. Ça doit remonter à mon enfance. Pour moi, c'est l'odeur du bonheur familial, du foyer, de l'harmonie. Il y avait tellement de chaleur dans les rires de mes filles et de Marie. Les écluses se sont ouvertes. J'ai pleuré à gros bouillons pendant au moins dix minutes. Des larmes étranges, entre la joie d'un bonheur possible et la peur d'avoir passé à côté. Je suis resté assis à mon bureau et je les ai laissées couler. J'avais à peine séché mes yeux lorsque Marie est entrée. Elle m'a caressé les épaules et j'ai senti son souffle sur ma nuque.

— Est-ce que tu as bientôt fini, mon chéri ? a-t-elle demandé.

Je l'ai embrassée. Elle avait une haleine de miel et de chocolat. Ses lèvres étaient douces.

— Je crois bien que oui, ai-je répondu.

# *Pour en savoir plus*

Les personnes qui souhaiteraient approfondir les sujets scientifiques évoqués dans *L'Ordre des femmes* trouveront ici quelques éléments pour les guider.

### *1. La psychologie évolutionniste*

La psychologie évolutionniste est un courant qui a pris son essor aux États-Unis dans le début des années 1990. Il est fondé sur une idée centrale : les mécanismes psychologiques qui gouvernent nos comportements obéissent aux lois de l'évolution définies par Charles Darwin. En d'autres mots, cela signifie que nos façons de réagir ont été façonnées pendant des millions d'années pour aboutir à ce qu'elles sont aujourd'hui.

Pour Darwin, les caractéristiques d'un organisme proviennent de la sélection naturelle. Une modification survenant par hasard, suite à une mutation génétique chez un individu, se perpétue si elle donne à cet individu de meilleures chances de survie. Il aura ainsi plus de possibilités d'engendrer des descendants auxquels il transmettra cette modification et ainsi de suite jusqu'à ce que la nouvelle caractéristique gagne l'ensemble de la population. Les girafes ont un long cou parce que leurs ancêtres de haute taille pouvaient manger tranquillement les feuilles les plus élevées des arbres pendant que leurs congénères plus petites se battaient entre elles pour les feuilles plus basses et mouraient de faim. En parallèle avec ce mécanisme de sélection naturelle, Darwin a mis en évidence le phénomène de sélection sexuelle. Le principe de base est le même, mais la caractéristique qui se perpétue ne dépend plus d'un avantage en terme de survie. Elle prolifère parce qu'elle permet de trouver plus facilement un partenaire sexuel. L'immense plumage des paons est plutôt un handicap car il les rend beaucoup plus visibles pour les prédateurs et moins mobiles s'ils doivent s'enfuir. Il s'est pourtant perpétué car les femelles ont choisi plus volontiers les mâles à beau plumage, laissant les autres s'éteindre sans descendants.

La psychologie évolutionniste a appliqué ces principes aux comportements humains. Elle a étudié comment nous sélectionnons notre alimentation, comment nous aidons nos proches, préservons les relations d'amitié, reconnaissons les émotions. Elle a montré que nos comportements dans ces domaines peuvent provenir d'une sélection des caractéristiques les plus favorables à la survie. Puisque l'accouplement est le seul moyen d'engendrer des descendants, les psychologues évolutionnistes se sont beaucoup intéressés aux relations entre les sexes et aux stratégies utilisées pour choisir, séduire et garder le partenaire. Ils ont mis en évidence les importantes différences entre l'attitude des hommes et celle des femmes dans le domaine du couple et des sentiments. Selon eux, la sélection naturelle et la sélection sexuelle expliquent une bonne partie de nos préférences amoureuses. Plusieurs résultats de recherche dans ce domaine sont présentés dans *L'Ordre des femmes*.

La théorie évolutionniste utilise une approche historique dans son étude des réactions humaines. Pour analyser nos conduites, elle les relie avec les conditions de vie qui régnaient il y a deux millions d'années, au début de l'évolution de notre espèce. Ce sont ces conditions et non pas notre mode de vie actuel qui expliquent nos attitudes aujourd'hui. Par exemple, le fait que nous soyons fortement attirés par les aliments gras et sucrés représente maintenant une caractéristique plutôt dangereuse pour notre santé. Mais cette attirance a été programmée à une époque lointaine où ces aliments étaient rares et où l'envie d'en consommer donnait un avantage de survie en fournissant plus d'énergie à l'organisme. Les évolutionnistes argumentent que nos schémas de comportement ont mis des centaines de milliers d'années à se développer et qu'ils continuent à fonctionner, même si les conditions actuelles ne leur correspondent plus. Notre mode de vie industriel et urbain n'existe que depuis cent cinquante ans et il faudra beaucoup plus longtemps à la sélection naturelle pour changer nos programmes. Voilà pourquoi nous avons toujours une peur innée des serpents alors que nous ne les croisons jamais dans nos villes. Ceci expliquerait aussi pourquoi nous continuons à appliquer des stratégies pour avoir un maximum de descendants, même si nous utilisons des moyens contraceptifs pour réguler les naissances. Cette conception, dite du « mismatch », est une des pierres angulaires de la théorie.

Différentes critiques ont été émises contre l'approche évolutionniste en psychologie. Certains estiment que le mismatch est fondé sur des spéculations très hasardeuses, puisque l'on ne connaît pas vraiment les conditions de vie de nos lointains ancêtres. Des spécialistes du cerveau remettent en cause le postulat selon lequel nos comportements sont régis par des programmes spécifiques (trouver de la nourriture, détecter les agresseurs, choisir un partenaire sexuel). Cette « modularisation » du cerveau serait difficilement compatible avec les données fournies par les neurosciences. D'autres chercheurs en sciences humaines accusent ce courant de réductionnisme et lui reprochent de ne pas tenir compte des différences culturelles et individuelles qui existent entre les personnes. Les attitudes et les réactions des humains dans leur vie quotidienne ne peuvent pas être expliquées par des schémas universaux, puisque le vécu de chacun d'entre nous est unique et influence de manières diverses notre façon de percevoir le monde.

La psychologie évolutionniste ne pourra certainement pas apporter à elle seule toutes les réponses concernant nos façons d'agir et de ressentir les événements, mais elle peut faire valoir certaines avancées. Une enquête menée dans les années 1990 sur les cinq continents auprès de plus de dix mille personnes appartenant à trente-sept cultures a par exemple montré que les différences de critères entre hommes et femmes dans le choix d'un partenaire existent indépendamment de la personnalité et du contexte culturel. Quel que soit son avenir, le courant évolutionniste en psychologie aura eu le mérite d'ouvrir de nouvelles portes en recherchant les explications de nos comportements non seulement dans l'histoire personnelle ou familiale d'un individu, mais aussi dans l'expérience commune accumulée au fil des millénaires par tous les humains.

***Ouvrages pour approfondir le sujet***

Philippe Gouillou : *Pourquoi les femmes des riches sont belles*, Éditions Duculot 2003 (ce livre est destiné au grand public).

Lance Workman et Will Reader : *Psychologie évolutionniste – Une introduction*, Éditions De Boeck, 2007 (cet ouvrage concerne plutôt les personnes déjà familières avec les grands domaines de la psychologie).

## 2. La biologie de l'amour

C'est à travers ses investigations sur les phénomènes liés au plaisir et aux émotions que la biologie s'est progressivement intéressée au sentiment amoureux. La recherche du plaisir, de la satisfaction ou de la récompense est un comportement commun à pratiquement tous les animaux. En 1954, des expériences menées sur des rats ont mis en évidence qu'une région du cerveau appelée noyau accumbens jouait un rôle central dans le circuit de la récompense, démontrant par là les substrats biologiques du phénomène. En ce qui concerne les émotions, la composante biologique a été connue de tout temps. Nos poils se hérissent quand nous avons peur, notre cœur bat plus vite et nos muscles se tendent quand nous sommes effrayés ou en colère. La question qui a longtemps divisé les chercheurs était de savoir si la modification physiologique créait l'émotion ou si le phénomène était inverse. A-t-on les mains moites parce que l'on est ému ou notre émotion naît-elle parce que nous nous apercevons que nos mains sont moites ?

L'état amoureux implique à la fois une modification émotionnelle et une recherche du plaisir ou de la récompense à travers la présence de l'être aimé. Les avancées des biologistes dans l'étude de ces domaines les ont naturellement amenés à s'interroger sur la possibilité de mesurer l'amour, ou au moins ses effets sur notre corps et notre cerveau. Un pas décisif a été franchi avec l'apparition de nouvelles méthodes d'analyse comme la chromatographie liquide haute performance dans les années 1960, puis avec les techniques d'imagerie telles que la résonance magnétique et la tomographie par émission de positons. La neuroimagerie permet de repérer les zones d'activité cérébrale lorsqu'une personne est confrontée à certaines situations. On a ainsi pu montrer comment le fonctionnement du cerveau se modifiait chez les individus qui vivent une histoire d'amour. Quant aux méthodes d'analyse modernes, elles ont permis de déceler les modifications de concentration de certaines hormones et de certains neurotransmetteurs durant différentes phases de l'état amoureux.

Les biologistes se sont intéressés aux principales étapes de la relation amoureuse en commençant par la rencontre des partenaires. La vue et l'odorat jouent un rôle primordial dans les signaux qui vont déclencher ou non une attraction. Au niveau visuel, les signes habituels de beauté représentent évidemment un atout pour attirer l'autre sexe, mais les chercheurs ont mis en évidence des facteurs supplémentaires qui semblent avoir une influence importante. Il s'agit tout d'abord de la symétrie gauche-droite. Les personnes qui présentent un visage et un corps parfaitement symétriques sont plus attirantes que celles qui ont de légères dissymétries, même si elles sont peu perceptibles. Ceci proviendrait du fait que la dissymétrie révèle un problème de développement et donc signale un partenaire génétiquement moins intéressant. Il semble par ailleurs que les hommes soient plus attirés par les femmes dont le rapport entre le tour de taille et le tour de hanches est voisin de 0,7. Cette proportion se retrouverait tout au long des siècles, malgré l'évolution des canons de la beauté. Au niveau olfactif, l'importance des phéromones, ces substances présentes notamment dans la sueur, a été mise en évidence. *L'Ordre des femmes* cite l'une des principales expériences menées à ce sujet.

Qu'un homme et une femme se sentent suffisamment attirés pour avoir une relation n'implique pas qu'ils vont tomber amoureux. Les éléments qui transforment une première rencontre en amour passionné restent encore inconnus des scientifiques. Mais ceux-ci ont pu mettre en évidence les modifications qui se produisent dans le fonctionnement du cerveau lorsqu'une personne vit une passion. La dopamine et le circuit de la récompense sont clairement impliqués, de même qu'une baisse d'activité du cortex préfrontal et de l'amygdale. La concentration d'autres neurotransmetteurs tels que la phényléthylamine, la sérotonine et l'endorphine varie également. Certains chercheurs ont fait remarquer que la passion amoureuse met en jeu dans le cerveau des mécanismes comparables à ceux qui existent dans l'addiction aux drogues ou lors de troubles obsessionnels.

Pour que l'amour se poursuive, il faut que la passion, dont la durée est limitée, soit remplacée par un attachement à plus long terme. Parmi les substances qui pourraient jouer un rôle dans ce lien durable figure en première ligne l'ocytocine. Cette hormone découverte en 1954 accélère l'accouchement. Elle favorise également la production de lait lors de l'allaitement. Mais elle est aussi produite durant l'orgasme et sa concentration augmente lors d'activités relationnelles et de contacts affectueux tels que les caresses, les massages, l'épouillage chez les singes et probablement les conversations intimes chez les humains. Sa fonction dans l'attachement a notamment été démontrée par des études sur les campagnols. Ces petits rongeurs se divisent en deux espèces : les campagnols des montagnes et ceux des prairies. Chez les premiers, on note peu de contacts sociaux. Ils ne se lient pas à leur partenaire sexuel et en changent fréquemment. Les mâles ne s'occupent pas de leurs rejetons et même les femelles abandonnent souvent leur progéniture après quelques jours. Les seconds, par contre, sont sociables, monogames et fidèles au point que souvent ils ne cherchent pas de nouveau partenaire si leur conjoint décède. Ils passent beaucoup de temps en couple et s'occupent ensemble de leurs petits. En comparant leur cerveau avec celui de leurs cousins des montagnes, on a trouvé que les zones sensibles à l'ocytocine y étaient beaucoup plus développées.

La biologie ne prétend pas expliquer tous les éléments qui provoquent un coup de foudre ou un amour durable entre deux personnes. Les sentiments humains ne peuvent pas se réduire à quelques changements moléculaires dans le cerveau. Mais une meilleure connaissance des mécanismes biologiques impliqués dans le sentiment amoureux peut nous aider à vivre de façon plus consciente et plus épanouie cette part fondamentale de notre existence formée par le contact intime avec autrui.

***Ouvrages pour approfondir le sujet***

Lucy Vincent : *Comment devient-on amoureux ?*, Éditions Odile Jacob, 2004

Helen Fisher : *Pourquoi nous aimons*, Éditions Robert Laffont, 2006

### *3. La psychanalyse freudienne*

Depuis la parution de sa première étude sur l'interprétation des rêves en 1899, jusqu'à sa mort en 1939, Sigmund Freud n'a cessé d'enrichir sa pensée et son œuvre. Ses théories sur le fonctionnement de l'esprit humain sont à présent connues d'un très large public. Mais la complexité du vocabulaire freudien, la multiplicité d'interprétations et de prolongements fournis par ses successeurs font parfois oublier le noyau central des découvertes freudiennes. Ce fil rouge qui court tout au long des réflexions de Freud, c'est celui du désir et de son destin.

L'homme est un animal désirant. Comme tous ses congénères, il recherche la récompense et le plaisir. Les biologistes l'ont démontré, mais Freud a introduit une logique différente. Selon lui, la caractéristique fondamentale du désir humain est de ne pas pouvoir être véritablement assouvi. En d'autres mots, la tension psychique liée aux pulsions ne sera jamais complètement déchargée. Car en face du principe de plaisir se dresse le principe de réalité qui empêche la réalisation ultime du désir. Devant ce dilemme, l'esprit humain réagit de diverses manières, mais il devra souvent affronter des phases d'angoisse avant de trouver des solutions. Dans *L'Ordre des femmes* sont évoqués deux types d'angoisse : celle de séparation ou angoisse anaclitique et celle de castration liée au fameux complexe d'Œdipe.

Pour Freud, la détresse éprouvée par le nourrisson en l'absence de sa mère représente la racine de nos angoisses. La mère est pour le bébé un objet de plaisir et de satisfaction. Il désire sa présence car c'est grâce à elle qu'il peut s'alimenter et survivre. Ses disparitions sont vécues comme une menace traumatisante. Mélanie Klein, qui fut disciple de Freud avant d'élaborer sa propre théorie sur la psychanalyse des enfants, a montré que l'angoisse de perte d'objet peut prendre deux formes différentes. L'enfant procède à un clivage entre les bons aspects et les aspects menaçants de sa mère (par exemple ses absences ou ses colères). C'est ce que Klein a appelé le bon sein et le mauvais sein. Dans cette position, l'angoisse qui prédomine est celle d'être détruit par l'objet « mauvais ». Mais en évoluant, l'enfant intègre le fait que sa mère (et donc lui aussi) peut être à la fois bonne et mauvaise, parfois aimante, parfois agressive. La prise de conscience de cette ambivalence modifie l'angoisse de séparation. L'enfant éprouve à la fois la peur que ses propres pulsions négatives ne détruisent l'être aimé et que ce dernier ne l'abandonne.

L'angoisse anaclitique comporte une dimension positive. Elle nous permet d'affirmer notre propre identité. En nous confrontant à l'idée que l'autre pourrait nous quitter, nous devons sacrifier à la fois notre désir de toute puissance et l'illusion d'être relié pour toujours à notre objet d'amour. Ceci nous permet de voir que nous existons en tant qu'être seul, unique et indépendant, et que l'autre vit la même situation. Cette prise de conscience nous rend capables d'établir avec autrui des liens profonds et positifs, basés sur le respect mutuel et l'acceptation des différences.

Si l'angoisse de perte d'objet apparaît dans la première année de vie, celle de castration se manifeste entre trois et cinq ans. Elle est liée à la manière dont l'enfant évolue dans sa recherche du plaisir. Selon Freud, la bouche est la zone érogène essentielle durant les premiers mois de vie. À travers l'action de téter, le nourrisson éprouve un plaisir qui n'est pas lié à l'ingestion de nourriture, mais bien à la satisfaction d'une pulsion érotique. C'est ce qu'on a appelé le stade oral qui se prolonge à l'apparition des dents par le plaisir de mordre.

Entre la deuxième et la troisième année, l'enfant découvre le plaisir de retenir et d'expulser ses selles, c'est le stade anal. Ici encore la satisfaction n'est pas liée au phénomène organique d'évacuer les déchets corporels, mais bien aux sensations érotiques procurées par la zone anale. Enfin, à partir de trois ans apparaît le stade phallique durant lequel l'enfant recherche sa satisfaction érotique par des attouchements de ses organes génitaux. Mais le plaisir lié à cette phase ne se limite pas à celui procuré par le pénis ou le clitoris. Il concerne aussi une composante psychique, un objet fantasmé : le phallus. Ce dernier, qui vaut aussi bien pour la fille que le garçon, symbolise le pouvoir de se relier à autrui.

Pour le garçon, la pulsion phallique se porte sur la mère. Il fantasme le plaisir érotique de se lier à elle. C'est ce que Freud a appelé le complexe d'Œdipe. Il existe également pour les filles, mais de manière différente. Chez le garçon, le désir pour la mère est entravé par la présence du père. L'enfant éprouve envers lui des sentiments mélangés. D'une part, il voudrait lui ressembler pour devenir l'homme de la mère, d'autre part il lui en veut de lui barrer le chemin de son désir. Admiration, identification, jalousie et rivalité se mêlent donc en un orage de sentiments qui culmine avec l'angoisse de castration. Le petit garçon développe la crainte que son désir soit puni par la perte de son pénis. D'après les psychanalystes, cette angoisse est inconsciente, l'ensemble du processus se déroule « en sous-sol ». Pour sauver son phallus, l'enfant renonce à l'objet de son désir et accepte qu'il ne pourra pas prendre la place de son père auprès de sa maman.

Selon Freud, l'angoisse de castration est une composante essentielle pour la structuration de la personnalité. Elle amène l'enfant à l'expérience du renoncement. Pour préserver son pénis, c'est-à-dire garder son pouvoir de se relier à autrui, il sacrifie son désir immédiat. Il admet aussi qu'il ne peut remplacer son père, ce qui lui permettra de développer sa propre identité et ses propres capacités de relation.

L'utilité des théories psychanalytiques pour soigner les personnes souffrant de problèmes psychologiques a parfois été remise en question. Freud est considéré par certains comme un philosophe plutôt qu'un scientifique. Mais nul ne peut nier que son œuvre a révolutionné à la fois la psychiatrie et la psychologie, voire l'ensemble des disciplines apparentées aux sciences humaines. La profondeur de sa réflexion sur l'homme, ses relations affectives, ses rapports avec lui-même et avec ses désirs a ouvert un champ d'investigation dont les dimensions ne cessent de s'agrandir.

### *Ouvrages pour approfondir le sujet*

Jean-Daniel Nasio : *Le plaisir de lire Freud*, Éditions Payot, 1999

Sigmund Freud : *Abrégé de psychanalyse*, Presses Universitaires de France, 1998.

### *4. La psychologie analytique de Jung*

Carl Gustav Jung avait été désigné par Freud comme son héritier scientifique. Les deux médecins se sont rencontrés en mars 1907 et ont poursuivi leur collaboration pendant six ans. Mais assez rapidement, d'importantes divergences sont apparues dans leurs conceptions sur la nature de l'esprit humain. Jung, qui avait obtenu en 1905 un poste à la chaire de psychiatrie de l'université de Zurich, avait d'abord défendu avec ardeur les théories psychanalytiques. Il décelait dans la notion d'inconscient élaborée par Freud une porte essentielle ouvrant sur une meilleure compréhension des troubles psychologiques. Mais il avait de la peine à admettre que les tréfonds de notre esprit ne soient peuplés que de désirs sexuels refoulés durant la petite enfance. Il estimait qu'une couche plus profonde de notre psychisme, l'inconscient collectif, comportait d'autres éléments qui n'étaient pas liés au vécu individuel, mais provenaient de l'histoire de l'espèce humaine. Après la rupture avec Freud, il a fondé sa propre école qu'il a nommée psychologie analytique. On la décrit aussi parfois sous le nom de psychologie des profondeurs.

Pour Jung, l'inconscient abrite des sortes d'instincts psychiques qu'il a nommés archétypes. Ils peuvent exercer une profonde influence sur les comportements, sans que cette dernière soit consciente. La conscience ne peut pas avoir accès à l'archétype en lui-même, mais seulement à ses représentations, notamment à travers les symboles, les mythes et les rêves. La psychologie jungienne accorde donc une grande importance à l'étude de la mythologie, de la symbolique et aussi des contes de fées dans lesquels apparaissent divers archétypes. Le psychiatre zurichois a fondé sa méthode analytique sur la confrontation entre la conscience et les archétypes à travers ce qu'il a appelé le processus d'individuation. Il s'agit d'une sorte de parcours initiatique au cours duquel le patient prend progressivement conscience des archétypes actifs en lui, de façon à enrichir sa perception de lui-même.

Les principaux archétypes rencontrés dans le processus d'individuations sont la persona, l'ombre, l'anima (pour l'homme) ou l'animus (pour la femme) et le soi. L'ombre est en quelque sorte notre jumeau obscur, resté enfoui en nous sans parvenir à naître. Elle possède en général des caractéristiques inversées par rapport à celles de notre personnalité consciente. L'animus et l'anima représentent la part de sexe opposé que chacun porte en lui. Ils jouent un rôle important dans le choix du partenaire amoureux. Enfin, le soi est une image de totalité qui symbolise l'intégration de tous les éléments de la psyché, il permet à la fois la différenciation et l'union des contraires. Mais la première étape du cheminement intérieur est la capacité à reconnaître la persona. Cet archétype est présenté dans *L'Ordre des femmes*.

La persona était le nom donné au masque que les acteurs du théâtre antique portaient sur leur visage lors des représentations. D'après Jung, cet archétype symbolise notre masque social, le visage que nous montrons aux autres. Il nous permet d'entrer en communication avec eux et les aide à nous identifier. Mais le plus souvent, nous ne nous rendons pas vraiment compte que nous le portons. Ce qui fait dire à Jung que « la persona est ce que quelqu'un n'est pas en réalité, mais ce que lui-même et les autres pensent qu'il est ». Le masque comporte une fonction positive en nous aidant à préserver la part la plus intime de nous-mêmes tout en établissant des relations avec autrui. Il s'agit en quelque sorte d'un intermédiaire entre l'extérieur et notre intérieur le plus confidentiel, un médiateur qui nous permet d'entrer dans le réseau des interactions sociales et de remplir notre rôle dans la communauté humaine. Mais pour progresser dans la connaissance de soi, il est essentiel de parvenir à se différencier de sa persona. Sans cette différenciation, les relations intimes et vraies avec soi-même et avec autrui sont impossibles.

Jung a souvent été taxé de mysticisme, notamment par les tenants de l'orthodoxie freudienne. Son intérêt pour des domaines comme l'alchimie et la parapsychologie a été interprété comme une tendance à l'ésotérisme. Ses détracteurs affirment que ses théories sont invérifiables et obscures. Au niveau thérapeutique, on a reproché à l'analyse jungienne de ne concerner qu'une petite partie des patients, souvent des personnes arrivées dans la deuxième moitié de leur existence qui se posent des questions sur le sens de leur vie. La psychologie analytique serait une approche métaphysique plutôt qu'une méthode permettant de guérir les troubles psychologiques. Une étude détaillée des écrits de Jung montre cependant qu'il a toujours été très attentif à la rigueur scientifique de ses hypothèses. S'il a tenté de dépasser le cadre strict de la psychiatrie pour s'intéresser à l'alchimie et aux domaines frontière de la psychologie, c'est avant tout dans le souci d'appréhender le psychisme humain dans toute sa complexité et d'établir des liens entre l'esprit et la matière. Ses travaux sur la synchronicité menés en collaboration avec le Prix Nobel de physique Wolfgang Pauli en sont un exemple.

***Ouvrages pour approfondir le sujet***

Carl Gustav Jung et al. : *L'homme et ses symboles*, Éditions Robert Laffont, 1964.

Carl Gustav Jung et Aniela Jaffé : *Ma vie. Souvenirs, rêves et pensées*, Éditions Gallimard Folio, 1991.

***5. Antoinette de Salvan***

Toutes les informations concernant la muse d'Albi proviennent de sources historiques. Les extraits de sa correspondance sont tirés d'un ouvrage publié en 1806 par Léopold Collin et intitulé *Lettres de mesdames de Scudéry, de Salvan de Saliez et de mademoiselle Descartes précédées de notices biographiques et accompagnées de notes explicatives*. Cependant, aucun document prouvant l'existence de *L'Ordre des femmes* n'a jusqu'ici été retrouvé...

Le Canton
du Valais
encourage
la culture
Der Kanton
Wallis
fördert Kultur

Avec le soutien de l'État du Valais

**Tous nos titres et nouveautés**

**www.editionsfavre.com**